中国法学会后期资助项目文丛
BOOK SERIES FUNDED BY CHINA LAW SOCIETY

新农村建设中保障农民政治参与权利的制度创新研究

The Institutional Innovation to Ensure Farmers' Political Participation Rights in New Rural Construction

蔡振亚　王为东◎著

法律出版社
LAW PRESS·CHINA

中国法学会后期资助项目文丛

出版说明

为进一步落实中央《关于加强中国特色新型智库建设的意见》，充分发挥中国法学会作为党和政府联系法学法律界桥梁和纽带的作用，着力实现中国法学会作为国家法治建设领域核心智库的发展目标，为专家学者开展法学研究和成果转化提供支持，不断丰富和发展中国特色社会主义法治理论体系，中国法学会特决定设立后期资助项目，对具有重要理论和实践价值的优秀法学研究成果予以后期资助，纳入“中国法学会后期资助项目文丛”出版。2015年下半年后期资助项目立项的14项成果，已于2016年底出版。2016年上半年后期资助项目经评审委员会评审，共15项申报成果获得立项，现予以统一出版。今后每年我们还将评选确定一定数量的后期资助项目并予以出版。

中国法学会

2017年12月

目 录

Contents

导论：农民政治参与权利应成为新农村建设中的确权纲领

2000年第五次全国人口普查时，我国农业人口约为92,872万人，占总人口123,380万人的75.27%；2010年第六次全国人口普查时，居住在乡村的人口约为67,415万人，占总人口133,972万人的50.32%；到2015年年底我国大陆乡村常住人口约为60,346万人，占总人口137,462万人的43.90%。[①] 上述数字，见证了我国城镇化快速发展的成就，却并没有改变我国是一个农业大国、农民大国的基本国情；尽管居住在乡村的人口绝对数量快速下降，但"农业是经济发展、社会安定、国家自立的基础，农民和农村问题始终是中国革命和建设的基本问题"[②] 的判断仍然准确。2016年中央一号文件指出，"当前，我国农业农村发展环境发生重大变化，既面临诸多有利条件，又必须加快破解各种难题"，要求把"坚持农民主体地位、增进农民福祉作为农村一切工作的出发点和落脚点……推动新型城镇化与新农村建设双轮驱动、互促共进，让广大农民平等参与现代化进程、

① 参见中华人民共和国统计局:《国家统计数据查询》，载中华人民共和国统计局官方网站：http://data.stats.gov.cn/search.htm?s=%E6%80%BB%E4%BA%BA%E5%8F%A3，最后访问日期：2017年5月7日。

② 韦钦、韦志虹主编:《农村工作百问百答——学习中共中央关于进一步加强农业和农村工作的决定》，广西人民出版社1992年版，第29页。

共同分享现代化成果”。[①]

农村政治发展是我国政治发展的重要基础，农民政治参与的程度如何，是决定我国政治发展程度的关键因素。对农民政治参与问题的研究，从政治学、社会学乃至经济学角度已有不少成果，然而，相对于“四个全面”的战略布局，相对于社会主义新农村建设、和谐社会建设的伟大实践，仍需要从各个领域拓展对农民政治参与问题的研究。党的十八大报告提出“从各层次各领域扩大公民有序政治参与，实现国家各项工作法治化”，并第一次在党的代表大会报告中，特别强调了对农民的保障，“让广大农民平等参与现代化进程，共同分享现代化成果”。党的十八届三中全会对国家治理体系的规划建设，党的十八届四中全会对实施依法治国战略的全面部署，党的十八届五中全会推进深化改革的战略决策，都包含了党和政府解决“三农”问题的构想和举措。依法保障农民权利、用法治思维和法治方式实现农村治理是党和政府日益明确的目标，而在我国法治发展的现实背景下，对宪法赋予农民的神圣权利经法定程序和庄重形式予以确认是重要前提。自 2010 年开始，我国积极推行农村土地的确权登记发证工作，因为“只有通过确权颁证，确定土地对应的权属关系，其他相关各项改革才能渐次推开”，[②]农民的个人财产权利才能获得更充分、便捷的保障，“地定权、人定心”。[③]除了经济领域之外，由于二元体制的长期影响，农民在政治、社会、文化和环境等各方面的权利，其实也需要一个大张旗鼓、全面深入的确权过程。而农民的政治参与权利，应是整个确权行动中的纲领和重点，这是由农民政治参与权利的性质、现状以及近年来不断创新的成就所决定的。

---

① 《中共中央　国务院关于落实发展新理念加快农业现代化　实现全面小康目标的若干意见》，载《人民日报》2016 年 1 月 28 日，第 1 版。

② 南都社论:《土地确权是农业供给侧改革的助推器》，载《南方都市报》2016 年 1 月 30 日，第 2 版。

③ 王玉娟:《土地确权：地定权　人定心》，载《青海日报》2016 年 3 月 2 日，第 10 版。

一、研究缘起

本书是在吸收已有研究成果基础上，主要从法学、社会学视角审视和研究农民政治参与权利问题的一次尝试。这一研究主要缘起于下列因素：党对农民政治参与权利的日益重视和不断引导，现有研究的不足和城乡发展的新要求，以及研究条件日渐成熟。

（一）党对农民政治参与权利的日益重视和不断引导

党的十四大以来，明确了市场经济体制的改革方向，标志着我国各领域的改革和发展进入了一个新阶段。此后我党对政治参与权利的认识不断深化，制度建设日益周密，并随着改革的深化逐步将农民政治参与权利的保障问题提上日程。党对农民政治参与权利的引导和重视，指明了研究方向，激发了各界对农民政治参与问题的研究兴趣并取得了重要成果。

1. 认识不断深化

改革开放以来我党历次代表大会报告，都是凝聚全党智慧、代表理论水平的权威文献，从中可以追踪我党对农民政治参与问题的认识水平和理论高度。

党的十四大报告中还没有出现“政治参与”的概念，只是提出要加强基层民主并构建多元监督体系的设想。要求领导干部“要认真听取群众意见，充分发挥各类专家和研究咨询机构的作用”以促进决策的科学化、民主化。这一时期的政策观念，以领导干部为本位的倾向比较明显，广大群众包括农民在内的主体地位没有明确。

党的十五大报告强调“扩大基层民主，保证人民群众直接行使民主权利，依法管理自己的事情，创造自己的幸福生活，是社会主义民主最广泛的实践”。基层民主建设被提升至基本政治制度层面，群众的政治参与被视为基层民主建设的主要内容。基于此，在群众团体和个人两个层次，国家和社会事务、基层公共事务和公益事业、反腐败斗争三个领域构建了群众政治参与的制度框架。不过这一时期对政治参与的认识仍有显著局限：首先，参与形式的设计比较单一和被动，群众只能通过讨论和监督实现政治参与，缺乏积极、主动的参与形式。其次，参与领域的开放不够，群众能够直接参与的只有本社区的事务和反腐败领域。最后，对参与主体的限制较多，只有群众团体才被允许参与国家和社会事务的管理，而实践中更活跃的个体政治参与则没有得到鼓励和支持。党的十五届五中全会通过的《中共中央关于制定国民经济和社会发展第十个五年计划的建议》中，首次确认了"公民参与"的概念，提出了"扩大公民有序的政治参与"的命题，明确了"公民"作为参与主体的地位，取代了"人民"参与和"群众"参与等有阶级或等级色彩的说法。①

党的十六大报告进一步明确了"有序政治参与"的内涵，并第一次提出"参与权"的概念。首先，党的十六大报告对政治参与的认识突破了"基层民主"的局限，形成了自上而下、全面推进政治参与的认识。其次，把政治参与和对人权的尊重和保障联系起来，揭开了从权利视角审视和保障政治参与的序幕。再次，使公民参与的政治活动和领域大大拓展并构建长期机制，由反腐败扩展到干部人事工作，由临时性、阶段性事务发展成为长期性、稳定性工作。最后，强调政治参与在社会主义民主制度中的基础地位。

党的十七大报告在继承此前认识的基础上，进一步扩大了公民政治参与的程度和范围。首先，政治参与权被提高到决定"基层自治"成败关键因素的高度，而此前更强调的是党和政府的领导和指导。其次，政治参与权的价值目标和社会"公平正义"结合起来，进一步凸显了其基本权利的地位和对社会发展的基础作用。最后，政治参与权的行使主体，明确扩展

① 参见郭道晖:《公民的政治参与权与政治防卫权》，载《广州大学学报》（社会科学版）2008 年第 5 期。

到“各个层次、各个领域”的公民，要求最广泛地动员各群众团体、个体和社会组织进行政治参与，尤其是鼓励社会组织积极进行政治参与，表现出对社会新生事物的重视。

党的十八大报告继往开来，创造了政治参与权利保障的新高度。首先，第一次明确和彻底地运用法治思维和法治方式提出保障政治参与权利的构想，要求从立法、执法和司法等法治运行各个环节保障公民的政治参与权利。其次，第一次明确提出党内政治生活中同样适用政治参与权的保障。再次，第一次明确“让广大农民平等参与现代化进程、共同分享现代化成果”，强调农民在经济、政治、社会管理、文化和环境生活等各个方面都享有参与的权利，并应受到倾斜保护。最后，政治参与权的价值目标进一步明确化，提出建立权利公平、机会公平、规则公平的社会体系，以“保证人民平等参与、平等发展权利”。① 党的十八届三中全会一方面要求全面深化改革的同时特别注意保证农民的平等参与；另一方面提出推进国家治理体系和治理能力现代化，预示未来将更注重制度层面、治理层面的发展，更注重社会各阶层权利、义务的一致性，更注重科学思维、民主思维和法治思维的培育和运用。② 党的十八届四中、五中全会对农村依法治理和农业发展方式转变进行了全面具体的部署，从经济基础和社会管理等方面为农民政治参与权利的顺畅、高效行使扫除障碍。

2. 制度不断健全

中国共产党对公民的政治参与权利，不仅在认识上不断深化，而且逐步构建了一套保障其行使的制度。当然不同时期不同领域的制度建设，由于政策目标和规范对象的不同，对参与主体有“公民”“公众”“群众”“人

---

① 胡锦涛：《坚定不移沿着中国特色社会主义道路前进　为全面建成小康社会而奋斗——在中国共产党第十八次全国代表大会上的报告》，载《人民日报》2012 年 11 月 8 日，第 1 版。

② 参见韩振峰：《怎样理解国家治理体系和治理能力现代化》，载《人民日报》2013 年 12 月 16 日，第 7 版。

民群众”“党员和群众”等不同称呼。称呼的不同并不意味着参与主体存在实质性差异，只是体现了不同领域活动中参与主体的侧重点有别，这一做法沿用至今。

党的十四大以来，我党在明确经济改革方向的同时，在政策决策机制和多元监督机制的建设中，率先构建了群众参与的制度。其一，把决策的科学化、民主化作为社会主义民主政治建设的重要目标，要求“领导机关和领导干部要认真听取群众意见，充分发挥各类专家和研究咨询机构的作用，加速建立一套民主的科学的决策制度”。其二，提出“强化法律监督机关和行政监察机关的职能，重视传播媒介的舆论监督，逐步完善监督机制，使各级国家机关及其工作人员置于有效的监督之下”。尽管上述两方面制度中，群众参与仍处于附属和被动的状态，国家机器仍自命为权力的主体，但“听取群众意见”和“完善监督机制”的要求，毕竟为公民政治参与权利的行使提供了制度支持。

党的十五大以来，我党把“扩大基层民主，保证人民群众直接行使民主权利”视为体现社会主义民主的实践形式，政治参与的制度建设有重大进步。首先，随着《中华人民共和国村民委员会组织法》(以下简称《村民委员会组织法》)的颁行，基层自治中的农民政治参与制度基本建立，村组民主选举制度、村务公开制度广泛推行，村民参与讨论村内公共事务和公益事业的渠道逐渐开辟。其次，工会、共青团、妇联等群众团体，参与、监督国家和社会事务的制度初步建立。最后，为了遏制腐败现象，构建了发动和依靠群众的反腐制度。这一时期的制度建设中，尽管对公民政治参与权利的行使仍有参与层次（自治组织内部）、参与主体（鼓励团体参与）、参与领域(反腐败)等多方面限制，但基层自治组织运行的法制化，不仅奠定了政治参与权利行使的制度基础，而且随着其在全国范围内的实施，更强化了政治参与的权利意识，改善了政治参与的社会环境。

党的十六大以来，为了促进有序政治参与的发展，进一步完善了制度建设并开始在关键环节保障“参与权”。其一，丰富了政治参与权利行使的形式，构建了包括民主选举、民主决策、民主管理和民主监督在内的一整套制度体系，使社会主义民主制度进一步健全。其二，在承认政治参与具有权利属性的前提下，在干部人事任用等关键环节着手构建“参与权”的保障机制，“扩大党员和群众对干部选拔任用的知情权、参与权、选择权和监督权”，以建立健全选拔任用和管理监督机制。权利保障机制的首次构建，尽管并没有涵盖政治参与权利的整体，尽管只是在某一领域率先突破，但毕竟选择了关键的人事组织领域，明确了参与权利行使的目标、内容和形式，开启了大张旗鼓从正当权利的高度去关注和重视政治参与的先河。

党的十七大以来，政治参与权利的制度建设进一步扩展，保障程度进一步深化。首先，“人民当家作主”作为社会主义民主政治的本质和核心被进一步强调，公民政治参与权利的行使已不局限于某些关键环节而是贯穿民主生活的全程，权利形式也调整为更具体可行的“知情权、参与权、表达权、监督权”，其中“公民参与影响国家政治的权利，是公民的积极防卫权”，[①] 而知情权、表达权和监督权被视为公民对国家权力的消极防卫权。其次，在社会管理领域逐渐构建了党委领导、政府负责、社会协同、公众参与的制度和格局。最后，在基层自治组织和社会组织内部，细化并优化了公众参与的组织、程序和制度，增强了基层自治和社会自治的功能。

党的十八大以来，对公民政治参与的制度建设更加深入和全面。首先，为了保障平等参与，大力增强和完善了以权利公平、机会公平、规则公平为主要内容的社会公平保障体系。其次，民主政治进一步制度化、规范化、程序化，在各个领域强调法治思维和法治方式的运用。最后，党组织领导的基层自治机制在扩大有序参与、推进信息公开、加强议事协商、强化权力监督等方面取得了重大进展。

① 郭道晖：《公民的政治参与权与政治防卫权》，载《广州大学学报》（社会科学版）2008年第5期。

（二）现有研究的不足和城乡发展的新要求

1. 现有对农民政治参与问题研究的不足

中国的“三农”问题具有显著的特殊性和重要性，是学术理论界长期探讨的重大问题，积累了大量论文、专著和研讨论文集，成立了若干有影响的研究机构。现有对农民政治参与问题的研究，主要集中在政治学和法学两个领域，在梳理农民政治参与现状、总结问题并分析原因等方面，取得了丰硕的成果，但总体看来，现有研究存在明显的局限性，尚不能适应新农村建设和农村治理的需要。（1）从政治学角度研究农民政治参与的成果，大多对农民政治生活的现状缺乏实证调研，主要依靠感性经验来描述现状和归纳问题，导致对问题的把握不够准确和深入；著名研究机构如中国社会科学院、华中师范大学等进行的实证调研存在调研目标过大、调研内容分散等问题，以致对现状的分析过于笼统，所得结论大而无当，所提建议缺乏可操作性；个别学者对特定村庄进行的持续观察和调研，较好地解决了实证材料和理论深度的问题，但现有此类研究选择的村庄往往比较特殊，这种经验难以全面复制。（2）从法学角度研究农民权利的成果，大多产生于改革开放以来农民权益受损较多的领域，集中在农民选举权、土地承包经营权、受教育权等问题，由于热点频出，构建农民权利救济途径的任务非常繁重，因此这类研究还无暇对权利要素、权利结构的内在关系做系统探索，对农民权利的内涵、价值和特征等缺乏理论分析。（3）综合而言，两个角度的研究虽然各有进展，但却没有建立共同接受的概念体系和理论平台。政治学角度的研究，侧重于对农民主体特殊性的分析，试图构建消除农民政治参与权利障碍的“一揽子”解决方案，但随着论证的深入往往陷入迷失方向、顾此失彼的状态，因为短期内农民的生活状态无法从整体上、系统地发生改变。法学角度的研究，侧重于对政治参与权利的行使程序进行研究，对当前严重损害农民权利的现象有所遏制，使重点领域内的农民权利保障得到部分加强，但“头痛医头，脚痛医脚”的做法和系统理论的缺乏，限制了对农民权利的保障程度和救济范围。权利救济实现与否，甚至取决于能否得到舆论关注和法学界“大咖”的推动，这最终必然贬损法治的权威。

因此，现有成果尽管对问题的剖析较为深刻，但两个角度的研究均处于自说自话的状态，甚至对于“政治参与”“权利”等关键概念，缺乏必要的沟通交流，没有形成一致的观点。不仅不同学科学者之间存在分歧，而且理论界和实务部门之间对农民政治参与权利的认识和解决思路差异极大。这种研究状况，很难发挥引导政府决策、促进问题解决的作用。必须运用多学科知识、充分掌握实地情况，才有可能推进对农民政治参与权利的理解和保障。

2. 城乡一体化发展的新要求

城乡一体化的新发展，意味着在新型城镇化和新农村建设两方面都要有所提升。对投身新农村建设的广大农民而言，“新农村”不仅是外在的“村容整洁”，更是内在的“乡风文明”；不仅仅是物质文明的发展，更是政治文明、社会文明、文化繁荣和生态文明的协调发展。只有阐明并切实保障农民的政治参与权利，才可能使农民在经济、社会、文化和环境生态等各领域真正发挥建设主体的作用，新农村建设才可能走上良性发展、自主发展的道路，从而和以往依靠外在输血支持、被动改造农村的活动区别开来。对于参与新型城镇化建设的进城农民而言，要想改变目前的弱势群体地位，逐渐结束进城农民易于受侵害的状态，只有切实保障农民依法行使自己的法定权利，而不能仅仅静待城市资源的丰富、城市管理水平的提高或者城市环境的根本改变。对转变为市民身份的农民而言，尽管在经济实力、社会福利、公共服务等方面和城市居民接近或者相同，但如果没有培育出“自由”“平等”“权利”等市民社会的固有价值观，仍不可能真正融入城市生活。因此，城乡一体化的推进，最重要的是培养这一进程中的新主体：在农村是生产和生活方式都适应新农村建设要求的新农民，在城镇是各个方面都真正融入城市生活的新市民。新主体不仅体现在外在面貌或物质资源的拥有方面，还体现在具有新的风尚或精神即文明乡风、市民精神方面，而这些更需要有新的制度来保障。农民政治参与权利的行使，是保障新主体地位和作用的最关键、最重要的制度，是从根本上推进城乡一体化科学发展的正确道路。

（三）研究条件日渐成熟

在理论界和决策实务部门积极探索“三农”问题的同时，随着我国民主法治进程的推进、依法治国方略的落实以及党和政府对“三农”问题重视程度的提高，为农民权益保护、农民政治参与等相关问题的研究，创造了空前优裕的条件。这主要表现在相关法律体系日渐完备、法律实施的组织结构日益健全以及法律意识和观念显著提升等方面。

1. 规定农民政治参与权利的法律政策渐成体系

“法的运作以立法为起点。”[①]2011 年 3 月，全国人大宣布“中国特色社会主义法律体系基本形成，从制度上、法律上解决了国家发展中带有根本性、全局性、稳定性和长期性的问题”。[②] 其中《中华人民共和国农业法》（以下简称《农业法》)、《村民委员会组织法》、《中华人民共和国乡镇企业法》(以下简称《乡镇企业法》)、《中华人民共和国农村土地承包法》(以下简称《农村土地承包法》)、《中华人民共和国土地管理法》(以下简称《土地管理法》)、《中华人民共和国农业技术推广法》(以下简称《农业技术推广法》）等直接针对农业、农村和农民的法律，都明确规定了农民的相关权利并大幅提高了权利保障的程度。而《中华人民共和国全国人民代表大

① 张文显主编:《法理学》，高等教育出版社、北京大学出版社 1999 年版，第 87 页。

② 吴邦国:《吴邦国在十一届全国人大四次会议上作的常委会工作报告》，载《人民日报》2011 年 3 月 11 日，第 2 版。

会和地方各级人民代表大会选举法》（以下简称《全国人民代表大会和地方各级人民代表大会选举法》）、《中华人民共和国物权法》（以下简称《物权法》）、《中华人民共和国社会保险法》（以下简称《社会保险法》）等相关法律也显著增加了对农民的规定，并在一定程度上体现了对弱势群体的补偿原则。在政策层面，以全面取消农业税为起点，各项惠农政策不断出台，包括义务教育阶段学杂费的免除、新型农村医疗合作的建立、农村最低生活保障制度的实行等，农民的主要政治、经济和社会权利得到明显扩展。党和政府解决"三农"问题的政策指导思想从城乡统筹、消除二元结构发展到城乡一体化，农村政策的内涵不断丰富，从2004年到2017年连续14年中央一号文件均以"三农"问题为主题。党的十八届三中全会公报要求加快构建新型农业经营体系、赋予农民更多财产权利、推进城乡要素平等交换和公共资源均衡配置，指出"必须健全体制机制，形成以工促农、以城带乡、工农互惠、城乡一体的新型工农城乡关系，让广大农民平等参与现代化进程、共同分享现代化成果"。①2016年中央一号文件强调，农村一切工作的出发点和落脚点是坚持农民主体地位、增进农民福祉，要求用发展新理念破解"三农"新难题，推动新型城镇化与新农村建设双轮驱动、互促共进，具体要做到"农民素质和农村社会文明程度显著提升，社会主义新农村建设水平进一步提高；农村基本经济制度、农业支持保护制度、农村社会治理制度、城乡发展一体化体制机制进一步完善"。②

2. 保障权利行使的结构或组织基本具备

"结构是法律制度一个基本的、明显的组成部分……是持久的模型、

---

①《中国共产党第十八届中央委员会第三次全体会议公报》，载《人民日报》2013年11月13日，第1版。

②《中共中央　国务院关于落实发展新理念加快农业现代化　实现全面小康目标的若干意见》，载《人民日报》2016年1月28日，第1版。

体制性的构架，是将程序保持在轨道之内的坚硬的骨骼”。[①]法律的实施和权利的行使，离不开法律结构或组织，包括立法、司法、执法以及法律辅助等组织及其成员。[②]农民政治参与权利的行使，在结构和组织上至少涉及乡镇基层政权、村党支部和村委会、村民各种形式的组织等主体。其中乡镇基层政权要面对“采取数量化任务分解的管理方式和物质化的评价体系”，[③]为了完成上面层层下达并逐级加码且和农民利益无关甚至有害的数字化指标，可能会消极对待甚至故意妨碍农民政治参与权利的行使。由村党支部成员和村委会成员组成的村干部群体，本质是地方自治代表的角色、发挥地方公共管理的自治功能，然而现实中行政权力的强势介入、村“两委”关系的混乱以及村干部观念意识及地位的不明确，导致国家行政权力和农民自治权利都难以实现对其有效的监督。对于权利所有者——农民而言，在实行家庭联产承包责任制的条件下，随着市场经济的冲击，对公共服务的需求明显提升，在缺乏其他明确组织形式的背景下，农民只能首先在最小的组织内实现政治参与，因而对本村公共事务和公共资源的关注程度逐渐提高，参与村民自治的热情远远高于参与乡镇、县、市的政治、经济或社会事务的热情；但同时必须看到，农民的经济力量依旧薄弱，传统意识在农民头脑中根深蒂固，农民的弱势地位长期延续，这些成为农民积极行使政治参与权利所面临的难以克服的现实困难。这些主体尽管还存在上述各种问题，但毕竟在政策理论和法律规定上要承担保障农民政治参与权利行使的职责，构成了农民政治参与权利行使的基本结构要素。

---

① [美] 劳伦斯·M. 弗里德曼:《法律制度——从社会科学角度观察》，李琼英、林欣译，中国政法大学出版社 1994 年版，第 16 页。

② 参见夏锦文:《法律效益化的实证标准研究》，载公丕祥主编:《法制现代化研究》(第 1 卷)，南京师范大学出版社 1995 年版，第 96 页。

③ 董郁玉、施滨海编:《政治中国》，今日中国出版社 1998 年版，第 324 页。

3. 促进权利行使的观念和意识渐成主流

法律意识是“人们关于法律现象的思想、观点、知识和心理的总称”,[①]是“使法律制度凝结在一起、决定法律制度在作为一个整体的社会文化中的态度和观念”。[②]这种“态度和观念”的形成，按社会心理学理论，首先是社会主体感知到一种社会存在，“当感觉结合成更复杂的状态时，一定的情感也随之产生……情感又遵循着某种规律、秩序形成情绪”。[③]情感、认知、动机等心理要素组合在一起，构成社会态度这一复杂的心理状态。而且态度也影响人的情感、认知和行为模式。[④]不同社会的观念和意识塑造了不同的权利行使方式。法律或权利观念和意识最基本的功能是指导权利主体的行为，它规定了人们的法律或权利倾向，成为一种内化了的权利行为规范，影响和支配着人们对权利行使方式的选择，并以一种执着的目标深刻、稳定、持久地指导人们的权利行为。阿尔蒙德认为，“政治文化是一个民族在特定时期流行的一套政治态度、信仰和感情。这个政治文化是由本民族的历史和现在社会、经济、政治活动所形成”。[⑤]因此，观念和意识通过塑造农民价值观对农民政治参与行为起导向作用。我国社会正处于文化的重构时期，政治参与文化的多样性相互碰撞，必然会产生多种参与行为。

农村改革政策不仅使农民的政治和经济领域发生了翻天覆地的变化，同样在农民的思想意识层面产生了强烈的震撼，这些思想意识通过一定的方式成为影响政治体系和农民政治参与的文化因素。现阶段中国政治文化

---

① 沈宗灵主编:《法理学》，高等教育出版社 2004 年版，第 250 页。

② 原文是 “These are the values and attitudes which bind the system together, and which determine the place of the legal system in the culture of the society as a whole”。参见 *Legal Culture and Social Development*, Law and Society Review, 4, 1969。

③ 顾春明:《现代科技与社会心理》，世界知识出版社 2000 年版，第 28 页。

④ 顾春明:《现代科技与社会心理》，世界知识出版社 2000 年版，第 30 页。

⑤ [美]加布里埃尔·A. 阿尔蒙德、小 G. 宾厄姆·鲍威尔:《比较政治学：体系过程和政策》，曹沛霖等译，上海译文出版社 1987 年版，第 29 页。

的一个最基本特征就是参与型政治文化还处于初始阶段。公民对政治系统开始产生强烈的认知，并尝试积极输入自己的利益要求与意愿，政治效能感显著增强。但我国参与型政治文化并没有完全形成，公民虽有利益诉求愿望，但在如何实现利益方面，仍有人希望依靠传统的思维与路径，而不是以参与文化作为指导。据此，农民对政治参与权利的态度和意识，是影响甚至决定这一权利运行及民主政治水平的重要因素。而我国农民对政治参与权利的态度和意识，总体上是积极的、乐观的，经济发达地区发生的包租飞机回家乡参加选举投票的现象，以及各地频发的村委会选举中的激烈竞争，证明了我国农民对政治参与权利的认识具备一定的思想基础，这将有力地促进权利的行使。

党和政府从理论认识和制度建设两方面对农民政治参与日益关注并不断引导；城乡一体化推进的步伐日益加快，要求农民在新农村建设和新型城镇化发展中发挥主体作用；而现有研究成果还没有聚焦于农民的权利主体地位问题；促进农民行使权利的制度、观念和社会结构已经形成，农民政治参与权利将越来越发挥重要的作用。以上因素，是激励我们潜心思考该课题的缘起。

二、概念界定

（一）农民

关于农民的界定，美国社会学家埃弗里特·罗吉斯认为：“农民是农产品的生产者和传统定向的乡下人，他们一般比较谦卑，大多是自给自足的，就是说他们生产的粮食和其他东西，大部分都是自己消费的。因此，农民和自给自足的农业生产者是一个意思。”[①] 著名的法国社会学家 H. 蒙德

① ［美］埃弗里特·M. 罗吉斯、拉伯尔·J. 伯德格:《乡村社会变迁》，王晓毅、王地宁译，浙江人民出版社 1988 年版，第 321 页。

拉斯从二元范式的角度对农民的定义进行阐释："农民是相对于城市来限定自身的。如果没有城市，就无所谓农民，如果整个社会全部城市化了，也就没有农民了。"[①]而经典马克思主义者们从政治的立场出发，把"农民"定义为特定生产关系中的一个阶级，也就是中世纪广泛存在的、和地主阶级相对的农民阶级。

我国学者对于农民的定义，有这样几种主要观念：

其一是从居住概念来界定。长期以来，土地是农民的基本生活资料、最主要的生活来源和最大的生活保障。他们的生产、生活、消费和工作等活动都围绕居住地进行。所以这种观念认为，凡是居住在农村的便是农民。如程贵铭指出："农民是指居住在传统的农村社区，以从事种养业和简单手工业为生，受外部支配较多，社会地位较低的一个阶层。"[②]但是，随着社会流动性的增强，以居住地来界定农民的范围，有显著的局限性。

其二是从职业上来界定。《辞海》中将农民定义为，"农民是指直接从事农业生产的劳动者"。但是，改革开放和市场经济的发展，使农村社会的整体性逐渐消解，农民阶层开始分化。如有学者按照经济和职业的标准，认为我国农民已分化为"农业劳动者、农民工、雇工、农村知识分子、个体劳动者和个体工商户、私营企业主、乡镇企业管理者、农村管理者" 8 个阶层。[③]所以，虽然迄今为止，没有脱离土地的农民仍占多数，但已有相当数量的农民从事其他职业，而且不断有新的职业群体出现。

其三便是从户籍上来界定。长期以来，农民在我国不仅是职业称谓，也是身份特指，这是由城乡二元社会结构决定的。我们通常所称的农民，主要是从户籍身份角度进行的划分，指的是具有农村户籍的人口，不论男女老幼，不论是否具有劳动能力，不论是否在农村生活居住，是否以农业

① [法] H. 蒙德拉斯:《农民的终结》，李培林译，社会科学文献出版社 2005 年版，第 7 页。

② 程贵铭主编:《农村社会学》，中国农业大学出版社 1998 年版，第 40 页。

③ 陆学艺等:《社会结构的变迁》，中国社会科学出版社 1997 年版，第 112 页。

生产为生，都属于农民的范畴。我们通常说的“13 亿人口 8 亿农民”，实际上说的就是这种意义的农民。尽管改革开放后，农村居民产生了具有历史意义的阶层分化，一部分农村居民不再从事传统的农业生产劳动，但是所有的农村人口，在经济利益、政治权利、身份地位、生活质量等方面，仍然具有高度的一致性，尤其在政治上这种一致性更为明显。本书所称的农民也是从户籍这个角度来定义的。

还有一种从综合角度使用农民概念的，如李守经认为：“农民是指在农村地缘关系的基础上，通过各种社会关系和联系而组成的农村各类社会集团、群体及社会组织中的农村居民。”① 因向总理说实话而闻名的李昌平则把农民定义为“没有国民待遇的一群人”。② 由此可见，中华人民共和国成立以后，农民在中国的法律、法规以及社会的规范认可下已经逐渐成为一种身份的象征。在我国的现实生活中，农民受到了很多不公平待遇，是中国社会中最大的弱势群体。

（二）政治参与

对于政治参与问题的关注在国外由来已久，自 20 世纪 60 年代美国学者率先将其纳入研究视野，此后专门研究政治参与的学者逐渐增多，大批理论著述随之出现，政治参与成为一个稳定成熟的学术领域。

不同的学者对政治参与有不同的理解。赫伯特·麦克劳斯基对政治参与所下的定义是：“政治参与是表示社会成员选择统治者以及直接或间接的在公共政策形成等方面的自愿活动。”③ 亨廷顿和纳尔逊对政治参与问题的研究代表了西方学者的较高水平，他们在《难以抉择》一书中首先将政治

① 李守经主编：《农村社会学》，高等教育出版社 2000 年版，第 30 页。

② 李昌平：《我向百姓说实话》，远方出版社 2004 年版，第 22 页。

③［美］赫伯特·麦克劳斯基：《政治参与》，载 D.L. 西尔斯主编：《国际社会科学百科全书》（第 12 卷）（英文版），美国麦克米兰出版公司、自由出版社 1968 年版，第 252~253 页。

参与定义为：平民试图影响政府决策的活动；[①]而后又进一步对其论述：政治参与包括活动而不包括态度，它是实际的行为活动，而不包括政治心理上的内容；政治参与是平民的参与，即普通公民，不包括官僚、政治家、职业革命者的参与；政治参与仅限于对政府施加影响的活动，但是不论其实际效果如何，只要是对政府施加影响的行为都属于政治参与范围。亨廷顿和纳尔逊还认为政治参与不局限于主动参与，动员参与也属政治参与。[②]美国学者孔奇在《政治参与概念如何形成定义》的论述中列举了4种有代表性的看法：（1）政治参与是影响国家或试图影响公益分配的行为；（2）政治参与是旨在影响国家或地方政府的行为或有组织的平民行动；（3）政治参与就是个人或个人组成的集体有意或无意地支持或反对、维护或改变一个政府或团体的某些特征的一切行动（或不行动）；（4）政治参与是在政治体制的各个层次中，意图直接或间接影响政治抉择的个别公民的一切自愿活动。[③]西方学者对政治参与所下的这些定义，由于各自研究兴趣和方法的差异而呈现出各自不同的特色。

《中国大百科全书·政治学》认为，政治参与“是公民自愿地通过各种合法方式参与政治生活的行为”。[④]《当代世界政治实用百科全书》认为，政治参与一般“指社会成员按照一定的法律程序参与政治生活的政治行为”。[⑤]文晓明、王立新等认为，政治参与“是政治系统内的社会成员为了维护和实现自己的利益，根据该政治系统认可的程序和规范，采取一定的手段和方式选择政治领导人、影响政治决策、监督决策实施的政治运行过

① 参见［美］塞缪尔·亨廷顿、琼·纳尔逊：《难以抉择》，汪晓寿等译，华夏出版社1989年版，第4页。

② 参见［美］塞缪尔·亨廷顿、琼·纳尔逊：《难以抉择》，汪晓寿等译，华夏出版社1989年版，第6页。

③ 参见王浦劬主编：《政治学基础》，北京大学出版社1995年版，第206页。

④ 中国大百科全书总编辑委员会编：《中国大百科全书·政治学》，中国大百科全书出版社1992年版，第485页。

⑤ 中国社会科学院世界经济与政治研究所《世界经济与政治》编辑部编：《当代世界政治实用百科全书》，中国社会出版社1993年版，第173页。

程”。[①] 李元书、刘昌雄认为政治参与是“公民通过一定的方式和渠道试图影响政治过程的行为”。[②] 王浦劬认为：“政治参与是通过各种合法方式参加政治生活，并影响政治体系的构成、运行方式、运行规则和政策过程的行为”。[③] 和西方学者主要关注政治参与的目的性和有效性不同，我国学者在定义政治参与时，还关注参与的形式和途径，强调参与的主体应是普通民众而非职业政客。“其一，政治参与是工人阶级与人民群众直接管理国家事务，实现政治权力和人民民主的必要途径；其二，政治参与是普通公民对于政治事务的参与。”[④]

以上观点有些概括了政治参与的要素，如主体、客体、目的、性质、手段等，有些则明确了政治参与的运行机制，如采取的方式、适用的规范、经过的程序等。这些概念从静态或动态方面概括了政治参与这一活动或过程的内容和特征，体现了我国学者对该问题的主流认识水平。但上述概念，显然没有突出政治参与行为的合法性要求和政治参与过程的交互性特征。综合以上观点，笔者认为，政治参与应为公民在宪法和法律允许的范围内，依靠其享有的权利积极介入国家政治生活、影响国家政治体系运行和国家政策出台过程的行为方式。

（三）权利

康德曾设想，让法学家回答“什么是权利”这样的问题将是令其非常为难的，因为对习以为常的事物或现象下个恰当的定义几乎是不可能的。法学家可能“仅仅承认这样的事实，即指出某个国家在某个时期的法律认为唯一正确的东西是什么，而不正面解答问者提出来的那个普遍性的问

---

① 文晓明、王立新：《社会主义民主政治运行机制研究》，人民出版社 2004 年版，第 168 页。

② 李元书、刘昌雄：《政治参与：涵义、特征和功能》，载《学术交流》1995 年第 6 期。

③ 王浦劬主编：《政治学基础》，北京大学出版社 1995 年版，第 207 页。

④ 王浦劬主编：《政治学基础》，北京大学出版社 1995 年版，第 207 页。

题”。[①]事实上存在的数百个关于权利的概念和长期延续的争论，也充分证明了界定“权利”的难度和复杂性。

从历史的线索分析，古罗马法《查士丁尼法典》中存在一个概念“jus”，美国法学家庞德对其十余种含义梳理后认为，其中至少4种类似于今天的“权利”概念，[②]因此“jus”的含义可以在多个层面上对应于“法”或“权利”。近代以来，古典自然法学家从多个角度阐明了权利概念的内涵，并确立了权利在资产阶级民主法制中的重要地位。比如，格劳秀斯把权利视为“道德品质”，强调权利的道德意义。霍布斯说“‘权利’这个词确切的含义是每个人都有按照正确的理性去运用他的自然能力的自由”。[③]斯宾诺莎认为“平民的权利是指每人所有的保存其生存的自由”。[④]到实证分析法学家那里，权利成为义务的对应物，权利更加具体和明确。在边沁眼中，权利和义务是相对而言的，一个人的权利就是另外一个人的义务，法律每赋予一项权利给一个人或者是一类人，他们都会相应地把一部分义务加于另外一些人，侵犯一个人的权利或者拒绝自己的义务都会受到法律的惩罚。[⑤]耶林则认为，只有受法律保护的利益才是权利，不管其是否符合主流的价值判断。现代西方法学家对于权利概念的理解更加综合和动态。比如《布莱克法律词典》至少列举了权利的5种含义，庞德对权利含义的总结则扩充为内容丰富的6项，基本上是对古典权利概念的梳理和重新阐述。

我国古代不存在现代意义上的权利观念，中华人民共和国在引进苏联

---

①［德］康德：《法的形而上学原理——权利的科学》，沈叔平译，商务印书馆1991年版，第39页。

② 参见［美］罗斯科·庞德：《通过法律的社会控制》，沈宗灵译，商务印书馆1984年版，第45页。

③［英］霍布斯：《论公民》，应星、冯克利译，贵州人民出版社2003年版，第8页。

④［荷兰］斯宾诺莎：《神学政治论》，温锡增译，商务印书馆1963年版，第219页。

⑤ 参见［英］杰里米·边沁：《论道德与立法的原则》，程立显、宇文利译，陕西出版集团、陕西人民出版社2009年版，第358页。

的法律科学时逐渐关注到权利的概念。程燎原、王人博较早出版了相关主题的专著，在其《权利及其救济》一书中指出，“权利就是由自由意志支配的，以某种利益为目的的一定的行动自由”。① 梅仲协认为“权利者，法律赋予特定人，以享受其利益之权力也”。② 张文显把权利视为法律关系中的主体获得利益的一种手段，③ 郭道晖则将其看作为获得利益而采取行动的资格和可能性。④

我们认为，权利是指在人类社会实践中得以产生的权能和利益，它以一定的社会承认为前提，由其所有者自主享有。这一定义包含4层意思：第一，权利是在社会生活中产生的，即只有在人类社会关系中才能产生权利，孤立隔绝的个人，如荒岛中漂流的鲁滨逊，不能和人类社会发生联系，自然也就无所谓权利。第二，权利必须得到某种形式的社会承认，承认可能来自习惯、道德、宗教或法律，分别对应人们获得的习惯权利、道德权利、宗教权利和法律权利。没有得到社会承认的，只能是不确定的资格或利益。第三，权利是由其主体自主享有的，是主动行使权利还是放弃权利，只能取决于权利主体本身而不应是任何别的因素。第四，权利包括权能和利益两个方面。权能是获得利益的资格和可能性，利益是权能实现的目标和结果。

权利是法律科学的基石范畴、追求目标和永恒主题。“政治思维方式的重心在于利弊的权衡，经济思维方式的重心在于成本收益的比较，道德思维方式的重心在于善与恶的评价。”⑤ 这表明不同学科的关注焦点、思维方式和解决方案是各有侧重、大不相同的。“与前述诸种思维方式相对

① 程燎原、王人博:《权利及其救济》，山东人民出版社1998年版，第31页。

② 梅仲协:《民法要义》，中国政法大学出版社1998年版，第33页。

③ 参见张文显:《法学基本范畴研究》，中国政法大学出版社1993年版，第82页。

④ 参见郭道晖:《法的时代呼唤》，中国法制出版社1998年版，第6页。

⑤ 郑成良主编:《现代法理学》，吉林大学出版社1999年版，第10页。

应，法律思维方式的重心在于对合法性的分析，而合法性的分析通过权利和义务的分析实现，也就是说，一切法律问题，说到底都是权利与义务问题。”[①]“法学对权利的关注程度表明一个社会对法律和权利的信念程度。因为‘权利理论说明一个社会的信念，或相信作为自己信念的信念’。这个‘信念’既是法律的，也是权利的。因而注重对权利的研究无疑既有助于法律信念的树立，也有利于权利观念的增强。”[②]

在我国这样一个民主、法治传统不健全的国家，在当前这个民主化、法治化成为世界潮流的时代，关注并倡导权利具有重要的意义。首先，只有大力关注和倡导权利，才能促进社会观念的转变，形成适应时代要求又协调一致的社会意识。当前，我国主流社会意识存在断裂的风险，一方面，不同阶层的观念差异悬殊极大；另一方面，即便同一个体的观念也很不稳定。要想在全社会范围内普遍形成尊重权利、保障权利的氛围，必须肃清义务本位和专制传统的消极影响，改变民主与法治口惠而实不至的状况，这是法律科学义不容辞的职责。其次，只有大力关注和倡导权利，才能促进社会的稳定进步，实现民主和法治的价值和使命。社会是人类各种关系的集合，权利是社会关系的核心内容。要维持社会稳定发展、促进社会快速进步，必须尊重和保障权利。尽管并非所有社会关系都靠法律来调整和规制，但一来法律能提供最权威、最有效的保障；二来最基本的、最有效的权利无不受法律的调控和保护，因此关注和倡导权利是社会赋予法律科学的使命。“在对权利的探索中，法学不仅能获得社会的信赖和支持，而且将获得发展的动力和创新的能量。”[③]正是由于关注和倡导权利可以在意识观念和社会实践两方面发挥促进作用，对权利问题如何强调都不为过。不能否认所有中国公民包括市民在内，各项权利都还需要进一步发展

---

① 郑成良主编:《现代法理学》，吉林大学出版社 1999 年版，第 10~11 页。

② 汪太贤:《法学视野中的权利问题——我国权利研究的法学检讨》，载《理论与现代化》2001 年第 2 期。

③ 汪太贤:《法学视野中的权利问题——我国权利研究的法学检讨》，载《理论与现代化》2001 年第 2 期。

和加强，但我们更应该清醒地认识到：饱受不公正待遇的农民对权利或利益的追求是完全正当的和必要的，加强和保障农民权利是党和政府以及社会各界的共同责任。

农民政治参与权利是内涵丰富、牵涉庞杂的话题，不仅和农民、政治参与、权利这三个核心概念有关，在我国的特殊国情和历史背景下，尤其在社会主义新农村建设的伟大历程中，这三个核心概念的任意组合都别具深意，如农民政治参与、农民权利、政治参与权利、农民政治参与权利等，在特定语境下都具有特殊的内涵而值得深入探讨，本书将在相关部分介绍梳理。

三、研究意义和方法

政治参与是政治生活中的重要现象，公民政治参与权利行使的状况是衡量一个国家民主政治发展、社会公平与和谐的尺度，研究我国农民政治参与问题具有显著的理论意义。我国是一个农业大国和农民大国，农民的政治参与程度和水平直接影响我国的政治民主化进程，决定中国政治的发展状况；今天居住在乡村的人口数量虽然快速下降，但农民仍然是中国最为庞大的阶层，扩大农民的政治参与是我国民主政治发展的必然要求。保障广大农民的政治参与权利，是我国政治发展实质性进步的体现，是政治文明进程的应有之义，有利于维护良好的社会秩序和国家的长治久安，有利于促进国家经济社会的发展，推进全面实现包括农民在内的全民族的共同进步。党的十一届三中全会以来，随着农村改革而启动的改革开放为广大农民的政治参与创造了现实条件，农民的政治参与也取得了丰硕的成果，为基层民主法治建设和国家繁荣稳定作出了创造性贡献。但我国长期延续的城乡二元结构模式，导致农民长期遭受不公正待遇。农民的问题如果仍然得不到公正的对待和解决，我们树立的宏伟目标将难以真正实现。

从学术价值上来讲，研究农民政治参与权利的制度创新问题，是解决中国农村政治发展困境的一种有益尝试。以往人们一般是从国家或者社会的角度出发，来研究农民有序政治参与的重要性和必要性，而从农民的角度、把农民看成权利主体来研究的较少，设想为农民政治参与权利构建法律制度保障的成果更少。许多学者倾向于用近代西方的国家—社会理论去检验和理解中国农村（乡村社会），看重宗族、士绅、精英、权威的作用，但对于作为权利主体的农民却思考不多。这在一定程度上表明我们对农民的利益主体地位仍没有明确的认识和承认，反映了农民在政治参与中的权益受到漠视而处于弱势地位。农民政治参与不仅是一种实在权利，还是一种利益表达机制，即通过制度化的公共参与向政府合理合法、有礼有节地表达自己的利益需求，并参与社会资源和利益的分配。通过制度创新和法律规范，解决农民政治参与权利正当性不突出、制度不完善、渠道不畅通的问题，必将推进农民积极行使政治参与权利从而有效地实现自身的利益，推进农村、农民和农业的发展，为“三农”问题的彻底解决创造条件。

就实际意义而言，探索完善农民政治参与权利行使的渠道、形式和制度保障，是实现农民政治参与制度化、规范化和程序化的有效途径，是坚持和完善农村基层民主制度和建设社会主义政治文明的必然要求和重要内容。对农民政治参与权利的研究，既有利于促进国家政治和社会经济的整体协调发展，又有利于维护农民的权利和利益，对解决当前农民政治参与中出现的种种无序甚至混乱现象有直接帮助。课题研究团队的成员大多是从农民群体里走出来的社科工作者，和农民保持着千丝万缕的联系，经常接触农村基层政治生活的是是非非，对这一课题的研究也有助于加深对农民政治生活的理解及对党和国家政策、法制的把握，有利于更深入、更高效地向农民兄弟宣传和解释，也算不枉经常被农民兄弟当作“明白人”来咨询和期待了。

本书立足于当代中国政治发展的现实，以马克思主义法学、政治学和社会学基本原理为指导，采用理论阐述与实证调研相结合、个案分析和问卷调查相结合的方法进行研究。具体来讲，首先是文献研究法。通过系统收集和梳理国内外农民政治参与的研究文献、法律法规、政策文件、数据资料等，掌握农民政治参与权利的研究状况和发展情形，阐明其理论基础，描述其实践基础和制度基础，了解其理论创新和实践创新的动向。其次是问卷调查法。为丰富对农民政治参与权利行使情况的认识，更深刻地把握在实践和制度方面的现状和创新动态，通过发动在校大学生进行社会实践调研的形式，我们连续3年内组织了90名大学生在暑假期间开展针对农民政治参与的问卷调查，得到大约3500份调查问卷。调查结果经过整理和分析，丰富了实证研究的内容。最后是深度访谈法。针对个别接触和调查问卷中发现的线索，我们选取了若干典型群体和个体进行深度访谈，探究影响农民政治参与的具体因素及其内在机制，为我们探索制度创新的指导思想、行为模式、步骤环节等提供了宝贵的经验。

第一章　农民政治参与权利的理论基础

对农民政治参与的理论分析，可以从多个角度展开，由于对其概念、意义、功能和历史发展等已有较多论述，本章将重点从农民政治参与的属性和内涵上进行发掘和论证，凸显其理论本质及对这一本质的合理表达：论述政治参与的本质属性，论证政治参与是民主社会公民的基本权利；分析农民政治参与的具体内涵，阐明农民政治参与开展的方式、实现的功能、产生的影响、表现的形态和触及的领域。

一、政治参与权利的本质属性

无论是从正面对政治参与的性质和功能进行考察，还是从侧面对学术界构建的权利体系进行验证；无论是法律规范的确认程度，还是实践生活的具体运作，都不容置疑地表明，政治参与具有明确的权利属性，是民主制度下公民享有的基本权利。

（一）政治参与：体现“人民主权”本质，构成权利实现方式

1.政治参与体现民主制度“人民主权”的本质要求

近代之前，人民大众的政治参与虽然存在，但并非社会制度的内在要素，没有朝制度化的方向发展。资产阶级革命后，人民主权的原则开始确立，政治参与作为保障公民利益表达、防止独裁暴政复辟、保持社会旺盛

生命力的必要权利确立起来。社会主义民主制度是对资本主义民主制度的扬弃和发展，更加旗帜鲜明地主张“一切权力属于人民”，把公民的政治参与作为实现人民当家作主的本质要求。

第一，广泛、深入的政治参与是人民主权原则的要求和体现。“主权在民”原则是资产阶级领导人民群众反对封建王权的有力武器，从洛克提出“议会主权”到卢梭系统阐述“人民主权”，这一原则伴随资本主义民主的深化而确立。既然主权“是共同体和它的各个成员之间的一个约定”，[①]而且是合法、公平、有益、稳定的约定，那么主权就只可能属于全体人民。由全体人民直接行使权力，需要现实生活中难以具备的诸多条件。因此，绝大多数情况下，这种权力只能通过“代议制民主”或间接民主来实现。代议制即代表议决制，由普通公众选举产生自己的代表，代表们组成代表机关行使国家立法权，并对政府和司法机关的行政权和司法权进行制衡。代议制之下民意代表机构行使的公共权力源于人民权利的让渡，其行使应以最大限度地保障人民权利的实现为目的。这种权力所有者和行使者相分离的状态，尽管并不根本上违背“主权在民”的原则，但又确实存在权力失控或异化的危险。于是，“民主政治把国家权力分解为公民的基本政治权利，赋予公民参政的资格和机会，把政治变成绝大多数人的事务”。[②]由公民权利来制约国家权力，公民作为政治主体采取主动的政治参与行为去影响、支持政治决策和政治走向，国家权力机关及其成员则接受公民委托、在公民政治参与下依法运行和操作，这构成民主制度下公民政治参与的基本形式。

20世纪50年代末，欧美一些新左派学者对代议制民主中存在的弊端进行了深刻的揭露，推动了参与式民主理论的发展。柯尔在批评代议制民

---

① [法] 让·雅克·卢梭:《社会契约论》，何兆武译，商务印书馆2003年版，第44页。

② 张文显主编:《法理学》，高等教育出版社、北京大学出版社1999年版，第386页。

主的基础上，认为“真正的民主政治不应当在单独的、无所不能的议会中去寻求，而应当在各种有调节职能的代表团体这种制度中去寻求”。[①] 此后凸显公民直接参与意义、探讨恢复民主原本含义的著作不断涌现，如1970年卡罗尔·佩特曼的《参与和民主理论》、1980年简丁·曼斯布里奇的《超越敌对民主》、1984年本杰明·巴伯的《强势民主》等，[②] 未来学家托夫勒和纳斯比特也一致预测参与式民主将成为民主制度的新形式，“凡生活受到某项决策影响的人，就应该参与那些决策的制定过程”。[③] 参与式民主认为公民直接参与社会中关键工作的管理，将有利于公共意识的形成和开放式制度体系的发展，从而减少社会矛盾并保持开放和流动。同时，既然民主是解决问题的一套程序，那么建立在“参与”基础上的集体决策更容易得到实施。因此实现民主的途径应该是：“使民主在人民的日常生活中发挥作用，即把民主控制的范围扩大到大多数人生活于其中的那些关键的制度中去。”[④] 正如美国哲学教授卡尔·科恩在《论民主》一书中强调，民主决定于参与，即受政策影响的社会成员参与决策，认为“弄清参与的具体内容就可以对任何实际社会所实现的民主的程度作出理性的估价”。[⑤] 可见，无论是在传统代议制民主下，还是在参与式民主下，广泛而深入的政治参与都是人民主权原则的体现，是民主政治发展水平的重要标志。

第二，充分、有效的政治参与是人民主权赖以实现的载体和保障。人民主权的真正实现，至少在两个方面需要切实的载体和周密的保障：公民权利的有效行使和国家权力的有效制约。政治参与为这一组相互对抗力量

---

① [英] 柯尔:《社会学说》，李平沤译，商务印书馆1959年版，第70页。

② 参见梁军峰:《中国参与式民主发展研究》，中共中央党校2006年博士学位论文，第10 ~ 14页。

③ [美] 约翰·奈斯比特:《大趋势——改变我们生活的十个新方向》，梅艳译、姚琮校，中国社会科学出版社1984年版，第161页。

④ [美] 卡罗尔·佩特曼:《参与和民主理论》，陈尧译，上海人民出版社2006年版，第104页。

⑤ [美] 科恩:《论民主》，聂崇信、朱秀贤译，商务印书馆2007年版，第11 ~ 12页。

的角逐，提供了纵横驰骋的“战场”和安全周到的设施，为人民主权的实现奠定了行为基础和制度保障。政治参与是保障公民利益表达的有效形式，是公民权利实现的行为方式。民主政治下，人民主权原则要求国家政治体系的运行不可偏离民意或公意，但现实政治运行中代议制民主总是存在政治机器失控或出轨的风险，因此必须首先从加强公民权利自身出发，使公民有能力驾驭国家权力，影响政府的决策和行政。公民个人或团体通过参与定期的选举行为，可以不断强化权利主体的地位，向政府昭示政治权力的来源及政治活动的最终目的是公众而不是政府本身；通过对立法、行政、司法权力的监督，可以影响政治系统的运行并提高公共行政的效率，有效维护和促进个人或团体的利益；通过其他丰富多样的参与形式，可以有效地表达自己的利益、愿望和要求，对政府决策保持持续的压力并提供丰富的信息。

政治参与不仅能够促使公民权利的增进，而且还是防止公共权力走向独裁暴政的必由之路。广泛、深入的政治参与，意味着公共权力和公民权利之间的持续互动，必然要求发展出科学周密的规则和程序。因为“各政治主体的利益不同，必然出现政治期望和政治目标的冲突”，[①] 既定的规则和程序，一方面，是公共权力借以处理不同公民权利冲突的工具；另一方面，又是公民对公共权力有效监督和制约的武器。而且伴随公民法律意识的增强和法律技能的提高，这种监督和制约的功能会越来越显著。各国的现实也充分表明，正是由于公民的政治参与，官员滥用权力的行为和违反民意的政策才可以及时得到纠正和调整；同时，公民也只有积极、主动、充分地进行政治参与，才可以更及时、全面、准确地了解政府事务，从而更科学、合理地评价和监督政府，使接受委托的政府明确权力边界，不至于违背人民主权的原则，滑向独裁暴政的深渊。

① 张文显主编:《法理学》，高等教育出版社、北京大学出版社 1999 年版，第 384 页。

第三，积极、有序的政治参与是整合各方资源、保持社会活力的有效方式。马克思主义基本原理认为，矛盾是自然和社会的根本法则，人类社会的运行过程中，不仅在个体、群体、阶层阶级等各主体之间存在矛盾，而且在政治、经济、文化、社会、环境等各领域之间也存在矛盾，“矛盾是普遍地存在着，矛盾存在于一切过程中”。[①] 广泛而持续存在的矛盾，给社会运行带来了张力和活力，制造了冲突和对抗，需要积极整合各方资源，使“矛盾着的事物能够共居于一个统一体中”，促进矛盾往好的方向转化和发展。阶级社会中尽管主要依靠强权和暴力压制矛盾，但若干帝王也留下了礼贤下士、从谏如流，造就太平盛世的佳话，而且呈现出政治越开明、民众参与越广泛、社会发展越迅速的规律。“政治张力和冲突的解决，有赖于社会整合。”[②] 民主社会中存在的冲突和矛盾更加微妙，如发展和稳定、民主和效率、自由和平等、公权和私权等，更需要妥善对待和处理。“任何政府无论如何为民谋利，都不能让社会的所有民众满意，总会有部分群体的利益受损。要想社会系统和政府系统保持平衡而不至于失控，国家必须为政府和社会安置大量的‘排气孔’，以避免因为冲突的激化而走向毁灭。”[③] 公民积极的政治参与，正是有效释放压力的“排气孔”，通过对各方面资源深入、全面的发动，能引导冲突和矛盾朝着有利的方向发展。

积极、有序的政治参与是人类社会发明出来最高效、最科学的资源整合机制，不仅能充分发挥每个组成部分（细胞、器官、系统）的应有功能，而且能够形成向上、和谐的社会氛围，最广泛、最充分地调动一切积极因素，形成正和多赢的良性循环，从而有利于矛盾冲突的解决和社会的顺利发展，为人民主权的实现奠定坚实的社会基础。

---

①《毛泽东选集》（第 1 卷），人民出版社 1991 年版，第 308~309 页。

② 张文显主编：《法理学》，高等教育出版社、北京大学出版社 1999 年版，第 385 页。

③［美］L. 科赛：《社会冲突的功能》，孙立平等译，华夏出版社 1989 年版，第 25 页。

2. 政治参与是“天赋人权”的实现方式

生命、自由、财产、追求幸福等“天赋人权”的实现与否及实现程度，受个体差异和主观感受的影响，很难找到大家共同接受的评价方式。而政治参与权利的细分和具体化，减少了对基本权利评价的不确定性和主观性；同时，作为过程或活动的政治参与，相对客观地以某种行为方式或者现象把人们对基本权利的行使状况表现出来，是观察和评价基本权利实现状况的可行方式。

第一，政治参与是生命、自由、财产、追求幸福等“天赋人权”的内在义项。“天赋人权”是近代自然法学派的一个重要概念，17、18 世纪先后由荷兰的格劳秀斯、斯宾诺莎，英国的霍布斯、洛克，法国的伏尔泰、狄德罗、卢梭等提出并完善，也被称为公民的基本权利。尽管自然法学派大师们对国家形成之前的自然状态是弱肉强食的丛林社会还是天下大同的黄金时代各持一端，但都一致认同，生命、自由、财产和追求幸福是人在自然状态下的固有权利，是人性的自然流露，是受自然法规定而不能被人定法剥夺的权利。这些基本权利，都内在地包含政治参与的义项和要素。因为根据民主立宪的精神，天赋人权首要的作用在于对抗公权力，防止公民的生命、自由、财产及追求幸福受到公权力的侵犯。天赋人权的此种功能被称为“防御权功能”（Funktion der Grundrechte als Abwehrrechte），最早确立于德国联邦宪法法院 1958 年的“吕特判决”（Lüth-Uteil），[①] 当前已被现代法治国家普遍接受，是基本权利最原始和最根本的功能。[②] 但在具

① BVerfGE 7，198. 在这一判决中，德国联邦宪法法院宣称：“基本权利主要在于确保个人的自由领域免于遭受公权力的干预；基本权利是人民对抗国家的防御权。”资料来源：http://www.oefre.unibe.ch/law/dfr/bv007198.html。

② 关于防御权功能的定义，参见李惠宗：《宪法要义》，台北，元照出版有限公司 2002 年版，第 91 页；李建良：《基本权利理论体系之构成及其思考层次》，载李建良：《宪法理论与实践》（一），台北，新学林出版股份有限公司 1999 年版，第 62~67 页；许宗力：《基本权的功能与司法审查》，载许宗力：《宪法与法治国行政》，台北，元照出版有限公司 1999 年版，第 156 页。

有防御权功能的同时，公民基本权利还相应具有一种受益权功能，即可以请求国家履行某种义务，从而使公民享受一定利益的功能。[①]受益权功能要求国家以积极作为提供基本权利实现所需要的服务或者给付，如保障权利实现的程序和服务或者物质条件。[②]公民的基本权利都同时具有防御权功能和受益权功能这两项权能，一方面，对公权力可能造成的侵害予以防御；另一方面，又要求国家积极促进乃至直接实现基本权利。[③]其中防御公权力侵犯的功能是根本性功能，要求国家为了公众利益而承担积极义务只是辅助性功能，[④]但如何实现这一受忽视的辅助功能呢？必然要通过公民的政治参与才能向行使公权力的国家合理适度表达，“相对于政治自由系将重点置于消极自由，而政治参与基本权则向积极自由倾斜”。[⑤]只有当公民穷尽了一切消极手段仍不能实现权利时，才会唤醒基本权利内在的受益权功能，通过各种途径和方式的政治参与，促使国家履行积极义务，为公民的生命、自由、财产、追求幸福等“天赋人权”的实现创造条件。[⑥]

第二，政治参与是天赋人权实现程度的评价标准。政治参与既是基本权利的内在义项，是其受益权功能实现的主要方式，同时，由于基本权利的内涵丰富、主观色彩浓厚，对其实现程度进行检验和评价需要合理方式和客观标准。民主立宪政治的发展具有显著的阶段性，其实现方式和评价标准随民主制度的不断完善而日益丰富和明确。民主政治确立之初，“政治自由与经济自由的保障，被认为是其基本原则。此二者系所谓市民的自

① 参见曾康繁：《比较宪法》，台北，三民书局股份有限公司1978年版，第119页。

② 参见李建良：《基本权利理论体系之构成及其思考层次》，载李建良：《宪法理论与实践》（一），台北，新学林出版股份有限公司1999年版，第63~67页。

③ 参见张翔：《论基本权利的防御权功能》，载《法学家》2005年第2期。

④ 参见陈新民：《行政法学总论》，台北，三民书局股份有限公司1997年版，第23~24页。

⑤ [日]阿部照哉等编著：《宪法——基本人权篇》（下册），周宗宪译，中国政法大学出版社2006年版，第338页。

⑥ 参见林来梵：《从宪法规范到规范宪法》，法律出版社2001年版，第223页。

由之内容”。[①] 对自由原则及政治、经济自由状况的评价，需要落实到更具体的权利形式上，所以著名公法学家卡尔·施米特（Carl Schmitt）对基本权利定义为“以自由为实体的妨害排除权”，[②] 认为真正的基本权只能是来源于前国家的、个人主义的、自由主义的，具体包括良心自由、人身自由、私的所有（财产自由）、住所的不可侵犯、言论出版自由、宗教信仰自由、结社自由等若干权利。正是有了这些相对具体又可以看作生命、自由、财产和追求幸福等所谓“天赋人权”实现方式的权利，自由原则才得以很好地落实、评价和修正。随着生产方式的变迁和民主制度的发展，以《魏玛宪法》为代表，“为矫正‘经济市场的自由放任’所造成的社会不公，而请求国家作为的权利”得以发展，这时基本权利呈现出“从自由权到社会权（民主政治的权利）和社会主义的权利”的趋势，或者叫“从免于国家干涉的自由”到“由国家实现的自由”的趋势，[③] 基本权利的内涵显著加深。此时对基本权利实现程度的评价，同样需要对权利的名目和行使方式予以具体化才能实现。一方面，包括体现公民个人平等政治地位的权利，如法律面前一律平等、平等担任公职、请愿权和投票权等；另一方面，包括请求国家给付的个人权利，如劳动权、受教育权及获得物质帮助权等。这些新兴的权利名目，其实是对原有权利进行功能拓展而来，“政治参与基本权，系指位于此政治自由延长线上的权利之现代称呼”。[④] 但是这些新兴的权利名目又绝非仅是文字游戏，而包含更深刻的精神升华和更明确的内容指向，就像“表现自由若与公共论坛论结合，其即具有作为压力政治

---

① [日] 阿部照哉等编著:《宪法——基本人权篇》(下册)，周宗宪译，中国政法大学出版社 2006 年版，第 338 页。

② [德] 卡尔·施米特:《宪法学说》，刘锋译，上海人民出版社 2005 年版，第 46 页。

③ 参见 [日] 阿部照哉等编著:《宪法——基本人权篇》(下册)，周宗宪译，中国政法大学出版社 2006 年版，第 38 页。

④ [日] 阿部照哉等编著:《宪法——基本人权篇》(下册)，周宗宪译，中国政法大学出版社 2006 年版，第 338 页。

的政治运动之意义，请愿权与大众运动结合，即受到积极的再评价”。[①] 因而政治参与权利状况是评价基本权利实现程度的重要方式。

20世纪60年代以来，“直接参与”民主的观念和实践逐渐发展，奥本海默认为，“为真正解决问题，必须停止对权力者和专家的依赖，使与该问题有直接关系者参与，此种关系人具有把握、解决问题的固有能力”。[②]“直接参与”民主成为代议制民主的有机补充，公民基本权利的内涵和意蕴进一步深化，“政治自由的性格，由原本的消极性，大幅改变为积极性”。[③] 与此相应，实现和评价公民基本权利的形式进一步明确，政治参与的方式也更加丰富和具体。

（二）权利体系：政治参与地位突出、影响重大

以上通过对政治参与的性质和功能进行正面分析，阐明了其作为民主制度应有权利的本质属性；其实，从学术界对权利体系内容分类和体系构建的各种学说，更可以从侧面了解政治参与在公民权利体系中的定位，推论其所具有的权利属性。“人类力求将公平正义（法律伦理的要求）以可靠而且可以理解的方法（合理化的要求）实现在人间的努力，已促使法律学采用体系思维向体系化的方向运动。”[④] 将权利体系化既是总结理论、启发新知的要求，又是保证权利的功能得以发挥的前提，“为了维护法秩序的一致性、安定性，简化法律工作，保证法律知识和技艺的可传承，并为实践中争议的解决提供解决方案上的指引，法学的科学体系化就是必须的”。[⑤] 权利体系

---

① ［日］阿部照哉等编著：《宪法——基本人权篇》（下册），周宗宪译，中国政法大学出版社2006年版，第341页。

② Martin Oppenheimer, *The State in Modern Society*, New York, Humanity Books, 2000, p.46.

③ ［日］阿部照哉等编著：《宪法——基本人权篇》（下册），周宗宪译，中国政法大学出版社2006年版，第341页。

④ 黄茂荣：《法学方法与现代民法》，中国政法大学出版社2001年版，第406页。

⑤ 张翔：《基本权利的体系思维》，载《清华法学》2012年第4期。

表现在横向上，是权利内容的分类；表现在纵向上，是权利层次的位阶。

1. 权利内容分类

为了使名目繁多、内涵丰富的权利得到保护或者有效运行，就要对其进行体系化、类型化以确定需要采取的保障方式和救济手段。[①] 权利体系分类是从宪法解释学的意义上，对宪法和法律规定的众多权利进行横向归类。尽管对如何划分公民基本权利，国内宪法学界还没有达成共识，[②] 但在各种纷繁复杂的论证和分类方法中，政治参与始终被列为基本权利之一。生活于俾斯麦宪法时代的德国著名公法学家耶利内克，在其名篇《主观的公权体系》中将基本权利分为自由权、受益权和参政权，这一分类理论时至今日仍被奉为经典。[③] 其中参政权是“为了国家的给付”而参与国家活动的行为和“免于国家支配作用的自由”（自由权）、“对国家的请求”（受益权）一并构成公民的基本权利体系。多数当代学者将基本权利分为两类，如消极权利和积极权利、自由权和平等权、自由和权利，或者自由权和社会权等，[④] 两分法尽管简明方便，却又难以将权利的内涵和功能完全概括，“容易顾此失彼，忽略了一些重要的权利”，[⑤] 所以有学者认为“除了自由权和社会权以外，宪法还保护政治权利以及国务请求权”，[⑥] 几乎又回到了耶利内克的理论。日本学者阿部照哉等在《宪法——基本人权篇》（下册）中认为基本权利包括概括基本权、精神活动基本权、经济生活基本权、生

① 参见林来梵：《宪法学讲义》，法律出版社 2011 年版，第 26 页。

② 参见周伟：《宪法基本权利：原理・规范・应用》，法律出版社 2006 年版，第 9 页；夏正林：《从基本权利到宪法权利》，载《法学研究》2007 年第 6 期；马岭：《宪法权利与法律权利：区别何在？》，载《环球法律评论》2008 年第 1 期；于飞：《基本权利与民事权利的区分及宪法对民法的影响》，载《法学研究》2008 年第 5 期；韩秀义：《中国宪法权利“新”类型的划分、解释与应用》，载《现代法学》2012 年第 6 期。

③ 参见［日］芦部信喜：《宪法》（第 3 版），林来梵等译，北京大学出版社 2006 年版，第 73 页。

④ 参见韩秀义：《中国宪法权利“新”类型的划分、解释与应用》，载《现代法学》2012 年第 6 期。

⑤ 邓联繁：《论宪法权利学理分类之重构》，载《湘潭大学学报》（哲学社会科学版）2008 年第 6 期。

⑥ 林来梵：《宪法学讲义》，法律出版社 2011 年版，第 26 页。

存基本权、人身自由基本权、裁判基本权、政治参与权 7 大类。[①] 美国学者托马斯·雅诺斯基根据权利的作用领域，将基本权利分为法律权利、政治权利、社会权利和参与权利，[②] 成为风靡学界的分类方法。我国学者对权利的分类问题，最早采取对宪法权利简单列举归类的方法，比如吴家麟教授在其主编的《宪法学》一书中提出 10 大类别基本权利；[③] 此后又有概括归类的方法提出"四大类别"，比如许多法学院系使用的周叶中主编、高等教育出版社出版的《宪法学》指定教材就把基本权利分为公民参与政治生活方面的权利、人身自由和信仰自由、经济和文化教育权以及特定人的权利；[④] 还有学者在分类依据上并不坚持唯一标准，而是务实地采取综合归类的方法，如徐显明教授认为"权利（人权）可分为自由权、受益权、社会权和参政权四类"，[⑤] 这显然是将外国学者的上述观点糅合萃取的产物。

不管如何分类，政治参与权利因其内容和功能的丰富性和重要性，在基本权利体系中始终列居突出地位，不仅所占比重较大，而且被视为基本权利的精髓。它一方面为前述各分类方法中列示的受益权、政治权利、平等权等提供实现的具体方式和载体；另一方面又是检验上述权利实现状况和功能效果的试金石，"参政权（此处和政治参与权利同义）是人权精髓，无参政权的人权或参政权得不到有效的保障的人权肯定是被抽掉了灵魂的人权，这种状况的人权几乎与民主制无缘"。[⑥]

2. 权利体系构建

这里主要是从学理角度对政治参与权利在权利体系中的纵向地位进

---

① 参见［日］阿部照哉等编著：《宪法——基本人权篇》（下册），周宗宪译，中国政法大学出版社 2006 年版，目录页。

② 参见［美］托马斯·雅诺斯基：《公民与文明社会：自由主义政体、传统政体和社会民主政体下的权利与义务框架》，柯雄译，辽宁教育出版社 2000 年版，第 39~42 页。

③ 参见吴家麟主编：《宪法学》，群众出版社 1992 年版，目录。

④ 参见周叶中主编：《宪法学》，高等教育出版社、北京大学出版社 2005 年版，第 269~286 页。

⑤ 徐显明：《"基本权利"析》，载《中国法学》1991 年第 6 期。

⑥ 徐显明：《人权理论研究中的几个普遍性问题》，载《文史哲》1996 年第 2 期。

行考察，是相对超脱于现有权利规范和权利秩序的，旨在更深刻地理解权利的层次和含义，说明政治参与权利在权利体系中的位阶和影响。以“自由”“平等”为基础和核心，民主国家通常在宪法中构建起人权和公民权的权利体系，这一权利体系从纵向上可分为若干个层次，如可分为原权利和救济权利，[①] 也可分为概括性权利和具体权利。[②] 我国学者往往在宪法文本的基础上对宪法权利体系进行构建，认为权利体系从纵向上包括三个层次：宪法原则性权利、基本权利和一般权利。宪法原则性权利主要指宪法文本在基本原则部分明确规定或可据以推定的权利，如民主（人民主权原则、权力制约原则）、平等（法治原则）、自由等，学术界将这些权利称为“原则性权利”。[③] 当然，建立在宪法文本基础上的这一体系并不健全和充分，许多学者认为“人权保障”应明确为宪法的原则性权利。[④] 通常认为，公民的基本权利是对原则性权利在宪法中的具体化，是原则性权利得以实现的必要桥梁。和原则性权利的抽象性和概括性比较起来，公民的基本权利体系具有开放性和包容性，它会因传统和国情不同而表现各异，也会随时代发展而吐故纳新，“宪法并不能将所有基本权利全部列举，一些宪法未列举的权利同样具有基本权利的地位和作用”。[⑤] 换言之，《中华人民共和国宪法》（以下简称《宪法》）第二章“公民基本权利和义务”，并没有实现对基本权利的穷尽列举。同时，尽管大家对基本权利的名称、内容和分类存在争论，但政治参与权利（政治权利、参政权）始终是基本权利中的重要一类是无可置疑的。一般权利也指具体权利，是对基本权利的细化，是原则性权利

---

① 参见余军：《宪法权利的逻辑构造——分析法学的诠释》，载《法学》2005 年第 3 期。

② 参见韩大元：《宪法文本中“人权条款”的规范分析》，载《法学家》2004 年第 4 期。

③ 王蕾：《宪法平等规范的“原则”性质——以平等规范的适用方式为视角》，载《求是学刊》2008 年第 3 期。

④ 参见林来梵、季彦敏：《人权保障：作为原则的意义》，载《法商研究》2005 年第 4 期；张薇薇：《“人权条款”：宪法未列举权利的“安身之所”》，载《法学评论》2011 年第 1 期。

⑤ 姚岳绒：《论信息自决权作为一项基本权利在我国的证成》，载《政治与法律》2012 年第 4 期。

落实的载体。比如，对人身权利这一基本权利的保护，就是通过对公民免于非法审讯和逮捕、生命权、人格权、居住权、通信自由和通信秘密等具体权利的保护而体现的，由此也实现了宪法的原则性权利——自由。

这样一个金字塔状的权利体系，既是理论上的构建，又得到了宪法文本的支持，具有显而易见的合理性和效用。[①] 政治参与权利在这一体系中发挥着重要的作用。它既是结社、选举和被选举、知情、表达、监督、选择等具体政治权利名正言顺的统领，又是民主、平等、自由、人权等原则性权利得以落实的合理通道，是理论建构的权利体系中无可替代、不可或缺的重要部分，这进一步从侧面证明了政治参与具有鲜明的权利属性。

（三）文本规范：国际、国内法律确认的基本权利

1. 国际人权公约中的政治参与权利

世界范围内影响重大的国际人权公约，往往是在发达国家的主导下形成的，农民的政治参与权利涵摄于公民权利之中。“二战”以来，主要国际组织莫不致力于以权利发展来维持长久和平，形成了以《世界人权宣言》和《经济、社会和文化权利公约》《公民权利和政治权利国际公约》为主体的国际人权宪章，为公民政治参与权利的行使和保护奠定了坚实的基础。1945 年，《联合国宪章》“重申基本人权、人格尊严与价值”，力图“创造适当环境，俾克维持正义”，[②] 开始从国际和国内两个层面高度关注人

---

① 原则性权利、基本权利和一般权利这三个层次的界限是相对的，加上学者们对政治权利、政治参与权利、参政权利等概念的使用不太一致，因此不同的学者在划分权利体系的层次时表述或有不同。前述美国学者把参政权、日本学者把政治参与基本权作为基本权利，而我国学者往往把政治权利作为基本权利，其下包括结社、选举和被选举、参与等权利（参见张英洪：《农民权利论》，九州出版社 2013 年版，目录），党的十七大和十八大报告也把知情、参与、表达、监督、选择等权利并列为一组权利。本书认为政治参与权利是基本权利，包括了结社、选举和被选举、知情、表达、监督、选择等具体权利，具体论证见第一章标题二：农民政治参与权利的具体内涵。

② 1945 年《联合国宪章》，载联合国官方网站：http://www.un.org/zh/documents/charter/chapter1.shtml，最后访问日期：2016 年 4 月 7 日。

权和人的发展问题，政治参与是其中的重要内容。1948年12月，《世界人权宣言》宣布“人人有资格享有本宣言所载的一切权利和自由”，第21条规定：“（一）人人有直接或通过自由选择的代表参与治理本国的权利；（二）人人有平等机会参加本国公务的权利；（三）人民的意志是政府权力的基础，这一意志应以定期的和真正的选举予以表现，而选举应依据普遍和平等的投票权，并以不记名或相当的自由投票程序进行。”① 这是第一次比较系统和全面地将政治参与问题提升到人的权利的层面，成为人类文明史上的重要成果之一。1966年12月16日，联合国大会通过了《经济、社会和文化权利公约》《公民权利和政治权利国际公约》及其《任择议定书》，这三份分工配合、梯度推进的国际公约文件，构成了国际人权宪章的主体。其中《公民权利和政治权利国际公约》第25条规定，每个公民应有下列权利和机会：“（甲）直接或通过自由选择的代表参与公共事务；（乙）在真正的定期的选举中选举和被选举，这种选举应是普遍的和平等的并以无记名投票方式进行，以保证选举人的意志的自由表达；（丙）在一般的平等的条件下，参加本国公务。”② 以上规范文本，明白无误地确认了政治参与作为基本权利的属性。

2. 我国宪法中的政治参与权利

我国宪法中并没有集中、明示地规定政治参与权利，但从《宪法》精神和一些条款中，可以明确对政治参与权利的承认和保护。比如宪法规定“中华人民共和国的一切权力属于人民”“中华人民共和国公民在法律面前一律平等”“国家尊重和保障人权”等，③ 这些是保障中国公民享受人权和基本自由的重要原则。而《宪法》第2条、第27条、第41条等条文则列举了参与权的具体内容。《宪法》第2条第3款规定：“人民依照法律规

---

① 董云虎、刘武萍编著：《世界人权约法总览》，四川人民出版社1990年版，第963页。

② 董云虎、刘武萍编著：《世界人权约法总览》，四川人民出版社1990年版，第978页。

③ 参见《宪法》第2、33条，载中央人民政府门户网站：http://www.gov.cn/zhengce/2014-03/21/content_2643049.htm，最后访问日期：2017年4月22日。

定，通过各种途径和形式，管理国家事务，管理经济和文化事业，管理社会事务。”第27条第2款规定：“一切国家机关和国家工作人员必须依靠人民的支持，经常保持同人民的密切联系，倾听人民的意见和建议，接受人民的监督，努力为人民服务。”第41条规定：“中华人民共和国公民对于任何国家机关和国家工作人员，有提出批评和建议的权利；对于任何国家机关和国家工作人员的违法失职行为，有向有关国家机关提出申诉、控告或者检举的权利，但是不得捏造或者歪曲事实进行诬告陷害。对于公民的申诉、控告或者检举，有关国家机关必须查清事实，负责处理。任何人不得压制和打击报复。由于国家机关和国家工作人员侵犯公民权利而受到损失的人，有依照法律规定取得赔偿的权利。”由此可见，我国宪法对政治参与权利的规定是较为具体和全面的。当然，由于我国民主理论和实践的局限性，这些规定也存在明显不足，如《宪法》第2条虽然规定人民拥有管理各项事务的权利，但是这里的“管理”一词能否包含提出建议、参加听证、参与民意调查等多种参与形式？再如，《宪法》第41条提出批评和建议的权利，并没有明确批评和建议的提出时间，而这种批评、建议如在事后提出，就仅仅起到监督的作用，不能起到集思广益、事前预防的作用。因此，从明确性上来看，宪法的规定尚显不足。

除了法律文本的规定，在我国政治生活中发挥重要作用的方针政策，也明确了政治参与权利的地位和作用。自党的十五大以来，历次代表大会报告对政治参与权利的认识不断深化，制度建设日益周密，并随着改革的推进，专门将农民政治参与权利的保障问题提上日程。这些在导论中已有论述，表明我国宪法、法律和方针、政策，都明确了政治参与作为公民基本权利的神圣地位。

（四）实际运作：农民参与政治为了权利

古语云“天下熙熙，皆为利来；天下攘攘，皆为利往”；马克思也说：

“人们为之奋斗的一切，都同他们的利益有关。”从社会生活的具体实践来考察，因为“在工业化初始阶段，农业支持工业、为工业提供积累是带有普遍性的趋向”，[①] 尤其在我国这样一个生产力落后、基础薄弱、发展不平衡的大国，农业、农民和农村为工业化的发展作出了巨大的贡献。在我国工业化大步前进的同时，广大农村地区却需负重前行，农民仍然为生计而劳碌，还没有产生通过政治参与提升尊严和社会地位的需求。更严重的是，这种对农业、农民和农村的剥夺逐渐固化，在长期的牺牲和奉献中，农民的权利日益贫困，不仅现有权利不平等，而且还存在权利规则的不平等和发展机会的不平等。这种权利贫困的影响持续而深刻，对农民政治参与的积极性及未来预期产生了消极的影响，于是出现农民贱卖选票、父母不再供子女读大学等令理论家尴尬、令决策者蒙羞的现象。大量研究成果都在传递这样的信息：农民更加精于算计了，政治参与的机会成本一旦大于预期收益，农民就被推到了政治冷漠的一边。其实，农民政治参与以权利或利益为明确的目的指向，完全是正当和无可厚非的，我们的制度本就应是造福人民，使他们更好地享有权利，问题的产生不应归咎于农民对权利和利益的追求，我们应当接受并正视农民参与政治是为了权利这一事实，并以唯物主义指导我们的法律制度和政治决策。

徐勇先生以华中师范大学中国农村研究院为平台，连续多年开展对全国代表性乡村约5000名农民的调查研究，其结果对我们了解农民的政治生活状态很有帮助。调查发现，首先，农民参与政治是为了自身权利，而且主要是为了短期的利益，还没有达到关注权能、资格的程度，更不能上升到政治素质和觉悟的高度。其次，农民之所以表现出如此倾向，主要是收入增长不稳、利益易受侵犯、保障程度过低等现实的制约，提示决策者应更加注重在科学发展观指引下建设社会主义新农村，切实增加农民收

① 2004年9月召开的党的十六届四中全会上，胡锦涛同志明确提出“两个趋向”的重要论断。

入，注重保护农民利益，强化保障农民权利。

调查显示，农民参与政治具有明确的目的性——权利或利益。从农民政治参与的形式来看，主要有基层民主选举、参加村民会议、监督村务等有限几种，对乡镇及以上层次的政治生活，农民基本没有稳定的参与形式和渠道，也没有积极参与的诉求。78.6%的村民参加了上一届村民委员会选举投票，而对乡镇党委书记的知晓率却仅为41.3%；超过半数的农民会参加村民会议，但对乡镇乱收费等违规情况的反应，近一半农民会默默忍受，与政府的沟通渠道很少，制度外参与的现象越来越多，不稳定因素逐渐积累。参与形式的选择反映了农民政治参与以维护自己在集体经济组织中的直接利益为重点。从农民政治参与的广度来看，当前参与行为具有范围狭窄的特点：大多是“问题性参与”，即为了解决当前突出的问题而且往往涉及经济利益；“社区性参与”，只有在直接损害自己的利益时才会参与，事不关己高高挂起；“动员性参与”，则是被动等待有人出头，随大流，参加村民会议的人中69.9%的从没提过意见或建议。总之，只有面临和直接经济利益密切的事项，农民政治参与的积极性才高；那些可能损害未来利益或者剥夺农民某些权能的事项，并不受农民的重视。从参与的深度来看，农民政治参与的层次较低，参加投票或者村民会议等不需要政治态度，也很难体现政治技能，而现阶段大多数农民的政治参与就仅限于这两种相对容易的形式；在村民自治和乡镇政治中提出意见和建议以及对村务、财务和乡镇政务进行监督，则需要一定的政治素质和勇气，是较高层次的政治参与，调查反映“提建议和监督的比例偏低”。[①] 政治参与不深的现状，也使农民政治参与的权利或利益目的性更加突出，和利益相关就深入参与，反之则敷衍应付。

调查数据也有助于思考造成这种现象的原因。农民的政治参与情况和

---

① 徐勇主编:《中国农民的政治认知与参与》，中国社会科学出版社2012年版，第5页。

收入水平密切相关，参加投票率、参加村民会议频次、提出意见或进行监督的频次都和收入水平呈正相关，家庭人均收入越高，上述数据值越高。在被调查的4794位农民中，人均收入低于10,000元的农民占到68.5%，其中36.5%的农民人均收入在5000元以下，和我国当年的平均收入相比，大部分农民的收入普遍较低，还处于中低收入水平。“贫困使农民没有足够的精力参与政治生活，收入低导致农民的政治参与度低。”[①]贫困不仅阻碍对现实的政治参与，也会戕害未来可能的政治参与。73.3%的农民认为贫富差距会影响人际社会交往，收入较低者在社会关系中“无力感”更加显著，自卑感更加明显，对政策的满意度更低，对法治的信任程度和未来生活的信心也更加不足。[②]对农村人均收入低于2000元的底层农民的调查显示，底层农民约占农民总数的五分之一，由于既缺乏改善生产生活的物质基础，又在心理上对社会交往和未来预期保持悲观，外加对教育功能的怀疑，以及和电脑、智能手机等信息媒介的疏离，底层农民的政治参与状况非常糟糕。更令人担忧的是，如果没有得力措施的强行介入，底层农民的这种现状得到改善或提升的机会非常渺茫。这也从侧面充分说明，农民以权利或利益为政治参与的目的是完全正当的理性选择，现阶段想要大幅提升农民政治参与的水平，必须以增加农民收入、改善农村经济状况为切入点。

政治参与体现了人民主权的本质并成为权利的行使方式，学理上对权利体系的构建呼应了政治参与作为权利的重要地位，国际、国内法律政策对政治参与权利加以确认，农民在实践中对政治的参与又确实为了权利和利益。以上充分表明，无论从其本身，还是从侧面旁证，无论是法律文本还是实际运作，政治参与都具有明确的权利属性，是包括农民在内的公民享有的重要权利。

---

① 徐勇主编:《中国农民的政治认知与参与》，中国社会科学出版社2012年版，第87页。

② 徐勇主编:《中国农民的政治认知与参与》，中国社会科学出版社2012年版，第221页。

二、农民政治参与权利的具体内涵

进一步探讨农民政治参与权利的内涵，需要采用从具体到抽象的论述方式，从其行使的方式、实现的功能、产生的影响以及表现出的类型和层次等方面予以阐明。

（一）农民政治参与权利行使的方式

1. 参与人民代表大会制度

人民代表大会制度是我国的根本政治制度，是实现人民民主专政国体的政权组织方式，和西方议会制度有本质区别。从人民代表大会制度的宗旨和目标来说，它是农民政治参与权利行使的首选方式：一方面，它作为各级权力机关具有层级内的最高权威；另一方面，其“议行合一”的运行机制最利于人民的广泛参与。然而在实际运行中，人大代表的代表性和代表职权的履行程度等问题严重阻碍人大制度的效用发挥。目前绝大多数农民参与该制度的形式主要是选举人大代表。选举是“依照一定的程序和规则，由全部或部分成员抉择一个或少数人充任该组织某种权威职务的一种政治过程”，是“公民中参加人数最多的政治活动”,[①] 也是“民主社会达成共识的关键机制”。[②] 通过人大代表选举把农民和国家权力机关联系起来，再由人民代表大会逐级行使对政府、法院、检察院等的指导、监督的权力。然而，当前作为农民参与人大制度主阵地的县、乡两级的人大代表选举，由于存在选区划分不当、代表构成比例不合理等原因，加上选举组织和选举程序多由基层党政机关负责，所确定的代表候选人往往是各级党政干部，多数农民对候选人的情况并不了解，候选人也很难真正代表当地农

① ［日］蒲岛郁夫:《政治参与》，解莉莉译，经济日报出版社 1989 年版，第 7 页。

② ［美］西摩·马丁·李普塞特:《政治人：政治的社会基础》，张绍宗译，上海人民出版社 1997 年版，第 9 页。

民的利益。多方面因素决定了农民对人民代表大会制度的参与并不热切。

2. 参与村民自治制度

这是当前我国农民政治参与的最普遍、最重要的形式，广大农民在自己所属的村集体组织内，通过民主选举、民主决策、民主管理、民主监督实现自我管理、自我服务和自我教育。村民自治制度从20世纪80年代推行以来，得到了广大农民的热烈支持和积极参与，有力地推动了我国农村民主政治的进程，国内外许多学者将其视为农村民主发展的宝贵经验。在对村民自治制度的参与过程中，农民的主要参与形式包括：选举或罢免村委会干部及村民代表，公决本村重要事项，参加村民会议并提出意见、建议，对村委会及日常村务提出意见和建议，通过各种途径实现村务监督等。村民自治权利的行使不仅在法律法规中有明文规定，也在各地实施规范中得到支持。比如，2014年10月《广东省村务公开条例（修订草案修改稿征求意见稿）》提出“拒不公开村务情节严重或有打击报复行为的情形，乡、民族乡、镇人民政府可以提出罢免建议，本村五分之一以上有选举权的村民、三分之一以上的村民代表联名，可以提出罢免要求，对村民委员会有关责任人员依法提起罢免”。① 村民行使自治权利的实际案例也日益增多，如2015年12月，重庆市“南岸区鸡冠石镇纳溪沟村高坎子村民小组组长张雨（化名）的职务被村民会议罢免。原来，张雨任职期间存在未及时公开账务等问题，村民们认为这样的组长不称职。该村得到普法宣传，遂启动程序以民主评议的方式，罢免了张雨的村民小组长职务”。②

近年来，在改革起步早、开放程度高、经济相对发达的东南沿海农

① 辛均庆、吕思清：《广东意见稿：“村官”拒不公开村务可被罢免》，载《南方日报》2014年10月16日，第5版。

② 付鹰：《村民积极行使民主自治权力　民主评议罢免不称职村民组长》，载重庆市南岸区人大网：http://www.nard.cq.cn/content.aspx?id=347676113332，最后访问日期：2017年2月24日。

村，农民在村民自治范围内的政治参与方式也多有创新。许多乡（镇）、村普遍开展“基层村民与基层干部面对面交流对话”的民主恳谈活动，“民主听证会”“民主恳谈会”“民主对话会”已成为基层民主的常用形式，有些地方逐步实现了规范化和制度化。此类民主恳谈活动具有直接、面对面、双向交流的特点。通过农民提问、领导干部解答的形式，一方面，把农民的诉求直接输入给政府或村自治组织；另一方面，乡镇政府或村委会把施政意图或重大决策的考虑因素输出给农民，达到双向沟通和互动，促进乡（镇）村公共决策的民主化和科学化，既增进乡村治理的实效，又使农民在政治参与过程中学会和享受民主，切实从民主中受益。由于广大农民的热情参与和运作机制的不断完善，民主恳谈活动的生命活力日益彰显，农民的政治权利和经济利益得到了更好的保护，基层政府或自治组织也获得了更多的支持和拥护。

3. 政治接触

有学者认为，“政治接触是公民解决个别政治问题，谋求个人或小部分人的利益而接触有关政府官员并影响之”。[①] 我们认为，政治接触的目的不一定局限于谋求个人或小部分人的利益，在当前体制改革仍需深化的背景下，不排除有些符合公共利益的问题，可能也需要通过接触领导干部面对面沟通，才能促进问题的尽早解决。在我国，政治接触的方式可以是在政府设定的渠道内进行接触，如在各级党政广泛设置的领导接待日进行接触，通过各级党政开通的各类热线电话或服务渠道反映情况，还可以通过公共或私人媒介进行接触，如对各类党政官方博客、微博、微信、论坛、留言板等进行咨询或评论。尤其在信息化快速发展的背景下，“各级党政机关和领导干部要学会通过网络走群众路线，经常上网看看，了解群众所

---

① 赵丽江：《试论中国私营企业家的政治接触及其价值》，载《江汉论坛》2005 年第 3 期。

思所愿，收集好想法、好建议，积极回应网民关切、解疑释惑”。[①] 随着我国民主化的快速推进，各级党政机关的开放程度显著提高，公民政治接触的渠道不断拓宽。在政府主动开放的政治接触渠道之外，少数公民倾向于采取通过各种关系接触领导干部或者创造直接面谈机会的形式进行政治接触，这种接触应特别注重采取合理合法的形式，接受党纪国法的约束。通过政治接触，可以较充分地表达自己的意愿。亨廷顿等人认为：“从理论上说，谋求特殊利益的个别接触，是原先对政治不感兴趣者可以运用的最明显而又最便利的自动政治参与形式。”在所有政治参与形式中，“个别接触的行为与结果之间的关联最明显也最直接，通常也见效最快”。[②]

4. 行政复议和行政诉讼

随着农民文化素质、政策水平和民主法制观念的增强，他们开始对政府有关部门的行政行为提起质疑，对基层干部涉嫌侵犯农民合法权益的行为提起行政复议或行政诉讼。

行政复议是认为合法权益受到具体行政行为侵害的公民、法人或其他组织向行政机关提出的要求变更行政行为并给予相应赔偿的活动，是“为了防止和纠正违法的或者不当的具体行政行为，保护公民、法人和其他组织的合法权益，保障和监督行政机关依法行使职权”。[③] 研究者认为，“行政复议的功能定位，一是监督和纠错，二是对行政相对人的权利救济，三是化解行政争议。化解行政争议是最终目的”。[④] 从制度设计目标来看，行政复议是解决“官民”纠纷的重要途径。根据《法制日报》从 2011 年行

① 张铎：《各地热议：总书记讲话为网民留言办理工作指明方向》，载人民网：http://leaders.people.com.cn/n1/2016/0422/c178291-28295955.html?mType=Group，最后访问日期：2017 年 4 月 22 日。

② [美] 塞缪尔·亨廷顿、琼·纳尔逊：《难以抉择》，汪晓寿等译，华夏出版社 1989 年版，第 142 页。

③《行政复议法》第 1 条，载中央人民政府门户网站：http://www.gov.cn/banshi/2005-08/21/content_25100.htm，最后访问日期：2017 年 4 月 22 日。

④ 成尉冰：《行政复议机关的主体地位问题——〈行政复议法〉修改的热点和难点问题思考之一》，载《中国律师》2016 年第 1 期。

政复议年度工作会议上获得的信息，2011 年以来，“广东省行政复议总体纠错率约 30%；浙江省衢州市决定撤销、确认违法的行政复议案件，占受案总数的 64%；农业部审结 13 件案件，责令重作的就有 4 件，纠错率达到 30.8%”。[①] 然而，“从当前各地各级政府的行政复议实践来看，相对于信访、行政诉讼而言，行政复议成为百姓解决行政纠纷的冷门选择，行政复议作为解决行政争议主渠道的作用并没有充分体现”。[②] 行政复议制度存在的主要问题，首先是受理复议的机关与实施具体行政行为的机关或单位，具有行政上的隶属关系，通俗点说是“老子监督儿子”；其次是对行政复议的申请条件各地规定不一，复议申请的受理和决定的程序不够公开。行为主体上的封闭性和程序上的随意性，导致行政复议的公信力存在天然的缺陷。2008 年 9 月《国务院法制办公室关于在部分省、直辖市开展行政复议委员会试点工作的通知》和 2010 年 10 月《国务院关于加强法治政府建设的意见》，在不断完善复议程序的基础上，提出“探索开展相对集中行政复议审理工作，进行行政复议委员会试点”的要求。到 2015 年 12 月，开展复议委员会试点的省份取得了显著成效，“黑龙江省政府行政复议委员会已审结 1500 余起案件，总体纠错率达 47%，没有发生一起以复议机关为被告的行政诉讼案。复议委员会制度，正在逐步打消人们对‘官官相护’的疑虑，行政复议的公信力在提升。可以说明这一趋势的是，行政复议案件在试点地区和单位普遍增加”。[③]

行政诉讼是指“公民、法人或者其他组织认为行政机关和行政机关工作人员的行政行为侵犯其合法权益”，依照《中华人民共和国行政诉讼法》

---

① 李立：《行政复议委员会试点　打破“大信访小复议”格局》，载《法制日报》2011 年 12 月 27 日，第 11 版。

② 方维芳：《行政复议机制改革实现“四提高”》，载《新法制报》2015 年 12 月 23 日，第 2 版。

③ 万静：《行政复议委员会改革试点大范围铺开》，载法制网：http://www.legaldaily.com.cn/index/content/2015-11/30/content_6379650.htm?node=20908，最后访问日期：2017 年 4 月 30 日。

（以下简称《行政诉讼法》）而提起的诉讼。“前款所称行政行为，包括法律、法规、规章授权的组织作出的行政行为。”①《行政诉讼法》自1989年制定后，2014年首次修订并于2015年实施。修订主要涉及立案环节的扩大受案范围、放松诉讼方式、延长起诉期限、允许跨区域管辖等，明确要求行政机关不得干预、阻碍法院立案；涉及审理环节的要求行政首长出庭、复议机关是共同被告等；涉及执行环节的明确可以拘留拒绝履行判决、裁定、调解书的行政机关直接负责人等。2015年5月4日是新《行政诉讼法》和相关司法解释实施后的首个工作日，“4日当天全国各级法院行政一审共登记立案2000多件，与上月相比翻了近一番。据了解，2014年全国法院工作日日均行政一审立案600件左右，2015年4月全国法院工作日日均行政一审立案1132件左右”。②尽管《行政诉讼法》的实施效果还需要观察，但这次修订显然促进了公民权利的保护。2016年4月，出现了副省长出庭应诉村民就土地和苗木征用拆迁问题状告政府的现象，有评论称这是“民告官”的“维权拐点”，是新《行政诉讼法》“倒逼”依法行政。③

5. 信访

信访制度是当代中国较为典型的政治接触形式，但由于其自改革开放以来长期发挥重要作用，有必要单独对其进行介绍。农民通过信访的形式同党和政府部门进行接触，是独具特色的政治参与形式，在我国政治生活中发挥协调沟通、人权保障、权利救济的作用，是揭露腐败、汇集民意、了解舆情的一个窗口和渠道，成为农民和党政之间联系的桥梁，是社会主义民主和法治建设的重要阵地。

---

①《行政诉讼法》第2条，载中央人民政府门户网站：http://www.gov.cn/flfg/2006-10/29/content_1499268.htm，最后访问日期：2017年4月22日。

② 罗沙：《新行政诉讼法实施首日立案数量翻番》，载新华网：http://news.xinhuanet.com/2015-05/05/c_1115187267.htm?prolongation=1，最后访问日期：2017年4月30日。

③ 罗坪：《“告官能见官”：维权已现拐点》，载《羊城晚报》2016年4月25日，第6版。

1951年《政务院关于处理人民来信和接见人民工作的决定》拉开了信访工作的序幕。1995年《信访条例》将信访界定为“公民、法人和其他组织采用书信、电话、走访等形式，向各级人民政府、县级以上各级人民政府所属部门反映情况，提出意见、建议和要求，依法应当由有关行政机关处理的活动”。[①]2005年《信访条例》根据信息时代的特点深化了信访的内涵，“采用书信、电子邮件、传真、电话、走访等形式，向各级人民政府、县级以上人民政府工作部门反映情况，提出建议、意见或者投诉请求，依法由有关行政机关处理的活动”。[②]随着改革开放的深化，各阶层间的收入差距逐渐拉大，各类社会矛盾积累和分配不公、干群矛盾、司法腐败、贪污贿赂相关的问题日益增多。由于我国体制改革的滞后，这些问题往往很难由一个部门完全解决，在协调低效的情况下就会导致问题的积滞甚至发酵，最终部分问题通过不同渠道汇集到信访部门，成为社会公众关注的焦点。然而1995年之前，信访制度的职能定位是对公民诉求的“转达和转办”。2005年虽然扩充和增强为“沟通、调节、监督、救济”，但显然无力解决众多突出的矛盾。于是在一定范围内、一定程度上存在“信访不信法、信上不信下，信闹不信理”，以及“大闹大解决、小闹小解决、不闹不解决”[③]现象。然而，信访制度在社会主义中国存在的合理性和必要性又是大家公认的，作为一种维护群众利益、表达舆论信息、疏导社会矛盾的救济性制度安排，在当前司法体系不尽完善、权利保障不够周密、权力制衡仍然乏力的情况下，仍能发挥密切联系群众、倾听群众意见、接受群众监督的重要作用。为了适应转型期矛盾多发、集中爆发的特征，在2005

---

① 1995年《信访条例》，载《中华人民共和国国务院公报》1995年第26期。

② 2005年《信访条例》，载国家信访局官方网站：http://www.gjxfj.gov.cn/2005-01/18/content_3583093.htm，最后访问日期：2017年4月30日。

③ 付玉婷：《冲突中的古村落：大闹大解决，小闹小解决，不闹不解决》，载《大众日报》2015年11月30日，第11版。

年《信访条例》的基础上，2007年中共中央、国务院颁发《关于进一步加强新时期信访工作的意见》，强调信访工作“以切实维护群众合法权益、及时反映社情民意、着力促进社会和谐为目标”。[①]2014年中共中央办公厅和国务院办公厅接连印发《关于创新群众工作方法解决信访突出问题的意见》和《关于依法处理涉法涉诉信访问题的意见》，提出实行诉讼与信访分离制度，通过信访制度着力解决“征地拆迁、劳动和社会保障、教育医疗、企业改制、环境保护等方面的信访问题”，[②]“把涉及民商事、行政、刑事等诉讼权利救济的信访事项从普通信访体制中分离出来，由政法机关依法处理”。[③]此后国家信访局着力于规范信访事项受理办理程序、接待群众来访工作规则和复查复核工作程序，而最高人民法院也积极完善对涉法涉诉信访的处理规范，我国信访制度的改革如火如荼。

（二）农民政治参与权利实现的功能

从农民政治参与的方式，可以看出其形式多样、内容丰富，而其要实现的功能，既宽泛到几乎涵盖农民政治生活的全部，又集中到可以凝练为“人民主权”四个字。下面就从农民的多重身份出发，先具体后抽象，将不同政治角色中农民政治参与实现的功能条分缕析。同时需要进一步明确，由于国情和时代背景特殊，我国农民政治参与实现的功能也有特殊性：一方面，其功能受宪法和法律确认、推动世界潮流发展；另一方面，其功能在我国政府主导的现代化进程中又深受主客观条件的限制。

---

①《中共中央、国务院关于进一步加强新时期信访工作的意见》，载国家信访局官方网站：http://www.gjxfj.gov.cn/2007-06/25/c_133644404.htm，最后访问日期：2017年4月30日。

②《中共中央办公厅、国务院办公厅关于创新群众工作方法解决信访突出问题的意见》，载国家信访局官方网站：http://www.gjxfj.gov.cn/2014-02/25/c_133460418.htm，最后访问日期：2017年4月30日。

③《中共中央办公厅、国务院办公厅关于依法处理涉法涉诉信访问题的意见》，载国家信访局官方网站：http://www.gjxfj.gov.cn/2014-03/19/c_133644411.htm，最后访问日期：2017年4月30日。

1. 政治参与权利保障农民作为农村集体经济组织成员的地位

从具体的、个别的农民出发，享有和行使政治参与权利，是表征其具有农村集体经济组织主人翁地位、享有相应权利的基本条件和保障。20 世纪 80 年代以来，村民自治成为农民群众实现当家作主的具体形式，“是国家在新的历史时期，为了维护农村乃至全社会的稳定，保障农民合法权益，在政治上采取的一种新的控制方法”。[①] 农民作为农村集体经济组织成员的权利，以追求村民自治要实现的“自我管理、自我教育、自我服务”为目标，涉及政治、经济、社会、文化等生产和生活各领域。但一方面，长期以来我国各地村集体组织内部的政治、社会、文化权利的基础比较薄弱；另一方面，经济体制改革的成功促使全社会包括农民更关注经济权利，尤其随着我国经济的稳定增长和城镇化的加速推进，农村集体经济组织的实力显著增强，集体权益如何分配成为村民“自我管理”中的重要内容和突出热点。[②] 由于我国《村民委员会组织法》《农村土地承包法》及相关法律法规仍不尽完善，农村管理体制有待进一步理顺和优化，因此在农村集体经济组织内部要实现真正的自治，离不开农民政治参与的提升。现行村民自治制度的运行中，作为村民自治前提的民主选举开展得比较顺利，调查显示 78.6% 的农民参加了第八次村委会选举，[③] 较高的投票率奠定了村民自治制度顺利运行的合法性基础；但在民主决策、民主管理、民主监督等环节，农民政治参与权利的功能还没有充分地实现。“村官将黑手伸向集体土地”成为近年来农村最突出的腐败问题，[④] 没有职务级别、不算行政干部的村干部由于“位小权大缺少监督”，大有发展到“小村官大腐

① 吴玉英:《村民自治的难点及其根源》，载《学术界》2002 年第 4 期。

② 参见王利明、周友军:《论我国土地权利制度的完善》，载《中国法学》2012 年第 1 期。

③ 参见徐勇主编:《中国农民的政治认知与参与》，中国社会科学出版社 2012 年版，第 12 页。

④ 参见陈晓英:《村干部腐败已“触目惊心”位小权大缺少监督》，载《法制日报》2008 年 10 月 21 日，第 4 版。

败”的趋势，[①] 各地查处的村干部违法犯罪案件急遽增加、数额巨大、手法多样。究其原因，除了村干部平均素质不高及“乡政村治”管理体制需要完善外，作为权利主体的农民不能积极行使政治参与权利也是重要因素。根据法律规定，村干部应当执行村民会议、村民代表会议的决定、决议，也就是村干部是村民会议、村民代表会议的执行机构，村民会议和村民代表会议是村干部的权力来源和监督机关。但据调查，农民参加村民会议、村民代表会议的比例大大低于参加村委会选举的比例，在会议上提出意见或建议的更少，民主决策、民主管理和民主监督流于形式，这就为部分村干部违法乱纪创造了条件，使集体经济组织及其成员的利益受损。可见，农村集体经济组织“自我管理”的实现和良性运行，需要奠基于农民政治参与权利的有效行使；而要进一步达到村民自治和“自我教育”“自我服务”等更高的目标，实现农民的社会和文化权利，更有赖于农民政治参与权利的支持和保障。研究结果和实证调查都表明，农民政治参与权利的行使状况，与村民自治制度的运行状况，与社会的和谐程度，存在显著的正相关，[②] 体现了政治参与权利对农村集体经济组织成员地位的重要保障功能。

2. 政治参与保障农民作为公民享有的各项具体权利

公民是农民作为社会成员最重要、最光荣的身份，《宪法》第 33 条第 1 款规定：“凡具有中华人民共和国国籍的人都是中华人民共和国公民。”其实拥有国籍只是成为公民的必要条件，并不是充分条件。亚里士多德早就指出公民在本质上是“凡得参加司法事务和治权机构的人”或“凡有权参加议事和审判职能的人”，[③] 也就是拥有参与国家事务的权利的人。保障

① 参见徐立星:《村官腐败谁来管，莫让苍蝇成大害》，载人民网：http://opinion.people.com.cn/GB/363551/ 367435/index.html，最后访问日期：2017 年 4 月 30 日。

② 参见郭继:《农村集体成员权制度运行状况的实证分析——基于全国 12 省 36 县的实地调查》，载《南京农业大学学报》(社会科学版) 2012 年第 1 期。

③ 秦树理等:《西方公民学说史》，人民出版社 2012 年版，第 5 页。

公民权利是宪法最基本、最神圣的职责，我国《宪法》对公民享有的政治、经济、社会和文化等各项权利作出了充分的规定并从实质上提供了实现的保障，广泛性、平等性、真实性和一致性是公民权利的基本特点。[①]

在村集体经济组织之外的社会关系中，农民的某些公民权利缺乏应有的保障甚至遭受了侵犯。首先，就农民整体而言，其自主经营权、财产权易受基层政府的干涉。在推进土地经营权流转的改革中，强迫命令和粗暴简单的工作方式容易侵犯农民的自主经营权；[②]而城镇化进程中因为对农民土地和房屋强拆而引起的案件数也屡创新高。2017 年 3 月，一位记者坦言，“这些年来，农村正在成为新一个暴力拆迁的热点。鉴于农民表达诉求乃至不满的渠道收窄，诸如此类的激烈举动恐怕短时间内难以消除”。[③]其次，从农民和城镇居民（市民）的对比来看，农民的政治平等权需要进一步改进。《中华人民共和国选举法》（以下简称《选举法》）的修改，极大地提高了农民在全国最高权力机关的话语权，但要想在各级人大真正实现农民当家作主的地位，解决农民市民化过程中面临的住房、医疗、教育等公共服务供给问题，还需要体制机制的大幅改进和创新。2017 年 3 月，国务院《“十三五”推进基本公共服务均等化规划》，提出“着力缩小城乡、区域、人群间的服务水平差距，推动基本公共服务全覆盖，提高区域服务均等化水平，保障基本公共服务的公平性和普惠性”。[④]农民作为社会成员的重要组成部分，经营自主权和政治平等权是保障自由、平等核心价值观的重要手段，而这些具体权利行使中存在的上述障碍，不能被动地等待其自动消

① 参见周叶中主编：《宪法》，高等教育出版社、北京大学出版社 2000 年版，第 266 页。

② 参见徐祥临：《土地承包经营权流转应尊重农民经营自主权》，载和讯网：http://news.hexun.com/2008-10-10/109715115.html，最后访问日期：2017 年 4 月 30 日。

③ 胡印斌：《农村正在成为暴力拆迁的热点？》，载《新京报》2017 年 3 月 21 日，第 3 版。

④ 赵展慧：《国家基本公共服务亮清单 着力缩小城乡、区域、人群间差距》，载《人民日报》2017 年 3 月 2 日，第 2 版。

除或完全依赖政府、社会解决，必须引导农民充分发扬权利主体的风格，积极、主动地通过政治参与解决权利行使中的具体问题。

党的十八大报告和十八届三中全会决议都提出要抓住城镇化、工业化、信息化快速推进的机遇，加速农业现代化的实现和农民权利的增强，也警示了如果把握不住机会就可能面临更加严峻的挑战。以政治参与的积极开展保证农民公民权利的实现，是党和政府依法保障农民权利、用法治思维和法治方式解决农民问题的不二法门，也是改革进入深水区阶段弥合社会断裂、解决农民问题、凝聚世道人心的重要举措。

3. 政治参与保障农民作为人的地位

除具体权利之外，农民作为公民，其权利行使还受观念意识和深层文化的影响，俗语言之，就是把农民当不当人看待。这是来源于城乡二元结构但又未必直接和职业或身份相关的一种观念和态度，不一定直接作用于农民某项具体权利，但却深刻影响农民的尊严感和发展权利。其实东西方古典文化都对人给予了应有的尊重，如东方和合观念强调“上天有好生之德”，西方自然法学说强调“自然状态下人拥有不可剥夺的自然权利”。近代人文主义思潮的兴起极大地推动了资本主义制度的建立，自由、平等、追求财产和幸福成了写进各国宪章的“天赋人权”，任何阻碍、剥夺“天赋人权”的行为都是对整个人类道德底线的侵犯。正如前面所述，政治参与是“人民主权”的体现，是“天赋人权”的落实。任何群体或阶层，如果没有政治参与，其自由、平等、对财产和幸福的追求都无从保障，这在各国历史和现实中都有很多例证。农民对政治参与权利的拥有，保障了农民作为人的地位。当然，“天赋人权”具有较多的概括和原则意味，主要从文化层面满足对人的权利的礼赞。与其说自由、平等是权利，不如说是保证人的尊严的原则；对财产和幸福的追求，则是对人的发展权利的保障。农民政治参与的开展，既能以客观实在的方式实现对集体经济组织成员地位的保障，实现对公民具体权利的保障，更重要的是，其影响能够深入社会意识层面，通过对农民及其他社会成员的认识或心理的影响，提升农民的尊严感、幸福感和对未来发展的信心，使农民享有超越身份、职业、财富、地位等因素而单纯作为人应有的权利和光荣。

调研范围几乎遍及全国主要省域的《中国农民状况发展报告》指出，“在贫富差距、城乡差距逐步拉大等情况下，农民的尊严感或继续下滑；过半的受访者认为农民是社会的弱势群体，比其他人低一等”。[①] 影响农民作为人的地位的突出问题，首先，是和城镇居民相比在各项权利上的系统化的不平等。这是城乡二元结构长期延续的必然后果，对农民权利的伤害最为直接，是当前农民问题的焦点所在，已受到广泛的揭露。《中国农民状况发展报告》就是在将农民和城镇居民在政治、经济、社会、文化等各领域享有的权利进行全面对比的基础上，得出“农民的尊严感或继续下滑”的观点，并提出从完善制度建设、发展农村经济、提高文化素质、加强信息建设、提升农民地位等方面入手，促进并扩大农民的政治参与。其次，是农民发展权利的不平等。当阶层固化、新“读书无用论”、因病因学致贫等不再具有新闻效应时，我们可以发现，农民发展权利被剥夺的问题已不容回避。尽管在农村教育、医疗卫生和社会保障等方面连续多年实行惠农政策，如全国范围内农村义务教育免除学杂费并补贴寄宿制学校，新型农村合作医疗保障的范围和报销比例逐步提高，农村居民最低生活保障已经实现全国覆盖等，但对农民的长期剥夺导致历史欠账过多，如果不加紧引导农民积极行使政治参与权利，农民的发展权利、发展机会将会陷入“马太效应”的恶性循环。最后，是农民内部收入分配的不平等。在社会主义时期尤其是发展的初级阶段，社会劳动的差异性导致生产、生活资料的分配还只能在某一单位内实现平等，不同集体经济组织间可能还存在较大的差别，如发展较快的珠三角和长三角农村和中西部广大农村，在收

① 杨春:《农民状况发展报告：农民尊严感或继续下滑》，载《南方日报》2011年11月29日，第2版。

入分配上的区别是很大的。农民通过政治参与，可以促进党和政府坚持“共同富裕”的最终目标，逐步消除区域差异，实现经济、文化、公共服务和社会保障等各方面的平等。

4. 政治参与功能实现的限制

农民政治参与权利的行使，具有保障农民作为集体经济组织成员、作为国家公民、作为人的地位的功能，使农民在社会生活中能从容承担各种角色。然而，这些功能的实现，还受到各种主客观条件的限制。

首先，其功能实现具有历史性。从历史形成来看，政治参与实现的功能是不断扩展和深化的，由基础性权利而逐渐扩展为一个权利体系，并得到法律政策文本的逐步承认和日渐明确，这预示着政治参与不能超越发展阶段。权利的发展和行使直接受制于社会发展程度，农民政治参与的发展程度取决于经济社会发展的水平。在计划经济体制下，为了快速实现工业化牺牲了农民的权益；而改革开放以来由于体制的惯性和惰性，农民被人为的城乡二元结构限制了政治参与的开展，导致农民权利的虚化和弱化。党的十六大开始注重城乡统筹发展战略的实施，城乡二元结构的消解逐渐加速，农民政治参与权利的行使具备了一定的条件。然而这些条件的逐渐积累，需要经济、政治、社会、文化等各方面的充分发展、协调一致，需要进一步推进城乡一体化的进程。这需要我们付出长期艰辛的努力，逐渐创造更有利于“三农”问题解决的环境，而不能奢望历史的局限性在短期内就能克服和超越。这既符合农民的个人和群体利益，也符合社会公共利益和国家整体利益。随着社会主义现代化进程的加快，农民政治参与权利的行使更加便利和有效，其实现的功能也必将更广泛、更深化，因此要求研究者和决策者既要关注农民现有政治参与的功能实现，还要未雨绸缪、提前规划，引导农民尽快克服政治参与的历史局限性，构建和社会经济的发展趋势相适应而又能促进农民民主素质的政治参与体系框架，积极拓展和提升农民政治参与的功能。

其次，其功能实现受现实条件的制约。尽管我国当前的国民生产总值和国际地位有显著提升，全面建成小康社会的宏伟目标将顺利实现，但还应看到，影响农民政治参与的不利条件短期内很难彻底改变。这具体表现为三个方面：一是农民政治参与的机会和领域还比较狭隘。长期以来，各级国家机关都以户籍制度为基础、从城镇居民中录用工作人员，农民担任公职的机会非常渺茫。而在选举权的行使上，农民仅能选举县、乡两级人民代表大会代表和村民委员会成员，离真正的普选制还有很大差距。邓小平曾预测，“大陆在下个世纪，经过半个世纪以后可以实行普选”。[①] 农民在从事村民自治活动时，在和国家机关及其工作人员打交道的过程中，其权利行使的质量和保障程度远不够乐观。二是农民政治参与权利的影响层级比较低下，还主要“集中在村一级”，对乡镇及以上政府的决策，还很难产生直接影响。三是农民政治参与权利行使具有突出的个体色彩，没有形成组织的力量，马克思生动地将小农比喻为“一袋马铃薯是由袋中的一个个马铃薯所集成的那样”，“不能以自己的名义来保护自己的阶级利益，无论是通过议会或通过国民公会。他们不能代表自己，一定要别人来代表”。[②] 占中国人口比重最大的农民，没有建立专门代表自己利益的组织形态，也没有形成和自身地位相匹配的话语权。个体参与行为既增大了农民权利行使的成本，也影响了国家对社会的整合。没能实现有效组织化的农民，在深化改革的利益分配格局中，由于话语权的缺失，不仅自身面临被边缘化、被隔离的命运，而且会殃及子孙，伴随一代人政治参与的低效而形成几代人经济、社会、文化等各方面资源的匮乏，在社会阶层分化中长期居于底层。因此，只有提升农民政治参与的层次，扩大农民政治参与的领域，提高农民组织化政治参与的程度，才能充分实现农民政治参与的应

① 《邓小平文选》（第 3 卷），人民出版社 1993 年版，第 342 页。

② 《马克思恩格斯文集》（第 2 卷），人民出版社 2009 年版，第 566 ~ 567 页。

有功能。

（三）农民政治参与权利产生的影响

农民政治参与权利的行使，是在农民作为权利主体、政府作为义务主体、社会提供实现载体的条件下，三者良性互动的结果。该权利的顺利行使，挤压了无序的、非制度化的政治参与行为的空间，培养了理性而又自主的权利主体，增强了政府的政治合法性和统治效能，锻炼了社会系统的组织和治理能力。不仅对政治领域产生广泛、深刻的直接影响，而且对经济、文化、社会等诸领域都产生了全息式影响。

1. 对政治生活的直接影响

（1）完整体现民主的本意。农民政治参与权利的行使不仅体现民主的价值，构成民主实现的形式，还反映民主制度的本质特征。社会主义民主是比资本主义民主更真实、更完善的民主，只有在社会主义民主中农民政治参与权利才真正具有实现的保障。民主的内涵不仅仅是自己享有自由与权利，还意味着尊重和保障他人的自由与权利。农民政治参与是在法律的范围内、在不妨碍他人自由与公共安全的前提下进行，是对实质民主、完整民主的体现，是民主形式和本质的和谐统一。比较政治学和发展政治学的研究成果表明，传统政治与现代政治的基本区别就在于前者一般没有公民的政治参与，后者却有广泛的公民政治参与。[①]保障社会各阶层广泛、自觉而有序的政治参与，是民主政治发展的内在要求与根本标志。主权在民原则的贯彻、人权精神的确立、公民权利的保障等是农民政治参与权利得以实现的前提和条件；农民政治参与权利的行使，是体现人民民主的核心内容和主要标志。

（2）促进依法治国方略的实施。中华人民共和国成立之初，谢觉哉就讲过："民主与法制，对于一个国家的兴旺发达，或是衰败灭亡，往往是紧

① 参见刘军宁:《古代政治与现代政治的分野》，载《博览群书》1998 年第 10 期。

密联系在一起，是起决定性因素的。”[①] 改革开放之初邓小平也曾说过：“为了保障人民民主，必须加强法制。必须使民主制度化、法律化，使这种制度不因领导人的改变而改变，不因领导人的看法和注意力的改变而改变。”[②] 中国共产党多次在党的报告中明确指出“法制是社会文明进步的标志”。[③] 可见法制是民主的孪生姐妹，是民主权利的保障。农民政治参与权利的行使，必然需要法律的规范和保障，才能真正体现民主的核心，保证农民权利、社会秩序和国家发展目标的协调统一。政治参与权利是宪法“主权在民”的体现，但宪法规定的政治权利需要通过更具体的规章制度去落实和体现，仅有宪法层面上对公民各项权利的条文规定，却缺少在国家和社会公共事务中行使权利的具体操作规程，这些目标就无法实现。况且很多时候，公平正义的实现不能仅仅依靠个人能力，更需要社会大多数成员的共同认可和支持。农民行使政治参与权利就是落实宪法原则、实现公平正义的重要途径，既能体现社会制度的正义价值，又能将权利行使过程和追求正义的过程统一起来，证明依法表达自己的意愿及维护自己的利益是正当合理的。农民依法行使政治参与权利，将会促进政府职能的加速转型，提高政府治国理政的能力与绩效，促进依法治国方略的顺利实施。

（3）推动各政治主体的成长。农民政治参与权利的行使，涉及农民、政府、社会组织等重要的政治主体。在权利行使过程中，首先，有助于培养理性的、有归属感的农民。农民政治参与权利的行使，不仅对政府有显著的约束作用，还将激发农民作为权利主体的理性和自我尊重。“民主的政治参与可以在国家和社会之间稳妥地矫正政府的行动与公民的意愿和选择之间的矛盾。为了体制的正常运转，政府需要从社会上得到有连贯性的信息和活力的补充，否则政治体制便难以维持。政治参与将把这种信息和

① 王定国等编：《谢觉哉论民主与法制》，法律出版社 1996 年版，第 160 页。

②《邓小平文选》（第 2 卷），人民出版社 1994 年版，第 146 页。

③ 中共中央文献研究室编：《十五大以来重要文献选编》（上），人民出版社 2000 年版，第 31 页。

活力注入政治体制。公民通过政治参与，表达自己对公共财富和价值分配的意愿和选择，并施加压力，使政府的行为不至于与公民的意愿和选择发生矛盾，从而左右政府的决策。”① 同时，政治参与的过程，也是政治主体成长的过程，在这种意义上，政治参与活动可以“作为教育公民的方式”，使农民一方面可以发挥自己的政治作用，另一方面可以在参与过程中体验到自己作为社会成员对政治的影响力，从而增强对政治的信赖感，增进对政治体制的归属感。其次，农民政治参与权利的行使，有助于增强政府的合法性，使政府有效统治的基础更加坚实，政治运行方式得到更大多数人的认可。② 德国学者马克斯·韦伯认为：“一切经验表明，没有任何一种统治自愿地满足于仅仅以物质的动机或者仅仅以情绪的动机，或者仅仅以价值合乎理性的动机，作为其继续存在的机会。毋宁说，任何统治都企图唤起并维护对它的‘合法性’的信仰。”③ 农民通过行使政治参与权利，为政府在充分了解民意民情基础上进行决策提供了必要的原料素材，有利于考虑和满足最大多数人的利益要求，赢得广大人民的认可与支持，增强执政的合法性基础，并在政治合法性与政治参与权利行使之间形成一种良性的互动。最后，是初步培育了农民社会组织的力量。随着改革开放的深化，农民在生产、生活中对组织化的需求日益强烈。产业分工和协作层次的提升要求农民组织起来进入市场，经济活动中需要专业合作组织来降低交易成本，在现代化进程中维护自身权益需要农民抱团增强话语权，甚至农民文化生活的丰富也不能仅依靠原子化的个体农户。政治参与权利的行使，更有利于整合各领域对组织形态的需求，促进农民组织化程度的提高。

① [日] 蒲岛郁夫:《政治参与》，解莉莉译，经济日报出版社 1989 年版，第 5 页。

② 参见王孝鸣、黄卫平:《论新世纪中国共产党的执政基础》，载黄卫平、汪永成主编:《当代中国政治研究报告》，社会科学文献出版社 2002 年版，第 11~30 页。

③ [德] 马克斯·韦伯:《经济与社会》(上)，林荣远译，商务印书馆 1998 年版，第 239 页。

2. 和社会生活的相互影响

农民政治参与权利尽管从学科分类而言，是属于法学、政治学领域的问题，但作为行使方式多样、实现功能丰富的重要问题，除了对政治生活产生重要影响外，还对经济、文化、社会生活诸领域产生重要的影响。

（1）对经济领域的影响。长期以来，中国的政治体制是严格按照一元化金字塔式的结构而组成的，绝对的权力在一定程度上导致了独特的政治主导经济的社会模式。[①]中国的广大农村长期以来形成了主要由地主、乡绅控制、以家族为本位、高度分散的小农经济社会。时至今日，这种社会模式仍深刻制约着农民的政治参与和农村经济的发展壮大。农民政治参与权利的行使，将有助于农民各种合法权益的合理表达，调动广大农民的生产积极性，促进农村经济的发展和社会的全面进步。

改革开放推动了我国农村生产力的发展和农村经济的持续健康发展，为农村民主政治建设奠定了坚实的物质基础，激发了农民政治参与的热情；同时农民的政治参与活动也促进了农村经济的繁荣兴旺。首先，推动农民政治参与是进一步调动农民积极性、促进农村经济发展的关键所在。在农村中实行家庭联产承包责任制开启了我国改革的大幕，由此农民获得了充分的经营自主权，而在农民解决温饱问题之后，又有了更大范围内、更高层次上的要求。经济上的成功激发了农民对政治、社会和文化权利的要求。国家制定法律和法规，实现让村民参与管理和监督，就可以满足农民行使民主权利的要求，从而为农村经济的持续繁荣奠定基础。其次，加强农民政治参与，有助于农村经济环境的改善。推动农民政治参与，有利于从本质上解决农村诸多矛盾和问题，为农村经济的持续健康发展提供稳妥的政治社会环境。随着农村体制改革的不断深入和经济体制的转变，农村

① 参见梁木生:《论我国市场经济发展之路的政治主导性——兼析目前我国政治主导作用的中心任务》，载《东南学术》2000 年第 1 期。

各种矛盾和问题的发展也更加复杂，依靠传统的伦理道德、行政命令或社会组织规范很难彻底解决问题，必须依靠农民主体作用的发挥和政治参与权利的行使。农民的参政意识、参政行为如果更合乎社会的要求，上述矛盾和问题就更容易得到解决，为经济发展创造条件。最后，加强农民政治参与，有助于农业现代化发展。如何把分散经营的农民按照新体制的需要重新组织起来，发展现代化农业，是农村经济发展当前面临的突出难题。加强农民政治参与是在新形势和新经营方式中，把农民有效组织起来的关键所在，提高农民组织化参与程度可以有力地推动经济和其他各项事务的协调发展。比如，建立符合农村实际的各种专业化合作社就是实现农村经济发展的当务之急。

尤其紧迫的现实问题是，随着农村经济的快速发展，各种利益冲突日益明显，农民政治参与权利的行使是保障农民权益、维护社会稳定的根本途径。当前利益冲突广泛存在于农民与农民之间、农民自身与村集体和国家之间。比如，一些地方政府假借各种理由，在国家法律和政策所允许的范围之外增加农民负担或侵犯农民利益，引发农民通过上访、诉讼乃至一些非理性的方式表达自己的诉求。特别是当前我国建设社会主义新农村的重要时期，党和政府制定的许多利农政策需要各级政府去实施，需要避免各级政府在错误政绩观影响下进行无关决策甚至是错误决策。而要解决这样的问题就需要推动和发展农民的政治参与意识，“使农民真正广泛地参与到政策决策和实施的各个环节中去，充分发挥利益表达、共同决策和对政府进行监督的作用，推动经济和其他各项事务的协调发展”。①

（2）农民政治参与权利和文化生活的相互影响。不同的文化塑造了不同的政治参与方式，而政治参与的实际运行也丰富和调整着政治文化的内涵，二者在相互影响、相互促进中相辅相成、相生相伴。政治文化通过

---

① 张守龙:《政治参与与社会主义新农村建设》，载《许昌学院学报》2006 年第 4 期。

塑造公民价值观对政治参与权利起导向作用，同时政治参与权利行使的实际状况也不断丰富政治文化的内涵。我国社会正处于政治参与权利的勃兴时期和政治文化的重构时期，不同阶层和群体在权利行使的过程中碰撞冲突，各种倾向的政治文化相互交织。

目前，我国农民的整体文化水平不高，农民的民主政治素质偏低，一些农民对自身权利的行使缺乏应有的认识，容易在盲目或误解中出现非理性甚至违反民主与法治精神的行为，对农村的精神文明和政治文明建设构成较大损害。列宁曾说过："文盲是站在政治之外的，必须先教他们识字。不识字就不可能有政治，不识字只能有流言蜚语、传闻偏见，而没有政治。"[①] 要实现社会主义新农村建设中的精神文明和政治文明建设方向，就必须"繁荣社会主义新农村文化事业，倡导健康文明新风尚"。[②] 积极向上的思想文化意识可以驱散笼罩在农民头脑中的贫困文化的乌云，让广大农民群众通过自己积极能动的活动，利用自己的智慧和力量去创造财富，从根本上摆脱广泛存在于各领域形形色色的贫困。

从另一个角度来看，农民政治参与权利行使的过程也是农民有意识地学习政治知识、培育政治文化意识的过程。首先，农民通过行使政治参与权利，获得了政治、经济、文化和社会利益的普遍增长，而这种利益以往是很难靠自己争取到的，这就会改变农民的政治意识。以当前农民实现政治参与的主要途径——村民自治为例，农民的物质、文化等各方面权益在自治实现的过程中得到显著增长，农民很容易看到民主自治的成果，自然就激发了他们对村民自治乃至民主政治的兴趣和信任。其次，农民在行使政治参与权利的过程中往往不是一帆风顺，党和政府鼓励和引导他们克服困难的过程，也就是他们不断学习、持续进步的过程。农民政治参与权利

① 《列宁选集》(第 4 卷)，人民出版社 1995 年版，第 590 页。

② 《中共中央、国务院关于推进社会主义新农村建设的若干意见》，载《人民日报》2006 年 2 月 22 日，第 1 版。

的行使，往往受到诸如农民自身政治素质不高、经济基础薄弱、易被眼前利益蛊惑、社会不良风气盛行不敢抵制，以及正当组织化途径缺乏等各种主客观条件的限制，很容易导致他们在争取自己的合法权益时遭受挫折。通过正确的鼓励和引导，促使他们认真学习政治参与的知识和技能，为正确行使合法权利创造条件。在行使政治参与权利时，农民在自己的合法利益诉求之外，会逐渐了解其他各种各样的利益诉求，会逐步认识到自我权利和他人权利的关系，有利于培养适应时代要求的权利意识、合作观念以及相互尊重和宽容的心态和习惯；在行使政治参与权利时，他们会自觉遵守法律法规和相关的制度、规则；等等。可以看到，政治参与权利的行使会进一步促进“乡风文明”目标的实现，同时农民政治和思想素质的提高也将进一步巩固农民政治参与的文化基础。

3. 和社会组织方式的相互影响

社会组织方式是社会运行的组织资源，是判断一个社会处于何种性质和阶段的主要标志。社会组织方式能深刻影响农民政治参与的深度和范围，表现在农民组织程度决定着农民参与和影响政策制定的深度，决定着农业流通领域乃至整个农业生产中的交易成本，还决定着在市场经济条件下农村制度变迁的创新能力和活力。虽然农民个体在经济、文化和心理等方面存在很多差异，广大农民群众都有通过发展农业生产或者从事其他工作获得收益、改善生产与生活条件的现实需要，但我国长期以来传统的义务本位、国家意志和小农意识等，使单个农民很难摆脱低效甚至无效决策的泥潭，很难走向组织联合的道路。在社会的发展过程中，当农民认识到必须节约交易费用，政府和其他社会的主体都充分认识到农业发展、农村繁荣和农民富裕的重要性的时候，农民的组织化便会成为重要的社会主题。

毋庸讳言，当前我国农民的组织化程度显著偏低。从合作化运动以后，人民公社、生产大队、生产小队成为我国农村的主要社会组织方式，表现出极强的行政化色彩，也由此奠定了农民“动员式”政治参与的组织基础。改革开放以后，乡政府取代人民公社并成为基层政权组织，村民委员会这一自治组织成为农民的主要组织方式，农民的经济合作组织处于自生自灭的状态，这意味着农民的组织方式不仅功能削弱而且层次降低了。就当前亟须发展的农民经济组织而言，提高其组织化程度面临如下困难：首先，我国长期存在的以政府为代表的涉农主体的不规范行为，使我国的农民组织化缺乏良好的外部制度环境。政府管理职能未能有效转变为服务、对农民缺乏鼓励和引导是导致农民组织化程度低的重要原因。其次，以往我国农民的组织方式没有实现促进农业产量大幅提高、农民收入较快增加的既定目标，这也是农民对组织问题不积极参加的关键所在。最后，大量的农村人才流失和农村文化中消极因素的影响阻碍了农民的组织化。有能力组织农民发展农业建设农村的人才，因为各种原因很难真正扎根农村认真组织；而留在农村从事农业的大多数农民，又缺乏必要的组织能力和条件。要克服这些困难，就必须借重农民政治参与权利的行使。通过鼓励和引导政治参与，逐步提高农民的组织化水平；通过农民组织起来的力量，推动农民各项权利更好更快地发展。

（四）农民政治参与权利的表现形态和触及领域

政治参与是一组在外在形态上由知情权、参与权、表达权、监督权等构成，在实质内容上分别涵盖公民的经济社会和文化权利、政治权利、人的基础性权利等众多领域的重要权利。党的十八大报告提出公民政治参与权利的行使，是“权力正确运行的重要保证”，[①] 权利行使范围小自“村基层自治”和“企事业单位民主管理”、大到“政权运行”和“社会管理”等方面，权利行使的目标是“民主管理”和“民主监督”，权利的表现形

---

① 党的十八大报告原文：（六）健全权力运行制约和监督体系。坚持用制度管权管事管人，保障人民知情权、参与权、表达权、监督权，是权力正确运行的重要保证。

态主要是知情权、参与权、表达权、监督权。在明确政治参与权利表现形态的同时，党的十八大报告还多次强调政治参与在民主政治生活中的综合性、弥散性和概括性，暗示这一权利触及领域的广泛性和深刻性。比如，提出以“权利公平、机会公平、规则公平”的全面公平观来保证人民平等参与；要求从各层次各领域扩大公民有序政治参与；设想“让广大农民平等参与现代化进程、共同分享现代化成果”；并首次明确提出将公民的政治参与延伸到决定权利配置的立法环节；首次明确提出要“落实党员知情权、参与权、选举权、监督权”；① 等等。

1.政治参与权利的表现形态

无论从文本意义还是从实践意义中，知情权、参与权、表达权、监督权这“四权”都共同构成政治参与权利的表现形态。从文本意义来讲，政治参与是对各类政治活动、各环节政治行为的全面、全程参与，知情、参与、表达、监督是政治参与的应有之义，是完整构成政治参与的基本要

---

① 党的十七大和十八大报告在论及政治参与权利时，提出要保障人民的知情权、参与权、表达权和监督权。在党内民主建设方面，理论和实践都认为《中国共产党党章》规定的党员八项具体权利可以总结为党员享有的知情权、参与权、选择权、监督权等民主权利（参见本书编写组编著:《领航中国——十六大以来党的建设辉煌成就》第五篇“制度建设不断深化”之第二节“健全保障党员主体地位和民主权利制度”的内容总结，党建读物出版社 2014 年版；另参见王领、王弘毅:《庐阳区在全国省会城区中首试党代会常任制　以制度强化党代表对党内事务的决定权》，对全国“落实完善党代表任期制工作”唯一的省会试点城市安徽省合肥市落实党代表的“知情权、参与权、选择权、监督权”的梳理，载《合肥日报》2014 年 12 月 29 日）。在选拔任用干部方面，无论是 2002 年颁行还是 2014 年修订的《党政领导干部选拔任用工作条例》，都强调“发扬人民民主，落实群众对干部选拔任用的知情权、参与权、选择权和监督权”（参见欧阳淞:《选拔任用干部，要让群众有更多知情权、参与权、选择权、监督权——中组部副部长接受中外媒体采访》，载《杭州日报》2007 年 10 月 18 日；中组部负责人:《就修订颁布〈党政领导干部选拔任用工作条例〉答记者问》，载《湖北党建》2014 年第 2 期）。在公共利益领域，也达成了由公众参与公共事务决策的认识（参见杨欣然:《试论公民公共决策权》，载《管理观察》2008 年第 24 期）。因此，选择权、决策权体现的是特定对象在特定时期享有的参与权表现形式，和党的十七大、十八大表述的知情权、参与权、表达权和监督权并不矛盾，有时还存在并用现象（参见《胡锦涛主持政治局会议研究部署基层组织党务公开　落实党员知情权参与权选举权表达权监督权》，载《新华日报》2010 年 8 月 21 日）。

素。从实践意义来说，知情权、参与权、表达权、监督权都具有明确的行为外观，但单独行使的状态下又都不具有明确的指向和实际的内容，联结在一起则不仅相互赋予了实在含义，且构成了相辅相成的权利链条，构成了政治参与权利的具体形态和明确方式。监督权是公民通过人大监督、社会监督、舆论监督等多种形式对权力运行进行监管督促；知情权便于公民有效地获取和利用国家机关掌握的信息，准确地判断所面临的问题；表达权是对自己的思想和意见通过恰当形式进行表达；参与权贯穿公民活动的全程，为监督、知情、表达等权利行使提供必要的基础和恰当的平台。

2012年发布的《国家人权行动计划（2012—2015年）》，是在2009年人权行动计划成功推进的基础上继往开来的产物，是对国际人权宪章的继承和发展。在其“公民权利和政治权利”章节中，比较详尽地对这四项权利进行了阐述。（1）知情权。基本要求是“深入推进政务公开，完善相关法律法规和政策规定，拓展知情权的范围，不断提高知情权的保障水平”。[①]具体包括推进政府信息公开、推进政府办事公开、积极稳妥推进审计工作信息公开、不断完善政府和党委新闻发布制度、建立健全领导干部任免信息向社会公开制度、规范和监督公共企事业单位的办事公开工作、完善村务公开等。（2）参与权。基本要求是“进一步健全民主制度，丰富民主形式，拓宽民主渠道，扩大公民有序政治参与”。[②]具体包括严格落实选举法、促进和支持政治协商制度的实施、促进科学立法和民主立法、支持人民团体依法参与社会管理和社会服务、促进社会组织有序参与社会建设、完善职工参与企事业单位管理、完善基层群众即村民自治和居民自治制度。（3）表达权。基本要求是“畅通各种表达渠道，依法保障公民的言

① 《国家人权行动计划（2012—2015年）》，载新华网：http://news.xinhuanet.com/2012-06/11/c_112186461.htm，最后访问日期：2017年5月4日。

② 《国家人权行动计划（2012—2015年）》，载新华网：http://news.xinhuanet.com/2012-06/11/c_112186461.htm，最后访问日期：2017年5月4日。

论自由和表达权”。[①]具体包括尊重和保障各界人士的政治协商活动，通过多种方式畅通公众表达渠道，建立健全群众利益诉求表达机制、保障企事业单位职工的表达权、加强对新闻机构及其从业人员合法权益的制度保障。（4）监督权。基本要求是“不断完善监督体系，加强对权力运行的制约和监督，切实保障公民的民主监督权利”。[②]具体包括加强各级人大及其常委会对“一府两院”工作的监督、充分发挥人民政协民主监督作用、健全对规章和规范性文件的监督制度、加强对行政审批权力的监督制约、严格实施行政问责制度、修改监察机关举报工作办法、保障公民和社会组织对行政机关依法行政进行监督的权利、扩大社会监督、鼓励新闻媒体发挥舆论监督作用。

2. 政治参与权利触及的领域

应该明确，政治参与权利尽管在形态上表现为知情、参与、表达和监督，但各个形态并不能孤立存在。比如，知情权的行使，必然需要参与权作铺垫，不能参与就无法知情；而没有参与和知情，表达权和监督权就没有根基。同样，每一项具体权利的行使也不局限于单一领域，如在村民自治中行使对集体财产管理的权利，既是公民权利和政治权利在民主管理方面的体现，也是对村民经济权利的维护；对农村教育、医疗卫生、社会保障的积极参与，则涉及农民社会权利、经济权利、文化权利和未来发展权利等多个领域和层次。在改革开放成果主要体现在经济领域的背景下，农民政治参与权利触及的领域中，最主要的反倒不是直接相关的政治领域，更多触及的是经济、社会领域和意识观念领域。为了叙述的简便，下面粗略地对政治参与权利所触及的领域进行梳理。

① 《国家人权行动计划（2012—2015年）》，载新华网：http://news.xinhuanet.com/2012-06/11/c_112186461.htm，最后访问日期：2017年5月4日。

② 《国家人权行动计划（2012—2015年）》，载新华网：http://news.xinhuanet.com/2012-06/11/c_112186461.htm，最后访问日期：2017年5月4日。

（1）经济领域。前已有述，当前农民参与村民自治范围内事务的热情远较其他范围的事务更高。究其原因，进城务工经商虽然能给农民带来更多收入，但农民仍不能也不愿完全脱离农村集体经济组织，而村集体内部尤其农民法定的经济权益大多仍属于村民自治决定的事项。因此，农民在村民自治制度下行使的政治参与权利，大多涉及经济利益，甚至主要是经济利益。比如，村民对土地承包经营、土地流转方案、集体收益分配等问题发表或签署意见等，涉及村民当前利益或者日后生活保障；对村务、村干部的监督等也集中体现在经济领域，反映了农民政治参与权利兼具务实性和局限性的特点。比如，《中共江苏省委　江苏省人民政府关于全面深化农村改革深入实施农业现代化工程的意见》（2014 年 1 月 25 日）提出“维护进城留乡农民合法权益。切实尊重农民进城或留乡的自主选择，充分保障进城落户农民的土地承包经营权、宅基地使用权、集体收益分配权”。这里罗列的权利大多以保护农民经济利益为直接和主要目标。

（2）社会和文化领域。随着改革开放的推进，我国社会管理和文化事业的现代化程度急遽提高，农民在社会生活领域和文化领域的需求也进一步释放。通过政治参与权利的行使，农民在这两个领域的权利逐渐得到重视和发展。农村最低生活保障制度、新型农村医疗合作制度以及农村义务教育的财政保障制度和奖贷助学金制度等，对解决农村贫困人口生活问题、因病返贫问题、因学致贫问题等提供了基本的框架，奠定了农民在社会和文化领域权益的基础。而这些权益的保障，无一不需要农民行使参与权利自主申请，同时要履行接受调查与审核、接受公众监督等相关义务。仍以《中共江苏省委　江苏省人民政府关于全面深化农村改革深入实施农业现代化工程的意见》为例，该文件强调加强农村社会事业建设和农村社会保障制度建设。在教育领域，“实行农村公办学校标准化建设和城乡之间校长教师定期交流轮岗，建立城乡学校结对机制，改善农村教育师资条件，保障农村学校办学经费，提升农村义务教育发展水平。大力支持农村学前教育发展。加强农村职业教育和技能培训，落实和完善中等职业教育国家助学政策，提高职业教育公用经费保障水平”。[①] 在医疗卫生、公共文体服务、就业创业服务、养老服务等方面都提出了明确的要求和具体的措施。而2014年2月颁布的《城乡医疗救助基金管理办法》也规定“城乡医疗救助基金的筹集和使用情况，应通过网站、公告等形式按季度向社会公布，城乡医疗救助对象和救助金额等情况应每季度在村（居）委会张榜公布，接受社会监督”，[②] 表明农民对医疗救助权利的享有，不仅奠基于政治参与权利，而且有赖于政治参与权利提供实现方式。

（3）政治领域。政治问题对我国各阶层群众的重要性不言而喻，一方面，它是经济、社会问题的集中体现和抽象形式；另一方面，我国传统上又是个政治主导的社会，加上中华人民共和国成立以来不断地强化人们的政治意识，因此即便是在农民群体中，政治意识和政治认知也比较清晰。在重要性突出的同时，政治问题对广大农民而言又似乎是难以捉摸的、可以玩忽的，因为政治的文本表达和实际状况并不完全相符，政治对农民的日常生活而言是遥不可及、无足轻重的，政治留下的记忆是效率低下、浪费惊人的。因此，农民对政治采取的多是实用主义的态度。农民的参与权利虽冠名“政治”，但却广泛触及各领域，农民更愿意在内容实在、形式明确的经济、社会领域中积极参与，而有意无意地回避或排斥以政治为名的参与。农民政治权利就此陷入老生常谈而又无人真正在意的尴尬境地。政治参与权利在较纯粹政治领域的行使，主要表现在人大代表的选举。2010年《选举法》的修订消除了农民选举权利行使最大的直观障碍，提升

---

①《中共江苏省委　江苏省人民政府关于全面深化农村改革深入实施农业现代化工程的意见》，载《新华日报》2014年2月18日，第2版。

②《财政部、民政部关于印发〈城乡医疗救助基金管理办法〉的通知》，载中央人民政府门户网站：http://www.gov.cn/gzdt/2014-02/17/content_2610863.htm，最后访问日期：2017年5月4日。

了农民的尊严感和在国家权力机关中的话语权，但当前和农民的迫切需要还有较大距离。而村委会干部和村民代表等的选举往往更直接地和集体经济组织的利益考量结合在一起。对社会管理和国家事务的参与，也往往和本阶层或本地区的经济利益相关。

（4）价值观领域。农民政治参与权利的行使，不仅触及现实的政治、经济、文化和社会领域，还深刻触及现实生活之上价值观层面的农民意识领域，触及农民作为人的尊严感以及对未来发展权利的评价。农民在进城务工、经商过程中，难免遇到各种各样的歧视和障碍，如有些行业职业限制农民进入、城市房屋限制外地户口购买、某些公共服务不允许进城农民享受、流动儿童不能享受城市教育资源以及农民的市民化进程举步维艰等。这些暴露出的问题，都在经历着农民抗争和维护平等权利的过程，农民通过反映、投诉、诉讼、信访各种途径，积极行使政治参与权利，逐步影响和改变强加在农民身份上的歧视态度，破除僵化体制对农民未来发展的束缚。农民政治参与权利的行使，深深地触及农民作为人的尊严、农民未来的发展权利。

第二章　农民政治参与权利的实践基础

对农民政治参与的实践情况，从一般描述到数据统计也多有研究，但对其实际运行机制以及实践特征的总结，尚未充分展开。本章将从以下两个方面梳理和总结农民政治参与的实践基础：勾勒农民政治参与的实际运行机制，梳理其运行主体、运行方式和运行轨迹；总结农民政治参与在发展实践中表现出的特征，更深刻地理解其在人们思想认识中的状态、发展状况和发展道路中的独特性。

一、农民政治参与权利的运行机制

农民政治参与权利的运行机制，涉及运行主体、运行方式和运行轨迹三个方面。其一，农民政治参与权利能否顺利行使，取决于相关资源和权益如何配置，由此涉及农民群体、农村精英和乡镇政权三种力量的博弈，农民尽管是权利主体，但这三方却是决定权利运行的共同主体。其二，作为一组概括性的权利，政治参与权利中的知情、参与、表达、监督等诸权利形态的实现程度，在不同领域、不同问题上参差不齐，但显著表现出权利触及的领域逐步推进和深化的趋势，从其推进、深化的趋势中可以观察权利的运行方式。其三，理论模型和政治实践都充分证明，农民政治参与权利的运行是在政府绝对控制和完全直接民主两个极端之间寻求平衡点，其运行轨迹主要在政府主导和精英主导之间摇摆，真正的农民主导从未出现。

（一）运行主体：三种力量的博弈

1. 权利主体对自身地位及意识不明：农民及农民意识

广大村民是法律意义上行使政治参与权利的主体，然而其主体意识和主体地位还很不明确。在村民自治层面，法律规定，村民通过民主选举产生村民委员会主持日常自治事务，并组织村民会议和村民代表会议行使自治权利。一方面，在实行家庭联产承包责任制的条件下，随着市场经济的冲击，农民对公共服务的需求明显提升，农民对本村公共事务和公共资源的关注程度逐渐提高，参与村民自治的热情远远高于参与乡镇、县、市等各类事务的热情。但另一方面，农民的经济力量依旧薄弱，传统意识根深蒂固，弱势地位长期延续，这些不利因素导致农民的主体意识还很模糊，主要仍是在功利动机的驱动下偶然地、暂时地投身到自治事务当中；同样，农民自治主体地位的体现，多数是靠自上而下的动员，少见积极主动地争取。主体意识和主体地位的欠缺，是农民有效参与村民自治制度巨大的障碍。在公民政治参与层面，由于城乡二元结构的束缚，农民的主体地位和主体意识更是等而下之。

2. 权利实际控制者：村干部群体及村民领袖

权利主体在主客观方面的局限性，导致其对权利的行使具有被动、从众的特征，需要在农村精英的带领和示范下，才敢于主动争取、积极作为。而今天取代传统“乡绅”角色的农村精英，主要可分为村干部群体和非干部的村民领袖两类。这两类人严格说来政治和经济利益并不完全一致，甚至在村干部群体内部也往往出现竞争或相互拆台。但在现实中，农村精英要获得权威往往都需要得到行政权力扶持，进而他们又不得不顺从行政权力的意愿，在这一点上的相似，决定了在农民政治参与权利的行使上，农村精英的立场是与其接近的。仍以村民自治为例，以村党支部成员和村委会成员为主体共同构成的农村精英群体，在农民政治参与权利行使中面临职责角色不清、无力摆脱行政干预以及内耗严重等问题。首先，对村干部的地方自治职责和地方自治代表角色没有明确清晰的认识。一项调查发现，只有不到三成村干部认识到村委会的性质是自治组织，五成以上还认为它是乡镇基层政权的下级行政机关，[①]普通村民的认识更不容乐观。这种认识既不利于村干部承担自治的职责，也使村干部实际上处于缺乏监督、管理的状态。作为自治的代表和主持者，村干部被排除在国家行政权力的监管体系之外；而基层政权的支持和指导，又赋予他们一定的政治权威性，使其实际上凌驾于村民的监督权利之上。其次，村干部无力摆脱强势的行政干预。由于村民自治的推行是自上而下的行政权力意志，行政权力不仅对村干部的产生及职责行使有重大甚至是决定性影响，村干部自治成绩的评定也主要取决于完成上级任务的情况。村干部受乡镇考核、听乡镇命令的现实状况，自然不利于村干部承担自治的重任。最后，村“两委”关系的混乱，加剧了村级自治实施的困难。由上级任命的党支书和由选举产生的村主任由于岗位的获得来自不同的渠道，往往存在权力上的冲突。村党支部是传统村务决策的实体，由于党内基层民主的欠缺往往表现为党支书个人的决策。而在自治环境下，选举产生的村委会天然地成为自治利益的代表者，并在村民会议和村民代表会议不完善的背景下侵越了自治事务的决策权。因而现实中往往存在村主任和村支书的矛盾和冲突。

3. 义务主体及其体制障碍：上级政府和乡镇政府目标的差异

农民政治参与权利的义务主体是基层政权，包括乡镇党组织和乡镇政府。压力型体制下的乡镇基层政权和农民政治参与权利的行使存在利益上的冲突，有干预、限制农民权利的倾向。还以村民自治为解剖对象，由政府主导的现代化赶超体制，在政治上也实行体现效率优先的“承包制”。

---

① 郑永流等:《农民法律意识与农村法律发展——来自湖北农村的实证研究》，武汉出版社 1993 年版，第 45 页。

为了实现经济赶超，各级党委和政府都要“采取数量化任务分解的管理方式和物质化的评价体系”。[①] 这些数量化的任务，往往偏重于可直观感知的经济或其他指标，主要是为了赶超战略的实现，而不是根据对基层实际情况的调查和村民实际利益的需要。基层政权为了完成上面层层下达并逐级加码且和农民利益无关甚至有害的数字化指标，必然要加强对村级集体组织的行政干预。而实行村民自治的目的是维护农民自身利益，这必然和基层政权加强干预的倾向发生冲突。所以，本来对村民自治仅负指导责任的基层政权，在实际上却当仁不让地承担了领导的责任。一方面，通过对村党支部负责人的任命或指派影响村级事务；另一方面，通过明示或者默示手段影响甚至直接支配村委会成员的选举和岗位分配。基层政权承受的沉重压力，决定了其在村民自治活动中很难独立和公正地承担指导和不干预的职责，实际上很容易成为阻碍村民自治实施的重大力量。

（二）运行方式：三类权利的逐次实现

1. 经济社会权利：实现程度较好

现阶段我国通过积极促进农民政治参与权利的行使，激发了农民政治利益和经济利益的合理表达，从而制定出有利于农村社会和经济发展的政策，调动了广大农民的生产积极性，农民的经济社会权利得到了较好的实现，同时也进一步增加了农民行使政治参与权利的热情。马克思认为：“权力永远不能超出社会的经济结构以及由经济结构所制约的社会文化的发展。”[②] 亨廷顿也指出经济发展促进政治参与的一般规律，经济现代化势必使政治意识扩展、政治要求剧增、政治参与扩大。[③] 当代马克思主义学者的研究表明，“民主政治的先进程度与社会一定的经济发展水平有着紧密的

---

① 董郁玉、施滨海编：《政治中国：面向新体制选择的时代》，今日中国出版社 1998 年版，第 324 页。

②《马克思恩格斯选集》（第 3 卷），人民出版社 1995 年版，第 12 页。

③ 参见［美］塞缪尔·亨廷顿、琼·纳尔逊：《难以抉择》，汪晓寿等译，华夏出版社 1989 年版，第 1 页。

关系，只有经济发展到一定的程度，民主政治才具备必要的条件”。[①] 对改革开放以来政治实践的调研也证实，“经济较发达农村的农民在进行政治参与时，呈现出民主意识较强，实现自身价值的愿望比较迫切的特点”。[②]

随着改革开放的持续深化，我国农村经济快速发展，农民生活显著改善，农村社会管理水平逐步提高，这些对我国农民的政治参与产生了重要影响。首先，经济改革的成功解决了绝大部分农民的温饱问题，在生存得到基本保障后，农民开始投入一定的精力和时间去关心和参与政治。不能设想整天饿着肚子为生存而劳碌的农民能真心为政治而投入。其次，家庭联产承包责任制的全面推行和巩固确认，使大部分农民由改革前的集体社员转为独立的个体生产者，他们在独自面对市场经济冲击的过程中迅速成长。不仅农民的主体意识在商品的平等交换中逐渐被唤醒，而且农民对保护自身利益也越发重视和熟练。在市场经济的洗礼下，农村社会成员之间的利益不断分化，职业多元化、劳作分散化、收入差别化等现象日益突出，在农民集体观念快速消退的同时个体意识显著增强，农民行使政治参与权利不再依靠集体动员，而转变为主要是利益驱动下的个人自主参与。最后，随着经济体制改革的不断深化，部分经济比较发达的农村地区出现了政治参与权利的行使状况可能决定资源配置甚至长远利益分配格局的现象，由此引发农民的政治参与热情高涨，对其他地区形成示范效应，这也推动了我国农民政治参与的发展。

建设社会主义新农村的目标确立以来，伴随着我国经济的快速发展，逐步实施和完善了惠农、富农、强农政策。比如，减免农业税、取消除烟叶以外的农业特产税，以及对种粮农民实行直接补贴、对部分地区农民实行良种补贴和农机具购置补贴，并且对重点粮食品种实行最低收购价等政

① 何增科:《论中国社会主义初级阶段民主政治的制度化、规范化、程序化》，载《政治学研究》2015年第2期。

② 魏星河、熊孟:《经济较发达农村农民政治参与特点之分析》，载《求实》2001年第7期。

策。[①] 与此同时，还逐步加大对农村公共事业的投资，逐年提高农民的公共服务质量，大大减轻了我国广大农民的经济负担，提高了针对农民的社会服务水平。随着国家对农民和农村的政策支持和资金投入的不断增大，也促进了农村经济和教育的发展，使农民具有相应的参政知识和参政能力。从改革开放到提出新农村建设以来的上述政策，为农民政治参与权利的行使奠定了基础，创造了条件。马克思主义经济基础和上层建筑之间关系的理论再次得到证明。只有发展农村经济和农村社会管理事业，使农民对物质利益的追求和社会服务的要求得到合理的满足，才能进一步促进农民政治参与权利行使质量的提升。

2. 公民权利和政治权利：虚化与背离

对公民权利和政治权利的本质和内涵，存在很多的分歧和争议，我国多数学者将公民权利和政治权利合并对待。有学者认为政治权利是“公民依法享有参与国家政治生活，管理国家以及政治上表达个人见解和意见的权利”。[②] 也有学者认为政治权利是“参与政府管理与影响公共政策之权利”。[③] 还有学者从政治权利和政治利益的关系出发，将政治权利定义为“社会成员实现利益分配的资格”。[④] 以上界定都揭示了政治权利某一方面的特征，但没有揭示政治权利的本质。其实，公民的政治权利是公民为了更好地保护自己的自由平等以及其他权利的实现而对国家权利的一种监督和制约。因此，分析公民政治权利的本质必须与人的自由和人的自我实现联系起来。我们认为，公民政治权利即公民参与并影响政治生活从而得以在社会政治生活领域实现个人价值的权利。一方面，由于“政治权利是使公民在社会的政治生活领域，实现个体的生存需要的权利，参与并影响政

---

① 参见陈仁泽:《新农村，开启农民新生活》，载《人民日报》2012 年 11 月 1 日，第 6 版。

② 许崇德主编:《中华法学大辞典·宪法学卷》，中国检察出版社 1995 年版，第 788 页。

③ 林嘉诚、朱浤源编著:《政治学辞典》，台北，五南图书出版股份有限公司 1990 年版，第 279 页。

④ 王浦劬等:《政治学基础》，北京大学出版社 1995 年版，第 104 页。

治生活则是达到这一目的的必经途径，因此，政治权利还应该被认为是利益本身”。另一方面，“由于政治生活在本质上是主体间利益关系的特定形态，因此，对政治生活的参与和影响是涉及利益分配及其实现的”。[①] 在这一意义上，可以将政治权利作为一种手段和工具。总之，公民政治权利本身是手段和目的的统一，既是公民保障自己正常生活权利的手段，也是公民利益的组成部分，即目的本身。

公民政治权利主要包括：对公共事务的决定权、担任国家公职的权利、对国家权力的监督与制约权、公民的联合行动权、公民知情权等。[②] 落实公民政治权利、实现有序政治参与所体现的不仅是一种平等思想，更是一种自由追求；不仅是人民大众自身的需要，也是社会发展进步的一种标志；是民主、自由、平等、正义等诸价值实现的途径。

由于我国民主政治的发展比较坎坷，城乡二元结构的长期存在使农民的公民权利和政治权利呈现出文本表达和实际情况不相符合的状态。由于多种主客观因素的影响，农民对该领域有意疏离，农民对各领域的参与名为政治参与、实则集中在经济和社会利益的现状有目共睹。

3. 发展权：较好的实现前景

发展权是个人、群体、民族和国家积极、自由和有意义地参与政治、经济、社会和文化的发展并公平享有发展所带来的利益的权利。[③] 发展权是人权的重要内容，是人权不断丰富发展的产物。无论是以英国哲学家洛克为代表的资产阶级启蒙思想家提出的人权，还是人类历史上第一个人权宣言——美国《独立宣言》中宣示的人权，都是以强调自由权为特点和核心的天赋权利、自然权利，后来被概括为公民权利和政治权利。随着现代社会的发展，人权的思想和观念得到不断的发展，从自由权本位发展到生

① 李琦:《公民政治权利研究》，载《政治学研究》1997 年第 3 期。

② 李琦:《公民政治权利研究》，载《政治学研究》1997 年第 3 期。

③ 参见中国人权研究会:《什么是发展权》，载《人民日报》2005 年 5 月 20 日，第 9 版。

存权本位，到1948年第一份国际人权保护文献《世界人权宣言》中，人权的主要内容也由自由扩展到个人的经济、社会和文化的权利。而发展权概念最初是由联合国人权委员会委员凯巴·姆巴耶于1970年正式提出的。这一概念的提出本来是基于对国家和民族等群体利益的维护，是为了改变落后民族和发展中国家受制于国际政治经济旧秩序的状况，但今天其对于个体的重要意义越来越明显。在人权的发展历程中，发展权后来居上并成为评判其他权利的重要标准。1986年的《发展权利宣言》对发展权的主体、内涵、地位、保护方式和实现途径等基本内容作了全面的阐释，指出："发展权利是一项不可剥夺的人权，由于这种权利，每个人和所有各国人民均有权参与、促进、享受经济、社会、文化和政治发展，在这种发展中，所有人权和基本自由都获得充分实现。"①1993年《维也纳宣言和行动纲领》再次重申发展权是一项不可剥夺的人权。

农民的发展权在我国的实现，既具有坚实的政治基础，还具有乐观的前景。其基础主要体现为争取农民的自由权和生存权是我国革命和改革开放的重要动力，并取得了巨大的成功。在革命年代，社会主义民主制度之所以建立，是因为这一制度是人类社会所经历过的最高形态的民主，其本质要求和主要内容是人民群众当家作主，实现人民群众在最大范围内、最广泛内容的人权。人民当家作主是社会主义民主政治的本质特征，农民广泛而有序的政治参与是他们行使当家作主这一民主政治权利的重要形式和主要内容。②尽管由于社会生产力水平的制约，当前农民还必须通过间接的代议制形式实现政治参与，但保障农民以自由权为主体的民主权利，无疑是赋予革命合法性的重要因素，也是我国人权发展的基础和起点。而对计划经济僵化体制的改革和全方位、多层次、全领域的对外开放，直接动

① 联合国青年议题：《发展权利宣言 大会第A/RES/41/128号决议附件》，载联合国官方网站：http://www.un.org/zh/events/righttodevelopment/，最后访问日期：2017年5月4日。

② 参见李琦：《公民政治权利研究》，载《政治学研究》1997年第3期。

因在于解决社会主义初级阶段的主要矛盾——日益增长的物质文化需求和落后的社会生产力之间的矛盾，也就是为了更好地推动人民包括农民的以生存权为主体的各项人权。农民发展权的乐观前景，一方面，得益于我国综合国力的提高和各方面条件的逐步具备，对人权的追求必将超越以自由权和生存权为本位的人权体系；另一方面，得益于我们社会主义民主的优越性将渐次得到体现，社会主义政党和政府的理论创新和制度创新能力日益提高，必将开拓农民发展权实现的美好前景。

（三）运行轨迹：两大模式间的运动

1. 不常出现的极端模式：政府控制模式和完全参与模式

自亚里士多德以来，人们对古今中外政体形式的研究从未间断。不管存在多少种政体分类学说，普通民众参与政治的深度和广度，都是考察和评价政体的重要内容。美国著名学者费正清和费维恺在分析中国“革命进程中的国家与社会”时，认为从传统中国到近代中国，始终存在国家和社会的冲突，表现为官僚体制力图完全控制社会和社会力量（官僚体制外的精英，乡绅是其代表）力求自主参与国家事务这两个极端。这和西方国家的情况类似，只不过中国大多数情况不像是西方国家在这两个极端之间调和，中国“出现的争执中，核心问题依旧是参与和控制，而不是改良”。[①]因此，费正清等认为，中国近代政治的不断破产，主要缘于在政府控制和民众参与二者之间你死我活的斗争，而不是形成了一种合理的妥协。反观国际社会，“二战”以后，发达资本主义国家经过调整，逐步在集权国家（官僚政府）和公民社会之间形成一种良性协调机制，政府控制和公民参与保持某种动态的平衡，资本主义制度的张力和活力得以大幅度提高。

① ［美］费正清主编：《剑桥中华民国史》（第二部），章建刚等译，上海人民出版社1992年版，第69页。

农民政治参与权利的运行，是在三种力量博弈之下对农民三类权利实现的过程，这一过程中可能存在的极端模式，要么是农民和农村精英在政权的压制下完全失利，要么是官僚政权完败于农民或农村精英，由此形成政府绝对控制的模式和农村精英完全自主（直接）参与的模式。根据费正清对传统中国的观察，极端模式只能在特殊情况下短暂存在。比如，完全信奉专制皇权和严刑酷法的“暴秦”可称为政府控制的典型，结果二世而亡；比如，提倡“四大”的“文革”时期，“大轰大嗡”到党政系统瘫痪的程度，成为民族的苦难记忆。这说明这两种极端模式不符合现代政治文明发展的要求。

2. 常态模式：在政府主导和农村精英主导之间

近代以来，代议制民主在西方国家普遍建立并表现出蓬勃的生命力，在职业官僚、政客把持政府的情况下，代议制呈现出政府主导的特征。但随着政治文明的发展和政治理论的深化，对代议制民主的批评也日益增多。约翰·密尔最早分析了代议制政府理论和参与民主理论之间的差别。他在《代议制政府》中明确地指出，政府事务中重要的是对人们的思想形成重大影响，由此培养一种积极的、具有公共精神的公民性格，而成熟的公民性格又与制度类型之间存在良好的互动关系，奠定了参与民主的基础。[①] 英国社会主义者、政治学家道格拉斯·霍华德·科尔（1889—1959）认为代议制民主的理论基础是个人能够代表别人或其他人，但事实上这样的理论基础是根本无法成立的，所以他提出人们通过参与各种团体来实现自我组织和管理，又通过团体参与国家和社会的事务管理。[②] 美国未来学家托夫勒、政治学家本杰明·巴伯在批判代议制的基础上，都发展了参与式民主的理论，并造就了协商民主思想的复兴。许多理论家认为，协商民

① 参见［英］J.S. 密尔：《代议制政府》，汪瑄译，商务印书馆 2008 年版，第 6 页。

② 参见陈炳辉：《20 世纪西方民主理论的演化》，载《厦门大学学报》（哲学社会科学版）1999 年第 3 期。

主在当代的发展与其说是民主范式的创新，毋宁说是一种古老民主范式的复兴和重生。“协商民主观念和实践与民主本身一样古老”，①两者都源自古代民主制度的发源地雅典，协商民主试图诉诸直接民主、工厂民主、公共调解、协商宪政等形式，对代议制民主进行修正和补充。“协商民主主张公共政策必须经由公共协商的过程，在自由、平等的公民之间进行讨论、对话和争辩，在此基础上形成决定，从而让公共政策在实质上符合更多公民的利益，而不只是在表面上体现了公民的意志。”②

参与式民主的本意类同古代雅典城邦中存在的直接参与，但在现代社会中，由于公民数量剧增和信息爆炸使全民直接参与政治仅仅具有理想色彩。协商民主理论是在自由主义民主理论的基础上发展而来，它“吸收了自由主义与批判理论的优点，强调在相对稳定的规范条件中公民自身理性的运用和公共领域中道德政治的实践”；③它肯定公民参与政治生活的作用，又尊重国家和社会之间的界限，“鼓励公民自愿、直接进入公共话语空间，强调通过各个主体之间自由、平等的对话来消除相互冲突，保证社会公共理性和大众普遍利益的充分的实现，从而弥补了传统代议制民主的缺陷与不足”，④实现了对自由主义民主理论的继承和超越。协商民主是参与式民主的优化和深入，“两者在民主探究方面具有前后的逻辑关系。协商民主通过具体的市镇会议、自愿团体、基层组织、工作场所以及司法实践等形式，对代议民主进行修正和补充”，⑤协商民主提供了一种相对可行的过渡方案，促使参与式民主从一种政治理想有可能变成政治现实。协商民主看重在官僚体制之外的组织形式，实际为政府之外的社会各类精英提供了广

① Jon. Elster, “Introduction” to *Deliberative Democracy*, Cambridge University Press, 1998, p.1.
② Jon. Elster, “Introduction” to *Deliberative Democracy*, Cambridge University Press, 1998, p.1.
③ 孟新超:《和谐社会视角下协商民主发展的路径探析》，载《经济研究导刊》2013 年第 24 期。
④ 张涛甫:《新媒体语境下大众政治勃兴与协商民主建设》，载《南京社会科学》2014 年第 7 期。
⑤ 陈尧:《从参与到协商：当代参与型民主理论之前景》，载《学术月刊》2006 年第 8 期。

阔的政治舞台，是精英主导政治参与的模式。

作为走后发外生型现代化道路的国家，改革开放以来，我国农民政治参与权利的运行轨迹，就主要在政府主导模式和精英主导模式之间摇摆。一方面，现行政治体制整体呈现出政府主导的特点，政府在现代化进程和利益分配中具有较大的权威；另一方面，改革开放带来市民社会的形成和公民意识的提高，社会组织和公民领袖对政治事务的参与兴趣和参与能力显著增强，在越来越多的领域经常会抢占政府的主导地位而引领风尚。农民政治参与权利的运行，同样不外乎政府主导模式和精英主导模式之间，根据行政权力和社会力量的对比，而在这两者之间的某一点驻足，总体上呈现出越来越靠近精英主导的趋势。

二、农民政治参与的实践特征：正在破解的悖论

农民政治参与权利是一组形态多样、内涵丰富、功能齐全、影响深刻、触及领域广泛的概括性权利，为了更突出地强调这一权利的重要性，更充分地扩展这一权利的发展空间，就有必要将其和农民的其他权利、和其他群体的权利明显地区别开来。

经济、社会和文化权利奠定了农民生存权的基础，公民和政治权利是农民自由权的象征，积极自由地参与现代化进程并公平享有现代化成果则是农民发展权的体现。中华人民共和国成立60余年来农民政治参与实践的发展，见证了这三类权利的此消彼长和各领风骚。中华人民共和国成立之初，农民政治参与主要是表现“翻身做主人”的喜悦，阶级斗争和土地革命成为保障农民发展权的象征，是当时政治参与实践的主要内容。此后在连续不断的政治运动和“左倾”路线下，阶级、革命等意识形态话语成为农民生产和生活的重要指导和主要内容，农民的生存权基础不断削弱，农民的自由权也无法切实贯彻，农民的发展权和虚妄的阶级斗争、革命路线捆绑，既不能摆脱党内权力斗争的影响，也因缺乏生存权、自由权

的基础而沦为空中楼阁。改革开放以来，发展经济权利和社会、文化权利的环境和体制得以放开和搞活，农民的生存权大大改善，自由权也有显著进步。但随着改革重心的转移，农民承担了较多的改革成本，不仅经济收入和社会地位有所下降，阶层利益的固化还严重损害了农民的未来预期，进城农民工和留守农民都面临发展的“瓶颈”，由此对农民发展权的忽视，导致其生存权和自由权的不明朗。

总体而言，由于我国民主传统的缺乏和社会发展的不足，各群体、各方面权利的贫困是共同的，区别只是贫困程度的不同；农民政治参与权利存在的突出特征，主要是其在思想认识、发展状况、发展路径等方面存在令人困惑的矛盾现象，“悖论”可称为其最显著的特征；同时，随着党和政府理论水平和执政能力的提高，在“三农”问题上坚持实事求是、科学发展、改革创新，农民政治参与权利的发展又呈现出生机勃勃、蓄势待发的势头，“悖论”的破解充满希望。

（一）思想认识的巨大差异

人们对农民政治参与的认识和评价的差异，不仅深刻地影响人们对它的态度和观念，而且会对人们的思维方式、行为模式发挥重要作用，进而对农民政治参与的实践发展和未来趋势产生影响。正确地认识和评价农民政治参与，有利于论证其存续的合法性和合理性，有利于构建制度认同的思想基础，有利于国家文化软实力的提高。

1. 思想认识差异的普遍性

延续数千年的小农社会思维方式，近百年来社会主义革命和建设的经验教训，改革开放和现代化建设以来的实践和理论发展，都是人们认识和评价农民政治参与的历史背景；同时，民族、性别、年龄等不同的社会主体身份，时间、空间等不同的社会存在维度，都对人们认识和评价农民政治参与产生深刻的影响。尽管影响因素众多而且复杂，往往以交叉效应复合体的形式出现，但人们对农民政治参与的认识和评价，大体仍主要受两种意识源泉的影响：一种是以概念推论或逻辑演绎为基本形式的理论思维，是思想家、理论家或领袖人物“对具有时代性、普遍性的社会思潮作出上升到世界观、社会观、人生观层面的理论概括”；[①] 另一种是没有上升到系统理论层面、自然萌生并逐渐“积聚为社会思潮，积淀为风俗习惯，升华为审美情趣”[②] 的社会心理。这两种意识源泉处于社会总体意识的不同层次，前者和官方意识形态高度重合，后者则是社会心理、意识的集合体。改革开放之前，在一波又一波政治运动的洗礼之下，在较为封闭的计划经济体制之下，社会心理、意识受到限制和压抑，与官方以阶级斗争为纲的意识形态表达高度一致。改革开放不仅仅带来物质生活条件的改善和经济政治地位的变化，还带来人们心理世界的剧烈震荡。阶级意识的对立依旧存在，然而从传统向现代化、从农业社会向工业社会过渡的浪潮已扑面而来。和思想解放相伴而生的，是我们正处在前所未有的意识形态“断裂期”。[③]

2. 官方意识形态的连贯性

在对农民政治参与的认识和评价方面，官方意识形态的表达是一贯和持续的，尽管在社会主义发展的不同时期，农民政治参与活动经历了极盛到衰落的过程。中国共产党始终把解决农民问题作为中国革命和建设的首要问题，毛泽东很早便提出“农民问题乃国民革命的中心问题，农民不起来参加并拥护国民革命，国民革命不会成功”。[④] 从中国共产党一大开始，就强调“一定要向工人、农人、兵士、水手和学生宣传”，[⑤] 注重“组织和集中这阶级争斗的势力，使那攻打资本主义的势力日增雄厚”，尽管这时

---

① [德] 卡尔·曼海姆:《意识形态与乌托邦》，黎明、李书崇译，商务印书馆 2000 年版，第 56 页。

② 顾春明:《现代科技与社会心理》，世界知识出版社 2000 年版，第 30 页。

③ 衣俊卿:《论改革时期的“意识形态断裂”》，载《社会科学家》1989 年第 4 期。

④《毛泽东文集》(第 1 卷)，人民出版社 1993 年版，第 37 页。

⑤《中国共产党宣言 (一九二〇年十一月)》，载人民网：http://cpc.people.com.cn/GB/64162/64168/64553/4427948.html，最后访问日期：2017 年 5 月 4 日。

以组织工人运动为中心任务，但也有个别共产党员深入农村兴办农村教育、创立农民协会，组织农民向县公署提出减租减息的要求。[①] 中共二大就明确提出“工人和农民，无论男女，在各级议会市议会有无限制的选举权，言论、出版、集会、结社、罢工绝对自由”。[②] 但在发展初期，“因为党员少，组织农民和军队的问题成了悬案”。[③] 到土地革命高潮时期的中共五大，为广泛组织农民运动就提出，“为保证农村急剧改革的实行，农民必须握得乡村中的政权”。[④] 毛泽东对农民运动作出如下判断：“农民在乡里造反，搅动了绅士们的酣梦……孙中山先生致力国民革命凡四十年，所要做而没有做到的事，农民在几个月内做到了。这是四十年乃至几千年未曾成就过的奇勋。”[⑤] 经过大革命失败和第五次反围剿失利后，“农村包围城市”的路线更奠定了官方意识形态对农民和农村工作的定位，农民政治参与作为人民民主专政的重要内容被提升到崇高地位，在某些时期甚至成为基层政治的主要形式。中华人民共和国成立后，党始终把解决好农民问题作为首要任务，[⑥] 强调把解决农民、农业和农村问题放在各项工作首位，提高到全局性、国际性的战略地位来认识。党的十六大以来，多次强调农业丰则基础强，农村稳则社会安，农民富则国家盛。2004 年至 2016 年又连续 13 年发布以农业、农村、农民为主题的中央一号文件，表明官方意识形态的一

① 参见中共浙江省党史资料征集研究委员会、中共萧山县委党史资料征集研究委员会编：《衙前农民运动》，中共党史资料出版社 1987 年版，第 78 页。

②《中国共产党第二次全国代表大会宣言》，载人民网：http://cpc.people.com.cn/GB/64162/64168/64554/4428164.html，最后访问日期：2017 年 5 月 4 日。

③ 张国焘：《北京共产主义组织的报告》，载人民网：http://cpc.people.com.cn/GB/64162/64168/64553/4427942.html，最后访问日期：2017 年 5 月 4 日。

④《对于土地问题议决案》，载人民网：http://cpc.people.com.cn/GB/64162/64168/64557/4428299.html，最后访问日期：2017 年 5 月 4 日。

⑤《毛泽东选集》（一卷本），人民出版社 1964 年版，第 15~17 页。

⑥ 参见农业部农村经济研究中心课题组：《党的农村政策与思想政治工作》，载《红旗文稿》2011 年第 15 期。

致性和连贯性。

3. 社会意识的复杂性

与官方意识形态的一以贯之不同，与社会心理、社会意识的复杂多变又有迹可循紧密联系，民间对农民政治参与的认识和评价，呈现出歧义丛生却又趋势明显的特征。这首先是因为，民间的认识和评价主体，本身就是复杂而无法类型化的。例如，柏杨先生《丑陋的中国人》指出中国人普遍存在崇拜权势、自私保守等缺点，这些大家都觉得很符合自己的观察，但大家又都不否认总还有人能够超脱这些缺点，不过到底如何分别贤愚其实无解。其次是因为认识和评价的对象发展很快，农民政治参与的具体形态和实际内涵人们还只是管中窥豹。辛亥革命和新民主主义革命对农民政治参与的冲击还余波不断，社会主义革命和改革开放又给农民生活带来了翻天覆地的变化。农村土地制度的改革如何深入，农民在产业结构中的角色如何转变，城镇化进程中城乡统筹如何实现，这些都将对农民的政治参与产生深刻的影响，多元化、多样化、多变化成为农民意识和农民行为的时代特征，[①] 农民政治参与的持续快速发展也给认识和评价造成了困惑。

在现阶段，只能将大规模社会调查得来的数据，作为反映人们认识和评价农民政治参与的信息。《中国政治参与报告》（2012 年）在全国性“中国公民政策参与”问卷调查的基础上，认为农民虽然在政策重要性认知和政策过程认知方面稍优于市民，然而在自身权利及其行使途径的认知、政策具体内容认知等方面却劣于市民，[②] 表明农民的政策参与还浮于表面，未能深入权利和利益的核心。《中国政治参与报告》（2013 年）的调查同样发现，农民在政治沟通认知方面稍优于市民，但在政治参与行为方面又逊于市民，[③]

① 参见刘少杰：《新形势下的社会意识形态转型》，载《学习与探索》2009 年第 5 期。

② 参见房宁等编：《政治参与蓝皮书：中国政治参与报告》（2012），社会科学文献出版社 2012 年版，第 126 页。

③ 参见房宁等编：《政治参与蓝皮书：中国政治参与报告》（2013），社会科学文献出版社 2012 年版，第 216 页。

表明农民的政治参与多表现于意识层面，实际行动中仍有欠缺。华中师范大学中国农村研究院的调查没有和市民展开对比，得出的结论认为农民政治参与存在参与广度不够、参与程度不深、青年参与消极、农民工参与程度低等特点。[①] 由权威研究机构主持开展的三份全国性调查，结论尚且歧义丛生，民间对于农民政治参与的认识和评价见仁见智更可想见。同样是采集舆论的重要场所，传统媒体的乐观积极和新兴网络的悲观消极，部分折射出民间对农民政治参与问题无法统一的认识和评价。然而，几乎所有调查研究和观察者都倾向于承认一个趋势的存在，改革开放使农民的政治参与回归理性，农民尽管保持了较高程度的政治认同但也存在政治冷漠的苗头，农民最为关注的是经济权利、经济利益和经济建设。党的十八大以来，随着我国民主与法治进程的加快，农村经济社会环境和治理管理体制加快完善，农民政治参与制度化、法治化的趋势更加显著。

实事求是是我党长期坚持的思想路线的精髓，要改变对农民政治参与认识和评价显著差异的现状，必须坚持实事求是，正视农民政治参与中存在的问题；社会主义新农村建设的开展，既是从经济、社会、文化、环境等诸领域全面提升农民生产和生活质量的宏伟方略，也是从根本上激活农民权利的时代契机。只有以实事求是思想路线指导社会主义新农村的建设，才能真正从形式到内容实现农村面貌的更新、实现农民权利的张扬；只有在新农村建设中坚持实事求是思想路线，才能充分利用时代赋予我们的机遇，而不是继续滑向城乡疏离的错误方向。

（二）发展实践的不平衡

1. 农民政治参与的显著发展

纵向比较，改革开放 30 多年来，中国农民走出了一条自己的政治参

① 参见徐勇主编:《中国农民的政治认知与参与》，中国社会科学出版社 2012 年版，第 4~5 页。

与路子，这条道路历尽坎坷曲折，但无论是道德层面的应然权利、制度层面的法定权利还是实际运行中的实然权利，农民政治参与权利都得到了较快的发展。从学术界的理论研究，到决策层的执政理念，再到农民群体的权利意识，都对政治参与权利的正当性、重要性有充分的体现。而制度层面，宪法和法律对该权利的规定日益明确，中央决策和政策方针指明了保障农民政治参与权利的基本方向，各级政府和村民自治组织的操作规范逐渐周密完备。纵观农民政治参与的历程，我们可以清晰地看到其所取得的非凡成就。

（1）农民政治参与的广泛性增强。参与的广泛性就是指政治参与的规模、范围和层次不断拓展，具有参与主体扩容、参与广度和深度提高的特征。这包含三层含义：一是有足够多的农民表达了自己的意愿。如果绝大多数农民都没有参与政治就不能算广泛地政治参与，因为这与民主的本意相悖。二是参与范围扩大，从仅仅关注政策过程的执行环节，逐步深入扩展到关注政策运作的整个过程；不仅试图影响政策的酝酿和制定，而且还积极影响政策的执行、反馈、评估、修正等各个环节。三是参与的层次提高，参与所涉及的权力层次越来越高，即参与不只停留于基层或地方层面的政治过程，而且开始同时关注和参与全国范围内的和中央层面的政治过程。一言以蔽之，政治参与广泛化意味着参与的对象领域向政治领域的横向和纵向发展，“凡是有政治权力运作之处，均有（农民）政治参与其中”。[①]

农民政治参与已呈星火燎原之势，无论是人数上，还是内容上都极具普遍性。农村普遍实行村民自治，这充分调动了广大农民群众政治参与的积极性，培养其参政意识，丰富其参政经验，锻炼其参政本领。以村民委员会选举为例，根据民政部的统计数据，2005 年进行的村委会换届选举中，全国村民平均参选率约为 80%。[②] 到 2008 年完成的第六届到第七届村委会

① 李元书主编：《政治发展导论》，商务印书馆 2001 年版，第 234 页。

② 参见谷雨清：《我国农村村委会选举平均参选率 80% 以上》，载《致富天地》2005 年第 4 期。

选举，全国平均参选率在90.7%。[①] 据2014年民政部《2014年民政工作概述》介绍，"开展村委会换届选举的14个省份中98%以上的村委会实行了直接选举，村民平均参选率达到96%以上"。[②] 参选率的逐年攀升，可以反映出农民行使政治参与权利的热情逐年提高，而这些又发生在近年来城镇化步伐加快、农村劳动力加速转移的时代背景下。在一些村民自治比较成熟的地方，村民已在事实上熟练掌握了自治权利，真切享受到村民自治的好处。同时，部分存在侵犯农民权益的地区，农民的"依法抗争""依理抗争"或者"依势抗争"，"经过与地方政府以及企业的频繁互动，农民抗争群体的政治学习能力和经验累积也达到了相当高的水平，在某些情况下，有些群体对弱势条件下的多种类型资源的动员水平甚至超出研究者的想象"，[③] 这也从侧面透露出当前农民政治参与的广泛性特征。

（2）农民政治参与的自主性提高。在漫长的阶级社会，农民作为被压迫、被统治阶级，基本无法实现正常、有序的政治参与。中华人民共和国成立后，农民的地位和权利大大提升，政治参与的热情空前高涨。不过，这一时期沿袭革命年代形成的某些做法，农民政治参与的主要形式就是开会、听报告接受教育。用农民自己的话说，就是听党的话，跟党走。农民政治参与主要表现为一种政府主导的行为，即通过广泛的社会动员和号召，鼓励农民参与政治生活。在当时特定的环境下，对政治制度的稳定、巩固和发展起到了历史性作用。然而，这种参与忽略农民个体的自我意愿，承载了过多的阶级或者政治集团斗争的诉求，对农民的经济利益、权

---

① 参见新华时评：《中国村官选举走向"常态化"，全国平均参选率90.7%》，载《人民日报》2008年1月9日，第3版。

②《2014年民政工作概述》，载民政部网站"民政专题"栏目：http://mzzt.mca.gov.cn/article/qgmzgzsphy2015/gzbg/201412/20141200748867.shtml，最后访问日期：2017年5月4日。

③ 王军洋：《权变抗争：农民维权行动的一个解释框架——以生态危机为主要分析语境》，载《社会科学》2013年第11期。

利意识和正常的政治素质并没有显著的促进和提高。改革开放以来，随着农村经济自主权的确立，农民人格独立意识的增强，加之农民通过接触市场交换，逐渐了解和接受市场经济的原则，日益积累形成了可贵的权利和公平意识，产生了在政治上要求平等和民主的要求。为了自身的利益，农民开始积极、主动地参与乡村社区的各种政治生活，并力图影响基层政府的决策活动。和改革开放前盛行的动员式政治参与相比，虽然其直接着力点在经济领域，虽然参与者不再是一呼百应而是渐次增多，但这种政治参与的目的性必然会超越经济权益而逐渐扩展到农民的政治权益，必然会发展为农民的自主性政治参与行为。

（3）农民政治参与的工具现代化。“科学技术的进步和社会经济的发展、为农民尤其是经济发达地区的农民实现政治参与提供了必要的物质基础和先进的工具，广播、电视、电话乃至互联网络都成为推动当代中国农民政治参与的重要工具。”[①] 鉴于媒体信息具有传播迅速、直接、影响大等特点，在农民的政治表达方式选择中有很显著的优越性。广播和电视是农民了解外部世界的重要途径，农民可以通过它了解国家政策，获得相关信息；地方各级电台、电视台通过开设相关栏目，搭建沟通农民与地方政府的纽带和桥梁，为农民政治参与创造更好的条件；农民通过致信、致电给新闻媒体，曝光侵犯农民利益的事件，提供新闻线索，强化了农民政治参与的监督环境。近年来快速处理的一些涉农案件，很多是由农民诉诸媒介、扩大影响之后，才引起关注并最终解决的。尤其新型媒体和自媒体具有表达直接、传播迅速的特点，不必经过层层审核就可以直达广大受众和决策者，由于传播速度的优势和对个性的张扬，更成为备受公众热捧的“宠儿”。应该明确的是，尽管新闻媒介可以成为一种有效保护自身利益的政治参与形式，但一定要注意依法利用媒体的力量，不能通过制造新闻事端、谎言

① 刘莉：《改革开放以来农民政治参与的发展与展望》，载《西安财经学院学报》2009 年第 2 期。

谣言等非法手段以期换取公共关注，变相地利用媒体达到非法的目的。

随着信息网络技术近年来的快速发展，互联网成为提高政府效率和促进信息公开的利器，也成为农民政治参与的一条便捷途径。网络技术的普及应用实现了信息资源的共享，使政府的决策和执行更加透明，农民也可以便捷地实现对政府的监督，和政府在更大程度上实现双向互动，将自己的诉求及时反馈给政府相关部门。然而，在为这一政治参与新方式的快速发展而欢欣鼓舞的同时，还应警惕网络技术对农民的不利影响。首先，是网络信息容量巨大难以控制筛选，难免会出现鱼目混珠、真假难辨的信息。其次，是作为体现时代发展水平的新技术，农民对网络技术的掌握还远远不够，“数字鸿沟”的存在和越拉越宽，对农民权利的行使和保障造成的反作用需要提早预防。

（4）农民政治参与的方式不断创新。农民政治参与一旦有了深刻的内原动力，成为一种自主性的参与，就会激发其高度的热情，表现出巨大的积极性和创造性，从而不仅在参与的内容上最大限度地追求政治和经济利益，而且在政治参与的形式上不断改进和创新。以村民自治为例，村民通过自治活动，建立起一种崭新的政治生活秩序。村委会干部的产生，已经实现了由原来的委任制到选举制、由等额选举到差额选举、由间接选举到直接选举的转变。农民在选举中还创造了生机勃勃、层出不穷的新方式、新方法。选举方式的转变，其实是由许多次试验和创新累积的结果，外在形式的改进其实源于持续不断的创新、发展，有时甚至是冲突和抗争。选举程序上尽管还存在明显瑕疵，贿选、串联等现象仍时有发生，但选民手中的选票越来越值钱本身就反证了选举权利的重要性和可贵性。况且要消除村民选举中的问题，在今天既受宗法制影响、又受多元价值观制约的农村，仅依靠完善和严格程序是远远不够的。从全国绝大部分农村的选举情况来看，选举程序基本体现了公平、公正、公开的原则，我国农村居民已经可以根据自己的意愿，选择大家公认的人担任村委会干部，村民的选举权利得到了有效的保护。农民在选举中获得了实际的利益，促进了权利意识的提高，从而也就更加珍视这一民主权利。村民们通过自治组织建章立制，在实践中逐步掌握了民主管理的方法，提高了自我管理的水平。农民不仅积极行使民主参与、民主决策、民主管理、民主监督等各项政治参与权利，在权利可能受到侵犯时甚至采用广而告之、公开质询等形式促进村委会依法履职，有效保护自己的权利。

2. 农民政治参与的显著不平衡发展

（1）和其他社会群体（阶层）政治参与的比较。农民的政治参与权利虽有前述显著进步，但和其他社会群体（阶层）的政治参与权利行使状况比较起来，仍表现出突出的不平衡。在应然权利方面，农民的政治参与权利并不逊色，即在对权利合理性的认识上，并不存在对农民的歧视；但在法定权利层面，据研究者检索，专门针对农民政治参与权利的法律法规只有《村民委员会组织法》一部，尽管2010年修订了一次，但对于涉及数亿农民的自治权利，其规定仍然粗陋和空疏。对于其他社会群体比如工人、知识分子、干部以及新社会阶层等，尽管并没有针对各个群体的专门法律法规，但相关规范的数量、体系、内容和实效性等都胜于针对农民群体的。尤其税费改革后农村基层政府机构所掌握的资源衰竭，对自治机构和村“两委”干部的指导力不从心，有时反倒表现为干预和索取，农民社会化组织的建立又面临重重障碍，因此农民法定权利的实现缺乏畅通的渠道和途径。而工人、知识分子或新社会阶层等群体，不仅拥有的法定权利更加明确、具体，而且落实法定权利的渠道和途径——无论体制内机构还是社会化组织，也更加充分和便捷。

城乡二元结构的长期延续，导致农民在实然权利层面远较其他社会群体贫困，更是上下皆知的常识，这是农民处于发展不平衡的弱势地位最直观的表现。从农民的政治参与意愿来说，虽然其参与动机强烈，但农民文化素质较低，掌握信息的渠道狭窄，导致农民的政治知晓程度较低。广播、电视是农民了解国家大事的主要方式，村民转述是农民了解乡镇事务的主要方式，村务公开是了解村内事务的主要方式，三种主要方式对应三大信息来源，相互独立却不能结合验证，各种信息源不能和农民形成互动，导致农民的政治知晓处于割裂化、碎片化的状态，对各个层面的政治事务信息都不能完整掌握，政治参与的基础自然很不牢固。从农民政治参与的经济基础来说，由于农民的土地权利还不能顺利实现资本化，影响了农民政治参与的热情，调查显示大部分村民从未在村民会议上提出意见或建议，没有对村务、财务、政务进行监督，不愿对国家政策提出建议或意见，当自己的权益受到侵犯时要么默默忍受、要么选择非制度化参与。① 而农民有效组织形式的缺乏，更是被许多学者视为农民的根本性缺陷，农民话语权的零散无力、归属感的缺乏、市场活动中谈判能力的不足、处理重要事务时难以协调一致等，强化了农民和其他社会群体的差别。尤其今天信息化推动着工业化、城镇化的快速发展，城乡内涵差距有可能进一步拉大，其他群体权利的发展借助时代东风乘势而上，农民政治参与存在进一步落后的可能。

（2）农民群体内部政治参与的不平衡发展。社会学家曾把改革开放以来的农民划分为若干阶层，用以直观反映农民内部的差异和分化。调查显示，农民群体内部年龄、性别、民族、宗教、职业、政治面貌、所处区域、文化程度、收入水平等因素都会对其政治参与产生影响，但对于个体农民而言，文化程度和收入水平对政治参与的影响最为突出。随着文化程度由初中提高到高中，农民政治参与的意愿由弱转强，实际政治参与逐渐增多，政治参与的效能感也渐次强化；当文化程度提高到大专及以上学历时，农民的政治参与意愿、实际参与行为和政治参与效能感继续提高，但是政治参与的满意度却呈逐步下降趋势，表明较高学历者政治参与预期的

---

① 参见徐勇主编:《中国农民的政治认知与参与》，中国社会科学出版社 2012 年版，第 65 页。

提高和批判意识的增强。然而随机抽样的结果，85.6%的农民学历在初中及以下，大专及以上学历的农民只占1.7%。[①] 农民整体教育水平的低下，严重影响了农民政治参与权利的行使。改革开放搞活使农民收入水平的分化更加突出，对其政治参与的影响也更加直观。“农民政治参与度与家庭收入的高低成正比”是所有调查的共同结论。尤其农民整体中约占五分之一的底层农民，[②] 政治知晓的渠道更加单一、政治关注的程度显著低下、政治选举的参选率更低、政治接触能力更差、政治冷漠感更强，而这些表现，既源于底层农民的经济状况差、社会地位低、政治心理脆弱、参与渠道狭窄，又和这些因素纠结缠绕，使底层农民的状况短期内很难改变，加剧了农民政治参与的不平衡。

（3）加快发展的条件逐渐具备。随着综合国力的提高，我国总体上进入以工促农、城市反哺农村、加强保护农民权益的阶段。除了国内外经济、社会等实践条件逐渐具备外，党和政府对科学发展观的坚持渐出成效，从城乡统筹到城乡一体化的发展思路日益清晰，这从理论方面为加快农民权利的发展作出了充分准备。尤其新农村建设从“五位一体”的角度总体布局，要求政治文明和物质文明、精神文明、社会管理文明、生态文明等协调一致、科学发展，必然为农民政治参与权利的健康发展奠定坚实雄厚的基础，创造从容和谐的环境。

（三）发展道路的悖论

突出农民主体地位、提升农民各项权利是解决“三农”问题的根本之策。但在农民政治参与权利基础薄、欠账多、任务重、要求急等情况下，

① 参见徐勇主编:《中国农民的政治认知与参与》，中国社会科学出版社2012年版，第66页。

② 徐勇将家庭人均收入低于2000元的农民，定义为底层农民，其特点是集中在中老年农民、集中在西部地区、集中在低学历的务农者。参见徐勇主编:《中国农民的政治认知与参与》，中国社会科学出版社2012年版，第236页。

该如何较快地改变农民政治参与权利的现状？许多学者从消除农民的权利贫困现状入手，认为农民权利的贫困，主要在于农民没有人权或者没有公民的应有地位，进而开出了赋予农民人权、赋予农民公民地位以解决农民权利贫困的药方。尽管“农民人权论”“农民公民化”这些提法未必科学和成熟，但无疑都是对农民权利发展道路的真诚探索。

1. 农民人权论的悖论

之所以说“农民人权”概念的提出是个悖论，首先，是因为就理论角度而言，农民的人权实际是特定人群的人权，而并非特殊人群的人权，这一概念并不能成立。农民和工人、知识分子、商人、学生一样，都是构成社会整体的特定成员，是人类社会的组成部分，天然地享有作为人的权利。农民享有的人权应该不多于也不少于其他特定群体享有的人权，从这个意义上说，如果“农民人权”概念成立，那么还可以有“工人人权”“知识分子人权”等概念，并且这些概念包含的内涵不能存在差别。其次，在现阶段的我国，特别提出“农民人权”概念又具有必要性和必然性，因为农民实际上没能充分地享受应有的人权。

（1）农民人权的含义。农民人权是指在中国现行的环境下，处于弱势地位的农民群体应该享有的作为人的平等权利和得到公平对待的权利，以及为抵消其固有弱势带来的不利影响，确保与其他群体（市民）平等地享有人的尊严而要求国家、社会给予其差别对待和差别补偿的权利。[①] 农民人权，首先，指农民基于人所固有的、无差异的内在价值所享有的平等权和公平对待权，这是农民人权作为人权所具有的普遍性的一面。其次，指中国农民基于现阶段公认的、客观的弱势地位，必须给予特殊的受益性保护措施，而产生的差别对待权和差别补偿权，以保障农民平等和实质地享有普遍人权，这是农民人权特殊性的一面。平等权和公平对待权是农民人

① 参见龚向和:《人的尊严：中国农民人权的兴起》，载《河南省政法管理干部学院学报》2008 年第 1 期。

权本质属性的体现，差别对待权和差别补偿权是农民人权实现本质属性的现实需要。正是由于农民人权普遍性内涵和特殊性内涵相结合的这种存在，赋予了其作为独立人权种类存在的必要性和重要性。

（2）农民人权的核心内容。在人权的丰富内涵中，自由、平等可称为核心内容，是人权其他内容的“母体性权利”，[①] 人权中一系列保障人的尊严、实现人格独立的权利都必然由其派生，赖其奠基。对农民而言，人权的核心内容中最突出的是和其他群体平等的权利。平等权是农民获得尊重和尊严、实现人的目的性价值的前提和基础，对农民能否享有自由及其他权利发挥决定性作用，是农民追求自由及其他权利的先决条件。没有农民的平等权，奢谈农民的一切其他权利只能是空中楼阁。中华人民共和国成立以来，由于工业化、城市化中的政策偏差，农民和其他群体作为平等主体的资格受到剥夺和限制，导致农民逐渐成为备受歧视的“二等公民”，农民应然状态的平等权利和法律规定的平等权利都失去了实现的条件，其他奠基于此的权利更沦为无法兑现的承诺。没有和其他群体相对比的平等，农民的自由就是被阉割而无意义的自由。

（3）农民人权的特殊性。[②] 农民应享有的平等权和公平对待权，反映了普遍性人权的一般要求，体现了农民和其他社会成员无差别的主体特征。但农民群体本应享有的普遍性人权却因为历史的、现实的客观限制，遭遇无法充分实现的困境。农民的经济、政治、文化和社会等各领域的利益易于遭受损害和侵夺，农民的现实权利和未来发展权利都缺乏有效行使的条件，农民个体和群体经常面临系统性、体制性的不公平对待。农民在客观实际中长期存在且短期内难以根本消除的这种不利地位，使其具有了

---

① 范毅：《从农民权利看待新农村建设》，载《学术界》2006 年第 5 期。

② 龚向和先生在《人的尊严：中国农民人权的兴起》一文中（载《河南省政法管理干部学院学报》2008 年第 1 期），对农民人权的特殊性和普遍性作了详细的阐述，代表当前对我国农民人权问题研究的水平。

老幼妇孺病残等生理性弱势群体或因战乱灾变等产生的社会性弱势群体类似的境遇和特征，只有给予特殊的保护才能保障其具有克服弱势地位、正常参与社会生活的能力。农民人权的特殊性就体现在以差别对待和差别补偿等形式消除农民享有平等、自由等普遍性人权的障碍，其实是对形式平等的扬弃和对实质平等的追求。对农民的特殊倾斜和保护，并不意味着否定了以平等、自由为核心内容的普遍性人权，而是在历史背景和现实国情下对普遍性人权的超越。农民的特殊性人权同样肯定人的固有价值、维护人的尊严，只不过更着重于如何促进人的价值实现和尊严保护。农民的特殊性人权同样承认平等、自由等普遍性人权的价值，只不过在将其作为奋斗目标的同时更关注实现目标的过程和阶段。农民的特殊性人权同样重视形式上的平等，但其价值在于实事求是地优先解决实质平等的问题。

（4）提出“农民人权”的价值。从历史和现实的客观基础出发，提出“农民人权”的概念，对于维护和促进人的尊严，推动和实现在形式上以及实质上的公平，具有不可替代的意义。[①] 首先，农民人权的提出，突出了人的尊严的目的性价值。人的尊严就是“永远把人类（无论是自身还是他人）当作一种目的而绝不仅仅是一种手段来对待”。[②] 尽管我国农民的权利发展举步维艰，还没有得到平等的关怀和对待，但农民作为人，必然具有人所固有的内在价值，因此必须反对把农民当作实现特定目的的工具，谴责否认和侵害农民权利的行为。提出并倡导农民人权，有利于维护和促进人的尊严，实现农民作为人所固有的目的性价值。其次，提出农民人权具有形式公平价值。农民人权的核心内容和长远目标是平等权和公平对待权，不过平等、公平首先是形式上、程序上的，平等只要保证站在起跑线上的人机会均等就可以了，并不意味着由个人能力和努力所获得的结果也

---

① 龚向和:《人的尊严：中国农民人权的兴起》，载《河南省政法管理干部学院学报》2008 年第 1 期。

② Immanuel Kant, *Fundamental Principles of the Ethics*, trans. by T. K. Abbott, 10th ed., London: Longman, Section Ⅱ, p.56.

要均一化。[①]日本法学家大须贺明指出:“平等的观念实质上就意味着主体的平等，其决定于主体的抽象性，且必须是形式上的平等，这对自由的保障是十分重要的。”[②]形式上的公平并不要求农民和其他群体之间受到完全无差别的、绝对平等的对待，而是要求提供一个追求实质公平的可行的前提条件。最后，提出农民人权具有实质公平价值。快速发展的城市化和工业化，彻底改变了农业社会的生产结构，造就了农民整体无法适应新生产方式的现状，面临被边缘化的窘境。即使政治制度和法律条文能够提供平等、自由的竞争权利，在信息时代、后工业化等多重壁垒因素叠加影响之下，单靠农民的智慧和努力，已很难实现和保障自身的尊严，重新融入社会的主流。差别补偿和特殊照顾事实上是实现实质平等与公平的过程和途径。[③]我国的传统和现实决定着必须给予农民群体特殊照顾和差别补偿，才能扫除农民权利发展道路上的障碍。提出和倡导农民人权，真正提高了形式公平实现的可能性，真正体现了实质公平的价值。

2. 农民公民化的悖论

基于和“农民人权”概念类似的理由，“农民公民化”同样是一个悖论。法律上早已经明确，农民是中华人民共和国公民的组成部分，甚至是领导阶级部分；然而，农民在行使公民基本权利的过程中，却面临难以逾越的障碍，沦为边缘人群和弱势群体，由此农民公民化又具有必要性和必然性。[④]

（1）公民的本质特征和农民公民化的必要性。《宪法》第33条第1款规定:“凡具有中华人民共和国国籍的人都是中华人民共和国公民。”其

① 参见陆学艺:《调整社会结构，构建和谐社会》，载《南方日报》2006年8月23日，第4版。

② [日]大须贺明:《生存权论》，林浩译，法律出版社2001年版，第33页、第41页。

③ See Hidenori Tometsu, “Equal Protection of the Law”,in Percy R.Lunley,Jr.,and Kazuyuki Takahashi (Ed.), Japanese Constitutional Law, University of Tokyo Press, 1993,p.157.

④ 郭道晖:《新农村宪政建设的两大要务——子民变公民，农民社会提升为公民社会》，载《甘肃社会科学》2006年第3期。

实单有国籍并不一定享有完整的公民的资格，亚里士多德早就认为，公民的本质在于是否拥有参与国家事务的政治权利。公民权的核心是既参与又抗衡国家权力的政治干预权和政治防卫权。[①]公民的政治权利可视为一种公权利，是对应于国家公权力而存在的，其中公民政治参与权的行使赋予了国家公权力以合法性，同时为防范国家公权力的滥用又赋予了公民政治防卫权，当前主流观点认为，公民权的本质特征可以概括为：一是公民是享有参与国家公共事务的政治权利的国民；二是公民权的本质是作为“政治人”“公人”的“公权利”，不同于作为“自然人”“私人”的私权利；三是公民权的核心是参与国家和政府事务的政治参与权和制衡国家权力的政治防卫权。[②]用以上标准衡量，则现今我国农民并不享有完整的公民权利：不完全具备真实意义上的民主选举权，村民自治权缺乏规范、周密的行使程序，土地等重要资源的处分、收益权还不能完全自主享有，文化教育和社会保障等权益还远远落后于其他群体，权利受损时救济渠道不够便捷有效，结社、迁徙自由成为一纸空文的现象导致农民的发展权利前途暗淡。这些充分表明，“农民公民化”的提出是非常必要的。

（2）农民公民化的制度障碍。无论是宪法对国体的庄严宣告，还是党中央对执政理念的不断表述，农民作为国家公民重要组成部分的地位都得到不容置疑的肯定。然而由于农民和城市居民之间客观存在长期延续且影响深远的巨大差异，又明白无误地传达出农民不能享有完整公民权利的信息，因为“公民根据法律规定，享有同等的权利和承担相同的义务”。[③]农民在教育、就业、选举、获得公共服务等方面受到的歧视，反证了破解“农民公民化”命题的急迫性。对农民公民化遭遇的制度障碍，可以从制度来源和制度内容两方面分析。从制度来源上看，党的纲领、路线、方针

① 参见郭道晖：《公民权与公民社会》，载《法学研究》2006 年第 1 期。

② 参见古小军：《论公民社会的基本价值原则与本质特征》，载《生产力研究》2011 年第 3 期。

③ 郭道晖：《公民权与公民社会》，载《法学研究》2006 年第 1 期。

和政策以及国家宪法和法律，都明确赋予农民公民地位；然而低位阶的行政法规、部门规章和地方规章等法律规范，确实是造成农民“非公民化”的制度根源。而在我国社会运行的各个领域，又恰是这些打着便于部门和地方管理的歧视性法律规范成为行政和司法的直接依据。从制度内容来看，造成农民不平等的法律规范，其影响领域逐步从经济扩展到政治、文化及社会运行的各个层面、各个方面，不仅造成对农民的物质剥夺，更极大地伤害了农民的主体意识和平等人格。尽管这些歧视性法律规范产生之初貌似具有一定的必要性、合理性，因为某种程度上是为了适应后发外生型现代化模式对资源不均衡配置的需求，但无论如何，对农民权利产生深刻影响的歧视性制度长期延续必然丧失道德和法理上的合理性。农民公民化所遭遇的制度障碍，已成为妨碍城乡一体化发展、戕害农民各方面权益的重要根源。

（3）农民公民化的内容和难点。农民公民化涉及农民经济、政治、文化、社会生活全方位、多层次的改变和发展，不仅涉及农民收入的持续提高和经济地位的彻底改观，更重要的是体现农民的各领域“一揽子”权利达到公民化的要求。农民公民化的首要内容是奠定农民生产和生活方式转变的基础。改革开放以来党和政府充分重视农民合法、正当的利益要求，加快农民土地权益流转的制度设计，严格保护农民的劳动经营收入、财产性收入和转移性收入，使农民由传统的“纯粹农民”改变为适应时代发展和生产力水平的新型农民，摆脱了落后生产方式和较低劳动生产率的束缚。农民公民化的另一内容是实现由“观念农民”向“社会公民”的转化，这也是农民公民化的难点。在政策的持续推动下，在网络信息、农业科技的促进下，绝大多数农民已跟上时代的步伐、适应了经济社会快速进步的频率，很多年轻农民在就业技能、生活习惯、居住条件、日常行为等各方面已经和城市居民毫无二致，一些经济发达的农村地区甚至出现“逆城市化”倾向，表明“纯粹农民”的时代临近终结。然而农民的城市化还主要体现在和经济密切相关的生产和生活方式上，其思维模式、行为方式、思想观念、综合素质等各方面的提高还需要时间，离“公民化”距离尚远，“观念农民”就是对这一状态的总结。更需注意的是，农民在经济上的改观并未改变其在获取资源方面的劣势地位，而户籍、教育、医疗卫生、社会保障等方面改革的滞后进一步影响其行为方式和思维模式，导致“观念农民”的自我认知不断强化和固化。他们尽管已经不依靠农业为生甚至完全不事稼穑，但仍不敢彻底断绝和土地、农村的联系，不敢毫无顾忌地融入城市的怀抱、追求公民的身份和权利。因为对他们而言，资源占有的无力现状，无法支撑起对新生产、生活方式的信心，无法让他们摆脱保守、自卑的心理状态，从而使他们在物质和意识两个层面的撕扯和断裂中饱受折磨、无所适从。而这种“观念农民”的状态，是农民公民化过程中不可回避的阶段，是由“纯粹农民”到“社会公民”的阶梯和桥梁。它反映了改革开放以来在经济领域所取得的成就，也提示着政治、文化、社会各领域深化改革的急迫性。从“观念农民”到“社会公民”的转变，需要更完善的法律制度、更高超的政治智慧、更充分的权利保障和更有效的社会动员，因为这一转变比此前以经济为主的改革涉及更多的方面、面临更复杂的环境，并且这一转变会决定我国城乡一体化的成败进而深刻影响深化改革的大局，甚至决定我们已取得的改革成果能否得到巩固。

第三章　农民政治参与权利的制度基础

封建时代的政治统治奉行“明主治吏不治民”的原则，以“皇权不下县”为特征，农村或乡镇政治活动的形式被学者们概括为“乡绅政治”，[①]即由作为农民精英的乡绅搭建起官府与农民之间的桥梁，在帮助官府治理乡村的同时，还承担村民利益代言人的角色与官府抗衡，广大农民没有参与政治的权利。封建制度垮台后，乡绅政治的基础受到破坏，民国政府时期曾尝试动员农民以某种形式参与到政治生活中来，并由一些学者或地方政府进行过乡村建设试验。中华人民共和国成立以后，农民政治参与的制度建设持续进行，留下了宝贵的经验和教训，也大致构建了当前农民政治参与的主要制度框架。农民政治参与主要通过村民自治制度、人民代表大会制度、信访制度、民主协商制度、听证制度以及民主恳谈会等形式来实现。其中，村民自治制度的参与层次最广泛、参与深度最可观，是对村民影响最大、政治发展效果最显著的制度形式。

一、村民自治制度与农民政治参与权利

（一）村民自治制度的缘起和发展

2010 年修订的《村民委员会组织法》对村民自治的功能有过这样的

① 王如林：《“乡绅政治”的前世今生》，载《大众日报》2009 年 9 月 12 日，第 A8 版。

表述，“由村民依法办理自己的事情，发展农村基层民主，维护村民的合法权益，促进社会主义新农村建设”。[①]“村民自治”的官方提法最早出现在我国 1982 年《宪法》第 111 条，规定“村民委员会是基层群众性自治组织”。[②]彭真曾经指出：“办好村民委员会，实行村民自治，我们的社会主义民主进程就会加快，政府工作的很多困难会减少。”[③]党和政府选择并推行村民自治制度的“最初价值预设就是发展农村民主政治，实现社会治理”。[④]自治精神体现在“自我管理、自我教育、自我服务”，民主精神则体现在“民主选举、民主决策、民主管理、民主监督”。[⑤]其实在自治和民主这两项目标之外，有学者认为推行村民自治制度还因为“中央政府又需要民众的自治以遏制地方政府滥用权力、胡作非为，同时避免国家权力过分下沉导致财政支出的激增”。[⑥]

持续 20 多年的农村人民公社严重束缚了广大农民，造成农村经济长期的低迷徘徊和农民的普遍贫困化，农村经济社会秩序出现不稳定的倾向。党的十一届三中全会以后，全国范围内普遍推行家庭联产承包责任制，农民开始自主决定生产、经营和分配，如此就打破了人民公社“三级所有、队为基础”的体制，但也产生了一系列新的问题：“谁来管理农村属于集体所有的土地和其他财产？谁来组织和协调村民发展生产、壮大集体经济？单个农户经营使得户与户之间的纠纷增多，谁来调解？谁来管理农村计划

---

① 《村民委员会组织法》第 1 条，载中央人民政府门户网站：http://www.gov.cn/flfg/2010-10/28/content_1732986.htm，最后访问日期：2017 年 4 月 22 日。

② 《宪法》第 111 条，载中央人民政府门户网站：http://www.gov.cn/zhengce/2014-03/21/content_2643049.htm，最后访问日期：2017 年 4 月 22 日。

③ 彭真：《彭真文选》（一九四一——一九九〇年），人民出版社 1991 年版，第 610 页。

④ 戴玉琴：《村民自治四大发展瓶颈的理论反思》，载《湖北社会科学》2015 年第 3 期。

⑤ 黄涌群：《农村民主自治发展研究》，暨南大学出版社 2008 年版，第 45 页。

⑥ 吴素雄、陈洪江：《从精英治理到民主治理——村民自治制度演进分析》，载《江苏社会科学》2004 年第 1 期。

生育、水利建设、生态保护？”[①] 由于缺少有效的组织体系，农村出现了相当程度的混乱和失序状态。为解决上述问题，在改革开放进一步深入的推动下，在农民自主创造的启发下，党和政府适时推出农村社会治理的制度创新，村民自治制度应运而生。村民自治“是一个涉及经济、政治、文化和社会生活诸多方面的综合性概念”。[②] 农村居民自己组织起来，以实行民主选举、民主决策、民主管理、民主监督为核心内容，“就是依靠农民，实行村民自我管理、自我教育、自我服务的社会组织管理制度”。[③]

村民自治大致可以分为四个发展历程。

第一阶段：试验探索阶段。具体是从农民首创到《中华人民共和国村民委员会组织法（试行）》（以下简称《村民委员会组织法（试行）》）颁布。从20世纪70年代末，受家庭联产承包责任制广泛推行的影响，人民公社制度的组织形态和物质基础迅速解体，然而新的农村治理力量尚未形成，农村基层组织管理呈现出权力“真空”状态。[④] 为了稳定秩序，广西壮族自治区宜山、罗城两县的一些农村，在1980年年底设计出了全国最早的村民基层自治组织形式——村民自治委员会，逐渐取代了日益瓦解的生产大队。[⑤] 当地乡村的这一自发创造很快受到重视并在进一步完善的基础上被引导推广，很快村民委员会这一自治组织在全国各地普遍出现。1983年，中共中央、国务院发出了《关于实行政社分开建立乡政府的通知》，截至

---

① 上官酒瑞：《村民自治：社会主义政治文明的理论与实践》，首都师范大学2004年硕士学位论文，第7页。

② 何泽中：《当代中国村民自治》，湖南大学出版社2002年版，第8页。

③ 王仲田、詹成付主编：《乡村政治——中国村民自治的调查与思考》，江西人民出版社1999年版，第3页。

④ 张鲲鹏：《建国后农村基层群众自治的理论与实践研究》，东北师范大学2013年博士学位论文，第44页。

⑤ 徐勇：《最早的村委会诞生追记——探讨村民自治的发源地——广西宜州合寨村》，载《炎黄春秋》2000年第9期。

1985年年底，全国5.6万多个人民公社、镇，改建为9.1万多个乡、镇级别的人民政府，同时也建立了94万多个村民委员会。[①] 人民公社的解体和村民委员会的普遍建立，标志着农村治理方式的改变推广到全国范围内，通过农民自主创造和政府改革创新的结合，又重新探索到了可以有效组织农民、夯实农村民主建设的新方法。

第二阶段：示范推进阶段。从1987年《村民委员会组织法（试行）》颁行到1997年党的十五大召开，村民自治制度在典型示范的带动下稳步推进。在《村民委员会组织法（试行）》的基础上，民政部先于1990年下发了《关于在全国农村开展村民自治示范活动的通知》、后于1991年下发了《全国农村村民自治示范活动指导纲要（试行）》，对村民自治示范活动的目标、任务、指导方针、具体措施等作了全面的部署，确立了稳步增加示范典型、以点带面推进突破的方针。典型示范的方式极大地推进了村民自治制度的发展，自治实施的范围、内容和深度都有很大提升。从村民自治制度的实施范围来看，到“1998年年底，全国共有村民自治示范县（市、区）488个，示范乡镇10,754个，示范村20.7万个，占村委会总数的25%，形成了省有村民自治示范县、地（市）有示范乡（镇）、县（市）有示范村的格局”，[②] 绝大多数省区实现了全省范围内“统一部署、统一换届、统一选举”的民主自治的程序。从实施内容来看，在示范效应之下，村民自治的民主化程度显著提高，村委会成员基本实现从委任制到选举制的转变，而且村委会选举也更加民主和规范，差额选举越来越多地取代等额选举。在先进典型的示范作用下，推动了制度化水平的提高，各地在示范中的经验被总结、提炼和推广，村民自治的制度框架得到巩固，制度运行的基础进一步夯实。

---

① 中华人民共和国国家统计局编:《中国统计年鉴》(1986)，中国统计出版社1986年版，第23页。

② 徐勇编:《中国农村研究》(2001年卷)，中国社会科学出版社2002年版，第120页。

第三阶段：深入推行阶段。从1997年党的十五大召开到2009年，在这个阶段，发展基层民主的重大意义得到充分肯定，村民自治在取得民主选举方面的突破后，进一步深入自治的其他方面。党的十五大报告提出“扩大基层民主，保证人民群众直接行使民主权利，依法管理自己的事情，创造自己的幸福生活，是社会主义民主最广泛的实践”。[①]1998年10月，党的十五届三中全会进一步明确了扩大农村基层民主的核心内容就是“全面推进村级民主选举、全面推进村级民主决策，全面推进村级民主管理、全面推进村级民主监督”。[②]1998年，《村民委员会组织法》经修订后颁行，除了巩固民主选举的成果外，对民主决策、民主管理和民主监督等制度加强了规范的引导，“四个民主”一枝独秀的局面有所改观，村民自治制度在各个环节呈现齐头并进、深入推行的面貌。

第四阶段：不断深化阶段，即自2010年《村民委员会组织法》修订至今。随着经济社会的发展，特别是在城镇化进程加快和新农村建设深入的背景下，村民自治制度遭遇了诸如户籍制度松动、土地权益升值、农村税费改革、农民分化加剧等重要事件或现象的冲击，在总结实践经验的基础上，2010年我国修订了《村民委员会组织法》。首先，完善了法律文本的逻辑性，体现了立法技术的提高。在编排体例上，以民主选举、民主决策、民主管理和民主监督为顺序，分设“总则”“村民委员会的组成和职责”“村民委员会的选举”“村民会议和村民代表会议”“民主管理和民主监督”等章节，使村民自治各个环节的制度设计和自治的实践环节保持一致，线索更加清晰。[③]其次，以增强法律规范的可操作性为目标，进一步

① 中共中央文献研究室编：《十五大以来重要文献选编》（上），人民出版社2000年版，第32页。

② 中共中央文献研究室编：《十五大以来重要文献选编》（上），人民出版社2000年版，第572~573页。

③ 参见全国人大常委会法制工作委员会：《村民委员会组织法（修订草案）条文及草案说明》，载全国人大官网：http://www.npc.gov.cn/npc/xinwen/lfgz/flca/2009-12/26/content_1532849.htm，最后访问日期：2017年4月30日。

完善了村民自治各环节的程序规定，体现了对立法科学化、民主化的落实。在民主选举环节，针对选举组织的构成过于随意、村民选举权未得到充分重视、村委会成员罢免难等问题，有针对性地细化了操作规范，完善了相应的程序。针对村民会议召开不易、村民代表会议参与管理、决策和监督不深的问题，增设了村小组会议制度，完善了各种会议的议事内容、议事程序并明确了决议效力。针对民主管理和民主监督渠道过少、浮泛虚化的问题，增设村务监督会为专门监督机构并要求具备固定人员和办公场所，增加村务档案管理的内容，完善对村委会成员的民主评议制度和任期审计、离任审计制度。

村民自治不仅是当代农村民主政治的基础和核心部分，而且由于其所包含的民主与自治的内涵而成为社会主义政治文明的重要代表。村民自治制度体现着我国制度创新的重大特点：意义宏大深远，然而其所由来又平实自然。村民自治是农民在改革开放推动下不断创新生产经营模式，进而在拥有经济自主权的基础上，相应要求政治自主权利的结果。村民自治在村一级提供了通过参与实现政治自主权利的渠道。

（二）村民自治中的选举参与

1. 选举参与的重要性

选举不仅是村民自治“四个民主”的决定性开端，也是决定民主自治能否顺利运行的关键性起点。经济学家熊彼特认为，“民主方法是那种为作出政治决定而实行的制度安排，在这种制度安排中，某些人通过争取人民选票取得决定权力”。① 自古希腊开始，民主选举就是民主政治的重要内容和主要标志，也在我国人民民主专政中发挥不可替代的作用。自 1987

① [美] 约瑟夫·熊彼特:《资本主义、社会主义与民主》，吴良健译，商务印书馆 1999 年版，第 395~396 页。

年《村民委员会组织法（试行）》明确了村委会组成人员由村民选举产生，村民选举成为农民首次行使政治参与权利的平台和机会。1998年修订的《村民委员会组织法》又进一步规范和明确了选举权是农民自治生活中的一项基本权利。其后以村委会“海选”为代表的各种创新，使农民的选举权由求形式、走过场向真正行使民主权利转化。选举权利的落实，进一步激发了农民的民主参与意识和参与兴趣，使农民对村委会换届的态度更加积极。

我国村民自治制度中的选举参与，不仅具有通常意义上的重要性，还由于其扎根当代农村最基层而具有特殊的重要性。其一，它以最直观、最原生态的方式展示和体验着民主政治的发展。农村地区往往民主气氛薄弱而专制传统浓厚，在这里让村民通过直接民主选举产生自治组织——村委会，这本身就是对我国民主发展最震撼的冲击和最深刻的推动。其二，作为民主运行的起点，村民选举比其他类型的选举所具有的决定性意义更显著。在民主政治比较完善的条件下，尽管民主选举存在瑕疵，仍有可能维持民主制度的运行并能够及时自我纠偏。但在我国广大农村，由于民主基础薄弱、民主制度供给不足，在选举环节出现失误或发生纠纷时，就有可能带来村民自治制度的停滞，甚至导致长期延续的瘫痪状态。因为农村居民对自治实践的掌握，还主要深耕于选举环节，这一环节出现的问题很难自我修复，可能导致制度的延误甚至停摆，这种反映农村民主幼稚的现象每到换届屡见不鲜。其三，村民参与选举的特殊重要性还在于它聚焦于农民最关注、利益最攸关的集体经济组织当家人，不仅关涉已取得发展成果能否巩固，更涉及城镇化、工业化加速浪潮中集体资源如何配置。由此，村民自治制度中的选举参与，不仅是利益关涉最密切，对民主进程的影响最深刻，也对民主文化的推动最直接，其重要性不言而喻。

2. 选举参与的内涵

村民自治中的选举参与，顾名思义，是指村民以直接公开的方式选举村委会成员、村小组负责人、村民代表和其他村组织成员的活动。选举参与的内涵，表现在其程序和实体两方面所具有的民主性。

从程序方面来说，村民参与的各类选举都尽可能地设置了科学、周密的程序，体现了对村民选举民主性的充分重视。以村民选举中最重要的村委会选举为例，它是参照人民代表选举的程序来开展的。从选举委员会的成立，到选举前的选民登记，再到选民资格的审查和选民名单的公布，都严格遵循民政部规定的《村民委员会选举规程》。针对前几轮村委会换届选举中群众反映强烈的选举机构职责不清、易受不当支配等问题，2010 年修订的《村民委员会组织法》严格了选举委员会成员的资格限制、产生办法及行为规范，基本排除了选举机构受现任村委会及相关来源干扰的可能。“村民选举委员会由主任和委员组成，由村民会议、村民代表会议或者村民小组会议推选产生，实行少数服从多数的议事原则。”①产生选举委员会后，选举宣传、选民登记、候选人提名等都需要全体村民参与。就其中最引人注目的候选人确定来说，不仅明确废止了以往组织提名的方式而改为“由本村有选举权的村民直接提名候选人”，②而且 2013 年《村民委员会选举规程》进一步明确“根据拟定的候选人名额，按照得票多少确定。每一村民提名人数不得超过拟定的候选人名额”。③提名候选人产生后，选举委员会应审查“无行为能力或者被判处刑罚的，不得提名为候选人。候选人中应当有适当的妇女名额，没有产生妇女候选人的，以得票最多的妇

---

①《民政部关于印发〈村民委员会选举规程〉的通知》(民发〔2013〕76 号)，载民政部官网：http://www.mca.gov.cn/article/yw/jczqhsqjs/fgwj/201507/20150700851628.shtml，最后访问日期：2017 年 5 月 1 日。

②《村民委员会组织法》第 14 条，载中央人民政府门户网站：http://www.gov.cn/flfg/2010-10/28/content_1732986.htm，最后访问日期：2017 年 4 月 22 日。

③《民政部关于印发〈村民委员会选举规程〉的通知》(民发〔2013〕76 号)，载民政部官网：http://www.mca.gov.cn/article/yw/jczqhsqjs/fgwj/201507/20150700851628.shtml，最后访问日期：2017 年 5 月 1 日。

女为候选人”。[①] 候选人名单确定后，“应当以得票多少为序，公布候选人名单，并报乡级村民委员会选举工作指导机构备案”。[②] 此后进入选举竞争阶段，村民有可能成为拉票、贿选、暴力选举及其他违法行为的关注对象，因此要求选举竞争应当公开、公平、公正地进行。到了规定的投票选举日，村民应在选举大会或者投票站亲自参与投票，不能亲自参与的，可以委托投票和流动票箱等形式实现选举，但应严密组织以确保公平。村民选举参与程序的细密完善，是保证选举公平性、民主性的必要条件，是加强村民自治机构建设的强劲动力，是村民依法实现自治的制度基础，是我国农村干部选拔方式的根本性变革。在程序民主的保障下，每届选举产生的村委会成员的素质日益提高。村小组负责人、村民代表以及其他村组织成员的选举虽然程序稍微简便，但对程序民主性的重视一以贯之。

村民自治中选举参与在内容上具有鲜明的民主性。一是享有选举权的主体范围非常广泛，是一种真正的普选制。凡年满 18 周岁、未被剥夺政治权利的本村村民都具有选举权和被选举权。有选举权和被选举权的村民名单，应当在选举日的 20 日以前公布。二是享有选举权的主体实现权利的效力相同。村民的选举权是平等的，不论民族、性别、职业、家庭出身、宗教信仰、教育程度、财产状况、居住期限等，每个选民在每次直接选举中只能有一个投票权，一人一票；个别地方曾经存在过的选民票权不平等现象早已消除，对选举中可能出现不利于弱势群体的因素进行了排除。三是村民委员会主任、副主任、委员由享有选举权利的村民直接投票选举产

---

① 《民政部关于印发〈村民委员会选举规程〉的通知》（民发〔2013〕76 号），载民政部官网：http://www.mca.gov.cn/article/yw/jczqhsqjs/fgwj/201507/20150700851628.shtml，最后访问日期：2017 年 5 月 1 日。

② 《民政部关于印发〈村民委员会选举规程〉的通知》（民发〔2013〕76 号），载民政部官网：http://www.mca.gov.cn/article/yw/jczqhsqjs/fgwj/201507/20150700851628.shtml，最后访问日期：2017 年 5 月 1 日。

生。任何组织或者个人不得指定、委派或者撤换村民委员会成员。四是在选举中实行竞争机制。一方面，允许候选人宣传自己的治村主张，对村民提供全面了解和选择的机会以增强村民的责任感，也为候选人提供表现机会以便优秀人才脱颖而出；另一方面，鼓励实行差额选举，为村民创造更大的选择空间，也对候选人增强了激励和鞭策。五是选举人在参加选举时采用不公开的投票方式。秘密投票是维护选民投票权利的方式，是选举真正民主的重要标志，是选举权利真正落实的重要保障。

3. 选举前的政治参与

（1）服务选举机构或担任工作人员。在已颁布的省一级的《村民委员会组织法》实施办法中，有16个省、自治区和直辖市的实施办法明确规定了选举机构的设置，用以主持村委会的换届选举工作。这个选举机构的名称各地不一。福建省叫“换届选举领导小组”，江苏省与河北省叫“村选举领导小组”，浙江省则叫“村选举委员会”，还有的地方叫“村选举工作组”等。其构成方式也呈多样性：江苏、陕西、山东、吉林等省规定由村民会议推举；河南、黑龙江、内蒙古等省区规定由村民小组或村民联名推荐；浙江省规定由党支部提名；山西省古交市规定由乡政府或乡人大主席团提名；新疆则规定由上届村委会和村民小组推荐。这些选举机构，大多数由5~7人组成，少数由3~5人或7~9人组成。成员多半是村里各类干部，并配以一定比例的村民代表或普通农民。例如，辽宁省锦州市第九届村民委员会换届选举工作实施方案规定，“村民选举委员会由村民会议、村民代表会议或村民小组会议推选产生，成员由7~9人组成，设主任1人，副主任1~2人”。[①] 浙江省宁波市规定，村级选举机构一般由村党支部书记任主任，吸收村民组长、村民代表及有威望的村民等5~7人组成。吉林

① 《辽宁省锦州市人民政府办公厅关于印发锦州市第九届村民委员会换届选举实施方案的通知》（锦政办发〔2007〕17号），载110法律咨询网：http://www.110.com/fagui/law_289680.html，最后访问日期：2017年4月22日。

省梨树县的村级选举机构由村党支部书记等 7~9 人组成。四川省彭山县村级选举机构由党支部书记、上届村委会主任和委员 5 人组成，党支部书记任组长。只有个别地方规定村委会成员候选人不得参加村选举机构。我们从选举机构的构成可以看出，通常村党支部保持对选举机构的领导，起着“核心”作用，往往左右选举机构，使一般农民的参与受到一定程度的制约。但是，若与 1986 年以前的村级选举相比，村级毕竟有了由本村农民组成的选举机构来主持选举工作，不再是由乡党委和乡政府直接主持村委会选举，农民参与选举机构的机会增多了。这不能不说是一个进步。

由于村委会换届选举每 3 年才举行一次，所以，选举机构是一种非常设机构，其工作人员也是临时性的，待新一届村委会诞生，选举机构与工作人员便自行撤销或解散。因此，农民以参与选举机构为形式的政治参与是有时限的。

在选举过程中，为了促进选举工作顺利进行，除了建立选举机构之外，还要配备一定数量的选举工作人员负责宣传、组织选民的工作，处理选举过程中的各种具体事务，诸如选民登记、讲解选举程序与规则、代不识字的人填写选票、计票、监票等。选举工作人员一般由村里的“共青团”“妇女联合会”“民兵”等组织中的骨干和村里其他有威望的人士组成。他们在以党支部书记为核心的选举机构领导下开展工作。这些选举工作人员都是本村的农民，他们辅佐选举机构参加选举工作，实质上成为选举机构参与的重要组成部分，从而锻炼了他们的政治参与能力。

（2）参与候选人的确定。确定候选人是选举过程中最关键性的政治参与形式。民主选举一般至少包括确定候选人和正式选举两个环节，当前我国农民有权参与候选人从提名到最后确定的全过程，只是有些地方在执行过程中打了折扣。根据全国各地确定正式候选人的操作形式来分析，基本上可以归纳为三种类型：①通过选民投票预选，或者经过各种会议协商，按大多数选民的意向决定正式候选人；②在“一榜候选人名单”中开展竞选，最后由村民投票决定；③党支部或村选举领导小组在征求村民意见的基础上，确定正式候选人。[①] 在这三种类型中，前两种类型，目前只限于在少数“村民自治示范村”实行，农民的政治参与质量较高；然而在大多数农村，正式候选人的确定，则属于第三种类型，农民政治参与质量相对较低。

4. 选举中的政治参与

村委会选举明确规定和保障普通农民的参与权利，根据宪法规定的精神，实行普遍选举权原则。《村民委员会组织法》第 13 条第 1 款规定：“年满十八周岁的村民，不分民族、种族、性别、职业、家庭出身、宗教信仰、教育程度、财产状况、居住期限，都有选举权和被选举权；但是，依照法律被剥夺政治权利的人除外。”[②] 村民们表明自己对村委会候选人作出选择的行动就是投票选举。它是村委会选举过程中最重要的环节，也是衡量农民政治参与水平的重要依据。

农民对村委会的选举普遍有很高的积极性。据报道，在 2000 年的村委会选举中，河北省共有选民 3750 万人，且直接参加选举的达 3410 万人，参选率达 90%以上；内蒙古全区登记选民 932.2 万人，参加投票的选民 838.7 万人（其中直接投票的选民 799.9 万人），参选率为 90%；山西省登记选民 1426 万人，其中 1252 万人参选，参选率为 87.8%；黑龙江省的参选率达到 91%。[③] 在城镇化潮流汹涌、农村离乡人口持续增多的情况下，到 2013 年第九届村委会换届选举时，各地村民参选率普遍在高

① 参见马福云：《村委会直接选举的模式研究》，载《中国农村观察》2006 年第 4 期。

②《村民委员会组织法》第 13 条，载中国政府门户网站：http://www.gov.cn/flfg/2010-10/28/content_1732986.htm，最后访问日期：2017 年 4 月 22 日。

③ 参见詹成付：《2000 年中国农村村民自治发展报告》，载《中国农村基层民主政治建设年鉴》编委会：《2001 中国农村基层民主政治建设年鉴》，中国社会出版社 2002 年版，第 167 页。

位运行，[1]“全国农村村民平均参选率达到95%以上”。[2]各地都严格依法办事，最大限度地保证了农民的基本权益。其中首要的是严格选举程序，为村委会换届选举奠定坚实的法律基础。村委会换届选举工作政策性强、程序严格，必须做细做实每一个环节的工作，我国部分先进地区提出要严把“五关”：“选民登记关，做到不错、不重、不漏，保证每个选民都有行使权利的机会；候选人提名关，经村民会议或村小组会议召集选民无记名投票，直接提名推荐候选人，公开唱票、计票；选举组织关，严格按照《选举办法》规定的程序组织选举，做到一个步骤不少、一项程序不丢，完全按程序操作；村民代表推选关，通过召开全体村民会议，以无记名投票的方式，直接提名推荐村民代表；建章立制关，进一步建立健全各项规章制度，使新一届村委班子有章可循、有制可依。”[3]有些地区总结为走好“八步”：“成立选委会，周密安排部署，党支部在村委会中必须起到核心领导作用；广泛宣传发动，引导村民积极参与；确认选民资格，张榜公布名单；组织选民直接提名候选人；差额确定张榜公布正式候选人；宣传介绍候选人；投票选举；公开唱票、计票，当场公布选举结果。”[4]“以程序严格、组织严密、坚持原则来保证村委会换届选举的顺利进行，真正把能为农民办实事的能人选进村委会班子，在农村稳定、农业增效、农民增收中发挥村委会的作用。”[5]

---

① 参见韩卫星：《新一届换届选举村民参选率91.3%》，载《法制日报》2013年5月11日，第7版。

② 民政部：《我国农村村民平均参选率达到了95%以上》，载中国青年网：http://news.youth.cn/gn/201303/t20130313_2972761.htm，最后访问日期：2017年4月17日。

③ 参见张鲲鹏：《建国后农村基层群众自治的理论与实践研究》，东北师范大学2013年博士学位论文，第五章相关内容。

④ 岳芝国：《村委会换届选举要做到五步推进——对第六届村委会换届选举的调查与思考》，载民政部官网：http://www.mca.gov.cn/article/mxht/llyj/200712/20071200008276.shtml，最后访问日期：2016年4月17日。

⑤ 孙丰年：《抓住重点环节，做好村委会换届选举工作》，载《开封日报》2005年1月25日，第1版。

5. 选举后期的政治参与

选举后期的政治参与主要是指投票结束后，对选举过程中出现的违法行为，进行控告、申诉或者信访。这是村民表达不满、揭露问题的一种方式，也是农民政治参与的有效形式。

选举后期的政治参与，首先表现为对选举违法行为的揭露斗争。根据彭彭博士的调研，“湖南省桂阳县在第二次换届选举中，城郊乡新成村有位女候选人，三次张榜公布候选人名单中，都有她的名字。但是到投票时，选票上却换成另外一个人的名字，村民告到县里，县民政局领导亲自下村进行调查，查明村民上告属实，便当场宣布选举无效”。[①]根据中国基层政权建设研究会、中国农村村民自治制度研究课题组调研，“吉林省梨树县胜利乡十家子村的张某某，被列入村委会副主任正式候选人的名单，张榜公布后，一些村民发现，在村民代表会预选候选人时并没有选他。经查实，原来是乡政府提的名。对此，几个村民手持《吉林省实施〈中华人民共和国村民委员会组织法〉办法》找乡政府领导说：办法中没有规定乡政府可以提名候选人，你们指派候选人是错误的，乡政府立即进行了纠正”。[②]选举后期的政治参与，还体现为对村委会成员的罢免和补选。“2003年，因对现任村主任不满，西安市长安区大兆乡秦沟村260余名村民联名上书乡政府，要求罢免村主任。经乡政府批准，2004年2月3日秦沟村选民聚集一堂，对是否罢免现任村主任进行表决。”[③]

无论是村民对选举机构或党政基层机关不当或违法行为的纠正，还是对经选举产生的村委会成员提出罢免，都说明农民在选举中的政治参与的

---

① 彭澎:《经济社会转型期农村基层治理变革之宪政研究》，湖南大学2012年博士学位论文，第71~72页。

② 中国基层政权建设研究会、中国农村村民自治制度研究课题组:《中国农村村民委员会换届选举制度》，中国社会出版社1994年版，第93页。

③ 李克:《村民投票罢免村官》，载《北京青年报》2004年2月4日，第4版。

意识和实践已经大大进步。在选举参与中农民民主权利的成长，恰如日本明治维新时代的思想家福泽谕吉说的："民主是一种操作制度，关键是运用，不用担心人民不会使用民主，也许第一次选举出一个不太合民意的人物，只要选举这个民主程序能够坚持下去，下一次人民就可以选出一个稍好一些的，第三次就会更好一些，人民会在实践过程中成熟地运用民主。"①

（三）村民自治中的决策参与

1. 决策参与的内涵和法律依据

决策参与是指村民通过自己的代表机构——村民会议和村民代表会议来讨论并决定本村内的重大事务。党的十八届四中全会后许多研究者提出"健全依法决策，强化公众参与决策"，② 实际从侧面进一步证明了村民自治中决策参与的合理性。随着公共政策水平的提高，能否实现决策参与成为判断基层政治民主化程度的重要标准。

村民自治中决策参与的内涵，首先，体现为参与的直接性，表现在参与决策事项的直接相关性和参与决策方式的直接性。决策参与的事项，都是直接涉及村民切身利益，由村民或村民代表会议直接参与决策。其次，体现为民主性。需要村民参与决策的事项，必须经过民主讨论、并按民主集中制的原则，才能作出决策。决策参与的直接性和民主性内涵，是村民自治和国家治理、社会治理的主要区别。

村民决策参与的法律依据，主要是1987年《村民委员会组织法（试行）》第11条的规定，"涉及全村村民利益的问题，村民委员会必须提请村民会议讨论决定"。③ 随着村民自治的不断进步和发展，基层农民参与村

---

① 潘一禾：《观念与体制——政治文化的比较研究》，学林出版社2002年版，第201页。

② 纪欣等：《决策公众参与》，载《法制晚报》2014年10月24日，第5版。

③ 1987年《村民委员会组织法（试行）》第11条，载中国人大网：http://www.npc.gov.cn/wxzl/gongbao/1987-11/24/content_1481517.htm，最后访问日期：2017年5月7日。

集体组织重要事务的愿望和要求更加迫切，2010年修订的《村民委员会组织法》进一步明确规定了村民委员会必须提请村民会议讨论决定的事项，“（一）本村享受误工补贴的人员及补贴标准；（二）从村集体经济所得收益的使用；（三）本村公益事业的兴办和筹资筹劳方案及建设承包方案；（四）土地承包经营方案；（五）村集体经济项目的立项、承包方案；（六）宅基地的使用方案；（七）征地补偿费的使用、分配方案；（八）以借贷、租赁或者其他方式处分村集体财产；（九）村民会议认为应当由村民会议讨论决定的涉及村民利益的其他事项”。① 上述法律依据，为村民参与重大事项的决策构建了制度基础。

2. 决策参与的实现形式

在村民自治制度之下，广大农村村民实现决策参与的形式主要有两种，第一种是通过全体村民参加的村民会议。村民会议是全村的最高权力机关和最高决策机构，被形象地称为村内“人大”，是村民参与最广泛、最直接的会议形式，也是参与规模最大、权威性最强的组织形式。《村民委员会组织法》规定村内最重要、最权威的决议只能来自村民会议，将其作为全面表达村民利益和要求的组织形式。村民会议的显著优势就在于参与者众多、形成的决议影响广泛、会议的权威性强，但其缺点也非常明显，就是会议的组织成本较高，并且难以深入讨论。第二种是由村民选举出的代表组成村民代表会议，这一形式的优势是在集中村中各方面代表人物的基础上，便于达成共识并形成决议。村民代表由村民选举产生，代表村民的意志参与到民主自治活动中；“村民代表应当向其推选户或者村民小组负责，接受村民监督”。② 在村民会议授权的情况下，可由村民委员会召

① 《村民委员会组织法》第24条，载中央人民政府门户网站：http://www.gov.cn/flfg/2010-10/28/content_1732986.htm，最后访问日期：2017年4月22日。

② 《村民委员会组织法》第25条，载中央人民政府门户网站：http://www.gov.cn/flfg/2010-10/28/content_1732986.htm，最后访问日期：2017年4月22日。

集村民代表开会，讨论决定有关事项。当前我国村民自治过程中绝大多数地方能够实现的决策参与形式是村民代表会议形式。《村民委员会组织法》以法律的形式赋予了村民参与本村事务决策的权利，尽管参与的形式还不是直接参与决策，而是以代理参与作为主要实践方式，但也基本达到了决策参与的要求。通过这两种形式，村民能够充分参与自治活动中的民主决策，直接、广泛、全面地表达村民利益和要求。

3. 议事规则和程序

通过村民会议实现决策参与，仅在极少数地方有过尝试，且缺乏固定、周密的程序和规则，往往仅具有宣示的意义。当前普遍采取以村民代表会议的形式来决定本村内重要事务。对村民代表会议的议事内容，各地规定大同小异，主要包括：（1）村民委员会成员的选举、撤换和补选；（2）制定、审议本村的经济社会发展规划、年度计划；（3）各种形式生产责任制的完善，各种经济合同的签订；（4）制定、修改村规民约、村自治章程；（5）审议村委会工作报告和财政收支情况的报告；（6）审查人口出生计划指标的安排与落实；（7）其他与村民利益有关的问题。

各地还对村民代表会议的议事规则与程序作了详细规定。大体上都强调必须遵循国家在农村的方针、政策和法律、法规，有利于政府决议的贯彻，有利于社会稳定和安定团结；必须坚持民主集中制原则，实行少数服从多数。其会议程序通常是：在村委会主任主持下，首先报告前次会议决议的执行情况，听取意见，接受审议与监督，然后提出本次会议的议程与内容，让代表充分讨论、协商后，进行表决，形成最后决定。

村民自治中的民主决策，使广大农民获得了参与和自身利益密切相关的大事的决策权。干部大家选，大事大家定，真正当家作主。位于山东半岛中部的寿光市，是闻名全国的“蔬菜之乡”。随着农村改革的深化，全市注重在农村落实村民的自治决策权，先后创新出“两会一组”制度和“三自”村级治理新模式。

“两会一组”是在村党支部、村委会领导下的民主议事组织，包括党员议事会、村民议事会和民主理财小组。党员议事会由村党支部管理，村民议事会和民主理财小组由村党支部和村委会共同协调管理。党员议事会、村民议事会由议事会成员各推举一名首席代表，理财小组成员推举出一名组长，协助并监督村“两委”开展工作。资料显示，全市党员和村民议事会成员平均每村达到38人，民主理财小组成员平均每村近5人。农民有了参政议政的机会，激发了“自己村的事务自己管，自己村的事情自己干”的主人翁意识。[①] 随着新型城镇化持续推进中农村社会结构和各村村情的剧烈变动，寿光市在洛城街道东斟灌村试点的基础上，又探索出“自主议事、自治管理、自我服务”的村级治理新模式。其中“自主议事”体现为村民自主享有决策权，包括群众提事、群众议事和群众定事，将涉及资金使用管理、公益事业、土地出让等村级重大事项全部纳入村民会议无记名投票的“票决拍板”范围。东斟灌村以全体村民土地入股成立土地股份合作社时，先后14次召开党员和村民代表会议，4次召开全体村民会议，历时7个月确保最后方案获得100%的村民赞成，村民决策权得到了充分的保障。[②]

（四）村民自治中的管理参与

1. 管理参与的内涵

“管理是指在一定组织中的管理者，运用一定的职能和手段来协调他人的劳动，使别人同自己一起高效率地实现组织既定目标的活动过程。”[③] 而“村民自我管理”，是相对狭义的概念，是把决策、监督等排除在外，

① 参见李华刚、李炳泉:《建立“两会一组” 强化民主监督——山东寿光市着力建设农村政治文明》，载《人民日报》2002年12月12日，第11版。

② 参见宋学宝等:《寿光贴着百姓需要抓党建》，载《大众日报》2014年7月2日，第7版。

③ 王雰、孙科炎:《管理学基础》，清华大学出版社2015年版，第2页。

仅指“村民以自治的形式，把全村的重要事务，置于村民的直接管理之下”，[①] 主要指向对村务的日常管理。在计划经济体制的影响下，村务管理长期实行决策、管理和监督合一的体制，基本上集中于村党支部这样一个机构，又由于党内民主的不发达基本集中于村支书一人。改革开放以来，村务管理的集中体制受到冲击，尤其村民自治制度的推行，要求对村务的决策权、日常管理权、监督权相对分离并保持制衡。

村民自治中管理参与的内涵，首先，是指对独立于民主选举、民主决策、民主监督等自治环节，又通过服务于这些环节实现自治顺利运行的管理活动的参与。具体来说，村民的管理参与和选举参与、决策参与、监督参与在形式和功能上显著不同。村务管理在形式上包括对选举、决策、监督等环节以及其他日常村务的管理，管理参与在范围上涵盖上述村民自治涉及的所有方面；在功能上选举、决策、监督都比较明确，而村务管理在功能上则类似于服务一切的“万金油”显得模糊。其次，管理参与的目的是实现村民的自我管理、自我教育和自我约束。村民参与民主管理，一方面，是要保证民主选举、民主决策、民主监督的顺利开展；另一方面，其目的并非指向和村支部、村委会或其他组织机构的权利之争，而是指向谦抑和内敛的自我省视，村民参与管理是为了更好地理解和促进村民自治的实践。参与民主管理有助于村民更好地对村内的社会事务、经济建设和个人行为实现其自治权。

2. 管理参与的依据

在我国村民自治制度的发展过程中，对村民参与民主管理的重要性和必要性的认识是逐渐强化的，和相应法律依据的逐渐充实是对应的。

1987 年颁布的《村民委员会组织法（试行）》，内容上主要集中于对村

---

① 廖新宇:《我国基层民主参与中的农民政治冷漠问题研究》，湖南师范大学 2012 年硕士学位论文，第 11 页。

民委员会行为的规范调整，对村民参与村务管理基本还没有明确规定。这首先表现在对村民委员会和村民之间的关系，设定为村民委员会是组织者、教育者、引导者，村民被动接受管理的痕迹还非常明显；其次表现在对村民委员会的职责规定较为笼统，对村民参与管理的规定也仅限于宣示阶段，缺乏实际参与的路径。在《村民委员会组织法（试行）》中，村民参与村务管理的基本方式是参加村民会议，但会议的提议召开和产生决议都设置了较高的门槛，并不利于村民参与对村务的管理。比如，第 11 条第 1、2 款规定："村民委员会向村民会议负责并报告工作。村民会议由村民委员会召集和主持。有五分之一以上的村民提议，应当召集村民会议。涉及全村村民利益的问题，村民委员会必须提请村民会议讨论决定。"① 第 10 条第 3 款规定："村民会议的决定，由十八周岁以上的村民的过半数通过，或者由户的代表的过半数通过。"②

1998 年颁布的《村民委员会组织法》，对村民参与民主管理的相关规定更加充实和明确，主要表现在明确了村民会议对村务的最高决策权、降低了村民参与管理的门槛限制，以及通过立法技术提高了村民管理参与的可操作性。首先，规定只有村民会议享有在自治范围内的建章立制权。第 20 条第 1 款规定："村民会议可以制定和修改村民自治章程、村规民约，并报乡、民族乡、镇的人民政府备案。"③ 由此明确了村民在村务中的权利来源和管理主体地位。其次，扫除了村民参与管理的一些不合理限制。比

① 1987 年《村民委员会组织法（试行）》第 11 条，载中国人大网：http://www.npc.gov.cn/wxzl/gongbao/1987-11/24/content_1481517.htm，最后访问日期：2017 年 5 月 7 日。

② 1987 年《村民委员会组织法（试行）》第 10 条，载中国人大网：http://www.npc.gov.cn/wxzl/gongbao/1987-11/24/content_1481517.htm，最后访问日期：2017 年 5 月 7 日。

③ 1998 年《村民委员会组织法》第 20 条，载中国人大网：http://www.npc.gov.cn/huiyi/lfzt/cmwyhzzf/2009-12/18/content_1530494.htm，最后访问日期：2017 年 5 月 7 日。

如，第 18 条规定“有十分之一以上的村民提议，应当召集村民会议”，[①]村民召集村民会议的门槛降低了；第 17 条规定“召开村民会议，应当有本村十八周岁以上村民的过半数参加，或者有本村三分之二以上的户的代表参加，所作决定应当经到会人员的过半数通过”，[②]村民会议取得表决结果的可能性增加了。最后，通过立法的完善明确了村民参与村务管理的范围、拓宽了渠道。比如，第 19 条对涉及村民利益、必须由村民会议讨论决定的事项进行了明确列举，保证了村民民主管理的事务范围，减少了村民委员会滥用权力的可能性；第 18 条规定了村民会议对村民委员会工作的审查和评议权力，这些立法进步使村民的管理参与更具可行性。

2010 年修订的《村民委员会组织法》编排体例更加科学，对村民的管理参与也着墨更多，其中最突出的特征体现为从正反两方面保证了村民参与村务管理工作的落实。首先，是从正面规定了村民参与管理的有力武器，如第 36 条第 1 款规定：“村民委员会或者村民委员会成员作出的决定侵害村民合法权益的，受侵害的村民可以申请人民法院予以撤销，责任人依法承担法律责任。”[③]第 31 条规定：“村民委员会不及时公布应当公布的事项或者公布的事项不真实的，村民有权向乡、民族乡、镇的人民政府或者县级人民政府及其有关主管部门反映，有关人民政府或者主管部门应当负责调查核实，责令依法公布；经查证确有违法行为的，有关人员应当依法承担责任。”[④]第 23 条第 1 款规定：“村民会议审议村民委员会的年度工作报

---

① 1998 年《村民委员会组织法》第 18 条，载中国人大网：http://www.npc.gov.cn/huiyi/lfzt/cmwyhzzf/2009-12/18/content_1530494.htm，最后访问日期：2017 年 5 月 7 日。

② 1998 年《村民委员会组织法》第 17 条，载中国人大网：http://www.npc.gov.cn/huiyi/lfzt/cmwyhzzf/2009-12/18/content_1530494.htm，最后访问日期：2017 年 5 月 7 日。

③《村民委员会组织法》第 36 条，载中央人民政府门户网站：http://www.gov.cn/flfg/2010-10/28/content_1732986.htm，最后访问日期：2017 年 4 月 22 日。

④《村民委员会组织法》第 31 条，载中央人民政府门户网站：http://www.gov.cn/flfg/2010-10/28/content_1732986.htm，最后访问日期：2017 年 4 月 22 日。

告，评议村民委员会成员的工作；有权撤销或者变更村民委员会不适当的决定；有权撤销或者变更村民代表会议不适当的决定。”[①] 其次，强化了对村民委员会的规制，从反面加强了村民参与管理的“堤坝”。比如，第32条规定，“村应当建立村务监督委员会或者其他形式的村务监督机构，负责村民民主理财，监督村务公开等制度的落实”，同时“村民委员会成员及其近亲属不得担任村务监督机构成员。村务监督机构成员向村民会议和村民代表会议负责，可以列席村民委员会会议”。[②] 第33条第2款规定：“村民委员会成员连续两次被评议不称职的，其职务终止。”[③] 同时第30条第4款规定：“村民委员会应当保证所公布事项的真实性，并接受村民的查询。”[④]

在我国法律体系不断进步的步伐中，村民参与村务管理的制度建设也日益完善，基本上做到了有章理事，有人管事，管理参与步入了程序化、制度化、规范化的轨道，这是政治民主、经济民主的必然要求和直接体现。

3. 管理参与的实现形式

在实践中充分发挥管理参与应有的作用，需要有一个农民学会管理的过程，农民实现管理参与的主要形式，体现为相关组织机构、相关制度及相关方法的形成和发展。

第一，村民实现管理参与的组织机构。村民自治中民主管理的内容非常广泛，涉及村内杂事、村集体经济建设、村内社会秩序和文化建设以及一些村民个人行为的约束。实现村民自治民主管理的组织机构，主要有村

---

①《村民委员会组织法》第23条，载中央人民政府门户网站：http://www.gov.cn/flfg/2010-10/28/content_1732986.htm，最后访问日期：2017年4月22日。

②《村民委员会组织法》第32条，载中央人民政府门户网站：http://www.gov.cn/flfg/2010-10/28/content_1732986.htm，最后访问日期：2017年4月22日。

③《村民委员会组织法》第33条，载中央人民政府门户网站：http://www.gov.cn/flfg/2010-10/28/content_1732986.htm，最后访问日期：2017年4月22日。

④《村民委员会组织法》第33条，载中央人民政府门户网站：http://www.gov.cn/flfg/2010-10/28/content_1732986.htm，最后访问日期：2017年4月22日。

民会议、村民代表会议、村民监督会、村理财小组、村民委员会及其下属各专业委员会，有些地方还建立了村民议事会、老干部参政会、道德评议会、红白喜事理事会、妇女禁赌会以及各种形式的合作经济和其他经济组织等。村民要充分实现对村务管理的参与，不仅要依靠个体的力量，还要善于利用这些组织机构。

第二，村民实现管理参与的相关制度。实现村民自治的基本途径是以制度治村、依法建章立制。从1998年《村民委员会组织法》颁布以来，各地逐渐增强农村自治规范的建设，村民自治章程和村规民约普遍制定出来，村民自治运行管理的基本制度及相关配套制度初步确立，《村委会工作制度》《村民代表议事规则》《村民自治章程》《村财务公开制度》等规章制度基本具备，村务规范化管理、村财务管理、村经济管理、农民负担管理、宅基地管理、计划生育管理、村干部任期和离任审计制度、村干部评议制度等在全国各地村民自治中广泛推行，村务管理的规范化和制度化水平显著提高。

第三，村民实现管理参与的方式方法。前述组织机构和规章制度，尽管提供了村民参与村务管理的实体性基础，但实践中村民的参与并不仅仅或主要依靠这些实体性要素。农村社区是典型的熟人社会，受传统文化的浸润更深，许多时候村民更相信依靠人情比依靠组织机构有用，讲究情理比照搬制度条文更易于在村民之间沟通。因此，村民实现管理参与，除了组织和制度的支持之外，对适应农村工作的一些方式方法也必须关注采用。比如，党的群众路线在农村工作中成效显著，在村民自治中也不应忽视。再如，对传统宗法力量应引导其参与到调解纠纷、发展生产等方面，对村内不同势力应善于协调平衡、化解矛盾。

（五）村民自治中的监督参与

1. 监督参与的内涵

“村级民主监督是村民自治的重要内容，也是村党组织领导的充满活力的村民自治机制的重要保障。”[①] 村民自治中的民主监督，就是指村民对村务工作、村民委员会及其成员的工作表现、村集体组织财务状况等依法进行监督的活动。村民个体或者通过各类村组织、村民代表，依据法律法规、自治章程及村规民约，对村民委员会决策以及决策执行过程进行监察、督促，有利于保障其正确运作，在村民自治中发挥一种整合、促进、纠错和保护的作用。如果说民主选举是选举人向被选举人授权或委托，则民主监督则是由选举人直接行使、保证授权或委托不被滥用的一种权利。通过监督参与，首先，可以保障农民群众的民主自治权利，实现“村官用钱村民批，村官决策村民审，村官办事村民评”，[②] 可以保证村民的知情权、参与权、决策权等落到实处，提高村民参与自治的积极性。其次，促进村务公开和民主管理的深化。村民的监督参与，将督促村民委员会按照要求的时间、地点、形式、方式公开村内事务，并及时回应村民的质疑和提问，有利于实现村务的“阳光公开”，深化对村务决策执行和村干部职权行使的监督，提高自治的民主化水平。最后，有利于化解农村社会矛盾，促进和谐农村建设。当前农村财务和集体资产管理是农村矛盾的焦点，许多恶性事件或群体性事件都和村集体财务管理的不透明有直接关系。村民通过参与到民主监督中，可以杜绝村民委员会成员胡支乱花的现象以及经济违法的苗头，对村内重大工程项目、重要资产配置也可以通过介入、监督从源头上堵塞漏洞。村民参与民主监督，既能维护群众的利益，也能拉近干群关系，减少因信息沟通不畅引发的矛盾，促进农村经济发展和社会和谐稳定。

2. 监督参与的法律依据

1987 年颁布的《村民委员会组织法（试行）》对村民的监督参与规定

---

① 新华社电:《进一步加强村级民主监督》，载《人民日报》2012 年 11 月 6 日，第 13 版。

② 中共宜昌市委、宜昌市人民政府:《创新民主监督机制　深化村级民主管理》，载湖北省民政厅网站：http://www.hbmzt.gov.cn/xxgk/ywb/jczq/tszs/201103/t20110331_98112.shtml，最后访问日期：2017 年 5 月 7 日。

很少，当时的改革开放还主要是以农民松绑为目标，仅就村民委员会可能增加农民负担的地方作了监督的规定。第 17 条规定：“村民委员会办理本村的公共事务和公益事业所需的费用，经村民会议讨论决定，可以向本村经济组织或者村民筹集。收支账目应当按期公布，接受村民和本村经济组织的监督。”①1998 年颁布的《村民委员会组织法》把“民主监督”作为民主自治的四项内容之一，明确了村民监督和其他环节并列独立又相辅相成的关系，并规定了村务公开作为常规的监督形式。第 22 条第 1、2 款规定：“村民委员会实行村务公开制度。村民委员会应当及时公布下列事项，其中涉及财务的事项至少每六个月公布一次，接受村民的监督：（一）本法第十九条规定的由村民会议讨论决定的事项及其实施情况；（二）国家计划生育政策的落实方案；（三）救灾救济款物的发放情况；（四）水电费的收缴以及涉及本村村民利益、村民普遍关心的其他事项。”②

2010 年颁布的《村民委员会组织法》把“民主管理和民主监督”作为一章，不仅大大增加了相关篇幅，而且细化和深化了监督制度的内容。比如，第 32 条规定“村应当建立村务监督委员会或者其他形式的村务监督机构，负责村民民主理财，监督村务公开等制度的落实，其成员由村民会议或者村民代表会议在村民中推选产生”，③并明确将村民委员会成员及其近亲属排除出监督机构，明确监督机构成员向村民会议和村民代表会议负责，可以列席村民委员会会议，并要求完善监督档案。由此改变原来村“两委”的框架，实现了村党支部负责决策权、村民委员会负责管理权和

① 1987 年《村民委员会组织法（试行）》第 17 条，载中国人大网：http://www.npc.gov.cn/wxzl/gongbao/1987-11/24/content_1481517.htm，最后访问日期：2017 年 5 月 7 日。

② 1998 年《村民委员会组织法》第 22 条，载中国人大网：http://www.npc.gov.cn/huiyi/lfzt/cmwyhzzf/2009-12/18/content_1530494.htm，最后访问日期：2017 年 5 月 7 日。

③《村民委员会组织法》第 32 条，载中央人民政府门户网站：http://www.gov.cn/flfg/2010-10/28/content_1732986.htm，最后访问日期：2017 年 4 月 22 日。

村务监督委员会掌监督权的格局。在村务公开制度上，除了明确应公开的事项、时间、频率、重点外，还明确规定“村民委员会应当保证所公布事项的真实性，并接受村民的查询。村民委员会不及时公布应当公布的事项或者公布的事项不真实的，村民有权向乡、民族乡、镇的人民政府或者县级人民政府及其有关主管部门反映，有关人民政府或者主管部门应当负责调查核实，责令依法公布；经查证确有违法行为的，有关人员应当依法承担责任”。① 为保障村民监督参与的常规化和普及化，第 33 条第 1 款规定：“村民委员会成员以及由村民或者村集体承担误工补贴的聘用人员，应当接受村民会议或者村民代表会议对其履行职责情况的民主评议。民主评议每年至少进行一次，由村务监督机构主持。” ②

2012 年，中央纪委、中央组织部、民政部等 12 部委印发《关于进一步加强村级民主监督工作的意见》，从健全村务监督机构、加强村民民主评议和完善任期和离任审计等方面，进一步优化了村民参与民主监督的制度和环境，并对未来一段时间村民自治的民主监督提出了要求：“建立健全村务监督机构，普遍开展民主评议、村干部任期和离任经济责任审计，逐步建立起责权明晰、衔接配套、运转有效的村级民主监督机制。到 2020 年，实现村级民主监督制度完善、监督形式丰富、民主评议有效、经济责任审计规范的目标，切实保障农民群众的知情权、参与权、表达权和监督权。” ③

3. 监督参与的形式

村民参与民主监督的形式主要分为三类，一是专门监督，即通过村务

① 《村民委员会组织法》第 30、31 条，载中央人民政府门户网站：http://www.gov.cn/flfg/2010-10/28/content_1732986.htm，最后访问日期：2017 年 4 月 22 日。

② 《村民委员会组织法》第 33 条，载中央人民政府门户网站：http://www.gov.cn/flfg/2010-10/28/content_1732986.htm，最后访问日期：2017 年 4 月 22 日。

③ 中央纪委、中央组织部、民政部等 12 部委联合印发《关于进一步加强村级民主监督工作的意见》，载民政部网站：http://www.mca.gov.cn/article/zwgk/tzl/201211/20121100373290.shtml，最后访问日期：2017 年 5 月 7 日。

监督委员会的监督；二是日常监督，即通过村务公开实现的常规监督；三是个别监督，即针对单个事务或成员的偶然性监督。

2010 年《村民委员会组织法》将专门监督机构作为加强村民参与监督的重要举措。2012 年 12 部委《关于进一步加强村级民主监督工作的意见》进一步提出在全国普遍设立村务监督机构的要求，并细化了其产生方式，明确了其主要职责。其中规定，“村务监督机构成员由村民会议或者村民代表会议在村民中推选产生，可以连选连任。任何组织或者个人不得指定、委派或者撤换村务监督机构成员”，[①] 对不能正确履职的，可以进行批评教育甚至罢免。特别是明确提出村务监督机构“依法独立行使监督权，向村民会议和村民代表会议负责”，为便于履行职责，赋予监督机构成员列席村“两委”联席会议、村民代表会议和村委会会议的权利，“参与制定本村集体财务计划和各项财务管理制度，有权检查、审核财务账目及相关的经济活动事项，有权否决不合理开支”。[②] 村务监督机构的建立健全，极大地增强了村民民主监督的力量。

村务公开制度是村民自治过程中的一项制度创新。随着农村改革开放的不断发展，维护自身利益的需要激发了农民的参与意识，但在封闭式管理的模式下村务并不向村民公开，导致村民对村内事务缺乏基本了解，引起干群关系紧张，以行政命令为特征的旧模式遇到了强烈反对和激烈挑战。公开是民主和监督的前提，是最好的防腐剂，村务公开制度的草创全面体现了农民群众的参与。从 20 世纪 80 年代末到 90 年代初，村务公开制度在一些省市农村试行。1990 年 12 月，中共中央批转《全国村级组织

---

① 中央纪委、中央组织部、民政部等 12 部委联合印发《关于进一步加强村级民主监督工作的意见》，载民政部网站：http://www.mca.gov.cn/article/zwgk/tzl/201211/20121100373290.shtml，最后访问日期：2017 年 5 月 7 日。

② 中央纪委、中央组织部、民政部等 12 部委联合印发《关于进一步加强村级民主监督工作的意见》，载民政部网站：http://www.mca.gov.cn/article/zwgk/tzl/201211/20121100373290.shtml，最后访问日期：2017 年 5 月 7 日。

建设工作座谈会纪要》，提出增加村务公开程序作为村民对村民委员会的监督。1994 年 2 月，民政部发布《全国农村村民自治示范活动指导纲要（试行）》，建立村务公开制度和村民监督机制是示范活动的重要目标和任务。此后，村务公开制度在全国范围内推广，公开的内容、形式、时间、考评等都形成了明确具体的规定。村务公开增加了村民知情知政、参政议政的机会，已发展成村民参与民主监督的常规形式。

个别监督表现为村民通过举报、控诉、信访、诉讼等形式，实现对个别事件、个别村委会成员的临时监督。条件适当时，这一形式有利于发现基层违法犯罪线索，也能促进监督意识和监督水平的提高，但应合理引导和规范。

（六）村民自治制度的虚化和异化

历经不断探索和发展，村民自治制度成为我国农民行使政治参与权利的重要平台。村民自治制度得到上自宪法、法律，下到地方性政策法规、规范性文件、村民自治章程和村规民约等制度规范方面的保障，但在实施过程中仍存在很多问题，其中村民自治制度的虚化和异化问题尤为突出。

1. 村民自治制度的虚化

制度的虚化指制度没有或者不完全落实，村民自治制度的虚化既表现在制度总体运行的过程和结果上，也表现在具体制度运行不能落实上。

（1）村民自治制度总体运行的虚化。自《村民委员会组织法》试行至今 30 余年来，村民自治已然成为农村一道靓丽的政治风景线，在农村经济社会发展、民主政治建设、文化教育和社会建设等方面发挥了积极作用。特别是村委会选举在一些地区已经是村民郑重考量和选择的结果，真正具有竞争性的意味。但从村民自治制度的总体运行来看，在主体构成、认同机制、运行载体等各方面都存在重大缺陷。

第一，村民自治主体构成的封闭性不适应开放、流动的社会发展趋势。一方面，根据现行法律规定，“村籍”是决定村民是否具有自治资格的唯一判断标准，这决定了村民自治的适格主体只能是以行政村或村组为基础的封闭性团体的成员。主体构成的封闭性，既与日益开放、多元的城乡社会发展状况相互冲突，也造成自治制度运行中纠纷不断。许多生产、生活在村内的个人或组织因为没有“村籍”，无法参与与自己利益攸关的自治事务；许多拥有“村籍”的成员早已定居或工作在村外，对自治事务既不太关心也力不能及。另一方面，“村籍”的存在也制约村民自治制度的效用发挥。当前，村民最关心的医疗卫生、义务教育、社会保障等问题对广大村民的幸福感、获得感影响深远，在国家和社会层面积极努力改善的同时，在村民自治层面通过村委会联合相关部门延伸公共服务也有望逐渐进步。进言之，现代生产方式下，绝大多数事务都不能在一个行政村或村组内得到完成，往往需要多个机构和行政村的协同配合。然而在目前“村籍”作为自治资格获得标准的情况下，自治事务也往往局限于本村庄内部可以解决的事项，这势必大大降低村民自治制度的实际效用。主体构成的封闭性导致村民自治制度和以流动性、多元化为主要特征的现代社会格格不入。

第二，村民自治的成员认同机制受到严重冲击。人民公社解体之初，全国各地各村的经济状况和生产方式差别不大，建立在集体土地产权基础之上的双层经营和家庭联产承包责任制大同小异，建立在户籍和土地关系基础上的村民认同机制比较稳定，村民比较容易认可自己和所属的村集体之间的关系。随着发展水平差异的拉大，户籍、土地等决定认同机制的要素发生很多变化。有的村庄由于生产条件较好，蔬菜、经济作物等专业合作社发展兴旺，土地流转收益较高，吸引公司或个人对土地进行投资，村民对土地承包的关注就会多于对户籍的关注。有的村庄接近城镇，利用地缘优势发展非农产业或服务业，土地或农业收益不再是主要收入来源，每年依据村民资格享受的集体分红或者就业机会就更加重要。有的村庄由于发展方向不对或潜力不够则可能沦为空心村、落后村，土地和户籍的吸引力都大不如前。总之，农村经济社会的持续分化，农民收入结构、生活方式的多元化，对奠基于村集体经济基础的认同机制产生了强烈的冲击，村民对村集体认同感的强弱和认同点变化较大。把握不准时村集体对村民的动员能力显著减弱，村民对村集体的认同或依赖程度明显下降，会削弱村民自治制度运行的意识基础。

第三，村民自治制度的运行载体定位不明。现行法律法规和体制机制对村民自治制度的运行载体采取了"摸着石头过河"的原则态度，在利于发挥改革积极性的同时，也留下了明显的制度漏洞。比如，乡镇街道和村"两委"之间存在常见的运行障碍，村委会和村支部之间存在常见的权力之争，这些都可能危及村民自治制度的正常运行。这些暂且不论，仅从村民自治法定的组织载体——村委会本身而言，其定位也是暧昧不明的。村民委员会，顾名思义应是村民集体组织的载体，是自治这一宪法性权利的行使载体。但人民公社解体后，全国大部分地方在成立村委会时，延续了人民公社政治、经济、社会等各方面合二为一的做法，村委会既是村民的集合体，也是村集体资产的所有者、经营者。这种兼具自治组织和经济组织身份的现状，在开放和流动已成常态的现代社会，已很难长期延续。浙江省温州市进行的以股改、地改和户改为主要内容的"三分三改"，就是要解决村委会既作为自治组织载体同时又是经济组织和户籍制度载体的问题。只有明确定位村委会自治组织载体的身份，才能彻底实现经济和社会管理等职能的剥离，更充分高效地发挥自治的功能。

村民自治制度在主体、意识和平台等各方面缺陷的存在，决定了制度的总体运行虽然大致顺利，但难免喧嚣浮泛有余而实际效果仍有待提高，需要科学民主的立法、规范有力的执法、高效便捷的司法和入脑入心的法律宣传教育等进一步协同配合。

（2）村民自治具体制度的虚化——以村务公开为例。构成村民自治制度框架的具体制度中，村务公开是推行较久、效果较好的一项，不仅实践中具有良好的群众基础和可行的操作程序，规范上也形成了从法律法规到部门规章、政府规章的严密体系。这项制度虽然取得了很大的成绩，但运行中仍存在不容忽视的虚化现象，[①]可以作为剖析村民自治制度虚化的典型例证。

第一，村务公开的形式不规范。村务公开，使村委会的自治行为成为“阳光行动”，《村民委员会组织法》及民政部部门规章都明确要求从方便村民出发，以灵活多样的形式对村民公开村内重要事务。在中西部一些经济条件较差的村，受城镇化提速、农村空心化加速的影响，不仅村集体财务收支状况不佳，而且村内人才流失显著，导致前几年建立起来的村务公开制度有所懈怠。比如，陕西省2010年前大多数乡村村务公开的形式陈旧、简单，一般把村部驻地作为公开场所，在村部的墙上、信息栏上设置村务公开的项目，有的甚至张贴在经常锁门的村办公室里，公开形式的不规范，诱发了“决策不民主、管理不规范、监督不到位等问题。这些问题的存在，已经影响了农村的和谐稳定、健康发展”。[②]2016年8月，在四川的调查发现，“个别村没有设置规范的村务公开栏，有的设置了也不容易找到”。[③]甚至有的村村务公开栏早被废弃，连村务公开的形式都不复存在了。

第二，村务公开的时间不确定。上级要求村务公开要及时，不得超过3个月，但有的村委会半年甚至更长时间才公布一次。很多村庄把村务公开工作视为应付上级检查的具文，并不看成是保障村民监督权的制度。江苏省南通市的调查发现，有些重要村务“公开不及时，不少内容已实施了几个月仍然不见更新”。[④]陕西省也认识到村务公开时间的不确定是重大弊

---

① 参见陈晓莉:《村务公开现状透视及对策思考》，载《理论导刊》2000年第11期。

② 冯晓荣、董渺:《15项内容至少每3个月要公开一次——写在新修订的〈陕西省村务公开民主管理办法〉正式实施之际》，载《陕西日报》2014年10月29日，第15版。

③ 民情热线记者:《村务公开栏“待遇”差别大》，载《四川日报》2016年8月16日，第14版。

④ 陈德和:《时评：村务公开亟须规范》，载《南通日报》2016年11月17日，第4版。

端，因此2014年规定不同性质的村务采用不同的公开期限，“集体财务往来较多的村，财务收支情况应该每月公布一次；涉及村民切身利益的重大事项应当及时公布；涉及村民利益并需要政府机关批准的事项，应当在收到批复后5日内公布；村办集体经济项目、公益事业项目和时限较长的事项，应当及时公布决策、进展和完成情况”。[①]

第三，村务公开的内容不完整，不真实。根据《中共中央办公厅、国务院办公厅关于健全和完善村务公开和民主管理制度的意见》要求，村务公开的内容是群众最想知道且应该知道的村内重要事项。但实际运行过程中，有的村文过饰非，只做表面文章，不合理的收支或者村委会办得不漂亮的事项概不公开；有的村避重就轻，只公开一般性收支、债权债务等鸡毛蒜皮事项，对涉及村民切身利益的征用土地、宅基地审批、村集体经济所得的使用、村干部工资津贴等重要事项则不予公开；村务公开中发现弄虚作假、欺瞒群众的事例更是比比皆是。

第四，村务公开制度未能在所有地区推行。2010年《村民委员会组织法》颁布后，村务公开已经成为一项法律要求。2011年年底由民政部等12部委牵头开展的村务公开和民主管理“难点村”治理工作宣告结束，但直到2014年陕西省仍然发现“有的地方甚至存在村务不公开”现象。[②]2016年8月，记者调查发现省级贫困村四川省江安县大井镇丰收村“从2009年到现在，村‘两委’的预算、开支、决算等财务状况从未公开过”。[③]媒体报道出来的类似现象不胜枚举，说明对村务公开制度的推行还不能放松。

产生上述问题的原因，一是有些村级干部思想意识存在重大问题，民

---

① 冯晓荣、董渺:《15项内容至少每3个月要公开一次——写在新修订的〈陕西省村务公开民主管理办法〉正式实施之际》，载《陕西日报》2014年10月29日，第15版。

② 冯晓荣、董渺:《15项内容至少每3个月要公开一次——写在新修订的〈陕西省村务公开民主管理办法〉正式实施之际》，载《陕西日报》2014年10月29日，第15版。

③ 陈松、徐莉莎:《村务公开不到位　村民心里有点气》，载《四川日报》2016年8月3日，第9版。

主意识匮乏，群众观念淡薄，理想信念缺失，极有可能存在贪污腐化甚至违纪违法现象，故意扰乱村务公开工作以逃避村民监督；二是有些村级干部工作方式简单粗暴，不严格依法依规处理自治事项，不及时制定自治范围内的规章制度，导致决策不民主，办事不公开，村务活动随意性大，给村民造成极大困扰，无法真正参与村务管理；三是村委会的自治职能未能全面发挥，尤其村民的监督职能处于沉睡状态，对村干部负责的村务公开工作不能监督批评。

2. 村民自治制度的异化

在现实政治生活中，村民自治发生了有违其本身出发点及制度精神的异化现象。"异化"变形的村民自治成为农民政治参与权利的桎梏。村民自治的异化具体表现为以下 4 种。

（1）村民自治异化成基层政权"官治"的延伸。主要表现为自治载体——村民委员会，忽略甚至放弃自身在自治中的职能，而表现出"附行政化"的倾向。[①]"附行政化"就是指作为村民自治组织的村委会，以行政职能取代法定的自治职能，事实上成为乡镇或街道的下属办事机构，具有一级"准政府组织"的特征。村民委员会的行为本应主要体现自治性的要求，但在现实运转过程中，由于村委会及其主要成员在法定职权行使、公共资源获取、履职考核评估等事项中必须获得基层行政权的支持，导致村委会的自治角色呈现出不断被异化的态势，职权不断被行政权力侵蚀而"附行政化"的倾向。许多地方的村委会的工作重点和重心是执行或迎合基层政权的要求，轻视甚至违背村民的意见和利益，成为事实上的行政单位，成为基层行政权力延伸的载体。村委会"附行政化"的倾向是在许多地方具有普遍性的现象，[②]人民网 2016 全国创新社会治理典型案例征集活

① 参见程同顺:《村民自治的蜕变及防治》，载《调研世界》2001 年第 2 期。

② 参见徐学通等:《村民自治中的困境：村委会的行政化倾向》，载《行政与法》2003 年第 10 期。

动在展示广东省清远市“三个重心下移”模式时认为，“现有的行政村自治，村委会具有很强的‘准行政性’，导致村民自治过程中行政抑制自治，自治流于形式”。[①] 村委会沦为基层政权权力的附庸，必然导致对村民自治权合法性认同的降低，导致村民的政治参与行动受到阻碍，导致农民利益在可能受到政府行政权侵凌时其代言人失声，从而违背村民自治的本质精神，阻碍农村基层民主的健康发展。

（2）村民自治异化成村干部的自治。根据《村民委员会组织法》的精神，自治权由全体村民行使、为全体村民服务，村民会议是村民自治的决策机构，村民委员会是村民会议的执行机构，向村民会议负责并报告工作。显然，村民自治应是“村民”的自治而不应是“村民委员会”的自治，自治决策权应由村民会议行使而非村委会行使。但在实际运行中，由于村民委员会是法定常设自治机构，而村民会议或村民代表会议的召开、议事、决策等，在制度、操作等各层面都存在很多障碍，导致村委会逐渐侵越并凌驾于村民会议、村民代表会议和村民监督组织之上，其拥有的自治执行权也实际上扩大到一统决策权、监督权于一身了。在基层民主缺失的情况下，村民委员会的权力又往往集中于村委会主任或主要成员手中，村主任或主要村干部的角色和地位逐渐混淆，俨然成为自治权行使中融决策、执行和监督为一体的全权代表，“村民的自治”也就异变成了“村委会主任（或村干部）的自治”。[②] 一些地方村干部掌握了村委会权力之后，消极对待村民代表会议、村民会议的召开，有意阻碍村民监督的落实，进而侵吞集体资产、加重农民负担，有的甚至沦为危害乡里的“村霸”和农民利益的掠夺者。[③] 据《中国青年报》记者调查，武汉东湖风景区某村担任村

① 黄作源、陈健先：《清远“三个重心下移”模式获评 全国“创新社会治理典型案例”最佳案例》，载《清远日报》2016 年 9 月 1 日，第 1 版。

② 党秀云、朱明领：《村民自治的权力结构研究》，载《国家行政学院学报》2007 年第 4 期。

③ 参见程同顺：《村民自治的蜕变及防治》，载《调研世界》2001 年第 2 期。

主任的李某曾在公开场合说，村干部就要由他家世袭，村里所有事务都由他们家说了算。《中国青年报》评论员认为，这些“继承”村官职务的“村官二代”，“并非靠自己的实力取信于民，而是凭借家族势力，通过买选票、经济胁迫乃至人身威胁等手段上位。因为缺乏有效的监督，村民自治的美好愿景被破坏，村民的公民权利被践踏，村里无论成文还是不成文的规矩也都形同虚设了”。[①]这种村民自治异化成为村干部的自治，倒退成为封建社会的“乡绅自治”，限制了村民的民主要求，侵犯了村民的自治权利，从根本上违背了村民自治的精神。

（3）村民自治异化为“黑恶政治”。村民自治在赋予普通村民对村级事务的民主参与权利的同时，也为黑社会势力合法地登上农村政治舞台提供了某种契机。[②]“因为在村民自治以前国家力量自上而下地控制着农村政治，黑社会力量没有登上政治舞台的机会和空间，只能在地下活动，可是当国家把农村政治的主导权交给农民的时候，黑社会力量就可以发挥它在民间社会的作用，开始浮出水面寻找合法的外衣。尽管中国农村并不存在足以让黑社会势力大规模繁衍滋生的社会环境，但是任何忽略黑社会势力对村民自治的破坏作用的想法都是过于天真了。”[③]黑恶势力对村民自治的侵蚀，一是表现为通过胁迫村民选举，阻止村民自由、真实地表达自己的政治意愿，使自己当选为村干部，从而合法地压制群众。2016年5月，河北省公安厅刑侦局公布了对“最牛村主任”案件的侦办结果。“自2012年以来，犯罪嫌疑人孟某芬利用村干部身份，组织家族成员，纠集社会渣痞人员，采用暴力及恐吓手段，进行多种违法犯罪活动，逐步形成了以孟某

① 王钟的:《不能让村干部成为“土皇帝”》，载《中国青年报》2015年12月29日，第2版。

② 参见党秀云、朱明领:《村民自治的权力结构研究》，载《国家行政学院学报》2007年第4期。

③ 程同顺:《村民自治的蜕变及防治》，载《调研世界》2001年第2期。

芬为首的恶势力犯罪团伙，在当地造成恶劣影响。”[①] 二是黑恶势力没有直接当选村干部，却通过控制村干部或者公开凌驾于村委会之上实际操纵村务。2015 年，浙江省公安机关侦查发现，“村霸不仅威胁群众人身和财产安全，而且向经济领域渗透并危害经济秩序，少数人甚至拉拢腐蚀行政机关工作人员成为其保护伞。有的利用老年协会和村民代表，寻衅滋事、敲诈勒索；有的欺行霸市、强买强卖，扰乱市场秩序；有的欺压百姓，故意伤人；有的逞强好胜、无事生非，组织村民上访闹事；还有的非法侵占集体资产”。[②] 村霸的存在，和“有些地方对农村干部的监督管理存在机制不健全、管理不规范、监督力度不够严等问题”密切相关，也根源于我国农村“熟人社会”的传统，盘根错节的关系使乡村成为“礼俗”主导的空间和法治真空地带，少数有背景并胆大妄为的不法分子易于滑向黑恶势力的边缘，成为危害村民自治的毒瘤。尽管当前黑恶势力在我国农村并非普遍存在，但它直接侵犯了农村的安定秩序和农民的人身财产安全，使农村社会倒退到弱肉强食的丛林状态，根本上破坏了村民自治的基础。

（4）村民自治异化为宗族统治。在我国普遍实行村民自治以后，出现了宗族势力把持村民委员会、干扰民主选举的现象。《人民日报》早在 2001 年就刊文作出分析，“由于宗法制度存在了几千年，宗族观念在中国，尤其是在广大的农村，仍有厚实的土壤。宗族观念对唤起血脉温情，加强人们对同族的认同和归属感，有一定的积极作用。然而这种宗族观念一旦发展到极端，甚至被少数人用来影响村政、干扰村民自治，它就成了与法治社会不相容的宗族病”。[③] 在村委会换届选举过程中，为谋取家族利益，往往会形成以血缘关系为基础的联合组织，通过合法或非法手段动员

---

① 士心：《须追问“最牛村主任”是怎样养成的》，载中国共产党新闻网：http://cpc.people.com.cn/pinglun/n1/2016/0525/c78779-28377950.html，最后访问日期：2017 年 5 月 7 日。

② 翁浩浩等：《村霸，疯狂的人生》，载《浙江日报》2015 年 7 月 30 日，第 19 版。

③ 崔士鑫：《法治社会不容“宗族病”》，载《人民日报》2001 年 5 月 30 日，第 10 版。

和控制本家族村民的选举意向，从而达到控制村级政权的目的。宗族因素导致一些村民不能按照自己的真实意愿和德才兼备的原则投票选举，而不得不屈从于宗族势力。宗族势力掌握自治机构容易引发宗族之间的利益冲突，制造农村社会生活的矛盾。同时宗族势力很容易控制族众，阻滞国家政策和相关信息，使政府决策遭遇执行上的困局，可能会出现在村务处理中宗族利益超越集体利益，宗族规矩高于村规民约甚至凌驾于党纪国法之上的现象，严重影响党和政府对农民的政治影响力以及调动农村资源的能力。从1999年对山东省昌邑县20个乡镇16个村村委会换届选举情况的调查，宗族、宗派势力的干扰是构成村委会选举质量不高的4个方面的因素之一；①到2016年湖南省东安县白牙市镇的调查，仍然发现“农村宗族势力影响农村民主政治建设，干扰和妨碍村级组织工作，影响破坏基层组织建设，本族、本房划线，通过‘抱团’‘串联’，拉选票，排斥外族、外姓，干扰和破坏换届选举”；②表明长期延续存在的宗族势力尽管是个别存在的，但它严重损害了广大农民的权利，制约农民的政治参与，阻碍农村地区的民主政治发展。

作为社会主义民主政治的重要主体，广大农村居民依据宪法和法律赋予的权利，通过投票选举、开会议事、村务公开、民主监督等多种形式，参与到村民自治的火热实践，表达自己的愿望，保护自己的切身利益，实现了民主自治的目的。但上述村民自治过程中出现的变异现象，又在实际上消解了村民自治制度的功效。异化现象还存在相互转化和交叉并存的倾向，在农村“礼俗社会”长期延续的状态下，在个体缺乏反抗精神希望搭便车的小农心理下，村民自治的异化现象可能会持续较长时间，提示我们在广大农村建设“法理社会”和培育公民意识还任重道远。

① 参见李建国:《是什么人影响了换届选举的质量》，载《乡镇论坛》1999年第3期。

②《中共白牙市镇委员会关于宗族势力影响基层组织建设、干扰换届选举问题整改的实施方案》，载东安县人民政府网：http://www.da.gov.cn/Item/9401.aspx，最后访问日期：2017年5月7日。

二、人民代表大会制度

（一）人民代表大会制度在农民政治参与中的地位和作用

1. 人民代表大会制度是农民行使政治参与权利的最广泛平台

人民代表大会制度是我国民主政治的核心内容，为农民行使政治参与权利提供了最广泛的平台。

（1）它是行使政治参与权利的法律依据和制度保证。《宪法》第 2 条第 3 款规定："人民依照法律规定，通过各种途径和形式，管理国家事务，管理经济和文化事业，管理社会事务"。这是我国公民——包括农民政治参与的法律依据。《宪法》第 34 条规定："中华人民共和国年满十八周岁的公民，不分民族、种族、性别、职业、家庭出身、宗教信仰、教育程度、财产状况、居住期限，都有选举权和被选举权；但是依照法律被剥夺政治权利的人除外。"[①] 全国人民代表大会和各级地方人民代表大会由公民选举产生的代表组成，根据代表大会层次的不同，选举方式存在直接选举和间接选举的区别。

人民代表大会制度之所以是公民行使政治参与权利的制度保证，是因为，首先，人大立法权的行使，把人民的意志变成法律；通过法律实施，保证人民当家作主权利的实现。其次，人民代表大会是最高权力机关，其他国家机关由其产生、受其监督，从而保证人民的意志在国家管理中真正实现。最后，人民代表大会还是最广泛的民意机关，能够充分反映公民的意见与要求。我国公民依法享有对社会、经济、文化事务的管理的权利，以及申诉、控告、批评、建议甚至游行、示威等权利，但所有这些民主权利都建立在人民当家作主基础之上，通过人民代表大会制度而实现。背离

---

① 《宪法》第 34 条，载中央人民政府门户网站：http://www.gov.cn/zhengce/2014-03/21/content_2643049.htm，最后访问日期：2017 年 4 月 22 日。

人民代表大会制度来谈政治参与，必然会舍本逐末，陷入空谈。

（2）它是行使政治参与权利的有效方式和便捷通道。人民代表大会制度能最大限度地聚集民意，保证有序政治参与。首先，在人民代表大会制度下最利于民意表达。选民除了依法行使选举权、被选举权和罢免权，还可以通过参与投票、参加立法讨论、参与公共决策等各种方式进行意志表达。公民能够比较方便且有效地向人民代表大会反映社情民意，人民代表大会能够在最大范围内聚合民意。在我国国情下，要想兼顾民主与效率，只能采取直接民主与间接民主结合的方式，不能简单地鼓吹直接民主而否定间接民主。人民代表大会制度对民意的聚合与表达需要经过一系列程序方可实现。其次，在人民代表大会制度下，可以通过人大代表进行政治参与，形成政治参与的便捷通道。人大代表必须通过选举产生，只有那些能够清晰了解自己职责与权力并具有管理国家事务能力的当选者，才是合格的人大代表。人大代表只有真正反映选民的意志与愿望，而不是仅仅充当"花瓶"，才能得到选民真心的拥护。对那些不能很好履行人大代表职责，不能正确行使手中权力的人，即使选上了，也可通过选民行使罢免权另择高人。选民和代表之间的这种委托—代理关系，畅通了参与渠道，提高了参与效率。最后，人民代表大会通过定期公布其主要工作计划和内容，增强公民政治参与的目的性和针对性。保障公民的知情权，提供真实、充分的信息来源，才能保证公民与政府间的理解沟通建立在平等、公开的基础之上。盲目之下，也就难以避免误解甚至怨恨的产生。

人民代表大会制度体现了基本政治制度的权威性与法治性，使社会主义的实质民主与程序民主、直接民主与间接民主有效地统一起来，为公民政治参与提供依据与保障。正是从这个意义上说，各级人民代表大会是公民行使政治参与权利的最大平台。

2. 促进农民行使权利是人民代表大会制度的重要功能

人民代表大会制度是我国的根本政治制度，体现了人民民主的本质。

《宪法》第2条规定："中华人民共和国的一切权力属于人民。人民行使国家权力的机关是全国人民代表大会和地方各级人民代表大会。人民依照法律规定，通过各种途径和形式，管理国家事务，管理经济和文化事业，管理社会事务。"[①] 人民代表大会制度体现议行合一的权力至上性和全权性，在国家机构体制中居于最高地位。地方各级人民代表大会是地方国家权力机关，在本行政区域内代表人民行使国家权力，是本行政区域内的最高权力机关，它们与全国人大一起构成中国国家权力机关的体系。和其他社会成员一样，通过人民代表大会的渠道来实现政治目标，是农民行使政治参与权利的重要方式。促使农民行使政治参与权利是人民代表大会制度的重要功能。

人民代表大会制度主要通过如下形式促进农民权利的行使。首先，通过直接或者间接提名人大代表候选人的形式实现政治参与权利。农民可以直接或间接推举出自己的代表作为人大代表候选人，通过参选来实现政治利益。其次，通过联系或者影响人大代表的方式实现政治参与权利。各级人大代表组成了我国各级权力机关，他们是国家权力的直接行使者。人大代表必须代表广大人民的利益和意志，对人民负责，受人民监督。代表农民利益的人大代表，其权力是农民赋予的，农民可以通过人大代表反映自己的政治意愿，或者影响人大代表的议案内容。最后，通依法参与立法咨询和意见征集等活动、通过提供参考性意见的方式实现政治参与权利。立法权是全国人民代表大会及其常务委员会最重要的职权之一，立法必须遵循的重要原则就是科学立法和民主立法。在法律起草和讨论过程中，必须要广泛听取社会各阶层包括农民的意见和建议。涉及农民、农村和农业方面法律的起草和讨论，更要着重通过多种渠道和方式听取农民的意见和呼声。

① 《宪法》第2条，载中央人民政府门户网站：http://www.gov.cn/zhengce/2014-03/21/content_2643049.htm，最后访问日期：2017年4月22日。

（二）基层人民代表大会制度不健全

体现人民当家作主，利于农民利益表达的人民代表大会制度，在我国走过了60余年的历程，为我国民主政治发展作出了巨大贡献。随着我国政治、经济、文化、社会等各方面的演变，人民代表大会制度不断发展完善，但基层人民代表大会制度存在的问题日益暴露，亟须抓紧完善，以应对扩大公民政治参与之需。

1. 基层人民代表大会制度不健全的表现

第一，人大代表的组成结构不合理。主要体现为农民代表比例过少以及代表中干部比例过高。这一问题2010年年初引起了广泛的关注。通过修订法律，农民代表的比例设置已得到修正，尽管修正后还没有真正使代表比例达到合理的程度，但毕竟代表了发展的方向。代表中干部比例过高的问题也初步得到纠正。《关于十二届全国人大代表名额和选举问题的决定草案》"明确提出了降低党政领导干部代表比例，这是自1954年一届全国人大以来，第一次就该问题提出明确要求"，[①] 十二届全国人大代表中干部代表比例已显著下降。这一问题是近期政治学研究的热点，此处不赘述。

第二，人大代表与选民之间的联系缺乏规范化、制度化路径。代议制理论是人民代表大会制度构建的理论基础，选民和人大代表之间是委托与代理的关系，人大代表在选民授权的前提下才获得代表资格。我国宪法和法律都明确规定，各级人大代表应当和选举单位或选民保持密切联系，向各级人大及其常委会、各级人民政府反映群众的意见和要求。因此，要求人大代表反映自己的问题、建议和意见是选民拥有的天然和法定权利，如果代表疏于甚至不能承担这一职责，则选民有权通过一定途径将代表罢免；对于人大代表而言，必须认真履行自己的神圣职责，密切联系选区群众，

---

① 杨华云:《全国人大首提降领导干部代表比例》，载《新京报》2012年3月9日，第11版。

了解当地社情民意，接受群众来信来访，倾听群众呼声，反映群众意见，否则就可能被终止代表资格或在将来的选举中面临落选。尽管就这一问题没有明确的统计数据，但许多材料都表明了这样的现状：选举结束后，通常就很难再联系到自己选出的代表。代表和选民之间缺乏规范化、制度化事务联系路径是显而易见的事实。

第三，人大代表的质量难以保证。尽管从理论上讲我国的选举模式是比较理想的：多数人通过选举实现权力的委托，选举自己信任的人行使国家权力，[①]以此实现政治参与权利的行使。当前我国各级人民代表采用间接选举和直接选举相结合的方式，直接选举仅发生在县及以下各级人大代表的选举中，这就产生了人大代表的“质量”问题。从理论上分析，全国人大代表的产生，至少经过乡（镇、街道）、县、市（地区）、省（直辖市、自治区）4个预备层级。这样的层层委托代理，在提出或确定候选人时，往往是委托人和代理人互不相识，只能通过其简历及工作业绩简单了解，对代表候选人的政治素质、参政能力、价值立场等基本无从了解；而且确定当选与否的规则也存在不够透明的问题，结果难免导致当选代表的参政素质低下。以农民人大代表的组成结构为例，最近两届当选的农民代表，多是种粮大户、养猪状元、致富能手、纳税大户、乡镇干部甚至是和官员保持一致的乡镇头面人物等。在一定程度上，人大代表的选举变成了评选先进和劳模的活动，人大代表的称号和神圣岗位被当成一种荣誉授予贡献较大的人士，[②]当选代表首先感受到的是高度的荣誉感，而不是接受公民委托、代表人民行使权利的使命感。然而，这些成功人士、贡献较大者或者服从意识强的人充任人大代表，往往并不真正明白他们应承担什么责任、应履行什么职责，对如何承担选民重托没有足够认识甚至全无概念，

① 参见江启疆:《论人大代表选举及其相关问题》，载《江苏社会科学》2002年第5期。

② 参见陶岳潮、徐礼明:《我国现阶段农民政治参与的新特点》，载《科学社会主义》2004年第4期。

往往只知道一味服从和服务于赐予自己荣誉或者决定自己命运的机关或个人。这样素质的人大代表，要么对需要审议的报告或议案不甚关注，要么不敢表达真实的思想和意见，要么安于现状尸位素餐，总之大多时候只能做“橡皮图章”机械地举手表决，难以提出有建设性的批评、意见或议案，更遑论规划施政纲领、讨论国是了。

之所以出现人大代表质量不高以及代表不主动联系选民等问题，和选民在人大选举过程中知情权严重匮乏密切相关。人民代表大会制度下的选举参与，是农民真实、自由和独立地表达政治意愿、行使政治参与权利的主要方式。然而，由于现阶段各方对选举意义认识的不足和选举程序设置的不科学，农村选民对候选人的情况缺少全面知情权。全国人大代表需要经过一层层的间接选举产生，经过多次转委托，和普通公众的联系已很难追踪。即便在直接选举的范围内，在现行候选人名额分配模式与推荐机制之下，选民的知情权也难以保障。官方公布的候选人资料，往往集中于学习教育经历、工作经历以及职务变动等简单情况介绍，此外再难以从官方获取有关候选人的政治素质、任期政纲与目标、道德品质和行政能力等较全面的背景资料；同时，也难以从其他合法渠道获得候选人的真实、准确和较全面的信息资料。这使选民在差额选举中难以对候选人进行全面的比较与衡量，因此选民的投票难免存在很大的盲目性或被动性。农民在人大代表选举过程中知情权的匮乏，决定了这只能是一种形式上的政治参与，实质上压抑了农民的政治参与热情；[①]也预示了人大代表的质量及履职情况不会乐观。

第四，人大代表候选人的提名和确定不够民主。这主要体现在选民或代表推荐的代表候选人明显偏少。2011 年，出现了李承鹏等几位公民自行寻求选民推荐为人大代表候选人的事件，引起社会的广泛关注和媒体

① 参见江启疆：《论人大代表选举及其相关问题》，载《江苏社会科学》2002 年第 5 期。

热炒。从我国选举实践上看，虽然《选举法》明文规定，各政党、各人民团体可以单独提出代表候选人，普通选民或人大代表也可以联名提出代表候选人，但实践中由于普通选民缺乏组织能力以及当选代表缺乏动力，因此，代表候选人中的绝大多数是由各党派和各人民团体推荐的。当前政治体制下，各党派和各人民团体和各级党委、政府保持高度一致，对选民利益的保护往往只能是向党委、政府建议或者行使非常有限的监督权。真正能代表选民利益且没有政府色彩的组织还无从产生，所以在当前的人大代表选举中，普通选民或各级代表在选举时真正按照自己的意愿进行选择的范围很小，并没有真正地由人民提出候选人，所以不能最大限度地彰显民权力量，充分体现选民意志。已故著名宪法学者蔡定剑主持的一项调查显示，“有 82.03% 的人认为只有选民或代表联名提名的候选人，才能代表民意，才会为人民说话”。[①] 内蒙古自治区多伦县在 1996 年乡镇人大代表换届选举中，“全县共应选乡镇人大代表 500 名，提出的初步候选人 773 人，其中党组织提名 542 名，占 70.1%；团组织提名 95 名，占 12.3%；妇联提名 57 名，占 7.4%；选民联名提名只有 79 名，占 10.2%”。[②] 代表候选人的这种构成，并不是真正“有效”的政治选择，[③] 自然也无法真正地代表民意。代表候选人提名和确定的规则和程序的缺失，导致农民在公共权力分配中缺席、在公共资源配置中失语，进而挫伤其利益表达和政治参与的效能感。

第五，人民代表大会会期过短。由于我国人大代表绝大多数是业余的，所以人大代表会议的会期不能太长，这从人大会议的数据及和各国的比较中可以明显看出。根据陈松友等人的研究，我国全国人大近 3000 名

---

① 蔡定剑主编:《中国选举状况的报告》，法律出版社 2002 年版，第 189 页。

② 蔡定剑主编:《中国选举状况的报告》，法律出版社 2002 年版，第 321 页。

③ 参见陈松友:《当代中国农民利益表达的制约因素分析——以人民代表大会制度为视角》，载《理论界》2011 年第 5 期。

代表（十届人大是2987名，十一届人大是2981名，十二届人大是2987名），《宪法》规定我国全国人大每年举行一次会议，最近10年来，会期一般15天左右。[①] 如果每个代表都要发言，平均只有2.4分钟，几乎没有充分表达意见的时间，更不用说充分辩论和反复表决了，只能通过会议简报了解信息和沟通观点。而这还只是理论上的估算，因为代表们不能讨论和表决的大会报告时间、分代表团时间还没有剔除在外。地方各级人大会议会期则更短，一些乡镇人大的会期仅1天。即便如此，有的地方人大还在提高会议效率、精简会议规模、减少会议成本的口号下压缩每年一度的人大会议例会会期，如广东省十届人大二次会议宣布减少会期1天，山西省十届人大三次会议会期较上年缩短2天半。[②]

人大会议会期过短的弊端十分明显，由于会期短，而会议议程繁多，大多数代表均没有在大会发言的机会，[③] 加上一些代表来自生产、工作一线，对法律案或决议案的内容需要花费时间深入了解，仓促之下就投票表决，实在有违人大制度科学性和民主性的原则要求。例如，2004年2月召开的广东省十届人大二次会议提交代表审议的省级部门预算草案厚达4厘米，内容比往年细化了很多，但代表们反映，一是不易看懂；二是时间根本不够，看不完。[④] 随着人大制度在我国政治生活中地位的上升，人大要承担的职责越来越繁重，会议会期过短，自然影响代表职责的履行，进而妨害到公民的政治参与权利。

第六，乡镇人大及主席团的作用没有真正发挥。法律规定，乡镇人大

---

① 参见陈松友：《当代中国农民制度化政治参与研究》，吉林大学政治学理论专业2007年博士学位论文，第4～17页。

② 参见陈松友：《当代中国农民利益表达的制约因素分析——以人民代表大会制度为视角》，载《理论界》2011年第5期。

③ 参见江启疆：《论人大代表选举及其相关问题》，载《江苏社会科学》2002年第5期。

④ 邹平学：《中国代表制度改革的实证研究》，重庆出版社2005年版，第63页。

既是基层的一个民意机构，又是权力机关，乡、镇长及其工作人员应由乡镇人大代表产生并受其监督。但从目前的实际情况来看，乡镇人大履行民意机构职能的成效尚不尽如人意，对法律规定的权力机关职能则基本全无履行。当前，我国乡镇权力结构中乡镇党委的权力和地位居于核心，而人大及主席团则处于权力结构的边缘，许多乡镇人大只能遵循乡镇党委、政府的意图开展配合工作，往往既不决定干部任免，也不能对行政权力进行有效的监督。严重违背了人大产生、监督政府的指导思想，致使人大的权力机关地位没有显示出来。[①] 农民对乡镇人大代表参政议政的具体情况无从了解，更谈不上监督，乡镇人大依附于乡镇党委、政府的现象成为常态，甚至有些地方在标语、口号中也毫不避讳地渲染党委、政府支配一切的地位，在很大程度上使农民通过乡镇人大代表行使政治权利的法律规定变成无法落实的空文。乡镇人大及其主席团的组织功能处于一种“虚化”的状态，严重依附于权力的控制而难以实现，当然不能充分代表农民利益并将其反映到决策上来。

现行基层人民代表大会作用的不能发挥，在一定程度上堵塞了农民政治参与的制度渠道，从根本上降低了农民对人民代表大会制度的评价，困扰了农民对政治参与权利的实际认识。

2. 基层人民代表大会制度产生问题的原因

首先，基层人民代表大会的地位不明确。类比全国人民代表大会的功能和地位，各级人大履行的职责并无本质区别。作为一定区域内的权力机关，对本区域重要事项运筹帷幄、擘画指陈，其重要性如何强调也不为过。但总有人认为人大在国家政治生活的法律意义远胜其实际地位，开人大会不过是走程序，并非真的履行国家权力。这种认识当然是极端错误

---

① 参见陈松友:《当代中国农民利益表达的制约因素分析——以人民代表大会制度为视角》，载《理论界》2011 年第 5 期。

的，但其产生的原因又是可以理解的，我们不能一味地指责人们在人大问题上的无知，而应该切实加强人大的建设使其发挥法律规定的作用。随着我国民主政治建设进程的加快，人民代表大会制度正处于改进和完善之中，但现实政治生活中某些问题的存在，直接削弱了人民代表大会制度在选民中的形象，致使人民代表大会制度的作用不能充分发挥。长此以往，公民对自己选举出来的代表机构必然信任不足，如此人民代表大会制度的权威如何体现？如何使公民有充分的信心通过人民代表大会制度来实现政治参与权利？因此，凸显各级人大的权威性，完善公民政治参与权利行使的平台，需要进一步突出人民代表大会权力机关的地位。

其次，现行人民代表大会制度的功能没有充分发挥。结构—功能理论认为，任何组织功能的发挥，都取决于其结构是否科学，科学的结构有助于组织的功能达到最大化。[①] 以此观之，我国人民代表大会制度的结构和功能尚未臻于至善。一是人大代表组成结构中非常任制过多，阻碍了人大功能的发挥。我国绝大部分的人大代表和一部分人大常委会成员，都是不脱离本职工作的非常任制的代表，且不说他们的代表职责和本职工作（往往是现行体制下的成功人士或者领导成员）职责有可能发生冲突，单单从时间和精力来说，他们在代表、传输公众利益需求和争取公众利益等方面也无法竭尽全力，人大代表很难兼顾好本职工作和代表职责。二是人大代表的专业素质不能满足人大功能发挥的要求，法律、经济和管理方面的专业人员所占的比率偏少，而官员、劳模或者其他成功人士充任的人大代表，在代表公民意志时往往深受“前见”的影响或者专业知识结构狭隘的限制。[②] 三是现行人民代表大会制度在代议结构中层次过多，影响其功能

① 参见［澳］马尔科姆·沃特斯：《现代社会学理论》，杨善华等译，华夏出版社2000年版，第119~124页。

② 参见陈松友：《当代中国农民利益表达的制约因素分析——以人民代表大会制度为视角》，载《理论界》2011年第5期。

的发挥。当前，县级以上的市、省、全国三级人大代表由间接选举产生。即便排除人大代表在品行道德方面的风险，仅仅多次转委托就很容易使信息在传递过程中遗漏、搁置或失真，从而造成上下沟通不畅。也就是老百姓经常调侃的，上面的好经（政策）被下面的和尚（代表）念歪了。要充分发挥人民代表大会制度的功能，必须尽快完善人民代表大会制度的结构问题。

再次，人大代表的选举机制不够民主。“选举投票是公民在多个竞争性的候选人之间或者其他有争议的问题上表示偏好或要求的政治行为，是公民政治参与的主要途径和有效手段，其核心是民主化、竞争性。”[①] 然而，我国人大选举往往深受行政机关的影响甚至直接控制，在机制上带有浓厚的上级主导性和神秘色彩。尤其产生于行政机关的人大代表候选人，其提名往往不是由多个候选人相互公开竞争、最后由投票决定而产生。常见的做法是由党委推荐一个候选人，然后由人大通过投票认可产生。在人大代表选举中，竞争性选举多数发生在经济发达地区，不过在候选人推选的资格、程序、得票数目等方面，透明度也有待提高。

最后，也可以说是最重要的，是观念意识的问题。尽管国家政策层面上“依法治国、人民当家作主与党的领导有机统一”的理念早已树立，但在实际运行层面上，对公共权力的认识仍停留在“上级领导赋予的”观念上。真正公民文化的形成尚需时日。现代民主需要公民有平等、自主、权利意识，改变传统的依附、盲从、小农的意识。也就是说，我国公民政治文化的发展落后于制度设置所要求的环境。

---

① 刘莉:《改革开放以来农民政治参与的发展与展望》，载《西安财经学院学报》2009 年第 2 期。

三、农民政治参与中的信访制度

（一）作为政治参与手段的信访制度

“信访，一般被认为是来信来访的简称。它是指社会成员通过书信、电话、电报、访问等形式，向社会组织、管理者反映个人或集体意愿的一种社会政治交流活动。”① 作为当前民意表达和解决纠纷的一种特殊政治参与形式，信访制度在我国有悠久的历史传统、深厚的社会背景和普遍的文化基础。实践证明，信访作为农民行使政治参与权利的重要形式之一，在落实党的群众路线、化解社会矛盾、构建和谐社会方面发挥了重要作用。“信访工作是党和政府的一项重要工作，是构建社会主义和谐社会的基础性工作，是党的群众工作的重要组成部分。”②

1. 信访制度作为政治参与渠道的法律依据

《宪法》第 41 条规定，“中华人民共和国公民对任何国家机关和国家工作人员，有提出批评、建议、申诉、控告和检举的权利”，这是信访制度得以建立的法律依据。通过信访这一途径表达利益诉求，是公民宪法性权利的具体体现。“在现代政治体制中，公民的政治参与已成为政治制度中不可缺少的环节，并被列入宪法的一项权利。”③

国务院 2005 年《信访条例》第 2 条第 1 款规定：“本条例所称信访，是指公民、法人或者其他组织采用书信、电子邮件、传真、电话、走访等形式，向各级人民政府、县级以上人民政府工作部门反映情况，提出建议、意见或者投诉请求，依法由有关行政机关处理的活动。”信访的形式

---

① 李慕洁编著:《应用信访学》，华龄出版社 1991 年版，第 2 页。

② 王学军主编:《学习贯彻〈中共中央国务院关于进一步加强新时期信访工作的意见〉百题解读》，人民出版社 2008 年版，第 2 页。

③ 陶东明、陈明明编著:《当代中国政治参与》，浙江人民出版社 1998 年版，第 133 页。

早已超越了“来信来访”而打上网络时代的印记，党的十八届三中全会提出“改革信访工作制度，实行网上受理信访制度”，[①] 由此，网上信访、视频接访成为着力建设的新形式，干部下访、联合接访成为有效的延伸形式。尽管形式更加丰富并具有时代特征，但信访的内容仍主要集中在三个方面，一是请求解决个人无力解决的困难或问题；二是对遭遇的不公待遇“讨个说法”或要求得到补偿；三是对涉嫌违法违纪的机构或个人提出申诉、控告、检举、揭发。[②]

党的十八届三中全会要求，“健全及时就地解决群众合理诉求机制，把涉法涉诉信访纳入法治轨道解决，建立涉法涉诉信访依法终结制度”。[③] 按照这一部署，2014 年 2 月，中共中央办公厅、国务院办公厅下发《关于创新群众工作方法解决信访突出问题的意见》，进一步指出信访工作在深化改革、推进转型的新阶段所具有的重要意义，“信访是党的群众工作的重要组成部分，是送上门来的群众工作，在切实维护群众合法权益、及时反映社情民意、着力促进社会和谐等方面发挥着重要作用”。[④]

2. 信访制度的发展演变

信访制度在我国已有 60 多年的历史，这一制度之所以能长期延续并普遍实行，不仅因为其适应了我国现行体制下公民诉求表达的需求，还因为其在实施中取得了显著的成效。1951 年 6 月 7 日，政务院颁布《关于处理人民来信和接见人民工作的决定》，标志着我国信访制度的正式确立。

---

① 参见《中共中央关于全面深化改革若干重大问题的决定》，载《人民日报》2013 年 11 月 13 日，第 1 版。

② 参见陈松友：《当代中国农民制度化政治参与研究》，吉林大学政治学理论专业 2007 年博士学位论文，第 25 页。

③《中共中央关于全面深化改革若干重大问题的决定》，载《人民日报》2013 年 11 月 13 日，第 1 版。

④《国家信访局负责人就学习贯彻落实中共中央办公厅、国务院办公厅〈关于创新群众工作方法解决信访突出问题的意见〉答记者问》，载国家信访局官网：http://www.gjxfj.gov.cn/2014-02/26/c_133321682.htm，最后访问日期：2017 年 5 月 7 日。

此后信访制度经历了三个阶段：

第一个阶段是政治动员型信访时期，从中华人民共和国成立后到改革开放前。中华人民共和国成立初期，“信访制度在执政党与群众的互动中产生”。[①]“中央通过发挥意识形态话语的主导性作用，通过不断发动急风暴雨式的群众运动和大规模的社会政治动员，辅之以媒体大张旗鼓地积极引导和鼓动，有效地配置了动员性信访资源，造成了民众通过信访积极参与的情势。”[②]中央通过鼓励人民群众参与信访的方式增强政治动员的效力，“国家对民众信访活动将是欢迎的、鼓励的，基本姿态将是主动的、求取性的，民众则处于被动响应的地位”，因为“民众的信访活动又被要求服从和服务于国家在特定时期的工作部署”。[③]计划经济体制下既然经济、社会和文化等各领域的问题都可以通过运动推进的方式解决，那么党和政府将信访制度作为下情上达的渠道也就持鼓励态度。“处理人民来信、接待群众来访应当是党和政府一项重要工作。特别是当前正确处理人民内部矛盾在各项工作中占到了重要的地位，人民群众的政治积极性正在蓬勃地增长，各机关的来信、来访数量大量增加，内容愈加丰富，处理人民来信、来访工作更应当成为领导机关工作中的一项重要任务。”[④]政治动员型信访呈现出明显的规律，在运动初期信访集中于检举、揭发对运动的态度，运动后期信访又集中于要求平反错误和落实政策。从1979年到1982年，出现了集中要求拨乱反正、恢复政策的信访现象，学者应星将其称为“拨乱反正型信访”，由于这几年的信访活动不仅在形式上仍然具有“运动”的

---

① 叶笑云：《平衡视阈下的当代中国信访制度研究》，复旦大学中外政治制度专业2008年博士学位论文，第11页。

② 李秋学：《新中国建立后中共信访权利观的生成：情景、语境与困境》，载《湖南师范大学社会科学学报》2007年第4期。

③ 冯仕政：《国家政权建设与新中国信访制度的形成与演变》，载《社会学研究》2012年第4期。

④ 社论：《结合整风运动，加强处理人民来信来访工作》，载《人民日报》1957年6月3日，第1版。

特征，在功能上也仍然是“作为一元化社会结构中执政党借以平衡政府和民众两者关系的有效机制”，[①] 因此仍可视为政治动员型信访时期的尾声。

第二个阶段是“去政治化信访”时期，从1982年到2005年。随着改革开放的全面启动，政治主导一切的时代宣告终结，政治话语概念逐渐退隐，“信访的去政治化过程伴随了国家治理方式的变迁”。[②] 随着经济体制改革的深入推进，要求政府转变职能的呼声日益强烈，对政府行为合法性、正当性的质疑此起彼伏，同时单位制功能的削弱、个体权利意识的兴起、法治理念的普及等因素，合力促使信访制度呈现出“去政治化”的倾向。信访不再拥有以前承载的群众路线、政治动员等功能，“改革前，在社会动员取向主导下，国家倾向于把一切社会问题都视为政治问题并用政治手段去解决，固然是极端的，但当前在冲突化解取向主导下，国家似有走向另一个极端的趋势，即把一切社会问题都视为经济问题并用经济手段去解决”。[③]1982年《党政机关信访工作暂行条例（草案）》确立了信访体制，“实行按地区、按系统分级分工，归口办理的工作责任制”，[④] 标志着化解纠纷、处理矛盾、实现救济成为信访最主要的功能，信访制度开启了去政治化进程。1986年3月，中共中央办公厅和国务院办公厅联合颁布的《关于加强信访工作的通知》指出“当前信访工作担负的主要任务就是为党的中心工作服务”。[⑤] 同年召开的全国信访工作座谈会要求做信访工作的同志“要努力为七五计划服务，为改革服务”。[⑥]1995年10月，为了“建立社会

---

① 应星：《信访救济：一种特殊的行政救济》，载《法学研究》2004年第2期。

② 刘正强：《重建信访政治——超越国家“访”务困境的一种思路》，载《开放时代》2015年第1期。

③ 冯仕政：《国家政权建设与新中国信访制度的形成与演变》，载《社会学研究》2012年第4期。

④《党政机关信访工作暂行条例（草案）》，载中国共产党新闻网：http://cpc.people.com.cn/GB/64162/71380/71387/71589/4855180.html，最后访问日期：2017年5月7日。

⑤ 中办发〔1986〕8号文件，载商业部办公厅编：《信访工作政策选编》，1987年内部印刷，第37~38页。

⑥《习仲勋在全国信访工作座谈会上的讲话》（1986年5月21日），载《全国信访工作会议资料汇编》，1989年内部印刷，第580页。

主义市场经济体制、适应信访形势发展的需要”，[①]新中国第一部信访行政法规《信访条例》颁布，几乎同时召开的第四次全国信访工作会议，要求信访工作“为改革、发展、稳定，为建设有中国特色的社会主义事业作出新的更大的贡献”。[②]随着改革开放的深入，我国进入矛盾多发的社会转型期，信访制度面临重大考验。2003年“孙志刚事件”后收容遣送制度被废止，也迎来了作为突出社会问题的“信访洪峰”。2004年8月，中共中央、国务院建立了处理信访突出问题及群体性事件联席会议制度（以下简称联席会议），以加快信访突出问题的解决，各省、市、县随即建立了“由党委、政府负责同志牵头、主要职能部门负责同志参加的处理信访突出问题及群体性事件联席会议制度”，[③]在化解信访难题工作中，人大监督、信访听证、下访、接访等创新方式层出不穷。

第三个阶段是营造统筹兼顾、标本兼治的大信访工作格局时期，从2005年至今。随着改革不断深化、经济社会加速转型以及社会利益格局的调整，除了信访总量飙升之外，群体性、反复性、组织化信访现象不断增多，围堵党政机关、拦截公务车辆、堵塞铁路公路交通等激烈的信访方式时有出现。为应对这些新问题，2005年对我国《信访条例》进行了较大的修改。2005年《信访条例》的指导思想是“既要有效保护人民群众的合法权益，又要建立良好的信访秩序，把问题解决在基层，把矛盾化解在萌芽状态，维护社会稳定”。[④]总体思路是“畅通信访渠道，创新信访工作机制，维护信访秩序，强化工作责任”。重要修改体现在：第一，对信访工作原则的修改，由1995年《信访条例》“分级负责、归口办理”的原则，修改

---

① 李宏勃：《法制现代化进程中的人民信访》，清华大学出版社2007年版，第142页。

② 朱幼棣：《第四次全国信访工作会议开幕》，载《人民日报》1995年10月31日，第1版。

③ 吴超：《新中国六十年信访制度的历史考察》，载《中共党史研究》2009年第11期。

④ 赣州市人民政府法制办公室：《国务院〈信访条例〉解读》，载赣州市人民政府网：http://www.ganzhou.gov.cn/zwgk/cyxx/fggw/zcjd/201501/t20150122_829138.htm，最后访问日期：2017年1月22日。

为“属地管理、分级负责，谁主管、谁负责，依法、及时、就地解决问题与疏导教育相结合的原则”，[①]突出强调了属地的责任，“体现了把问题解决在基层、矛盾化解在萌芽状态的要求”。第二，明确了信访工作的领导负责制，以统筹兼顾、标本兼治为总体要求，以各负其责、齐抓共管为目的。第三，确立了信访工作机构的地位，规定“县级以上人民政府应当设立信访工作机构；县级以上人民政府工作部门及乡、镇人民政府应当按照有利工作、方便信访人的原则，确定负责信访工作的机构（以下简称信访工作机构）或者人员，具体负责信访工作”。[②]第四，赋予信访工作机构督办建议权、提请行政处分建议权、提出政策性建议权等三项全新职权。新增职权“既是对信访工作机构职责的强化，也是发挥信访部门职能作用、及时高效处理信访问题的有效保障”。[③]第五，明确将信访工作责任制和工作绩效纳入考核体系。预计“对于强化信访工作责任、提高信访工作质量和效率必将发挥重要作用”，但实践中却是造成地方政府维稳压力过大的因素。其他修改包括畅通信访渠道、强化对信访人的尊重和保护、规范信访行为、细化受理和办理程序、提出信访终结制的框架等。2007年6月，《中共中央、国务院关于进一步加强新时期信访工作的意见》下发，提出建立健全信访工作的“四个长效机制”，即综合协调机制、问题排查化解机制、信息汇集分析机制及督查工作机制。党的十八大延续了十七大报告的提法，提出“建立健全党和政府主导的维护群众权益机制，完善信访制度”，[④]党的十八届

---

① 《信访条例》第4条，载国家信访局官方网站：http://www.gjxfj.gov.cn/2005-01/18/content_3583093.htm，最后访问日期：2017年4月30日。

② 《信访条例》第6条，载国家信访局官方网站：http://www.gjxfj.gov.cn/2005-01/18/content_3583093.htm，最后访问日期：2017年4月30日。

③ 赣州市人民政府法制办公室：《国务院〈信访条例〉解读》，载中国政府网：http://www.ganzhou.gov.cn/zwgk/cyxx/fggw/zcjd/201501/t20150122_829138.htm，最后访问日期：2017年1月22日。

④ 胡锦涛：《坚定不移沿着中国特色社会主义道路前进 为全面建成小康社会而奋斗——在中国共产党第十八次全国代表大会上的报告》，载《人民日报》2012年11月8日，第1版。

三中全会对深化信访制度改革提出明确要求。在全面深化改革战略部署推进的背景下，一方面，利益矛盾有增无已；另一方面，“人民群众对维护自身合法权益、实现社会公平正义的期望值越来越高，对加快推进信访制度改革的期待会更加迫切”。[①]2014 年 2 月，中共中央办公厅、国务院办公厅下发《关于创新群众工作方法解决信访突出问题的意见》，强调“畅通和规范群众诉求表达渠道，要健全公开透明的诉求表达和办理方式、突出领导干部接访下访重点、完善联合接访运行方式、引导群众依法逐级反映诉求、充分发挥法定诉求表达渠道作用”。[②]统一协调、标本兼治、各负其责、齐抓共管的信访工作新格局正在形成，引导公民理性维权、依法信访成为一个鲜明特点。

3. 信访制度的重要作用

“信访是维护执政党和国家政权公信力和合法性的重要制度设计。”[③]信访既是农民有序政治参与和利益表达的制度化形式，也是维护和实现广大农民权益的主要手段。首先，信访作为民意表达的一种方式，既是农民参与国家和社会事务管理的制度化途径，也是中国特色社会主义政治民主理论的一种经典模式。农民通过信访的渠道参与政治，表达自己的愿望和利益诉求，是农民的一项基本政治权利，在调节社会关系和缓和社会矛盾方面具有不可替代的作用。其次，信访又是我国党和政府密切联系广大农民群众，了解社情民意的重要方式。农民通过信访活动行使政治参与权利，体现了广大农民对党和国家机关信访工作的信任和期望；信访工作人员通过信访

---

① 《国家信访局负责人就学习贯彻落实中共中央办公厅、国务院办公厅〈关于创新群众工作方法解决信访突出问题的意见〉答记者问》，载国家信访局官网：http://www.gjxfj.gov.cn/2014-02/26/c_133321682.htm，最后访问日期：2017 年 5 月 7 日。

② 《国家信访局负责人就学习贯彻落实中共中央办公厅、国务院办公厅〈关于创新群众工作方法解决信访突出问题的意见〉答记者问》，载国家信访局官网：http://www.gjxfj.gov.cn/2014-02/26/c_133321682.htm，最后访问日期：2017 年 5 月 7 日。

③ 王学军主编：《信访条例讲话》，法律出版社 2005 年版，第 5 页。

渠道与农民进行交流和互动，也体现了党和国家机关对人民群众的尊重。

（二）信访制度存在的缺陷

信访制度作为农民行使政治参与权利和表达个性化利益诉求的重要制度设计，促进了农民的权利发展，取得了较好的效果。然而，当前的信访制度及其运行存在一些不足，影响了农民政治参与权利的行使和各方面利益的保障，恰如原国务院副秘书长、国家信访局局长舒晓琴指出的，“信访工作中存在的外延过大、工作失范以及一些涉及体制机制的深层次问题，制约着信访工作职能作用的有效发挥”。①随着我国进入改革的深水区，各种矛盾多发、易发，社会转型的困难显著，给信访制度带来极大的冲击和考验，信访制度的改革与完善势在必行。

1. 信访制度的缺陷及其存废争议

我国在2002年至2004年发生“信访洪峰”后，引发了一场关于信访制度的存废之辩。学界和政界对信访制度展开了热烈的讨论，对其缺陷及改革的取向，产生了针锋相对的思路，主要有三种基本的观点。

第一种观点，是重新构建信访体系框架，整合信访信息资源，探索“大信访”格局，并通过立法统一规范信访工作，从而建立高效的信访监督监察机制。②将调查、督办甚至弹劾、提议罢免等权力赋予信访机构，在现有功能的基础上极大地扩充信访制度的功能，是这一观点的核心。国家信访局研究室主要负责人、国家行政学院杜钢建教授、中国社会科学院康晓光研究员等是这一观点的代言人。他们认为，“信访洪峰”的出现和长期延续，根源在于信访机构在政府序列中的地位不够突出、权威性不强。信访部门对政府其他部门所提的回复、转办或解决问题等要求，自然

① 张洋:《信访改革需要法治定向——写在〈信访条例〉修订实施10周年之际》，载《人民日报》2015年4月29日，第14版。

② 赵东辉:《信访的体制瓶颈亟待突破让民意顺畅上达》，载《瞭望》2003年第40期。

很难得到重视。这一观点据此认为，在中国这样一个行政主导的国家，在司法尚存在不少问题的情况下，需要信访这样一套没有门槛的反馈系统来了解社会存在的问题，了解民众的需要，并通过赋予信访机构实实在在的权力，树立信访机构的权威来解决社会问题。①

第二种观点，是从政治现代化的大局看待信访制度的存废问题，认为应当取消信访制度。持该种观点的人认为，信访制度是“人治”传统的模式，是计划经济时代的产物，从根本上与中国法制化进程相违背，应该取消信访制度，大部分关注信访制度的社会学、法学专家持这一观点。如学者黄钟认为，当一些人把信访制度当成中国特色的人权救济方式时，却忽视了如果从国家制度的大处着眼，现行信访制度的许多规定，其实是直接跟宪法或法律相抵触，出现了行政权僭越立法权或者司法权的现象。这既体现在行政法规和地方性法规或者政策中，也体现在具体的实践里。这些都有悖于建设法治国家的大方向，信访制度应该废除。② 中南财经大学的陈柏峰在其一篇关于缠讼问题的论文中也谈道：“要彻底消除缠讼现象，就必须放弃信访制度。”③

第三种观点，是回归宪法精神，明确信访定位，严格依法办事。这一观点从结论上看似前两种观点的折中，但从内容上其实是强调信访制度从精神到规范都没有太大问题，而实施过程中经常存在的有法不依、执法不严现象是导致“信访而不信法”的根源。这一观点认为，首先，在我国民主与法治大发展的特定阶段，为保障宪法规定的公民权利充分实现，信访制度不能被轻易取消。其次，信访制度的功能应重新申明，明确其作为公民政治参与权利重要形式的地位，保障公民个性化投诉、申诉及上下沟通等信访功能有效实现。据此，应把当前通过偶然性事件赋予信访制度的司法救济功能剥离出来，还应该合并各部门多头设立的信访机构于各级人民

① 赵凌:《信访改革引发争议》，载《南方周末》2004 年 11 月 18 日，第 9 版。

② 周梅燕:《我国信访制度陷入四重困境面临法制挑战》，载《半月谈》2004 年第 12 期。

③ 陈柏峰:《缠讼、信访与新中国法律传统——法律转型时期的缠讼问题》，载《中外法学》2004 年第 2 期。

代表大会，以保证信访功能的稳定和高效。最后，为解决当前最突出的截访和缠访问题，要切实保障信访者的合法权益，疏通涉诉涉法信访的法律救济渠道。长期从事信访工作的上海人大常委会的周梅燕女士认为，对信访制度的改革应与整个社会体制改革联系起来，通过扩大公民的有序的政治参与，理顺各种信访的处理渠道，树立司法的最终裁判权威，采取渐进方式实现以法治为内容的信访制度改革。①

这三种观点被新闻媒体归纳成为“强化扩权派”和“削弱取消派”，其中第一种取向属于前者，第二种属于后者，而第三种观点也是主张强化信访机构的，所不同的是将信访处置权归为各级人大而已。

我们认为，在短期内信访的功能在我国不可替代，因此该制度也不可能废除，对信访机构大规模扩权又可能引起相关机构的功能混乱也并不可行。改革信访制度，使之成为公民有序参与的一条通途，势在必行。只有充分考虑中国公民的“思想、意识形态、神话、教条、偏见”等因素，通过改革完善信访制度，才有可能实现真正成功的制度突围；如果取消信访制度，其后果是非常可怕的。当一些蒙受不公正的老百姓连最后的一根救命稻草都捞不着时，他们会怎样呢？②英国思想家休谟在《英国史》中，痛心追忆16、17世纪之交苏格兰农民的悲苦处境：“当一个社会不能保证贫民的最低生存又不能提供有效的表达渠道时，他们别无选择，只能退出他们因出生而与这个社会立下的忠诚契约。这些‘天使的孩子’埋葬了自己早死的父母，以泪洗面之后，起而杀死贵族和天使的代言人，抢夺足够的钱财，以换取一张去新大陆的船票，从此断绝父辈们和这个社会建立的任何约定。”③休谟先生应该感到庆幸，没有利益表达渠道的苏格兰农民，在

① 周梅燕：《我国信访制度陷入四重困境面临法治挑战》，载《半月谈》2004年第12期。

② 于建嵘：《对信访制度改革争论的反思》，载《中国党政干部论坛》2005年第5期。

③ Stewart, *The Moral and Political Philosophy of David Hume*, Princeton, N.J., Princeton University Press, 1992, p.226.

失去土地不得不拼死一搏之后，还有一块“新大陆”可供向往。环顾当今世界，如果我们不悉心维护和完善好农民的利益表达渠道，就很可能在纷繁复杂的社会转型中出现危及国泰民安和社会主义事业的情况。信访制度已经走上制度变迁的历史关口，休谟先生的话同样可引起我们对信访制度的足够深思。

2. 信访制度存在缺陷的原因

“信访工作作为党的群众工作的重要组成部分，是党和政府联系群众的重要桥梁、倾听群众呼声的重要窗口、体察群众疾苦的重要途径。”[①] 信访制度的功能目标是畅通公民利益表达的渠道，密切人民群众和政府的联系，从而维护和促进正常的信访秩序与社会稳定。《信访条例》实施10年来，暴露了一些缺陷，农民信访工作也出现了很多漏洞，以下几方面表现尤其突出：

第一，信访制度的定位混乱。现行信访制度的定位包括对信访制度的功能定位和信访权力的定位。[②] 信访观念的变革和信访制度本身的角色定位关系十分密切，在很大程度上，正是信访制度自身的角色定位混乱才间接地造成了许多信访观念上的缺失。关于信访制度的功能定位，不论学者们持“四功能说”“三功能说”还是“二功能说”，政治参与都是信访制度的功能之一。[③]《信访条例》在对信访指导原则的表述中，也明确其所具有的政治参与的功能，然而在法规内容上，支持这一功能实现的条文基本仅具有宣示意义。对于信访制度的权力定位，《信访条例》确立了政府领导

---

① 中央司法体制改革领导小组办公室负责人：《全面推动涉法涉诉信访改革——中央司法体制改革领导小组办公室负责人就〈关于依法处理涉法涉诉信访问题的意见〉答记者问》，载国家信访局网站：http://www.gjxfj.gov.cn/2014-03/19/c_133644415.htm，最后访问日期：2016年4月7日。

② 参见关兴：《转型期我国信访制度改革问题研究述评——兼谈对我国信访制度改革的反思》，载《四川行政学院学报》2008年第1期。

③ 参见王俊华：《法治视角下的信访功能定位》，载《学理论》2013年第24期。

下“属地管理”的原则，这虽然便于加强地方政府的信访责任，却没有相应的配套措施明确信访事件在属地政府的哪些机构、什么层次解决，导致一些地方出现被检举人处理检举自己的信访现象，表明信访制度内的权力配置很不合理。根据《信访条例》对信访制度的功能定位和权力配置，“信访部门具有协调、督办、建议权，但没有实际、直接处理信访问题的权力，对其他职能部门也没有明确的制约能力，常常陷入责重权轻、小马拉大车的尴尬境地”。[①]

第二，现行《信访条例》在立法上的缺陷。《信访条例》自 2005 年颁行已经 10 余年，下一步不论是由行政法规升级为法律还是修改完善，都已迫在眉睫。检讨其立法缺陷，首先，应该从立法程序的瑕疵入手，因为这是实体内容缺陷产生的重要原因。立法程序上的瑕疵主要是立法之前没有举行专门的立法听证会征询社会各界尤其是农民群体的意见，草案拟定后没有通过媒体有效公布全文并广泛征求意见，同时“修订工作基本上是在封闭状态下完成的，立法程序缺乏公开性，没有广泛听取包括信访当事人在内的社会各界的建议和意见等”。[②] 其次，在立法内容上《信访条例》主要存在以下几方面缺陷：一是法律用语表述得含混不清。“重大”“紧急”“疑难”“作风粗暴”等该怎样界定与量化，成为设在信访机构及其工作人员面前的一道难关，必将影响到《信访条例》的可操作性和权威性。二是信访制度和其他纠纷解决机制衔接存在疏漏。例如，《信访条例》第 15 条规定：“信访人对各级人民代表大会以及县级以上各级人民代表大会常务委员会、人民法院、人民检察院职权范围内的信访事项，应当分别向有关的人民代表大会及其常务委员会、人民法院、人民检察院提出，并遵

---

① 张洋：《信访改革需要法治定向——写在〈信访条例〉修订实施 10 周年之际》，载《人民日报》2015 年 4 月 29 日，第 14 版。

② 王学军：《王学军诠释〈信访条例〉》，载《今日中国论坛》2005 年第 5 期。

守本条例第十六条、第十七条、第十八条、第十九条、第二十条的规定”[①]等。然而以往的法律实践告诉我们，这些各负特定职责且工作负荷较重的机构之间，没有细密科学的制度规范，工作衔接往往会存在纰漏甚至无法衔接。三是领导专门信访接待的“随意性”倾向严重。表现在现行《信访条例》第5条第3款的规定：“各级人民政府、县级以上人民政府各工作部门的负责人应当阅批重要来信、接待重要来访、听取信访工作汇报，研究解决信访工作中的突出问题。”[②]从实施中可以看到，领导在接待信访群众时的具体权责明显过于随意，不仅领导专门接访的目的和功能不明确，接访的程序也存在缺失。领导专门接待信访，是为了了解民意，还是直接解决问题未知；这一制度的功能也模棱两可，是为了督办信访事项，还是兼具包办信访事项的功能不明确。这一目标远大而空洞的制度设计，不只难以取得切实成效，还由于实施中存在领导“特批”“特办”等导致行政权力滥用的风险，进而可能阻碍依法信访的进程。四是对信访工作人员与信访群众双方行为的规范界定比较粗糙。[③]《信访条例》第28条规定：“行政机关及其工作人员办理信访事项，应当恪尽职守、秉公办事，查明事实、分清责任，宣传法制、教育疏导，及时妥善处理，不得推诿、敷衍、拖延。”第20条规定：“信访人在信访过程中应当遵守法律、法规，不得损害国家、社会、集体的利益和其他公民的合法权利，自觉维护社会公共秩序和信访秩序。”这两条都仅是笼统的粗糙规定，对信访具体过程中双方的权利义务没有明确界定。立法上的空疏导致信访责任不能压实，于是“少数基层干部要么敷衍塞责、推诿拖延、处理不公，致使群众进京上访增多；

---

①《信访条例》第15条，载国家信访局官方网站：http://www.gjxfj.gov.cn/2005-01/18/content_3583093.htm，最后访问日期：2017年4月30日。

②《信访条例》第5条，载国家信访局官方网站：http://www.gjxfj.gov.cn/2005-01/18/content_3583093.htm，最后访问日期：2017年4月30日。

③ 柳祯坤、罗臻：《浅议我国信访制度的改革与完善》，载《天府新论》2008年第S1期。

要么奉行花钱买平安的指导思想，无原则地满足信访人的不合理要求，导致大闹大解决、小闹小解决的不良风气”。[①]

第三，绩效考核体系中的信访数字指标形成基层政府的沉重压力。《信访条例》第7条第2款规定："各级人民政府应当将信访工作绩效纳入公务员考核体系。"通常情况下，信访机构及其工作人员面临信访责任追究机制和绩效考核机制的双重压力。通过恪尽职守和勤勉学习，信访工作人员基本上可以把信访责任追究机制看成促进提高业务水平和任职素质的有力手段。然而对于将信访数字化指标作为政绩评价的重要甚至是"一票否决"型的依据，却很难发挥正向的激励作用。"地方管理部门把上访率看作社会稳定的指标之一，把上访少甚至没有上访视为政绩。"[②]单向度的数字考核机制，不仅严重束缚信访工作人员的手脚，使其为平息和减少信访承担过多职责之外的事务甚至要作出难以兑现的承诺，某种程度上导致信访法治化的权威受损，诱发"缠访"和"闹访"等不正常信访行为；而且易于诱发弄虚作假，导致上下级间信息传递受阻，不能发挥绩效考核的激励和真实评价作用。为缓解这一严峻状况，2014年中共中央办公厅、国务院办公厅印发《关于依法处理涉法涉诉信访问题的意见》，提出实行诉讼与信访分离制度。"把涉及民商事、行政、刑事等诉讼权利救济的信访事项从普通信访体制中分离出来，由政法机关依法处理。各级信访部门对到本部门上访的涉诉信访群众，应当引导其到政法机关反映问题。"[③]该项改革实施以来，"涉法涉诉信访事项受理率、立案率有了明显提高，涉法涉

---

① 张洋:《信访改革需要法治定向——写在〈信访条例〉修订实施10周年之际》，载《人民日报》2015年4月29日，第14版。

② 李琼:《政府管理与边界冲突》，新华出版社2007年版，第86页。

③ 中共中央办公厅、国务院办公厅:《依法处理涉法涉诉信访问题》，载《人民日报》2014年3月20日，第16版。

诉信访群众到党政信访部门上访数量明显减少”，[①]“弃访转法”的现象显著增加，缓解了数字评价指标压在基层政府头上的压力。当然，如何改革现有不太科学的考核指标体系，并持续发挥激励功能，仍然需要深入观察和思考。

第四，无法解读的“属地原则”。[②]针对信访事项办理受理中常常发生“推诿病”“拖延症”，2005年《信访条例》第4条规定：“信访工作应当在各级人民政府领导下，坚持属地管理、分级负责，谁主管、谁负责，依法、及时、就地解决问题与疏导教育相结合的原则。”[③]从1995年以来的“归口办理”原则改为“属地管理、分级负责”原则，本意是要强调信访事项中属地管理的优先性问题，明确“各级地方政府在处理跨地区以及越级信访时的主导地位作用，强调发挥政府职能的作用；也要求各个部门要依法履行本部门的责任，防止部门之间互相推诿”。[④]“谁主管，谁负责”是在明晰信访事项的负责后，主管此项工作的政府部门不能把问题再推给其他部门或机构。诚然，“属地原则”有其合理性，然而由于城镇化导致的人口流动，信访案件发生在信访者户口所在地之外的现象越发普遍，这时应如何适用“属地原则”便引起争议。以信访人户口所在地确认属地的话，信访工作人员必然身处异地而不熟悉情况，为信访事项的解决带来很多不必要的困难；以信访案件发生地为属地的话，尽管便于掌握信访事项，但信访工作人员对信访者和信访对象根本不了解，也必然要浪费大量时间、精力进行调查。“为进一步强化属地责任、提高信访工作效能，引

---

① 张洋：《信访改革需要法治定向——写在〈信访条例〉修订实施10周年之际》，载《人民日报》2015年4月29日，第14版。

② 于建嵘：《对信访制度改革争论的反思》，载《中国党政干部论坛》2005年第5期。

③《信访条例》第4条，载国家信访局官方网站：http://www.gjxfj.gov.cn/2005-01/18/content_3583093.htm，最后访问日期：2017年4月30日。

④ 于建嵘：《对信访制度改革争论的反思》，载《中国党政干部论坛》2005年第5期。

导来访人依法逐级走访，推动信访事项及时就地解决”，[①]2014 年 5 月开始实施的《关于进一步规范信访事项受理办理程序引导来访人依法逐级走访的办法》提出，应特别重视属地内的初信初访，“各级人民政府和县级以上人民政府工作部门要高度重视初信初访，及时就地妥善处理信访事项，防止因受理不及时、办理不到位导致信转访或走访上行”。[②]这一改革的目标是“为了压实属地和基层责任，依法及时就地解决问题，减少群众信访成本”，[③]但具体成效如何仍有待观察。

信访制度在指导原则、功能定位、立法内容等方面的不完善，不仅阻碍了其权利救济功能的发挥，堵塞了民意表达的重要渠道，导致公民政治参与的无序化——越级上访、群体上访、缠访等问题突出，甚至发生暴力或群体性事件。的确，在社会矛盾尖锐、利益分化加剧的社会转型时期，信访制度在当代中国政治现实中还扮演着十分重要的角色；但要保留信访制度，实在有必要认真将其完善。

四、民主协商制度

（一）民主协商与农民政治参与

1956 年年底，随着生产资料公有制的普遍建立，人民公社体制开启了我国农村治理的新模式，我国社会的基本矛盾转变为人民群众日益增长的

① 《国家信访局关于进一步规范信访事项受理办理程序引导来访人依法逐级走访的办法》，载国家信访局网站：http://www.gjxfj.gov.cn/gzyw/2014-04/24/c_133287282.htm，最后访问日期：2016 年 4 月 7 日。

② 《国家信访局关于进一步规范信访事项受理办理程序引导来访人依法逐级走访的办法》，载国家信访局网站：http://www.gjxfj.gov.cn/gzyw/2014-04/24/c_133287282.htm，最后访问日期：2016 年 4 月 7 日。

③ 张洋：《信访改革需要法治走向——写在〈信访条例〉修订实施 10 周年之际》，载《人民日报》2015 年 4 月 29 日，第 14 版。

物质文化需求和落后生产力之间的矛盾。在这一基本矛盾影响下，社会主义初级阶段还存在人民内部的非对抗性矛盾。因而，“就需要建立有利于各个阶层和利益群体的民众对不同利益进行表达和对利益冲突加以协调的政治体制。这种体制在中国体现为共产党领导下的多党合作和政治协商制度”。[①] 多党合作、民主协商制度是我国基本政治制度之一，在近 60 年的发展中，成为我国政治体制的重要组成部分，也是我国农民政治参与的制度形式之一。

1. 民主协商与政治参与

《宪法》明确规定，“中国人民政治协商会议是有广泛代表性的统一战线组织”，据此，“人民政协的主要职能是对国家的大政方针和地方重要事务以及群众生活、爱国统一战线内部关系等重要问题进行政治协商，并通过提出建议和批评，发挥民主监督的作用”[②] 的政治参与形式。民主协商是中国人民政治协商会议的一项重要功能。中华人民共和国成立初期，政协全国会议曾一度代行国家最高权力机关的职权。但在第一届全国人大召开之后，政协就退出国家机关序列，而成为共产党领导下的统一战线组织。但在现实生活中，政协仍与国家机关保持密切的联系。政协会议基本上和人大会议同期召开，政协委员列席人大会议，并参加对某些议案的讨论。“在政治实践中，政协还承担着聚合社会各个方面的利益与要求，并对之加以协调、表达的功能。在政协会议中所形成的各种意见和决议对政治决策过程产生重大影响，有时政协会议还构成了中国政治决策过程的一个必要组成部分。”[③]“政治协商的主要形式有：政协全国委员会的全体会议，常

① 陶东明、陈明明编著：《当代中国政治参与》，浙江人民出版社 1998 年版，第 257 页。

②《政协全国委员会关于政治协商、民主监督的暂行规定（1989 年 1 月 27 日）》，载中国人民政治协商会议广州市委员会官网：http://www.gzzx.gov.cn/zdjs/zxgz/200406/61635.html，最后访问日期：2016 年 4 月 7 日。

③ 陶东明、陈明明编著：《当代中国政治参与》，浙江人民出版社 1998 年版，第 257 页。

务委员会议，主席会议，常务委员专题座谈会，各专门委员会会议，根据需要召开的各党派、无党派爱国人士、人民团体、少数民族人士和各界爱国人士的代表参加的协商座谈会等，以及应邀列席全国人大及其常委会的有关会议。”①

2005年2月，《中共中央关于进一步加强中国共产党领导的多党合作和政治协商制度建设的意见》发布。这一意见确认，发展是中国共产党执政兴国的第一要务，也是各民主党派和人民团体参政议政的第一要务，是人民政治协商的重要目标。在发展过程中，党和政府“非常需要听到各种意见和批评，接受广大人民群众的监督。各民主党派是反映人民群众意见、发挥监督作用的一条重要渠道。充分发挥和加强民主党派参政和监督的作用，对于加强和改善共产党的领导，推进社会主义民主政治建设，保持国家长治久安，促进改革开放和现代化建设事业的发展，具有重要的意义”。②人民政治协商制度的目的，是广泛听取不同阶层和群体的意见、要求，并使之通过协商的渠道进入政治系统的决策过程，以推动科学发展观的落实，服务改革发展稳定的大局，更好地促进经济社会的全面发展。这一功能，在政治实践中得到了体现，尤其随着改革开放呈现出加速发展的趋势。该意见的颁布，无疑为巩固和更好地发挥政协民主协商的功能起到了重要作用。

2004年3月颁布的《中国人民政治协商会议章程》第5条规定，“中国人民政治协商会议全国委员会和地方委员会密切联系各方面人士，反映他们及其所联系的群众的意见和要求”。③由于人民政协在我国社会主义

---

①《政协全国委员会关于政治协商、民主监督的暂行规定（1989年1月27日）》，载中国人民政治协商会议广州市委员会官网：http://www.gzzx.gov.cn/zdjs/zxgz/200406/61635.html，最后访问日期：2016年4月7日。

② 刘延东：《进一步加强中国共产党领导的多党合作和政治协商制度建设》，载《人民日报》2005年3月29日，第8版。

③《政协全国委员会关于政治协商、民主监督的暂行规定（1989年1月27日）》，载中国人民政治协商会议广州市委员会官网：http://www.gzzx.gov.cn/zdjs/zxgz/200406/61635.html，最后访问日期：2016年4月7日。

政治生活中的重要地位，农民可以利用这一基本政治制度实现政治参与权利。参与的方式包括，第一，通过代表农民利益的政协委员表达诉求。政协会议组成人员中有各阶层涉及农民利益的代表，这些和农民利益攸关的政协委员，可以通过在政协会议上提案以表达农民的主张。第二，农民还可以通过和各民主党派、各组织建立联系，使自己的意愿得以表达。

2. 民主协商的形式及内容

中国共产党领导的多党合作和政治协商制度，是马克思主义中国化的成果，是中国对社会主义政党理论和统一战线学说结合中国实际的创造，是对社会主义民主制度的继承和发展。人民政治协商会议虽然在参会人数上受制于客观条件不能过多，但其集中了社会各界的主要优秀人物，因此其广泛代表性不容置疑。"特别是政治协商制度的行为主体涵盖各党派、各民族、各团体、各阶层等社会各界、各方面人士，它们能够以人民政协为组织形式，充分表达各自所联系的群众的具体利益，使各种利益要求通过体制内的渠道经常地、畅通地反映到决策部门，从而有效地协调各种利益关系。"[①] 多党合作与政治协商，对我国社会主义事业的发展有重要价值。

改革开放以来，政协民主协商的功能进一步得到重视，又产生出一些新的协商形式。根据《中共中央关于进一步加强中国共产党领导的多党合作和政治协商制度建设的意见》，现阶段政治协商的主要形式有："（1）民主协商会。即中共邀请各民主党派主要领导人和无党派的代表人士就中共将要提出的大政方针问题进行磋商。一般每年举行一次。（2）座谈会。即由中共召集民主党派、无党派人士座谈，向他们传达重要文件，听取他们提出的政策性建议。（3）谈心活动。即中共根据形势需要，不定期地邀请民主党派主要领导人和无党派人士举行高层次、小范围谈心活动，就共同关

① 梁丽萍：《政治协商制度与社会主义和谐社会的构建》，载《政治学研究》2007 年第 2 期。

心的问题自由交谈、沟通思想、征求意见。”[①]党的十一届三中全会以来，中国共产党“始终坚持重大问题协商于决策之前，与民主党派、无党派人士的协商逐步制度化、规范化”。[②]

关于政治协商的内容，政协全国委员会《关于政治协商、民主监督的暂行规定（1989年1月27日）》第3条规定：“政治协商的主要内容包括：国家在社会主义物质文明建设、社会主义精神文明建设、社会主义民主法制建设和改革开放中的重要方针政策及重要部署，政府工作报告，国家财政预算，经济与社会发展规划，国家政治生活方面的重大事项，国家的重要法律草案，中共中央提出的国家领导人人选，国家省级行政区划的变动，外交方面的重要方针政策，关于统一祖国的重要方针政策，群众生活的重大问题，各党派之间的共同性事务，政协内部的重要事务以及有关爱国统一战线的其他重要问题。”[③]由此可见，多党合作、政治协商的内容涵盖了社会主义事业发展的各主要方面，对我国经济社会发展有深入全面的影响作用。“十三届四中全会以来，各民主党派中央和无党派人士先后就三峡工程、京九铁路及沿线地区发展、西部大开发、可持续发展等问题，深入进行调查研究，向中共中央、国务院及有关方面提出重大建议180多件，各民主党派地方组织提出各项建议8.8万余件，其中许多意见和建议被采纳。”[④]

---

① 刘延东：《进一步加强中国共产党领导的多党合作和政治协商制度建设》，载《人民日报》2005年3月29日，第8版。

②《政协全国委员会关于政治协商、民主监督的暂行规定（1989年1月27日）》，载中国人民政治协商会议广州市委员会官网：http://www.gzzx.gov.cn/zdjs/zxgz/200406/61635.html，最后访问日期：2016年4月7日。

③《政协全国委员会关于政治协商、民主监督的暂行规定（1989年1月27日）》，载中国人民政治协商会议广州市委员会官网：http://www.gzzx.gov.cn/zdjs/zxgz/200406/61635.html，最后访问日期：2016年4月7日。

④ 李斌等：《携手共创新辉煌——透视〈中共中央关于进一步加强中国共产党领导的多党合作和政治协商制度建设的意见〉9大亮点》，载《光明日报》2005年3月25日，第1版。

（二）民主协商存在的问题

毫无疑问，民主协商制度已经取得巨大的成就，但同时这一制度也暴露出显著的问题，最主要的一点就是形式过于单一，需要从政治协商、民主监督和参政议政等方面开发和利用这种体制内的参与渠道。

首先，单一的协商形式，弱化了民主党派参与国家政治生活的参政能力，更严重限制了农民通过这种制度形式有效行使政治权利的途径。各民主党派和人民团体代表和联系着不同的社会利益群体，是不同阶层的社会公众利益表达和沟通联系的重要平台，为公民政治参与权利的行使提供组织途径和实践程序。各民主党派和人民团体参政能力的增强不仅意味着自身功能的提高，更意味着它给予公民政治参与权利行使的支持增强。政协参与政治的形式单一，自然不利于参政能力的提高和参政议政范围的拓宽。人大议政决策是国家权力的体现，政协参政议政则更关注人民群众普遍关心的问题，要对不同阶层和群体的利益要求进行整理和提炼，通过相对科学和规范的提案形式，影响党和政府的决策和执行。协商形式的单一，阻碍了民主党派参政议政范围的扩大和深度的拓展，使其不能充分反映和代表各阶层利益，参政能力不能充分施展。

其次，单一的协商形式，阻碍了政协功能的全面发挥。“人民政协的主要职能是对国家的大政方针和地方重要事务以及群众生活、爱国统一战线内部关系等重要问题进行政治协商，并通过提出建议和批评，发挥民主监督的作用。”[①] 其中政治协商的内容涉及国家经济、政治、文化建设和改革开放中的重要方针政策及重要部署，一方面，举凡国家大事几乎都在政治协商的范围内；另一方面，政治协商的形式只有单一的会议形式而且参

① 《政协全国委员会关于政治协商、民主监督的暂行规定（1989 年 1 月 27 日）》，载中国人民政治协商会议广州市委员会官网：http://www.gzzx.gov.cn/zdjs/zxgz/200406/61635.html，最后访问日期：2016 年 4 月 7 日。

与者只能是各界极少数精英。[①]政治协商还有民主监督的功能，监督内容包括："国家宪法与法律、法规的实施情况，中共中央与国家领导机关制定的重要方针政策的贯彻执行情况，国民经济和社会发展计划及财政预算执行情况，国家机关及其工作人员在履行职责、遵守法纪、为政清廉等方面情况，参加政协的各单位和个人遵守政协章程和执行政协决议的情况。"[②]监督的形式包括以政协全国委员会名义提出建议案、政协各专门委员会提出的建议和报告、委员个人的提案或举报。政协两大功能赖以发挥的形式都过于单薄，使其很难有效地实现利益表达、监督制衡，增加协商形式、拓宽协商渠道，是促进其功能全面发挥的必然选择。

最后，单一的协商形式，影响了政治协商制度的程序化、组织化水平。当前单一的协商形式，虽然能对政治决策发挥一定的作用，但协商形式的单一化和协商对象的狭窄，使协商制度处于长效和稳定机制缺失的状态。出现了委员遴选标准和过程不公开、委员提案和表决过程不透明以及委员履职考评程序缺失等现象，暴露了政协制度的程序化、规范化不足的问题，提示我们应加紧完善政治协商中的各种程序。有必要提高政治协商的程序化水平，把政治协商纳入决策程序，在进行重大决策、重大活动时要与政协进行充分地协商讨论。这就要求协商形式的多样化、协商渠道的畅通化，面对不同阶层，开辟政治协商的新形式和新渠道。在提高程序化水平、充分发挥政协委员参政议政积极性的同时，还应不断提高政协的组织化水平。当前协商形式局限于会议和高层间座谈，存在委员提案单打独

① 参见《关于政治协商、民主监督的暂行规定》第 4 条规定："政治协商的主要形式有：政协全国委员会的全体会议，常务委员会议，主席会议，常务委员专题座谈会，各专门委员会会议，根据需要召开的各党派、无党派爱国人士、人民团体、少数民族人士和各界爱国人士的代表参加的协商座谈会等，以及应邀列席全国人大及其常委会的有关会议。"可以看出都是各界高层参加的会议。

②《政协全国委员会关于政治协商、民主监督的暂行规定（1989 年 1 月 27 日）》，载中国人民政治协商会议广州市委员会官网：http://www.gzzx.gov.cn/zdjs/zxgz/200406/61635.html，最后访问日期：2016 年 4 月 7 日。

斗、委员监督力量分散、委员议政分化严重的现象。在万众瞩目的全国两会期间，除了有意无意回避现实问题的委员外，真诚报国、认真负责的委员们往往根据各自的兴趣或机缘确定提案范围，有些甚至不是委员熟悉的领域，委员之间关于政治协商的切磋和沟通不够充分。在民主监督方面，每年两会前夕政府都会对此前提案的落实情况进行汇报，委员提出的建议或举报也会得到及时的反馈。但总体而言，委员的监督仍具有形式化、走过场的特征。这也应归因于政协组织活动的临时性、个别化的因素。委员的议政能力和水平悬殊极大，既有以敢言著称的明星委员，也有脚踏实地但见解深刻的低调委员，更有关注设立各类节日、奖项等事宜的部分委员。委员之间差异巨大，反映着政协组织化水平较低的问题。应强化政协委员和推选单位之间的联系，突出政协委员对所代表群体的责任意识，将单个委员关注的问题集中为团体或界别的共同关注；将政协委员提出的建议、举报上升为某一团体或组织共同的监督意见。

五、听证制度

（一）政治参与新形式——听证制度

1. 听证与政治参与

听证，英语是 hearing，顾名思义是听取意见。这一制度的理论渊源是英国普通法古老的“自然正义原则”,[①] 也就是程序正义。根据普通法精神，听证制度包括两个基本的程序原则:“（1）任何人或团体在行使权力可能使别人受到不利影响时必须听取对方意见，每一个人都有为自己辩护和防卫的权利。（2）任何人或团体不能作为自己案件的法官。”[②] 我国学者认为，听证是“在行政机关或组织作出行政处罚决定之前，由行政机关指派专人

---

① 周佑勇:《论英国行政法的基本原则》，载《法学评论》2003 年第 6 期。

② 王名扬:《英国行政法》，中国政法大学出版社 1987 年版，第 152 页。

主持听取案件调查人员和当事人就案件事实及其证据进行陈述、质证和辩论的法定程序”。[①]

听证制度的组织者是行使公权力的行政机关，要听取的显然是行政对象的意见，这体现了公民私权利对政府公权力的一种制衡。自资产阶级启蒙思想家卢梭开始，社会契约论成为解释政府权力来源的主流学说。在“主权在民”的前提下，“要寻找一种结合的方式，使它能以全部共同力量来卫护和保障每个结合者的人身和财富，并且由于这一结合而使得每一个与全体相联合的个人又只不过是在服从其本人，并且像以往一样自由”。[②]社会的运行需要每个成员让渡一部分天然自由以换取契约自由，需要产生一个体现“公意”的机构——政府，来保证教育、外交、国防等公共服务的供给并维持经济社会的发展。政府权力来源于公民的授权和委托，然而政府却存在滥用权力的危险，发育良好的公民社会必须用一种怀疑的目光审视政府的行为，必须避免出现代理人凌驾于委托人意志之上的现象。听证制度就是这样一种限制政府行为、避免权力滥用的制度，在政府作出相关决策之前，必须允许利益相关者的参与，听取他们的利益表达，以保证政府决策符合最大多数人的最大利益。在立法领域，听证制度的主要价值是提供利益表达的渠道；在行政领域，听证制度的价值在于行政对象有陈述意见的机会，享有和行政权力对抗的自我保护权利；在司法领域，听证制度意味着每个被指控的人都享有抗辩的权利，都应受到平等地对待。1946 年美国的《联邦行政程序法》第一次明确设立了听证制度，以保证公众参与政策决策的形式、扩充公众表达渠道、限制行政权力，随后德、日等发达国家也在行政程序法中规定了听证制度。

2. 我国听证制度的初步发展

我国听证制度最早出现于 20 世纪 90 年代后期，一个较早的试验是贵

---

① 薛珍、邹荣主编:《中国行政法律》，华东理工大学出版社 2000 年版，第 121 页。

②［法］让·雅克·卢梭:《社会契约论》，何兆武译，商务印书馆 2003 年版，第 19 页。

阳市人大常委会的市民旁听制度。“1999年1月贵阳市第10届人大常委会会议决定，从第11次会议开始，贵阳市民可以自由旁听常委会会议并在会上发言。到2001年9月第32次常委会会议为止，全部21次常委会会议都实行了该制度，参加旁听的市民超过200人。”[①]贵阳市人大常委会在全国首创了市民旁听并发言的制度，“人大常委会每年分两次在贵阳市的报纸、广播电台和人大的墙报上公布未来半年常委会各次会议的议题。市民可以根据自己的兴趣报名参加某次或某几次会议的旁听。然后，人大常委会会根据报名的情况通知参加报名的市民参加相应具体会议的旁听”。[②]

以我国1996年颁布的《中华人民共和国行政处罚法》（以下简称《行政处罚法》）为标志，听证制度被正式引入我国法律制度。在推行依法治国方略和深化改革开放的背景下，听证制度的发展非常迅速，当前已成为我国行政程序法里普遍设立的政治参与形式。听证活动带来了农民政治参与意识和法制观念上的变革。在听证制度下，包括农民在内的所有公民都有权要求有关部门在作出影响利益分配的行政行为之前召开相关的听证会，以消除自己的疑惑、表达自己的利益要求。在“法律之星——中国法律检索系统”中检索，自2007年到2016年不足10年时间内，就有735件以听证规则为名称的部门规章、地方法规、地方规章等规范性文件。例如，《武汉市实施行政许可听证程序规定》“在行政许可中设置听证程序，为申请人和利害关系人提供一个法定的陈述意见和申辩质证的机会，既保证了申请人和利害关系人平等参与行政管理的程序权利，又可以保护其实体权益；设立听证程序，行政机关可以充分了解利害各方的各种不同意

① 北京大学中国政府创新研究中心、中央编译局比较政治与经济研究中心、中共中央党校世界政党比较研究中心:《第一届（2002年）“中国地方政府创新奖”优胜奖项目》，载《时事资料手册》2004年第1期。

② 俞可平:《全球化与中国的政府能力》，载陈家喜、黄卫平主编:《当代中国政治研究报告Ⅳ》，社会科学文献出版社2005年版，第33页。

见，为行政机关作出正确的行政许可决定提供了基础；设立听证程序，使利害各方的意见在行政程序中充分得到展现和吸纳，可以促进沟通，提高行政效率”。①

（二）听证制度需要改革

根据现代民主理论，政府的政策决策是指“具有行政决策权的组织或个人为了有效地实现行政目标从多种可能的行政方案中作出选择或决定的过程”。②政策决策应是按照公众的意愿、以高效的方式来干预社会生活、推进各项工作，因此“实现决策的科学化和民主化的统一，是社会主义政治文明建设的重要内容”。③要实现决策的科学化，就不仅要充分利用体制内的资源，而且要积极利用体制外的力量；要实现决策的民主化，就不仅要促进体制内成员的广泛参与，还必须动员体制外社会成员对决策的普遍参与。听证制度就是公民参与政策决策的重要形式。“当一个项目或法律规定要求引入公民参与时，管理者的第一反应就是举行公民听证会。”④听证制度往往是在决定公共物品分配时举行，一般邀请决策可能影响到的各方面利益相关群体的代表参与，直接听取利益相关者的意见，使政府的政策决策更加符合实际需要、代表人民的意愿和利益，并具有充分的可行性。1996 年，《行政处罚法》在我国第一次规定了行政处罚听证程序；随后 1997 年年底价格决策听证程序得以设立；2000 年 3 月，《中华人民共和

①《武汉市实施行政许可听证程序规定》，载国务院法制办公室网站：http://www.chinalaw.gov.cn/article/fgkd/xfg/dfzfgz/200506/20050600063917.shtml，最后访问日期：2017 年 5 月 11 日。

② 张国庆主编：《公共行政学》（第 3 版），北京大学出版社 2007 年版，第 211 页。

③ 王春福：《论决策的科学化和民主化的统一——兼论政策科学的学科理念》，载《政治学研究》2004 年第 4 期。

④ Heberlein T, “Some Observations on Alternative Mechanisms for Public Involvement: the Hearing, Public Opinion Poll, the Workshop and the Quasi-experiment”, *Natural Resources Journal* 16, 1976, pp.197–212.

国立法法》（以下简称《立法法》）规定了立法听证程序，我国听证制度进入快速发展时期。“公民听证会由于涉及的利益主体多，涉及的利益范围广，因而也成为公民政治参与中对政府决策影响力最大、参与收益最明显的一种参与形式。”[①] 完善公民听证会制度，在公民政治参与权利的发展中具有重要作用。

1. 利益多元化时代要求政府决策方式的转变

我国听证制度产生的最大背景就是：利益分化与利益多元化需要政策制定中有更多的公民参与，国家通过交换形式用权力来得到其治理公共事务的合法性即公民的同意。这是中国经济发展与社会变迁到一定程度时，制度创新的需要。

听证制度的产生背景，首先，是政府决策面对的主体发生了显著改变，不同利益主体影响政策的愿望日益强烈、保护自己利益的行为日益坚决，这就要求政府决策必须注重利益协调、统筹兼顾。

其次，是政府决策的程序发生显著变化，不同阶层试图影响政府决策的行为增加了政府整合多元利益的难度。利益多元化时代里，公共决策已很难达到全优的境界，充其量不过是次优选择。这样，政府只能选择以公开、公平的程序，为所有阶层提供相对平等的政治参与机会。用程序正义保证大家都能接受的实体正义。

再次，是政府所能选择的政策手段越来越多地过渡到法律手段、经济手段等间接调控手段，或将多种手段综合运用，直接行政手段的运用范围日益受到限制。法律和经济手段的使用，也为听取民意提供了可能。在我国许多立法过程中，就能明显感受到这一点。《物权法》经过 13 年的酝酿和广泛讨论，六易其稿，几经周折，终于在 2007 年 3 月 16 日的第十届全国人大第五次会议上高票通过就是个很好的例证。

---

① 赵英:《中国进入政策精益化时代》，载《瞭望新闻周刊》2005 年第 19 期。

最后，政府在决策过程中正由传统“拍脑壳决策”向决策的民主化、科学化转变，这也需要更多的民意集中与民智集合。而民主化的进程决定了公共事务应当是在利益相关人的共同参与之下决定的。那种把利益相关人排除在决策之外的做法，在理论上是说不通的，在实践中是不可持续的。采用多种方式倾听民意是时下公共决策出台前的普遍做法。

政策制定由“粗放化时代”进入“精益化时代”，① 是不可逆转的社会趋势，它需要更多声音的表达，需要更多利益群体参加，需要政策本身具有更大的包容性，听证制度的发展适应了这一时代要求。

2. 现行听证制度的不足

我国现有的听证制度被人们赋予很多的期盼，指望这种形式能为促进社会公平、正义充当排头兵。然而，人们主观愿望与听证制度的实际运行存在巨大的反差，面临诸多的问题。“何类公共事务需要组织听证，有没有统一标准？具有何种资质的组织可以组织听证，在多大的范围内组织？听证程序应该如何？听证制度又如何与公共决策联系起来等。”② 从近年已经发生了的多起听证会来看，普通公民已产生这种感觉：“政府某一部门需要涨价了，就召开一次听证会，以起到涨价前的宣传广告作用。换言之，一提听证会，就是公众利益减少的前兆。”③ 这也是现在听证会遭受批评意见居多的理由之一。现实运行中，我国听证制度还存在许多有待改进之处，主要表现为三个方面：

第一，听证制度还没有全面推开。目前，我国听证制度主要集中在日常公共服务产品的价格调整听证和行政处罚听证，对其他涉及重大公共或私人利益的事项还没有纳入，如土地和房屋的征收征用、公共资源的配置等，还主要是政府闭门操作、独享决策大权，由此导致决策的科学化、民

① 赵英：《中国进入政策精益化时代》，载《瞭望新闻周刊》2005 年第 19 期。

② 刘鹏：《执政党视野下的我国公民有序政治参与研究》，中共中央党校2013年博士学位论文，第76页。

③ 刘仲明：《听证会涨价前的“过场戏”？》，载《宜宾晚报》2011 年 6 月 27 日，第 5 版。

主化受到公众的质疑。

第二，听证制度的程序设计不够严密，操作过程存在明显漏洞。“当前我国法律只是从原则上确立了听证制度，缺乏实施的细则。”[①]对于参加听证会的公民代表应具备哪些资格、应经过什么产生程序、应承担什么权利义务、应接受哪些监督等问题都没有详细规定，关于听证会应设立哪些具体环节、由谁主持、由谁记录、应如何表决等问题也缺乏具体规范；听证会后职能部门对听证意见应如何论证、行政决策应如何体现对听证意见的尊重和采纳等也无从体现。操作程序和具体规范的缺漏，大大降低了听证制度的权威性和公信力，导致公众参与的热情逐渐减退。[②]

第三，相关政府机关对听证会中公民代表的意见缺乏应有的重视和回应。“有些国家机关的理念没有转变，认为听证制度只不过是为了走形式而已，没有实际意义，甚至于一些政府官员认为，听证制度影响了政府的效率和权威。”[③]这些观念，直接导致听证会纪要的效力缺乏明确的规范，参加听证会的公民代表对自己的职责也缺乏科学认识，进而听证代表的意见很难在决策中发挥实质性作用，[④]长此以往必然影响听证制度的公信力，影响公民政治参与的积极性。

---

① 肖建华、郭雄伟：《转型期农民利益表达的障碍及对策研究》，载《中国农业大学学报》（社会科学版）2005年第1期。

② 参见马发明：《从实践看听证立法需解决的主要问题》，载《人大研究》2011年第7期。

③ 马薇、江锡民：《听证会，政府“俯首”民心“抬头”》，载《新华日报》2013年3月31日，第3版。

④ 参见杨海坤、刘洋林：《关于行政听证制度的讨论》，载《江苏公安专科学校学报》2011年第2期。

第四章　新农村建设和农民政治参与权利的理论创新

一、农村建设和农民权利之间关系的新视角

（一）农民权利视角下的我国农村建设

1. 我国农村建设的历史进程

传统中国以农耕立国，小农经济和宗族组织、君主专制、宗法伦理相辅相成，造就了陈陈相因而又生生不息的农业社会。农民多数年景“四时之间无日休息，又私自迎来送往，吊死问疾，养孤长幼在其中。勤苦如此，尚复被水旱之灾，急政暴虐，赋敛不时”。[①] 在开明盛世才可以享受到的男耕女织、自给自足田园生活，是“小农的事业情感和理想境界”，[②] 因此在新的生产方式产生之前，传统乡村是和城市对立的自然发展、缓慢变迁的熟人社会。明清以来，东南沿海出现了资本主义的萌芽，尤其通过海外贸易加剧了新生产方式的冲击，传统中国的生活节奏逐渐被打乱，城市在社会生活中日益重要。鸦片战争后，乡村的宁静生活逐渐不能维持，并随着经济衰败、政治腐朽、科举废除、乡绅劣化而越发凋敝。在救亡图存

① （汉）班固：《汉书·食货志》，中华书局1962年版，第1132页。

② 陈旭麓：《近代中国社会的新陈代谢》，上海人民出版社1992年版，第7页。

的历史任务完成之前，在半殖民地半封建社会的条件下，我国乡村建设问题还没有提上日程。

尽管如此，在中国共产党执政之前，各界志士仁人对乡村建设的探索，反映了中华民族优秀儿女对我国现代化问题的认识和努力，其中最突出的是20世纪二三十年代形成的“乡村建设运动”。乡村建设运动是农村日益落后破败的现实和知识界对农村重要性的认识日益清楚的结合物，以“救济乡村”作为直接目的，以“积极地创造新文化”①为最终目的。这一运动以知识分子为先导，发动社会各界积极参与，在维护现存社会制度和秩序的前提下，采用和平的方法，“通过兴办教育、改良农业、流通金融、提倡合作、公共卫生和移风易俗等措施，以复兴日趋衰落的农村”，②进而实现民族自救的理论表达和实验活动。当时参加乡村建设运动的学术团体和教育机构超过600个，建立各类各层次试验区数以千计，从事的乡村建设实验内容包括政治、经济、文化和社会等各个领域，尝试寻找一条全面改造农村的道路，概括起来主要有如下形式。（1）晏阳初和中华平民教育促进会的实验，被称为定县模式。晏阳初组织“博士团”通过认真调查，总结出当时中国农村的病根是普遍存在的“愚、贫、弱、私”，据此对症从学校、家庭和社会三方面推行“文艺、生计、卫生、公民”四大教育。③（2）梁漱溟及山东乡村建设研究院在山东省邹平县开展的乡村建设实验，被总结为邹平模式。其要点是取得当地政府支持，建立政教合一的乡农学校，组织农民自卫自救以维护治安、摆脱匪患，对农民开展伦理教育以促进社会安定，组织农民合作以谋取经济发展和乡村文明化。（3）卢作孚依托由其经营管理的民生公司在重庆北碚开展的乡村建设实验，被称为北碚

① 梁漱溟：《乡村建设的意义》，载梁漱溟乡村建设理论研究会编：《乡村：中国文化之本》，山东大学出版社1989年版，第1页。

② 陈锦晓：《中国乡村建设道路探索研究》，黄河水利出版社2009年版，第1页。

③ 参见陈争平：《晏阳初：医治“愚、贫、弱、私”四大病》，载《中国社会导刊》2006年第9期。

模式。卢作孚立志走实业救国道路，将民族企业和地方乡村建设紧密联系在一起，在重庆北碚修建公共设施，培育社会经济，同时注重发展文化、教育事业，完善卫生、市容市貌建设，使北碚从一个穷乡僻壤快速发展成为一个具有现代化雏形的城市。（4）黄炎培、江恒源等和中华职业教育社在江苏昆山徐公桥开展的乡村建设实验，被称为徐公桥模式。通过成立徐公桥乡村改进会作为乡村建设的领导机关，制订“先富后教”的乡村改进计划，在其组织下开展面向乡村的教育普及、农户合作、改良农业、提倡副业，并大力改善基础设施和公共服务，如修建道路和桥梁、构建医疗卫生场所等。（5）高践四等和江苏省立教育学院在江苏省无锡县开展的乡村建设实验，即无锡模式。通过开办民众学校、建设乡村小学、举办青年学园和训练班等方式，使乡村教育有所发展，取得农民信任。在此前提下成立乡村自治协进会开展地方自治，指导农事和进行农业推广，包括发展家庭副业、推进农民合作、建设农村公共卫生等。（6）国民党各级党部和各级国民政府主持的乡村建设实验，著名的有梅思平主政的江苏省江宁县、胡次威主政的浙江省兰溪县、沈鸿烈主政的山东省青岛郊区的实验等。官方实验区得各种资源之便利，如江宁县获得中央农业推广委员会、行政院农村复兴委员会等高层支持，从县长到科员大部分接受精英教育，上海商业储蓄银行提供农业金融支持，中央大学农学院、金陵大学农学院帮助推广农林技术，中央政治学校和江宁县青年才俊协助进行户口调查和土地呈报等，由此完成了建立基层行政体制、设立农民合作组织、建设乡村基础设施三方面内容。

解放农民、发展农业、建设农村是我党长期不懈的追求。从新民主主义革命时期开始，共产党主要以农村为根据地，特别强调“革命的根本问题是农民问题”，农民问题的核心是土地分配不均和权益不稳定。因而在革命路线上提出“农村包围城市、武装夺取政权”，并根据不同时期的历史任务调整农民土地权利的范围。中华人民共和国成立后的社会主义革命和建设时期，尽管工作重点放在了工业化和城市方面，但并没有放松农村建设，如1956年通过的“高级农业生产合作社示范章程”，就被一些领导人称为“建设社会主义新农村的法规”。①社会主义改造完成后，党和政府对广大农村的建设先后以多种运动的形式开展，如20世纪50年代的“大跃进”和人民公社、人民食堂，20世纪60年代的农村社会主义教育运动和“农业学大寨”，20世纪70年代的农业现代化和机械化等。改革开放以后到十六届五中全会之前，党和政府先后于1984年、1987年和1991年，都曾提过建设社会主义新农村，但当时主要是作为政治口号在领导讲话和相关文件中提出的，主要表达了对未来的一种美好憧憬，没有明确具体的指向和内容，“在农村政策领域，社会主义新农村一直不是核心词汇”。②我党执政以来面临复杂的国际、国内形势，农业、农村和农民对国民经济完整体系的建立，对社会主义事业的壮大，对改革开放的推进，都作出了巨大的贡献。但在这一过程中，城市中心、工业优先的思路逐渐固化，农民的主体地位逐渐边缘化，农民的权利也难以遏止地受到损害，城乡统筹发展的任务日益沉重。

2005年党的十六届五中全会认为，“我国总体上已到了以工促农、以城带乡的发展阶段，要自觉顺应这一趋势，实行工业反哺农业、城市支持农村的方针”。③据此首次对建设社会主义新农村进行了全面阐述和战略部署，要求“必须积极推进城乡统筹发展、推进现代农业建设、全面深化农村改革、大力发展农村公共事业、千方百计增加农民收入，按照“生产发展、生活宽裕、乡风文明、村容整洁、管理民主”的目标和要求，把建设

①《高级农业生产合作社示范章程》，载《人民日报》1956年6月24日，第1版。

② 宋洪远等:《中国新农村建设：政策与实践》，中国农业出版社2012年版，第4页。

③ 党的十六届五中全会公报:《建设社会主义新农村是我国现代化进程中的重大历史任务》，载《农民日报》2005年10月12日，第1版。

社会主义新农村作为当前和今后一段时期农村工作的重大历史任务”。①

2. 农民权利未能显著提升——我国农村建设历史“永远的痛”

总结起来，中华民族优秀儿女在各个历史时期对农村建设都是非常重视的，建设好农民理想家园的努力也从来没有停止过，在一些政治清明、风调雨顺的时期也创造了许多成功的实践，为后人留下几许“桃花源”的憧憬。然而，古代主要依靠的是自然积累和自发建设的农村建设方式，很容易受自然条件、宗法关系或天灾人祸等因素的制约，只有在变迁缓慢的封建时代大致能够适应经济社会发展的需求。随着近代以来生产方式的急剧变动，城市化、工业化对农村资源的汲取频率加快、力度加强，而政治腐败、经济衰落和社会管理混乱等进一步恶化了农村建设的环境，农村和城市的差距被日益拉大。梳理近代以来各路贤达对农村建设的尝试，不得不说最重要的教训就是仍然延续了自古以来乡绅示范劝导、农民盲从跟随的建设模式。在陈陈相因、小国寡民的农业社会，这种建设模式是适应经济社会发展需要的，因为它只需要明君贤相的开明专制，不需要激发农民的主体意识；只需要“当官要为民作主”，不需要农民自己拥有和行使权利。然而，近代“三千年大变局”下的农村社会，已经不能再延续这种压抑农民主体地位、无视农民权利的建设模式，近代以来农村建设之所以劳而无功，根源就在于农民主体地位未能受到重视、农民权利不能有效行使。

改革开放的成功，就是解放和保障农民经济权利的结果，在这一基础上不仅农民的权利意识、尊严感和未来发展权逐渐得到培育，而且农民的政治权利、社会权利、文化权利、环境权利等积累了实现的条件。但在提出建设社会主义新农村之前，上述提升农民权利的举措和努力，更像是一场角色有些错位、场景不太协调的剧目：本该是策划、导演的政府，却

① 黄中平:《建设社会主义新农村是对中国特色社会主义理论的新发展》，载《学习导报》2006 年第 5 期。

连同充当了主演；本该是主角的农民，却没得到镜头的青睐，自身还欠缺足够的舞台能力；社会组织本该烘托生动顺畅的场景，成就华丽而又自然的大戏，却由于准备不足成为黯淡无光的幕布。因而，尽管历时很长、举措不断，农民权利的提升也有显著的进步，但距离社会主义民主制度的要求、世界民主发展的潮流以及我国城市居民权利的保障程度，还有很大的提升空间。反思以往提升农民权利的诸多举措，重要的教训在于对指导思想学习的松懈，没能深刻领会和科学运用马克思主义中国化的最新成果，尤其是没有贯彻科学发展观以人为本、统筹发展的精神，没有把农民权利提升和千百年来农民渴望获得平等和自主的梦想结合起来。进一步提升农民权利，不能继续以往增量改革的路径，不能局限于经济方面为主，不能延续个别领域单兵突破的方式，而应攻坚克难、持续深化、统筹协调。这就需要有新的动力和新的契机，使农民权利的提升再一次站在历史的高度，深入到权利配置的深度，突出农民的主体地位，科学统筹农民权利的全面提升。这一新的动力和新的契机，必须能适应我国改革开放创造的新国情，勾画农民生产和生活方式现代化的新目标，提出确立农民主体地位的新思路，实施科学统筹、长效发展的新机制，最终达到农民权利提升、"三农"问题解决的新高度。

（二）农村建设视角下的农民权利

1. 对农民权利的急切关注和急不得的现实

长期以来，党和政府从经济、政治、社会、思想文化等各方面积极筹划、认真推进，努力促成"三农"问题的逐步解决。其中在经济领域内通过实行家庭联产承包责任制、鼓励乡镇企业发展以及开辟进城务工、经商的通道等多种形式，为农民权利的有效行使奠定了坚实的物质基础；在社会管理领域通过扩大农村最低生活保障和新型农村医疗合作的覆盖面、提高保障程度等方式，切实解除了农民的部分后顾之忧，为农民更好地行使权利创造了条件；在思想文化领域通过加强农村教育发展和改善农村文化生活等活动，促进了农民自身素质的提高，推动了农民权利意识的提升。以上各方面的努力取得了显著的成就，是农民权利发展的重要前提。但毕竟权利是“法律上得到承认和被划定界限的利益”，[①] 所以法治思维和法治方式才是提升和保障农民权利的根本途径。改革开放以来，党和政府在加强社会主义民主建设和发展政治文明的基础上，积极完善社会主义法律体系、切实加强法律实施、健全司法救济渠道、加强普法宣传和法律教育，用政治领域中最权威、最核心的制度形式——法律制度为农民权利的提升做了大量的工作。

从立法环节来说，《村民委员会组织法》《农业法》及相关法律法规对保障农民权利提供了法律依据。《村民委员会组织法》从1987年颁布试行，到1998年正式实施，再到2010年修订完善，成为农民行使政治参与权利的主要法律依据，不仅保证了农民在村集体组织内部的自治权利，而且为农民经济、社会和文化权利的提升奠定了基础。《农业法》中专设“农民权益保护”一章，共12条，严格规范了涉农收费、摊派、征税和集资等行为，比较全面地保护了农民的经济利益。《中华人民共和国劳动合同法》(以下简称《劳动合同法》)在加强劳动者利益保护的指导原则下，对签订劳动合同的严格规定有利于进城务工农民权益的保障。除主要法律以外，相关法规、规章的废除、修订和制定，也促进了农民权利的提升。比如，城市收容遣送制度的废除、部分城市对户籍管理体制的改革，有利于清除城乡隔离的人为藩篱，给进城农民公平、公正的国民待遇。在立法环节取得上述进步的同时，还应该清醒地看到，我国宪法和法律对农民权利的保护，大多数“还仅仅停留在抽象的承诺上”，《宪法》文本上罗列的18

---

① [美]罗·庞德:《通过法律的社会控制·法律的任务》，沈宗灵、董世忠译，商务印书馆1984年版，第47页。

项公民基本权利中，很大一部分“缺少成为实践中的权利的必要渠道”，[①]此问题在农民权利的实现和救济渠道方面尤其突出。同时现有立法没有很好地回应农民急迫的权利保护需求，其科学性和适用性还有待提高。比如,《村民委员会组织法》没能很好地解决基层政权干预村委会自治权行使以及村民决策权、监督权如何更好落实等问题;《农业法》对农民权益的保护主要涉及经济领域，而且赋予农民的主要是一种消极防御权。而农民权利保护相关领域法律空白的大量存在，如农民权益被村委会侵犯后开启行政诉讼的问题，“民告官”的立案范围过窄问题等，更说明要把农民从二元社会结构中解放出来，对农民权利的相关立法仍需大力加强。总体而言，在快速挺进现代化的进程中，立法的重点主要是对城市化、工业化的促进，这一主要目标遮蔽了对农民权利的保护，导致相关立法推进速度慢，配套规范少，表现在为解决突出问题而被动立法、修补立法。

从执法环节来说，改革开放以来我们积极推进政府职能转变，在加强执法队伍建设、建立执法评议考核制度、完善社会舆论监督等方面取得了显著的成绩，但随着农民权利意识和组织化程度提高，尤其城市化和工业化进程中利益的多元化和复杂化也出现了涉农上访、信访增多等问题。伴随政府职能转变、农村税费改革和农业生产方式变迁，对基层干部和执法人员提出了更高的要求，以往在农业生产经营、承包地调整、农村计划生育等工作中出现的粗暴执法、违法执法等现象大大减少；但在土地权益流转、土地征收征用和土地收益分配等方面，产生了越来越多的矛盾纠纷甚至群体性事件。执法环节效果不佳的主要原因，是农村管理体制不能适应城市化、工业化和农业现代化的前进步伐，同时各级管理部门利益条块化，不能适应农民对执法所提的科学、高效、便利、公平等要求。

---

① 查庆九:《齐玉苓案：学者的回应——记一次北京大学法学院宪法与行政法学者的讨论》，载《法制日报》2001 年 9 月 16 日，第 2 版。

从司法环节来说，尽管我国不存在城乡之间的司法体制分割，但农村司法状况不如城市是客观现实。最高人民法院明确将征地补偿费、安置补助费等原属农民自身的财产权益划归集体组织所有，由此堵塞了村集体侵犯农民合法权益时的救济途径。在城乡二元结构之下，农民身份的符号化特征阻碍了农民权利的正当司法救济，尽管有农村法律援助制度、农村巡回法庭制度等试图弥补这一不足，但较低的司法效率和农民自身法律意识的落后，强化了农民对司法程序的不信任。

2. 影响农民权利行使的农村建设状况

农民各项权利的行使和农业、农村的发展状况息息相关，受农村建设状况的深刻影响。在经济、社会、文化各方面相互配合的前提下，以法治思维和法治方式为主，无疑是建设好社会主义新农村的正确方向和路径，上述立法、执法和司法环节的举措，是改革开放以来农民权利不断发展、新农村建设日益进步的主要原因。但不可讳言，上述举措远未完善。不仅由于其不够细致，没有将各地农民差异巨大的发展水平、资源条件考虑进去，也没有深切关注农民群体中不同阶层的不同利益；更重要的是，上述举措没有很好地理顺农村建设主体的关系，不能整合参与各方的目标、协调各方的行动，由此在实施过程中效率低下，在实施结果上不尽如人意。在众多因素中，影响农民权利最为深刻的，是农村建设主体的相互掣肘与撕扯。

现阶段的农村建设，离不开政府的主导、社会的襄助和农民的自觉，这三方都是农村建设的主体，然而，在意识和表达中虽然三方一致要推动农民权利发展和农村建设，但在实际过程中，却存在对三方主体定位的模糊和角色的混乱。农民的主体地位和权利意识显然没能有效激活，这点我们将在后面专门论述，下面试从承担角色和发挥功能的角度，分析政府和社会在农村建设中没能有效发挥作用的原因。

第一，疲于救急、无暇救穷的政府。在提升农民权利的行为上，政府应有的定位是主导、是导演，但上述举措中，我们更多地看到政府却变成了主演。在农民权利提升问题上，本来应关注于顶层设计、统筹规划并负责制度供给的政府，更多地在处理因侵犯农民权利而导致的维稳事件，更直接地参与到应由市场机制调节的领域里。尤其随着城镇化带来农民土地权益升值的巨大和流转的加快，权力的寻租空间显著扩张，而相应的制度和程序却很不健全，由此产生一种怪现象：农民和政府谈判的能力越强，在土地流转中得到的利益可能就越大，于是群起效仿，似乎哪里农民闹的越厉害得到的好处越多。各地政府在规划和计划中虽然罗列了有利于农民权利提升的各项方案和措施，但资源分配中制度和程序的缺失，导致农民对自身权利的维护，不是诉诸法律，而是更多地奔走于官府；掌握权力的政府，尽管手绘治平的宏伟蓝图，却也不得不奔忙于各处涉农事件的"维稳"现场，无暇从容实施那些彻底解决农民贫困问题的良政。

第二，善于救火、疏于防火的社会。在社会组织健全、社会力量可观、社会管理高效的基础上，就可以为农民权利的提升提供一个天时、地利、人和的优越环境。当前我国的市民或公民社会正在形成，社会各方面资源还受到政府力量的控制，不论是法律规范还是农民自身素质都不能支持农民自主成立脱离政府影响的社会组织，而传统的妇联、共青团等已成为准政府机构。但在改革开放的推动下，在经济和社会领域还是出现了新型的社会组织和力量，如以"农民维权协会""上访农民协会""法律学习小组"等为名目的农民维权组织，[①] 以"老年协会""红白理事会"、文艺队等为名目的农村社会文化组织。[②] 在正式组织缺位的情况下，这些自发团体和组织在参与对农民权利的保护和发展方面"就显得特别重要"。[③] 因此

① 参见丁云等编著：《当代中国农民政治参与》，知识产权出版社 2011 年版，第 175 页。

② 参见徐柳凡、马剑虹：《农村社群文化组织发展研究》，载《科学社会主义》2007 年第 5 期。

③ 江立华、符平：《断裂与弥补——农民工权益保障中的法与政府角色》，载《社会科学研究》2005 年第 6 期。

不论学者还是决策者都重视“借助社会力量”。[①] 不过，由于政府权力对市民社会存在爱恨交织的感情，一方面，在社会管理上需要借助社会力量；另一方面，又忌惮社会组织的壮大会威胁政府的权威，所以双方存在利用、控制和壮大、反控制的矛盾。出现涉及农民权利的问题或者紧急情况时，在政府的影响下，社会组织和力量很快被动员起来，协助政府解决问题，充当消防队的角色。但社会组织更主要的功能应当是在问题没有发酵时积极介入、提早预防，当前农村社会组织显然没能发挥这一作用。

（三）新农村建设和农民权利提升的相互要求、彼此促进

在借鉴古今中外乡村建设经验教训的基础上，社会主义新农村建设强调以人为本、科学发展，绝不仅仅是字面意义上对生产、生活场所在物质层面的建设。我国农民对权利的拥有和行使，先后经历了土地改革以前的无地也无权利的阶段、计划经济体制下公权力遮蔽权利的阶段，以及改革开放以来权利逐渐苏醒、蓬勃发展的阶段。新农村建设提供了科学发展、城乡统筹解决“三农”问题的崭新舞台，而农民权利提升则是巩固农民主体地位、进而推进新农村建设顺利进行的锐利武器。没有新农村建设的舞台，农民权利的提升还将在农村管理体制的千头万绪中纠结、消磨；没有农民权利提升作为武器，新农村建设也很难获得全面建设所需要的持续、自主的动力。

1. 新农村建设：既需要农民权利作武器，又为农民权利培育土壤

新农村建设要实现“生产发展、生活宽裕、乡风文明、村容整洁、管理民主”的总体要求，全面建设好农村包括经济、政治、文化、社会和党组织在内的五位一体的系统工程，必须奠基于“尊重农民的主体地位，不

① 朱信凯:《切实保障“人的城镇化”进程中的农民权利》，载《农民日报》2014 年 2 月 8 日，第 3 版。

断创新农村体制机制”。[①] 农民主体作用的发挥是新农村建设成败的关键，而提升农民权利是保障农民主体地位的先决条件，可以说提升农民权利是开创新农村建设局面的有力工具。而新农村建设的全面、深入推进，又为农民权利的提升创造优越的条件，培育农民成为真正用好权利之剑的主人。

（1）新农村建设需要保障农民的主体地位。作为宏伟、复杂的系统工程，新农村建设不仅体现了社会发展的新背景、新高度，政府规划的新思路、新机制，更重要的是进一步明确了农民作为建设主体、受益主体、价值主体的地位，[②] 把农民的主体地位作为新农村建设的起点和关键。而农民的主体身份和地位，需要通过法律来认定和明确。法律通过对农民和国家、农民和社会，以及农民之间的权利义务关系进行确定和调整，实现对农民作为公民成员身份资格的确认，进而保护农民的政治参与权利，实现其自由平等权利、生存发展权利和请求保护权利等。[③]

毋庸讳言，中华人民共和国几十年农村建设与发展的历程，是持续损害和剥夺农民作为建设和发展主体资格的历程，农民在某种程度上丧失“当家作主”权利是导致今天“三农”问题的症结之一。进行新农村建设，既是社会主义国家的战略举措，更是农民建设自己家园的强烈呼声，就要恢复农民作为公民应该得到的东西，通过涉农资源的重新配置来确认和加强农民的主体资格。而要保证农民成为新农村建设的主体，就要处理好农民与政府、社会、村集体之间的关系。要明确政府主要发挥以政策来主导方向和以财政投入来引导速度的作用，通过科学决策和坚强执行，保证政府主导作用的发挥；通过统筹规划和综合运用法律、经济手段，提高农村

① 宋洪远等：《中国新农村建设：政策与实践》，中国农业出版社 2012 年版，第 14 页。

② 参见杨耕身：《农民民主权利和主体地位是新农村建设的起点》，载《东方早报》2006 年 2 月 22 日，第 3 版。

③ 参见卓泽渊：《法政治学》，法律出版社 2005 年版，第 53 页。

公共财政的投资效率。要加强社会组织和社会力量建设，构建农村社会化服务体系，在促进经济合作组织增加农民收入、提高产业水平的同时，大力发展农村社会事业和公共服务，创新农村社会管理。要进一步健全和完善村民自治制度，在农村党组织领导下，保证农民完整、真正地享受民主选举、民主决策、民主管理、民主监督四大权利。

（2）新农村建设创造农民权利提升的经济社会基础。从改革开放到2005年提出新农村建设，我们尽管在立法、执法、司法和法律宣传教育等方面尽力提升农民权利，也试图从经济、社会、文化等各领域积极配合，但农民权利的提升却由于涉及面广、可获取资源少、历史欠账多等原因，仍然和农民的主体地位极不相称。农民权利的提升，不仅需要政治和法律领域的努力，如法律制度从各运行环节的保障，政治领域制约政府权力的过分集中、建立健全政治参与的制度和渠道等；还需要从经济领域提高农业经济发展水平、减少损害农民利益的现象，从社会领域消除城乡二元结构、提高农民的社会化和组织化程度，从文化领域弘扬社会主义核心价值观、提高农民素质。

而新农村建设，几乎将这些丰富而复杂的要素涵盖无遗。新农村建设以推进农村生产发展为首要任务，把增加农民收入作为重要的政策目标和保障，指明了保护农民土地权益的方向；设计了包括国家财政、农村金融和农村社会化服务等在内的支持保护体系，把加强农村基础设施建设和农村社会事业发展列为重要目标；强调进一步完善乡村治理结构和改进村民自治，重视对新型农民的培育。新农村建设要实现的五大总体目标和五大建设任务，[①] 恰好可以为农民权利的提升，创造有利的发展条件。新农村建设全面推开以来，农业和农村经济社会持续快速发展，主要农产品的产量质量稳定提高，数以亿计的农村劳动力实现转移，农民收入增长显著；农

① 参见宋洪远等:《中国新农村建设：政策与实践》，中国农业出版社2012年版，第13页。

业和农村基础设施大大加强，水利设施、乡村公路，以及水、电、房屋、耕地等有显著改善；农村公共事业显著进步，医疗和社会保障水平达到前所未有的高度，教育和文化资源和城镇相比也渐趋均衡。以 2013 年新农村建设的成果为例，农村居民人均纯收入比上年实际增长 9.3%，农村贫困人口比上年减少 1650 万人，城乡居民收入之间的差距继续缩小；现代农业综合配套改革试点取得明显进展，农业基础设施中完成 1.5 万座小型水库除险加固，新解决农村 6300 多万人饮水安全问题，全国森林覆盖率上升到 21.6%；启动教育扶贫工程惠及 3200 万孩子，加强农村转移劳动力就业服务和职业培训，贫困地区农村学生上重点高校人数比上年增长 8.5%。[①] 正如经济社会的高速发展，是“中国为保障人民生存权、发展权所做的努力”[②] 一样，新农村建设在经济、社会和文化等领域取得的成绩，必然有助于奠定农民权利提升的基础，为农民充分享有各方面权利创造优裕的条件，促进农民成长为完整拥有权利、善于行使权利的新农村建设主体、受益主体和价值主体。

2. 农民权利提升：为新农村建设提供动力，需要新农村建设提供舞台

农民权利的提升，主要不是道德层面应然权利的提升，经过 30 多年的艰苦努力，农民权利意识的勃兴已经是学术界、决策者和广大人民群众共同的认知；主要也不是法律层面法定权利的提升，2010 年 3 月，社会主义法律体系已经宣告形成，农民的各项权利基本得到法律的保护。农民权利的提升，主要是法律实践中农民的实然权利亟须有效和真正地提升。农民权利的切实提升，必然将会更坚定广大农民建设社会主义新农村的信念和决心，为新农村建设提供发自内心的、持久的动力；同时，新农村建设将为农民实然权利的提升提供有利的契机和全新的舞台，便于在一个新的

① 参见《2014 年政府工作报告》，载中国网：http://www.china.com.cn/news/2014lianghui/2014-03/05/content_31678795_7.htm，最后访问日期：2017 年 5 月 11 日。

② 董云虎、常健主编:《中国人权建设 60 年》，江西人民出版社 2009 年版，第 46 页。

起点上落实农民的主体地位。

（1）农民权利提升为新农村建设提供符合人性的、持久的动力。在前面“农民政治参与权利实现的功能”部分，已论述了农民政治参与权利发挥着保障农民作为村民、作为公民、作为人应有的地位和权利，表明主体地位和权利意识对农民各项权益的促进作用和保障功能。这种作用和功能自然生效于涵盖农民经济、政治、社会和文化等各方面权利的新农村建设过程，本毋庸多论。然而，对农民权利在新农村建设中所提供的动力又需要进一步强调和展开说明。因为新农村建设的启动，原始动力并非来自农民自觉的权利行使和利益追求，而是党和政府的政策引导和行政干预；新农村建设的深入推进，也不主要得力于农民主体地位和权利意识的苏醒复活，而是市场机制下社会各方主体争相逐利的结果。换言之，当前新农村建设虽然轰轰烈烈且成绩显著，但农民作为建设主体、受益主体和价值主体的地位并未真正确立，而政府的高强度投入不可能长期持续，市场和社会有机融入新农村建设并良性发展的机制远未形成。

切实提升农民权利、激活农民建设新农村的动力，关键是要依照法律法规和政策摆正政府在新农村建设中的地位和角色，不仅要转变政府职能、恪守主导而非主角的地位，而且要在投入巨大的新农村建设过程中，充分保障农民及社会各界对公权力的监督权，用严密的法律法规和行政纪律扎紧权力的笼子，为农民行使主体权利腾地让路、创造条件，不让公权力越界。同时，还要保护市场和社会参与新农村建设的热情，理顺市场机制和社会治理力量之间的关系，使农民成长为这两种建设力量的中坚分子。只有处理好上述关系，才能促进农民珍惜自己的权利并在新农村建设中充分发挥主动性、积极性和能动性。

（2）提升农民权利需要新农村建设提供的新契机、新舞台。随着我国经济社会环境的变化，党和政府方针政策的阶段性调整，我国农民权利的提升和发展具有明显的阶段性特征。改革开放前，我国实行计划经济体制，推进工业化优先发展战略。为实现资源向城市和工业集中，国家权力深入植根于农村最基层，农民被动员到一波又一波的运动浪潮中，不论政治生活、生产劳动还是思想文化活动，都牢牢地捆绑在革命化的语境下，成为城乡二元结构下的牺牲者。党的十一届三中全会以后，国家对农村的全面控制逐渐松弛，人民公社解体，家庭联产承包责任制全面推行，村民自治制度逐渐完善，部分地区的户籍制度改革不断深入……农民的经济和社会权利较快发展，政治和文化权利得到确认。党的十六大以后，党对"三农"问题的探索更加深入，相继提出统筹城乡发展、科学发展观指导、构建和谐社会等战略思想和战略目标，尤其在2005年提出建设社会主义新农村以来，农业税免除、种粮直补、新农合升级、农村社保全覆盖、农村教育加强等惠农、利农政策不断，农民权利的提升初步进入系统化、全面化的阶段。

在取得成绩的同时，纠结于历史的包袱、纷乱的头绪和错位的角色，农民的实然权利的提升还有待努力，个别地方甚至一如其旧，于是才有政协委员振聋发聩地追问"改革开放的成果都到哪里去了"？[①]由此看来，农民权利的提升，不能局限于、满足于应然和法定权利的状态，不能像是藏在匣中的宝剑，仅让江湖流传着它的传说，而更应该注重实然状态权利的提升，让权利之剑真正出鞘亮剑。

当前提升农民实然权利所面临的僵局，主要体现为村民自治权利的"表面化"和城乡二元结构的难以突破，而这些难题，新农村建设恰好提供了解决的契机。

第一，自治权利的"表面化"是指尽管有2010年修订的《村民委员会组织法》规定了农民的四大民主自治权利，尽管形成了严密烦琐的自治

① 郑焕坚：《政协委员追问改革成果：农民生活和40年前一样》，载《南方都市报》2014年3月11日，第4版。

规章和实施细则，尽管农村普法活动持续进行了许多年，“但是社会公众还是缺少相应的制约权力和维护权利的信念……又缺少应有的法律信仰和积极守法精神等”，[①] 村民自治中的问题不胜枚举，农民权利浮在表面。而新农村建设承接了党的十六大以来中央提出的由城乡统筹发展到城乡一体化发展的战略目标，强调以农民为本，为建设主体、受益主体和价值主体，实际上是对农民生产生活方式和职业角色的全面改造，开启了“变农民为社会公民”[②] 的阶段，要建设的是具有现代市民社会精神、保持自然生态特色和历史文化传统的新农村。新农村建设对农民主体地位的张扬，必然要求村民自治的切实有效，有助于农民自治权利从表层真正深化。比如，四川省张家界市新农村建设过程中，从“新居选址、新房选型、新业选项、基础设施选建等内容都交由农民通过民主的方式去决定，宜统则统、宜分则分、统分结合。作为政府职能部门，最为重要的任务就是站在专业的角度，为新农村建设做好规划和方案，分析各种方案的利与弊，做好引导工作”，[③] 使农民对村内事务的决策权在新农村建设过程中得到促进。而2017年中央一号文件对农村承包地、宅基地、集体经营性建设用地等土地使用权推动流转和入市，更体现了新形势下对农民经济权利的促进。随着新农村建设的不断深化，农民的自治权利更加明确具体、切实有用了。

第二，城乡二元结构是“由14种具体制度构成的，即户籍制度、住宅制度……由此，中国被切割成泾渭分明的两大块，构成发展中国家特有的中国式社会状态”。[④]20世纪90年代“三农”问题的严重性暴露以来，消解城乡二元结构的努力始终未停，但政府的城市偏好导致城乡之间在权

---

① 马长山:《法治的社会根基》，中国社会科学出版社2003年版，第159页。

② 张英洪:《农民权利论》，九州出版社2013年版，第7页。

③ 李冬群:《新农村建设必须尊重农民的四种权力》，载中国农村发现网: http://www.zgxcfx.com/Article/88235.html，2015年6月24日，最后访问日期: 2017年5月11日。

④ 郭书田等:《失衡的中国——农村城市化的过去现在和未来》，河北人民出版社1990年版，第8页。

利保障和经济发展上仍然存在云泥之别，学者们对城乡二元结构所造成的农民和市民权利的差异已多有论述。[①]新农村建设在经济、政治、文化和社会等领域提出的全面要求，“以工补农、以城带乡”的战略部署，实现城乡一体化发展且“看得见山、听得见水、记得住乡愁”的发展目标，对破解城乡二元结构有极大的促动。根据记者调查，随着新农村建设的深入，不仅原来强加于进城务工经商农民的各项歧视逐渐消除，如在城市就业经商、买房置业、子女教育、社会保障等各方面逐渐享有同等待遇；而且农村居民原本就应享有但一直沉睡的若干权益渐次盘活，包括土地承包权益、宅基地流转权益、集体收益分配权益、征地补偿权益等实现得更加高效。在安徽、四川和湖北的调查发现，即便在“零门槛”的条件下，进城农民落户城市的意愿也很低，“有的县 2015 年农转非仅 200 多人”。[②]研究者称其为“乡村升值”的现象，而且不仅是上述经济方面的升值，农民享有的亲情文化和熟人社区等代表的社会资本价值和文化资本价值同样值得珍视。新农村建设改变了城乡二元结构的发展方向，出现了城乡二元共生、双向流动的趋势，“不仅可以使中国五千年文明之根在乡村得以延续，也符合城乡统筹的城镇化要求”。[③]

二、新农村建设之“新”：新理论指引农民政治参与的方向

（一）理论水平提升，创新更加科学

1. 自觉借鉴历史经验教训

以 20 世纪“乡村建设运动”“大跃进”运动和家庭联产承包责任制为代表，中华优秀儿女对农村建设的历次探索，对我国农村的发展具有不

---

① 参见张英洪：《农民权利论》，九州出版社 2013 年版，第 31 页。

② 王钟的：《农村户口含金量提高远非户籍改革的终点》，载《中国青年报》2016 年 7 月 21 日，第 2 版。

③ 张孝德：《“乡村升值”有助城乡统筹发展》，载《人民日报》2016 年 7 月 21 日，第 5 版。

容否定的历史功绩。比如，“乡村建设运动”宣扬了平民教育理念、农民合作理念、群众参与等理念，提出了公平分配土地、推广农业技术、发展家庭副业、建设乡村公共设施、改善教育医疗条件等要求，推动了中国乡村经济社会的变迁，对农村发展理念和实践产生了深远的影响。而“大跃进”运动在某种程度上促进了农民思想素质的提高，增强了农民的组织程度，从而促进了农田水利设施和农村基础设施的建设，开创了我国农业机械化、现代化的新局面，使当时我国农业生产的增长速度居于世界前列。发端于农村的改革开放，以放权让利、放开搞活为中心思想，先后在联产承包责任制、乡镇企业、村民自治等推动下不断深入，为我国经济的长期快速发展打下坚实的基础，巩固了农村经济秩序，保障了农民生产经营的自主权，重构了适应市场经济体制的乡镇管理体制和农村自治结构，为温饱问题的根本解决和总体小康的实现作出了重大贡献。不同时期的探索，尽管重点和目标各不相同，领导力量和指导思想有异，但都“是在实现现代化和社会进步这个目标下的有益尝试”，[①] 都为我国农村建设留下了可贵的经验，其中最突出的经验就是从经济、政治、农民组织和思想文化等方面综合开展农村建设。比如，乡村建设运动，在解决农民尤其是自耕农的生产生活困难、改良农业的同时，特别注重兴办教育、流通金融、提倡合作、改善公共卫生和移风易俗等内容。一方面，直接推动了农村建设和社会各方面的进步；另一方面，是组织和发动农民创造了建设的经验和方法，在兴办教育的过程中形成了定县的“导生传习制”和邹平的“共学制”，[②] 在建立公共卫生保障制度的过程中创立了定县的村、乡、县三级卫生保健制度、无锡的农村合作医疗制度和邹平的贫困农民免费治疗制等。“大跃进”运动同样是在充分进行宣传教育、广泛发动群众的基础上和“人

① 金冲及:《中国近代的革命和改革》，载《光明日报》1990 年 12 月 5 日，第 4 版。

② 谈火生:《人生为一大事来》，载《人物》2007 年第 10 期。

民公社”“人民食堂”相互呼应，从经济、政治、农民组织和思想文化等各领域共同为农村建设的发展服务。改革开放之所以在农村迅速打开局面并取得成绩，得益于不仅在土地承包制度上做文章，而且通过深入有效的思想宣传和管理体制的不断创新，保证了改革措施的稳步推进和改革进程的有序衔接。

中华优秀儿女在各个历史阶段对农村建设的不断探索，受主客观条件的限制，虽然颇有声势并取得了显著的成绩和宝贵的经验，但大多数只能缓解或暂时消除农村发展中的一些困难，并没有彻底解决农村建设和发展中的根本性问题，一些当时可行的经验也随着时代的发展需要调整。总结起来，除了发展基础和历史条件的制约外，以往探索并没有找到指导农村建设的科学理论和正确道路，其中最重要的教训就是没有真正发挥农民的主体作用。在乡村建设运动中，尽管最早和最明确提出的目标就是实行农村政治的自治化和民主化，如 1929 年村治派就提出“一切权利，根本在民，政权操于民众，治权始于乡村，权力无由而齐，阶级无由而生，全国农村组织划一，权虽分而仍无害于统一”，据此指出乡村建设的途径，“一面由学术上积极阐发教养精神，而使学者悍然于推恩尽性，服务乡村之本分；另一面由政治上积极实施教养原则，痛革中国专制传统和西洋阶级传统之积弊”。[①] 但由于客观上无法改变广大农民受剥削和压迫的处境，无法发动农民承担运动主体的地位，因此农民对知识分子倡议和领导的改良措施，只是在有利可图时消极合作，乡村建设运动中创立的乡农学校甚至被当地农民砸毁，教员和职员被驱逐。乡村建设运动三杰之一的梁漱溟说：“本来最理想的乡村运动，是乡下人动，我们帮他呐喊。退一步说，也应当是他们想动，而我们领着他动。现在我们动，他们不动。他们不仅不

---

① 王鸿一：《建设村本政治》，载村治月刊社编：《村治之理论与实施》，村治月刊社 1930 年版，第 7~9 页。

动，甚至因为我们动，反来和我们闹得很不合适，几乎让我们作不下去。此足见我们未能代表乡村的要求！我们自以为我们的工作对乡村有好处，然而乡村并不欢迎，至少彼此是两回事，没有打成一片！”①之所以会出现“号称乡村建设而依附政权，号称乡村运动而乡村不动”的现象，是因为乡村建设派试图在维持土地制度不变的情况下改良社会。广大农民的土地权利缺乏保障，农民的经济困境没有改变，农民的主体地位没有坚实的基础甚至无从实现，乡村建设运动只好从政权获得支持。比如，梁漱溟在山东的乡村建设实验就“获得了政治当局的保护”，甚至还实际上接管了两个县的行政权力。“这种特别权力在1933年得到国民政府的批准，这显然是为了加强对各种乡村建设规划的控制，并从中获得好处。”②这样的结果，必然是偏离乡村建设自治化和民主化的方向，戕害农民主体的积极性。而1949年后党和政府主导的以“大跃进”为代表的乡村建设活动，似乎走上了另一个极端，几乎所有农民都在高效的宣传和动员中参与到乡村建设中来。但仔细分析，农民参与的主要是意识形态领域的政治斗争，在“宁左勿右”的政治高压下表现出的这种热情，实际反映的不是真实的态度，而是政治狂热和政治幼稚的表现，是主体地位被嘲讽和玩弄的结果。改革开放后农村的改革尽管主要发生在经济领域，但农民的经济主体地位和权利得到了极大的改善和保障，由此获得了经济体制改革的巨大成功。而在村民自治和国家政治生活中，行政权力的力量还在发挥主导甚至控制的作用，农民政治主体的地位还没有完全实现，已经对业已取得的经济改革成就造成了不利的影响。农村建设历史的经验教训提示我们新农村建设中必须充分发挥农民的主体作用。

---

① 梁漱溟:《梁漱溟全集》(第2卷)，山东人民出版社1990年版，第575页。

② [美]费正清主编:《剑桥中华民国史》(第二部)，章建刚等译，上海人民出版社1992年版，第388页。

2. 自觉契合时代需求

新农村建设作为历史上多次提出的宏伟设想，在21世纪被重新酝酿和提出，是基于快速发展变化的现实背景、时代背景、知识背景和海内外经验教训。

从我国的现实背景来说，随着30余年来经济的快速增长和社会的急剧转型，我国城乡之间的差距经历了波动发展的过程，总体呈现出越来越拉大的趋势，城乡隔离的格局也越来越显著。改革开放最初从农村发端，在农村经济与农民生活水平不断改善和提高的前提下，城乡差距一度缩小，农村聚集资源的能力有所增强。但随着市场经济体制的深化，加上政府再分配机制的不当作用，城乡之间的收入差距持续，城市和农村吸引资源的能力日益悬殊。到2004年城市居民人均收入水平是农村居民收入水平的三倍以上，农业、农村呈现边缘化、空心化的状态。改革开放成功地推进了市场化改革和工业化进程，大大提高了我国的经济实力、综合国力和国际声望，因此2004年中央经济工作会议提出我国总体上已经进入以工促农、以城带乡的发展阶段，要更加自觉地调整国民收入的分配结构，更加主动地支持农业、农村的发展。

从时代背景来说，人类社会正处于现代化、市场化和全球化不断延续和深入的阶段，世界上所有国家和地区都无法自外于这一时代。现代化是指自近代工业革命以来人类生产方式、社会结构和价值观念不断从传统向现代的转型过程。现代化自18世纪60年代在英国开启，随后不断向全球扩散，成为发展的必然趋势，农村发展的实质就是由传统向现代的转变。市场化是指市场机制在经济领域中确立和巩固主导作用的过程。我国的改革开放逐步明确了在经济体制中建立社会主义市场经济，其实是对发端于农村的市场化过程和结果的确认。伴随着现代化和市场化，科学技术的快速进步和市场经济在世界范围内的扩展，导致资源配置、社会管理方式与思想文化越来越多地实现了全球化，人们的空间距离和心理距离日益缩小，成为“地球村”的村民。以现代化、市场化和全球化为代表，构成了建设社会主义新农村的重要时代背景。

新农村建设战略的提出还是理论和实务界不断探讨的产物，是知识话语向政策话语的转换。随着“农民真苦，农村真穷，农业真危险”呼声的响起，对“三农”问题的研究逐渐升温，学术界和决策层在许多问题上进行了深入的调查和研究，先后提出了许多解决“三农”问题的计划和方案。比如，董辅礽等提出实行城乡统筹、推进城镇化，于建嵘、李昌平等认为解决“三农”问题的最根本出路在于乡村政治改革，陈锡文、林毅夫等强调调整农业种植结构、农村就业结构和农民的收入结构，温铁军等认为必须把农民组织起来，贺雪峰等指出乡村问题是文化失调的问题，佣辙等则认为只有从土地私有化着手赋予农民产权才能解决“三农”问题。[①] 通过各路学者的努力，“三农”问题的重要性和迫切性进一步明确，问题形成的原因得以阐明，由此提出的解决思路也对中央决策发挥了重要的影响。

国际上的经验和教训也为我国新农村建设战略的形成提供了借鉴。诚如党的十六届四中全会所总结，世界上所有发达国家在工业化初始阶段都是农业支持工业、集中农村资源为工业提供积累，以解决工业化起步阶段需要大量资源投入的问题。当工业化达到相当程度后，工农业之间的生产率水平逐渐拉大，资源主要流向工业部门，为避免产业之间的差距失去平衡，又需要促进工业反哺农业、城市支持农村。发达国家在农业现代化的过程中，形成了以美国和加拿大为代表的人少地多模式，以荷兰、以色列为代表的人多地少模式，以英、法、德为代表的中间类型，以及以日本、韩国为代表的东亚模式，其共同点是对农业的支持力度不断加强，通过国家财政引导调动全社会力量带动农村建设，由此提高农民物质文化生活水平、缩小城乡差距。而大多数发展中国家在工业化推进和经济增长的同时，

① 参见陈锦晓:《中国乡村建设道路探索研究》，黄河水利出版社 2009 年版，第 185 ~ 189 页。

没能实现农业现代化转型和城乡平衡发展，产生了忽视农业、农村和农民的倾向，导致二元结构不断固化，经济发展在短暂的高速度后陷入长期停滞。

当我国总体上进入以工促农、以城带乡的发展新阶段后，顺应时代发展和现实需要，在吸收理论研究和国际经验教训的基础上，我们认识到全面建设小康社会、和谐社会的重点和难点在于“三农”问题的解决，农业丰则基础强，农民富则国家盛，农村稳则社会安。①只有农村实现了和谐和小康，才是全社会的和谐和全面建成的小康；只有农业实现了现代化，才有整个国家的现代化。

3. 创新理论更加成熟

“创新是一个民族进步的灵魂，是一个国家兴旺发达的不竭动力，也是一个政党永葆生机的源泉。”②党的十八大报告指出，“要始终把改革创新精神贯彻到治国理政各个环节，不断推进我国社会主义制度的自我完善和发展”。③创新既包括各横向领域的创新，如治理体系和治理能力创新、社会管理创新、科技创新、文化创新、教育创新及其他各方面创新；也包括各纵向层面的创新，如实践创新、理论创新和制度创新。“世界在变化，我国改革开放和现代化建设在前进，人民群众的伟大实践在发展”，④实践创新不仅为理论创新提供生动鲜活的材料，也不断推动理论的持续创新。我们以马克思主义的创新精神和理论勇气，根据实践创新的新材料、新经验，广泛吸收国内外优秀人类文明成果，不断扩展理论新视野，作出理论

① 参见《中共中央、国务院关于推进社会主义新农村建设的若干意见》，载《人民日报》2006 年 2 月 22 日，第 1 版。

② 江泽民：《全面建设小康社会——开创中国特色社会主义事业新局面》，载《人民日报》2002 年 11 月 8 日，第 1 版。

③ 胡锦涛：《坚定不移沿着中国特色社会主义道路前进　为全面建成小康社会而奋斗》，载《人民日报》2012 年 11 月 8 日，第 1 版。

④ 江泽民：《全面建设小康社会——开创中国特色社会主义事业新局面》，载《人民日报》2002 年 11 月 8 日，第 1 版。

新概括，使其成为引导和鼓舞全党和全国人民的理论武器。在实践基础上的理论创新既是社会发展和变革的先导，又需要在经过实践检验之后使其上升到规范和调整人们关系的制度层面，通过制度创新保证改革不断取得成功，保证中国特色社会主义不断走向成熟和完善。

我党一直重视在各层面、各领域广泛推进创新，尤其强调实践创新、理论创新和制度创新对我党、我国事业发展的重要意义。[①]

首先，三者之间是三位一体、协调统一、相互交织、相辅相成的关系。“三个层面的创新，分别对应中国特色社会主义的实践形态、理论形态和制度形态，是中国特色社会主义道路自信、理论自信和制度自信的三根坚强支柱，是中国特色社会主义画卷的三原色，必须坚持三者的辩证统一。”[②]习近平在中央党校学习贯彻党的十八大精神研讨班指出，“永远要有逢山开路、遇河架桥的精神，锐意进取，大胆探索”的实践创新精神；同时还要积极进行理论创新增强理论自信，“敢于和善于分析回答现实生活中和群众思想上迫切需要解决的问题”；对实践形态和理论形态的创新成果，还要固定和提升到制度层面，要“不断深化改革开放，不断有所发现、有所创造”，[③]推进理论创新、实践创新、制度创新的协调发展。

其次，在我国改革开放的进程中，实践创新往往发挥着先导探路的作用。列宁曾经说过：“生气勃勃的创造性的社会主义是由人民群众自己创立的。”我国创造了世界经济发展奇迹的改革开放，主要是自主摸索和大胆创新的成果。因为既没有现成的经验和模式可资借鉴，更没有哪一个国家

---

① 参见梁言顺：《实践创新　理论创新　制度创新的重要成果》，载《光明日报》2012年11月26日，第14版。

② 参见梁言顺：《实践创新　理论创新　制度创新的重要成果》，载《光明日报》2012年11月26日，第14版。

③ 徐京跃、霍小光：《中共中央总书记、中共中央军委主席习近平在开班式上发表重要讲话：毫不动摇坚持和发展中国特色社会主义　不断推进理论创新　实践创新　制度创新》，载《深圳特区报》2013年1月6日，第1版。

和民族像我们生逢这样的传统和时代。“中国特色社会主义形成和发展的进程，是一个坚持马克思主义实践第一的观点、尊重人民群众首创精神奋勇开拓的历史进程”，[①]从“摸着石头过河”到“杀出一条血路”，实践创新是中国特色社会主义形成和发展的源头活水和动力来源，为我国社会主义事业的理论创新和制度创新贡献了生动鲜活的材料和高效丰富的养分。

再次，重视并不断推进理论创新是我国社会主义事业的宝贵经验。列宁曾说，没有革命的理论就不会有革命的运动。中国特色社会主义发展进程中，中国共产党始终保持高度的理论自觉，注重将马克思主义指导思想中国化，在实践的基础上推进理论创新。从邓小平理论、“三个代表”重要思想、科学发展观到习近平同志重要讲话精神，围绕社会主义建设、党的建设、科学发展及新常态下如何发展等密切相关的根本性问题，形成了一系列新思想、新观点、新论断，不断将社会主义理论推向新的阶段，科学理论的指引、理论创新的自觉和自信，是中国特色社会主义取得成功的关键之一。

最后，对实践创新和理论创新成果及时进行转化和提升，是中国特色社会主义持续和稳定发展的大厦梁柱。古今中外的文明成果昭示：只有经过制度化和规范化，成功的经验和科学的理论才可能永葆生机和活力。邓小平同志曾经讲，还是制度更靠得住些，改革开放的成功也确实奠基于不断的制度创新。从计划经济、人民公社到市场经济、基层自治和民主法治的发展，是稳步开展的制度创新，支撑起中国特色社会主义的新局面。党的十八大报告要求我们“必须以更大的政治勇气和智慧，不失时机深化重要领域改革，坚决破除一切妨碍科学发展的思想观念和体制机制弊端，构建系统完备、科学规范、运行有效的制度体系，使各方面制度更加成熟更

---

① 王幸生：《实践创新理论创新制度创新的有机统一——论中国特色社会主义伟大道路的开辟及其鲜明特色》，载《解放军报》2012年11月27日，第4版。

加定型”。当然，在知识经济、网络时代的条件下，社会发展的速率显著提高，人民群众对制度创新产生了许多新需求、新期待，“必须进一步强化制度保障的观念，把制度建设和制度创新放在更突出的位置，做到改革开放的实践每深化一步，党的创新理论的步伐每前行一步，制度建设就跟进一步”。[①] 党的十八届三中、四中全会的精神和具体举措，进一步深化了实践创新、理论创新和制度创新的辩证关系，[②] 强调三者的协调统一和相辅相成是中国特色社会主义事业的成功保证。[③]

（二）执政理念发展，对农村民主政治的领导日益坚强

我国政治参与的特点在于，公民包括农民的政治参与必须始终坚持立足中国国情，坚持党的领导，这是由我国社会主义民主政治的性质所决定的。在长期执政的过程中，中国共产党不断创新执政理念，不断深化改革开放，始终重视并持续加强农村民主政治建设，指引农民政治参与朝着正确的方向进步和发展。

1. 坚持农村民主政治的社会主义方向

现代公民政治参与起源于西方，在西方国家的政治生活中产生了深远的影响，形成了系统成熟的理论。我国公民政治参与的理论和实践都起步于半殖民地半封建社会，由于政局长期动荡，多年来发展中遇到诸多障碍，因此还很不成熟。在建设社会主义政治文明、发展公民政治参与的过程中，尽管可以从传统政治伦理中汲取一定资源，但要想快速取得成效，就不得不引进现代公民政治参与理论。而我国的历史和现实决定着我国政

① 王幸生：《实践创新理论创新制度创新的有机统一——论中国特色社会主义伟大道路的开辟及其鲜明特色》，载《解放军报》2012 年 11 月 27 日，第 4 版。

② 参见朱继东：《中国特色社会主义的理论创新 实践创新 制度创新》，载《前线》2014 年第 1 期。

③ 参见张志刚等：《实践创新、理论创新、制度创新的几个理论视角》，载《党史博采》（理论）2012 年第 1 期。

治体制有独具特色的逻辑和发展演变规律，要借鉴西方的理论，就必须使其和我国国情相结合，使其立足于我国的现代化建设，实现现代公民参与理论的中国化。也正是在这一前提下，中国共产党积极加大政治体制改革的力度，加快对外开放的步伐，认真学习人类文明的最新成果，体现在加入 WTO 后积极参与世界经济、政治秩序的维护，加入《公民经济和社会权利公约》和《联合国反腐败公约》等；还体现在把尊重和保护人权写入宪法，把“以人为本”执政理念写入党章等。

公民政治参与权利的顺利行使，社会主义民主政治的健康发展，都要求坚持中国共产党的领导。党不仅是我国社会主义革命和建设的领导核心，也是社会主义现代化取得成功的根本保证。随着改革开放带来的言论自由和价值观的多元化，不能动摇社会主义初级阶段的“一个中心，两个基本点”，不能冲击党的领导和社会主义基本制度。改革开放 30 多年取得了举世瞩目的成就，不仅我国综合国力显著增强，国内生产总值稳居世界第二，而且我国的国际地位逐步上升，对世界经济新秩序的影响与日俱增。而科学发展观指导地位的确立和对经济新常态的准确把握，将进一步促进经济增长方式的转变和经济结构的调整升级。所有这些，都为我们发展公民政治参与权利提供了经济基础。

党的十七大报告明确指出:“我国仍处于并将长期处于社会主义初级阶段的基本国情没有变，人民日益增长的物质文化需要同落后的社会生产之间的矛盾这一主要矛盾没有变。”这一判断是对我国现状的历史性定位。这个定位是我们观察问题、作出决策的出发点，更是做好一切工作的落脚点。在当前我国历史、社会、思想文化条件限制下，发展公民政治参与权利只能在党的领导下，有步骤、有秩序地进行。任何企图超越现阶段社会经济文化和道德发展水平，不顾历史条件制约，想在短时间内求得农民政治参与权利极大发展的想法和做法，都是不切实际的。只有从我国社会主义初级阶段这个最大的实际出发，充分认识农民政治参与发展的长期性和渐进性，才能切实有效地提升农民政治参与权利。[①]党的领导、中国特色社会主义理论和实践已深入人心，随着党的领导方式、执政方式的转变，广大群众的政治意识也在不断成熟，主张西化、自由化的只是极少数人而且不得人心。农民通过行使政治参与权利影响政治生活、追求合法权益是完全符合社会主义民主和法治要求的行为，但需要根据世情、国情、社情和党情的发展变化发挥其积极作用，避免其负面影响，这就要求必须坚持党对农民政治参与的领导。

2. 巩固党领导农民政治参与的重要性

（1）是党的性质、宗旨和根本任务的要求。党章总纲规定，中国共产党是中国工人阶级的先锋队，同时是中国人民和中华民族的先锋队，是中国特色社会主义事业的领导核心。这一性质决定着中国共产党始终坚持为绝大多数人谋利益。中国共产党建党 90 多年的奋斗，归根到底是为了实现好、维护好和发展好最广大人民的根本利益。毛泽东早在新民主主义革命时期就明确指出："共产党人的一切言论行动，必须以合乎最广大人民群众的最大利益，为最广大人民群众所拥护为最高标准。"[②]邓小平曾说过"党是人民群众的全心全意的服务者"。[③]总结党 90 多年的奋斗历程，胡锦涛同志深刻指出："实现人民的愿望、满足人民的需要、维护人民的利益，是'三个代表'重要思想的根本出发点和落脚点。"[④]

马克思主义政党的根本宗旨，就是坚持人民群众是历史创造者这一根本规律，紧紧依靠最广大人民群众，全心全意为最广大人民谋利益，促进人自由而全面地发展。中国共产党要始终把领导和支持人民当家作主视为工作的出发点和归宿。《共产党宣言》曾庄严宣告："过去的一切运动都是

① 参见严书翰：《建设社会主义新农村关键在人》，载《光明日报》2006 年 4 月 4 日，第 9 版。
②《毛泽东选集》（第 3 卷），人民出版社 1991 年版，第 1096 页。
③《邓小平文选》（第 1 卷），人民出版社 1994 年版，第 218 页。
④ 胡锦涛：《在"三个代表"重要思想理论研讨会上的讲话》，载《人民日报》2003 年 7 月 2 日，第 1 版。

少数人或者为少数人谋利益的运动。无产阶级的运动是大多数人的、为绝大多数人谋利益的独立的运动。”① 毛泽东指出：“全心全意为人民服务，一刻也不脱离群众；一切从人民的利益出发，而不是从个人或小集团的利益出发；向人民负责和向党的领导机关负责的一致性；这些就是我们的出发点。”② 邓小平同志指出：“党的全部任务就是全心全意的为人民服务。”③ 江泽民同志指出：“我们党始终坚持人民的利益高于一切。党除了最广大人民的根本利益，没有自己特殊的利益。党的一切工作，必须以最广大人民的根本利益为最高标准。”④ 胡锦涛同志强调：“相信谁、依靠谁、为了谁，是否始终站在最广大人民的立场上，是区分唯物史观和唯心史观的分水岭，也是判断马克思主义政党的试金石。”⑤ 习近平同志指出：“人民对美好生活的向往，就是我们的奋斗目标”，“说到底还是为人民服务这句话。我们党是为人民服务的”。⑥

中华人民共和国成立后，我们党成为全国范围的执政党，在当时国内和国际情况错综复杂的背景下，采用了高度集中的计划经济体制。这种体制对于后发展国家来说，有一定的历史合理性，但也存在显著的局限性。在这种体制下，几乎所有追逐个人利益的行为都受到排斥，从而导致行政命令式的领导和执政方式，党指挥一切，包办一切，党代替人民做了许多事情，包括直接分配社会财富和资源，直接管理国家和社会公共事务，使人民当家作主仅仅停留在字面上、口号上。一些党员干部在思想上，也把

---

①《马克思恩格斯选集》(第1卷)，人民出版社1995年版，第283页。

②《毛泽东选集》(第3卷)，人民出版社1991年版，第1094～1095页。

③《邓小平文选》(第1卷)，人民出版社1994年版，第217页。

④ 江泽民:《在庆祝中国共产党成立八十周年大会上的讲话》(2001年7月1日)，载江泽民:《论“三个代表”》，中央文献出版社2001年版，第162页。

⑤ 胡锦涛:《在“三个代表”重要思想理论研讨会上的讲话》，载《人民日报》2003年7月2日，第1版。

⑥ 习近平:《在参加兰考县委常委班子专题民主生活会时的讲话》，载《人民日报》2014年5月9日，第1版。

执政为民误解为党代替人民当家作主，把控制式的管理作为最主要的领导方式。随着我国社会主义市场经济体制的确立，政治权力对全社会的控制逐渐减弱，社会自治力量逐步扩大，人民群众的利益多样化趋势日益显现。为了维护自己的利益，广大群众的参与意识大大增强。社会主义民主政治发展的规律和趋势，要求执政党必须积极适应这一变化，充分重视民主对中国特色社会主义的价值，加快法治对民主的制度供给，不断创新高效的民主形式和方式，切实保障公民包括农民政治参与权利的行使，改变把执政为民当作对人民恩赐的错误观念，不能继续居高临下地代替人民当家作主。这样，才能把人民当家作主落到实处。

（2）巩固和扩大执政合法性需要扩大政治参与。合法性问题是政治学研究的一个基本问题，也是各个执政党应该首先解决好的重大问题。“执政党的政治合法性是指社会性成员对于政治统治的承认，即社会成员对政治统治正当性的认可，也就是要获得民众的拥护和支持。”①政治合法性是各个政党试图执政的先决条件，更是执政党维持地位的前提。如果一个执政党不能很好地解决自身的合法性问题，或者说忽视合法性的维护，那么，它就有可能面临合法性危机。正如哈贝马斯所说：“任何一种政治系统，如果他不抓合法性，那么，它就不可能永久地保持住群众（对它所持有的）忠诚心。也就是说，就无法永久地保持它的成员们紧紧地跟它前进。”②

政治“合法性”是一个历史范畴，不同历史阶段有不同的合法性基础。中国共产党自1949年在全国执政以来，其合法性基础也是不断变化的。从1949年建立中华人民共和国到1957年，中国共产党的政治合法性根源于其良好的执政绩效和广大群众对其意识形态的认同。从1957年下

① 周学峰：《依法执政是新时期维护党的执政合法性的形式要件》，载《理论月刊》2003年第6期。

②［德］尤尔根·哈贝马斯：《重建历史唯物主义》，郭官义译，社会科学文献出版社2000年版，序言页。

半年到1978年年底，我们党试图将合法性的诉求主要建立在意识形态的信仰上，试图通过阶级斗争来巩固其合法性，而将执政的经济绩效放到了次要位置。党的十一届三中全会召开以来，我们党开始通过改革开放所带来的经济绩效来重塑其执政合法性。当前我们处在一个政治多极化、经济全球化、文化多元化时代，一个民主化浪潮不断冲击的新时代。我们面临经济发展制约因素不断增多、利益分化不断加剧、腐败现象日趋严重等严峻考验，中国共产党政治合法性基础面临巨大挑战。扩大人民的政治参与是中国共产党维护和巩固其合法性基础，增加“合法性”资源，提高党执政“合法性”的必经之路。从某种意义上说，离开了广泛的公民政治参与，其执政合法性也就不存在了。

（3）扩大政治参与是党领导人民当家作主的基本形式。我们党来自于人民，服务于人民，自成立90余年来一直把为人民谋利益作为党一切工作的出发点和落脚点，以群众路线作为自己的根本路线。发展社会主义民主政治，是我们党始终不渝的奋斗目标。“党对国家生活的领导，最本质的内容就是组织和支持人民当家作主。”①社会主义民主的实现形式是体现社会主义民主本质的各种具体形式、体制、机构和程序的总和。②从现阶段人民当家作主的实现形式上看，党领导人民当家作主主要有代表、组织和支持三种形式。

从新民主主义革命时期开始，历经社会主义革命和建设时期，中国共产党始终以代表和组织人民当家作主为己任，发展了有效的形式，积累了丰富的经验，发挥了重要的作用。当前，探索党支持人民当家作主的道路更为重要、更有价值。支持人民当家作主，主要体现在党为实现人民当家作主提供多种保障条件方面。由于目前我国“基层民主和社团自治规模

---

① 中共中央文献研究室编:《三中全会以来——重要文献选编》(下)，人民出版社1982年版，第865页。

② 参见李铁映:《论民主》，人民出版社、中国社会科学出版社2001年版，第88页。

较小，政党组织的中介作用不明显，因而人民可以在这些方面直接当家作主”。[①] 以民主选举、民主决策、民主管理、民主监督为主要内容的村民自治制度，早已成为法定的农村基层自治制度，农民当家作主的权利基本具备了实现的条件。与此同时，党和政府积极推动城市居民自治制度，社区居民委员会中实行民主选举的逐年增加。近年来，基层民主政治出现了许多可贵的探索，如“4+2 工作法”“村情民意恳谈会”“民主恳谈会”“公推公选”乡镇长等，这些使农民行使政治参与权利的成本降低，渠道拓宽。以上探索的共同结果，是基层党的领导的加强，是人民当家作主的深入发展；而这些探索的共同表现，是农民政治参与目的和手段的不断创新。由此体现了党领导农民政治参与的重要性。

3. 党领导政治参与的必要性

（1）坚持党的领导才能保持社会稳定。在以往计划经济体制下，人们之间的利益矛盾以一种隐性化的方式被抑制。随着改革开放的深入和社会利益格局的深刻变化，我国社会进入一个矛盾多发期，不稳定因素急剧增加。当前社会利益结构演绎出十分复杂的关系，利益主体多元化、利益关系复杂化、利益冲突加剧化的情况正在困扰着整个社会。[②] 权利意识觉醒的公民积极通过政治参与影响社会资源和利益的分配，有可能会进一步引发不同利益主体间的矛盾和冲突。有西方学者指出：“政治参与不可避免地引起社会冲突的产生与调和诸问题。只要政府利益受到限制，一个集团为自己获得某种利益而进行的活动就可能损害其他人的利益。”[③] 特别值得注意的是，公民在政治参与过程中，有可能采取一些非理性的甚至非法的

① 胡小君：《略论人民当家作主的含义及其与党的领导的关系》，载《毛泽东邓小平理论研究》2005 年第 8 期。

② 参见张亚勇：《改善民生：党群关系和谐的基础和保证》，载《党政干部学刊》2008 年第 2 期。

③［美］格林斯坦、波尔斯比：《政治学手册精选》（下卷），竺乾威等译，商务印书馆 1996 年版，第 299 页。

手段，从而影响社会秩序的稳定。“城市化、识字率、教育和接触传播媒介的水平的提高，都在提高人们的愿望和期待，而如果这些愿望和期待不能得以满足，就会刺激个人和集团投身于政治。在缺少强有力和灵活的政治制度的情况下，这种参与的增加便意味着动乱和暴力。”① 在这种情况下，只有坚持中国共产党的领导，才能保证社会稳定，并在稳定中发展公民政治参与，在实践中培养、锻炼公民的素质；才能不断创造公民政治参与的条件，并在这些条件的基础上保证公民政治参与权利的行使。在中国向全面建成小康社会的关键时期，稳定是压倒一切的大局，是国家的最高利益。中国共产党的领导，是组织人民进行政治、经济、文化和社会方面的改革和建设，指挥人民军队维护国家的独立和统一的保证。脱离了党的领导，公民政治参与权利就无法实现。

（2）坚持党的领导才能抵制极端民主化和无政府主义。极端民主化指片面强调民主，反对以集中为指导的错误思想，表现为打着民主的旗号不要组织、不要纪律、不要领导，主张自行其是。而无政府主义的基本特征是反对一切政权、反对一切权威，主张无命令、无服从、无裁决的绝对自由和绝对民主。从理论上分析，“无政府主义是把民主与集中、民主和纪律、民主与专政、民主与权威片面地、人为地割裂开来、对立起来，用民主来否定集中、纪律、专政、权威，否定党的领导”。② 而极端民主化和无政府主义式的参与，很有可能会引起“政治衰退”，造成政治动荡。在这方面，我们有过惨痛的教训，如我国十年“文革”中“踢开党委闹革命”就是一种无政府主义的公民政治参与，结果导致政治上的动荡和无序。因此，我们只有坚持党的领导，用马克思主义中国化的理论成果来指导全国人民、牢牢把握意识形态的发展方向，才能有效抵制极端民主化和无政府

① [美] 塞缪尔·P. 亨廷顿：《变化社会中的政治秩序》，王冠华等译，三联书店 1989 年版，第 44 页。

② 刘积高等：《社会主义民主政治的新发展》，四川人民出版社 2001 年版，第 271 页。

主义的错误做法，把公民政治参与权利的行使纳入制度化的轨道，使公民理性地参与到国家政治生活中来。

（3）坚持党的领导才能保证参与制度的运行和完善。政治参与是利益各方通过对政治生活的参与而试图谋取自己最大利益的活动，没有制度层面的保障，政治参与对利益各方来说都可能是一种“零和”甚至是“负和”性质的游戏。因此，保证公民政治参与权利的行使的关键是加强公民政治参与的制度建设，依靠完善的制度保证公民政治参与的空间，规范公民政治参与的行为。中华人民共和国成立后，中国共产党领导社会各个阶级阶层、各民主党派和人民团体，创造性地发展马克思主义中国化，创立了中国特色的社会主义制度，保证了人民行使民主权利，有利于公民通过政治组织参与国家的政治生活。在中国这样一个情况错综复杂的国度扩大公民政治参与权利，必须有一个代表最广大人民利益、善于总揽全局、有效协调各方的政治核心，才能保证社会主义民主政治和农民权益的持续健康发展。

三、新农村建设之“农村”：新目标要求农民政治参与的加强

新农村建设的目标不仅包括“三农”问题的解决，还包括现代文明在农村的生根发芽，是科学发展观和现代化建设“五位一体”总体布局在农村的具体体现。我们要建设的新农村，不仅是经济和社会持续、快速、健康发展的农村，还是以农民为主体的农村。

（一）新目标是经济社会全面发展的农村

1. 农村经济社会发展的基础

新农村建设的发展目标中，首要的仍然是经济的发展，着眼点是以现代农业替代传统农业。从多数农民维持生计并赖以发展的农业来说，据《2015 中国国土资源公报》，“2015 年中国耕地面积 20.25 亿亩，年内净减少耕地面积 99 万亩”。农业用地主要存在三方面问题，首先，是耕地质量

总体偏低，“2014年全国耕地平均质量为9.97等，属于中等地（9~12等为中等地），总体偏低”，质量指标和两年前公布的数据相比略有下滑，耕地中优等地面积只占2.9%，高等地占26.5%，中、低等地占比超过70%。其次，是人均耕地面积偏低，由于统计方法、指标的改变以及农业税取消的影响，2009年以来统计的耕地数字比1996年增加了约两亿亩，2015年人均耕地面积约1.52亩，而世界人均耕地面积为4.8亩，我国人均水平只达到世界人均水平的32%，而我国人口却占到世界总人口的约22%。最后，是耕地利用效率不高，不仅相关的产业设施和产业政策不够完善，而且各种因素导致耕地不能利用或无序减少。“数据显示，2015年全国因建设占用、灾毁、生态退耕、农业结构调整等原因减少耕地面积450万亩，通过土地整治等增加耕地351万亩，年内净减少耕地面积99万亩。”① 从长期趋势来看，粮食安全仍是比较严重的问题，② 农业的基础地位和战略使命没有改变。一方面，粮食安全问题不容小觑，既要稳定粮食种植面积，更要迅速应对消费结构的变化；另一方面，农业还要为工业发展提供市场需求，要加快发展农产品深度加工和市场营销，使农业生产的组织化水平和市场化程度明显提高。在现代农业的基础上，将新农村建设与“工业化”形成良性互动，加大科技投入和人才投入，进一步转变增长方式、创新发展模式，在生产发展的基础上实现生活宽裕、乡风文明、村容整洁、管理民主，使生产方式和生活方式携手走向现代文明。

我们要建设的社会主义新农村，还应当是社会事业和社会管理全面进步的农村。然而，随着城镇化的快速推进和相关税费的减免，农村的生产生活环境改进缓慢，农村基础设施和公共服务进入尴尬状态，农村社会事

---

① 王立彬、郁琼源:《我国截至2015年末 耕地面积20.25亿亩》，载新华网：http://news.xinhuanet.com/fortune/2016-04/21/c_1118698450.htm，最后访问日期：2017年5月11日。

② 参见张淑英主编:《2005中国农村经济调研报告》，中国统计出版社2005年版，第16页。

业“大大落后于城市社会事业的发展”。[①] 受制于农业、农村的基本现状，农民群体在土地权利、收入增长、社会保障，以及失地农民的安置就业、进城农民的生产生活等各方面都存在突出的困难和问题。比如，农民收入增长缓慢、城乡差距扩大，是由于农用物资价格畸高、农产品价格偏低；农村社会保障程度低、医疗养老杯水车薪，是由于财政投入少、历史欠账多；失地农民安置困难、生产生活水平下降，是由于当地补偿标准低、就业机会少；农民工子女要承受亲子分离或者较高教育成本的痛苦，是由于教育资源总体紧缺而农村教育资源更易遭受侵夺；农民土地可以被征收征用却不能自主进行权益流转，是由于征收征用是打着公益或者城镇化、工业化需要的旗号，而自主流转则被狭隘地视为可能危及国之根本。

2. 农村经济社会发展的关键

土地是农业最基本的生产要素、农村最宝贵的自然资源、农民最重要的财富之源，土地权利对农民而言具有经济权利和社会保障权利的双重功能。改革开放以来农民对土地拥有的长期使用权，是解放农业生产力、改变农村面貌、改善农民生活的制度根源。国际货币基金组织通过对1978~1984年我国农业数据的计量研究，认为在土地公有的基础上，实现土地所有权和经营权的分离，是创造连续7年粮食增长奇迹、解决粮食长期短缺问题的根本原因。“农业增长中大约有3/4是由于实行了家庭联产承包责任制取得，其余是农产品相对价格提高的结果。”[②] 受惠于土地使用权的行使，民政部门着手从较为富裕的农村地区探索建立农村基层社会保障网络，先后在半数以上省份的190多个县建立了以养老、医疗为主的各种形式的社会保障制度，[③] 农村养老保险和合作医疗的政策法规相继出台，农

① 宋洪远等:《中国新农村建设：政策与实践》，中国农业出版社2012年版，第134页。

② 黄祖辉、陈欣欣:《农地产权结构和我国的家庭农业》，载《农业经济问题》1998年第5期。

③ 参见多吉才让:《新时期中国社会保障体制改革的理论与实践》，中共中央党校出版社1995年版，第275页。

村社会保障体系初步建立，农民的经济和社会权利都有较大发展。

然而，随着改革进入深水区，土地使用权对农民经济状况和经济权利的激励和促进作用显著降低。以增量改革为主要特点的改革初期，和各阶层经济利益的改善相伴，农民的经济权利也得到显著提升，城乡差距有所缩小。但是随着社会转型难度的增大，城乡二元结构的鸿沟在逐步消解的同时，随着城市化、工业化的快速发展又不断在新的层次上扩大。首先，城市化、工业化的推进远远超过农业现代化的步伐，农业资源要素大量流入工业领域和城市，耕地资源严重不足，农民的土地使用权受到各种形式的剥夺却没有得到合理的补偿。其次，土地的粗放经营没有变化，农业的增长方式主要依靠资源投入，粮食等主要农产品增收的难度加大，农民的增收空间越发狭小。最后，土地权益的流转机制不健全，农民增收没有可靠的制度支撑。许多农民不再以土地种植收益为主要收入来源，部分农民则希望土地权益能为进城务工或经商提供资本，但现有土地政策关于土地使用权的租赁、抵押或其他流转缺乏完备的制度供给，导致土地使用权成为食之无味而又不敢放弃的“鸡肋”，土地带来的经济收益降低，甚至出现抛荒现象。土地对于农民而言，不复有家庭联产承包责任制实行之初那种令人憧憬的经济功能了。

同时，土地使用权对农民社会权利的托底作用也受到剧烈冲击。土地不仅是农民安身立命之本，还是农民获得就业、养老、医疗、教育、文化等社会公共服务的重要来源，承担着农民社会保障的功能。长期以来，我国农民享有的社会救助、社会福利和优抚安置等受益面极小，而教育、文化及其他公共服务也处于保障水平较低的状态。截至20世纪末，我国农村医疗保障费用构成中，自费医疗占比超过87%，合作医疗约占6%，公费医疗和医疗保险均仅约1%。[①] 长期以来，城乡居民人均社会保障费用的

① 参见郑功成等:《中国社会保障制度变迁与评估》，中国人民大学出版社2002年版，第251页。

财政投入相差约30倍，[①] 以至于世界卫生组织将我国卫生事业的公正性程度排在全世界191个国家和地区的倒数第四位。[②] 尽管近年来农村社会保障制度取得显著进展，但农民的社会权利主要是依附于家庭承包地的不充分的就业权利和由家庭能够提供的医疗和养老保障，被称为“剩余式保障制度”。[③] 土地始终作为农村社会保障的替代物而存在，在相应社会保障缺失的情况下，承担为农民提供基本生活、就业的直接保障和养老、医疗的间接保障。[④] 然而随着社会转型的加剧，城镇化、工业化和信息化的多重影响，土地对农民的保障作用日益减弱甚至成为农民发展的桎梏。这首先是由于户籍制度使进城农民无法获得平等机会和身份认同，农民在城市无法长期稳定立足，即便不再以种地为主业也不敢放弃土地承包权。其次是土地承包权的调整也制约了农民长期经营土地的积极性，粗放经营、掠夺地力的短视行为难以避免，土地的比较利益逐年降低。最后是小农经济分散经营、效率低下的固有缺点导致农业生产力难以提高，和进城务工经商相比缺乏竞争力。如此使农民的土地经营陷入一种恶性循环的境地：由于政策制度的城市取向，完全依靠土地的传统农户难以获得满意的收益；进城农民尽管收入较高，但不敢放弃农村的土地经营权；可以提升土地经营效益的资本，面临土地资源的稀缺；掌握土地经营权的农民，害怕在土地流转中权利受损。由此，土地对农民社会权利的托底作用也接近击穿。

综上，农村经济社会发展的基础并不乐观，而农民享有的土地权利又在城镇化浪潮中备受冲击。建设社会主义新农村，就要以对农民权利的保障和张扬，来解决农村发展基础不牢固、土地权利收益低等问题，促进农村经济社会的全面快速发展。

---

① 参见朱庆芳主编:《社会保障指标体系》，中国社会科学出版社1993年版，第14页。

② 参见杨立雄:《我国农村社会保障制度创新研究》，载《中国软科学》2003年第10期。

③ 童星、赵海林:《影响农村社会保障的非经济因素分析》，载《南京大学学报》2002年第5期。

④ 参见王佳慧:《当代中国农民权利保护的法理》，中国社会科学出版社2009年版，第29页。

（二）新目标是以农民为主体的农村

农民是新农村建设的建设主体、受益主体和价值主体，[①] 农民的主体地位是新农村建设的起点和关键，建设新农村就要为了农民、依靠农民、服务农民，[②] 这既是社会主义民主政治本身的应有之义，是我国政治和法律实践确认的农民应有权利，也是农民自觉主动担当主角的自然法和实在法依据。

1. 农民主体地位的现状

随着改革开放的深入，拥有一定经济、社会权利的农民，其政治主体地位也逐渐凸显。20 世纪 80 年代以后的中国农民政治参与，突破了过去自然延伸的力度和广度，体现了国家与社会的良性互动。[③] 然而在向“市民社会”发展的过程中，农民的主体地位还缺乏充分的保障。2014 年“两会”期间，《人民日报》摘录人大代表、安徽省委书记张宝顺的发言，称政府决不能取代农民的主体地位。[④] 农业部部长韩长赋进一步强调，当前土地流转问题的矛盾比较集中，但必须明确“土地流转主体是农民不是干部”。[⑤] 农业主管部门、农业大省主要领导在全国最高权力机构中的这种表态，实际是对当前没能保证农民主体地位的一种批评。农民理应享有和法律规定的主体地位在现实中却遭遇了前述官员所批评的状态，实然状态的权利和应然权利、法定权利呈现出刺目的反差。在新农村建设的概念提出之前，“提升农民权利”主要是政府推动、社会宣传，而农民大部分处于

---

① 杨耕身：《农民民主权利和主体地位是新农村建设的起点》，载《东方早报》2006 年 2 月 22 日，第 2 版。

② 邵峰：《根植于农民群众心田上》，载《浙江日报》2013 年 7 月 10 日，第 4 版。

③ 周晓虹：《中国农民的政治参与——毛泽东和后毛泽东时代的比较》，载《香港社会科学学报》（第 17 卷秋季），香港城市大学出版社 2000 年版，第 146 页。

④ 刘杰、钱伟：《安徽省委书记：政府决不能取代农民的主体地位》，载《人民日报》2014 年 3 月 5 日，第 7 版。

⑤ 文静：《农业部部长：土地流转主体是农民不是干部》，载《京华时报》2014 年 3 月 7 日，第 1 版。

被动困守、自认弱势、等待其他力量救赎的状态，即使极少数农民精英力争主体权利，却也往往在体制惯性之下四处碰壁。不论现实状况还是发展预期，农民的主体地位都不容乐观。

首先，是主体地位的现实不平等。在法律法规、政策、制度等各类文本表达中，农业、农村和农民是国家最坚实的基础和根本，在理论上许多人同意“中国最重要的公民权利，当是乡民的权利；中国最重要的人权，当是农人的人权”。[①] 然而在实践中，我国的农民不是纯粹的职业概念，而是在户籍制度及其配套政策束缚下的一种不利身份。农民的权利受到二元制度的重重限制与消解，不仅在求学、就业、晋职、住房、医疗、教育、社会保障等方面不能和市民平等地享受应有权利，甚至在公民基本权利方面也面临明显的不平等。以象征政治地位的选举权为例，2010 年之前的《选举法》，长期坚持各级人大代表中农村代表所代表的人数是城市相应人数的 4 倍，由此在各级权力机关中农民代表的数目和其人口数量不成比例，农民在政治决策时的声音微弱。2010 年修订后终于实现城乡选举同票同权，将农民的“应有权利”上升到“法定权利”，但正如有学者所担心，“权利由法律确认和保障并不等于权利的实现”。[②] 农民在各级人民代表大会中仍缺少必要的话语权。十一届全国人大代表中农民代表只有 13 人，[③] 十二届全国人大代表在比十一届大幅度提高 5.18 个百分点的情况下，来自一线的工人、农民代表才达到 401 名，占代表总数的 13.42%。[④] 农民代表人数与其要代表的人口数量形成了远较其他群体为低的代表比例，意味着农民在

① 夏勇:《中国民权哲学》，生活・读书・新知三联书店 2004 年版，第 2 页。

② 刘安华:《农民政治发展权保障的困境与出路》，载《中共云南省委党校学报》2011 年第 2 期。

③ 参见徐恒杰:《11 届全国人大代表实有 2978 人 其中农民代表 13 人》，载《农民日报》2012 年 6 月 10 日，第 1 版。

④ 参见霍小光等:《肩负起人民的重托——十二届全国人大代表构成特色分析》，载新华网: http://news.xinhuanet.com/politics/2013-02/27/c_114822744.htm，最后访问日期: 2016 年 4 月 17 日。

全国最高权力机关中的话语权和名义上的地位极不相称，对有关坑农、伤农、卡农、害农的问题很难发出强有力的呼声，难以影响和左右政府或其他利益集团的决策。

其次，是主体地位未来发展的障碍。主要表现为农民政治表达渠道的堵塞和农民组织化的缺失。在现行体制下，尽管公民具有很多进行政治表达的法定渠道，但对农民而言，这些政治表达渠道大多是“高架铁路”攀缘不上，少数几个可以利用的渠道也容易被基层政府堵塞而“此路不通”。农民对村内事务的法定表达渠道是村民自治制度，但毕竟只是在村社内部，政治权利往往化身为经济或其他利益，且常常受乡镇政府干预。农民的政治表达更多地集中于省、中央层面上的政治诉求，然而法律规定的批评、建议、监督、质询等权利，往往受制于体制性缺陷而堵塞。乡镇人民代表大会作为地方国家权力机关，理论上是农民政治表达的有利平台，但由于乡镇人大在基层政权中实际只是处于配合党政工作的地位，这大大消解了其作为农民政治表达平台的功能，加上人大体系架构层次过多，乡镇人大处于我国人大体制的末梢，农民的政治表达诉求直达高层只能是奢望。政治表达渠道的上述缺失不利于农民权利的维护，而组织化程度的低下则从根本上决定了农民未来的权利发展缺乏动力。印度国家农业经济政策中心哈克教授指出：在农民组织缺位的情况下，政府没有压力去解决农民面临的问题，并且政府实施的各种社会福利计划也无法真正到达农村社会。① 在我国现有的2000多个全国性社团中，几乎各个社会群体、各个阶层都有代表自己的组织，恰恰人数最多的农民没有自己的社团组织。而在美国，约占农业人口90%的440万农民参加各种农业合作社25,000个，日本的全日农协联盟更是拥有800万成员，成员数量超过其国内任何一个利益集团。农民的组织化程度低，就决定了在与其他集团博弈的过程中，

---

① 参见王建成、宋华:《给农民国民待遇》，载《决策咨询》2003年第10期。

人数众多的农民反而成为弱势一方，不仅在短期内总处于不利的地位，而且基本被剥夺了未来发展政治权利的可能性。

2. 新农村建设中的农民主体地位

党和政府对新农村建设中农民主体地位重要性的认识空前提高。我国是在传统农业国的基础上走上现代化道路的，农业、农村、农民问题是制约我国发展的根本性问题。改革开放以来，城市、工业、城市居民的现代化水平提高很快，但国民经济全局的长期、持续发展，必须把数亿农民、广大农村和传统农业都包括进来，才能真正全面建成小康社会。党和政府正是从这样一个高度，把解决“三农”问题作为全党工作的重中之重，从新的认识水平上提出社会主义新农村建设。作为当前的重大历史任务，建设社会主义新农村需要动员社会各方面力量积极参与，尤其要充分发挥农民的主体作用。胡锦涛指出：“广大农民群众是推动生产力最活跃、最积极的因素，充分发挥广大农民群众的主体作用，是建设社会主义新农村成功的关键。”[①] 新农村建设和以往乡村建设在许多方面都存在差异，但最重要的不同，应该是将农民的积极性、主动性和创造性激发出来，明确农民在社会主义新农村建设中的主体地位。《中共中央国务院关于推进社会主义新农村建设的若干意见》指出“农民是新农村的建设主体、受益主体和价值主体”。[②] 党的十七大报告在阐述新农村建设任务时特别强调，要发挥亿万农民的主体作用，建设社会主义新农村。党的十八大报告进一步提出“让广大农民平等参与现代化进程，共同分享现代化成果”，并明确部署“构建新型农业经营体系、培育新型职业农民”，充分发挥农民建设社会主义新农村的主体作用。

重视农民主体地位，是社会主义新农村建设的基本思路和方式。“三农”问题的核心是农民问题，新农村建设提出了解决“三农”问题的新

① 严书翰:《建设社会主义新农村关键在人》，载《光明日报》2006 年 4 月 4 日，第 9 版。

②《中共中央国务院关于推进社会主义新农村建设的若干意见》，载《人民日报》2006 年 2 月 22 日，第 1 版。

思路，就是在科学发展观的指导下，坚持以人为本，把农民增收放在第一位，把农民素质提高作为根本。城乡收入差距的扩大是改革进入“深水区”后难以避免的难题，是构建和谐社会最大的障碍，全国农村消费品零售总额占全社会消费品零售总额的比重逐年下降，城乡消费链断裂的风险增大，表明农民收入低不仅是社会稳定的严重障碍，还是经济发展链条中的致命隐患。只有农民的收入提高了，才能真正启动农村市场带动内需和消费。而农民增收主要难在农村剩余劳动力太多，数亿农民长期处于隐性失业状态，只有扩大就业才能促进农民增收，既要从现代农业中创造就业机会，更要广开进城务工经商的劳动力转移渠道。随之出现了新的问题，就是进城的农民，凭什么和城里人一比高低？因此，新农村建设的根本问题是提高农民的素质，许多省份在新农村建设规划中都提出了培养新型农民的思路。在建设方式上，新农村建设和以往的多次急躁冒进不同，达到了一种新的高度。考虑到我国各地农村发展水平的差异，新农村建设特别强调“要注重实效，不搞形式主义；要量力而行，不盲目攀比；要民主商议，不强迫命令；要突出特色，不强求一律；要引导扶持，不包办代替”；[①] 尤其是强调“要切实调动农民的积极性，让广大农民参与到新农村建设中来，让农民在新农村建设过程中得到实惠、得到好处”，[②] 强调农民的发展才是社会主义新农村建设的持久动力。在这一原则指导下，新农村建设中，引导农民发挥主体作用的措施将更具体，保障农民各项权利的制度也将更完善。提高农民的组织能力和组织程度，有助于切实增强农民的话语权，促进其主体地位的巩固和主体作用的发挥。

总之，新农村建设中农民的主体地位，表现在农民对公权力拥有有

① 《中共中央国务院关于推进社会主义新农村建设的若干意见》，载《人民日报》2006 年 2 月 22 日，第 1 版。

② 《中共中央国务院关于推进社会主义新农村建设的若干意见》，载《人民日报》2006 年 2 月 22 日，第 1 版。

效的监督和制约、对社会事务拥有广泛的参与和管理，对村集体事务实现真实的自主和自治，而这一切，都要具体落实在农民是否拥有权利上。比如，面对政府时是否享有选举、罢免、创制、复决的权利，面对社会事务时是否享有社会保障、公共服务、医疗卫生、教育和环境生态的权利，面对村集体事务时是否享有知情、决策、监督、管理的权利等。农民如果不真正掌握并不断提升上述权利，将无法承担起新农村“建设主体、受益主体、价值主体”的地位，也无法为新农村建设提供不竭的智慧及力量源泉。

四、新农村建设之“建设”：新方法促进农民政治参与的发展

中华人民共和国成立以来，在如何建设社会主义农村的问题上，不仅其指导理论和发展目标几经变迁，其建设方法也随着国内外环境和时代背景的变化呈现出显著的阶段性特征。以改革开放和新农村建设战略的提出为标志，中华人民共和国成立以来农村建设的发展可以分为三个阶段，各阶段在农村建设的基本方法、具体手段和推进方式等方面都表现出显著的不同。改革开放之前，国际范围内“冷战”思维盛行，国内建立完整国民经济体系的任务迫切，为完成农村的社会主义改造和社会主义建设，达到巩固人民民主专政和尽快实现工业化的目标，先后以土地革命、农村合作化运动、人民公社化运动等作为建设农村的基本政策和推动方式。农村建设的基本方法是集中管控，具体手段以政治动员和行政命令为主，推进方式是“抓革命、促生产”。改革开放的启动，是由于和平与发展成为时代主题，各族人民渴望发展的愿望非常强烈。为了解决经济社会发展长期徘徊的困境，达到破除僵化体制、引进先进技术和管理经验的目的，从农村联产承包责任制开始，逐渐由农村到城市、由增量到存量，推行改革开放。改革时期农村建设的基本方法是放开搞活，具体手段是给予农村生产经营以充分自由，推进方式主要是分田到户、乡镇企业和村民自治。社会主义新农村建设在基本方法、具体手段和推进方式三方面，超越了前两个

阶段的管控和放松，以统筹、协调为基本方法；超越了前两个阶段的单一和低效，政策工具更加多样和高效；超越了前两个阶段的潦草和肤浅，推进方式更加合理和科学。

（一）社会主义新农村建设的基本方法：统筹与协调

1. 城乡统筹思想的发展

工农、城乡等三大差别的消灭，是人类所追求的理想社会应具有的特征之一。自早期空想社会主义者开始，“从圣西门、傅立叶和欧文为代表的空想社会主义到马恩的相关学说中已经包含了城乡一体发展的原始构想”。①1847 年恩格斯在《共产主义原理》中首次提出了城乡融合的概念，“通过消除旧的分工，进行生产教育、变换工种、共同享受大家创造出来的福利，以及城乡的融合，使全体成员的才能得到全面的发展”。②马克思主义理论认为：“消灭城乡之间的对立是社会统一的首要条件……城乡关系往往经历无城乡差别—城乡分离—高水平新的均衡与融合的过程。”③城乡统筹不仅是马克思主义者的观点，也是发展经济学和城市地理学的共识。英国的城市学家霍华德于 1898 年在《明日的田园城市》一书中第一次比较系统地提出了城乡协调发展的思想，倡导“用城乡一体化的新社会结构形态来取代城乡对立的旧社会结构形态”。④马尔科姆·吉利斯（Malcolm Gillis）在说明城乡关系时指出：“如果工业化不是万灵药，那么农村发展也不是。它们相互需要，缺一不可，如果不平衡增长过头，就会受到损害。”⑤

---

① 张文明：《新型城镇化：城乡关系发展中的“人本”回归》，载《华东师范大学学报》（哲学社会科学版）2014 年第 5 期。

②《马克思恩格斯全集》（第 4 卷），人民出版社 1958 年版，第 368 页。

③《马克思恩格斯全集》（第 3 卷），人民出版社 1958 年版，第 57 页。

④［英］埃比尼泽·霍华德：《明日的田园城市》，金经元译，商务印书馆 2000 年版，第 158 页。

⑤［美］吉利斯等：《发展经济学》（第 4 版），黄卫平、彭刚译，中国人民大学出版社 1998 年版，第 222 ~ 224 页。

统筹城乡发展的内涵是从物质文明、精神文明、政治文明、社会文明和生态文明五个方面实现城乡统筹。其中经济上应在农业产业化、现代化的基础上减少农民数量，转移农业从业人员，提高农民收入水平，实现农民“有其利”；在政治上应给农民国民待遇，真正让农民当家作主，在尊重农民意愿、保障农民权益的前提下促进农民政治话语权的提高，实现农民“有其权”；在思想文化上应重视农民的主体地位，改进宣传教育的方式方法，切实转变农民观念、提高农民素质，弘扬传统美德，培育现代文明，实现农民“有其教”。①

2. 我国农村建设方法的历史反思

自从新民主主义革命以来，中国共产党取得的重大胜利，都离不开农村、农民、农业工作的支持和贡献，党和政府对农村、农民、农业的重视由来已久且持之以恒。中华人民共和国成立之初，在治疗战争创伤和消除极端贫困的艰巨任务下，毛泽东在七届二中全会指出“城乡必须兼顾，必须使城市工作和乡村工作，使工人和农民，使工业和农业，紧密联系起来。决不可以丢掉农村，只顾城市”，② 这确立了中华人民共和国成立初期城乡关系的基本方针。具体表现为工业支援农业、城市带动乡村。从1956年《论十大关系》提出农业、轻工业和重工业同时并举，到1966年提出《工业交通企业支援农业的10条措施》；从“几千万农民进入城市，进入工厂”的宏伟设想和实践，③ 到延续27年的知识青年上山下乡。改革开放前的我国城乡关系，有过适应经济社会需要的发展，也遭遇过政治因素的干扰，总体上在国内外经济、政治客观环境的制约下起伏不定。④

① 参见曾业松:《藏富于民　常富于民——让农民有其利、有其权、有其教、有其安》，载人民网:http://theory.people.com.cn/GB/41038/3769246.html，最后访问日期：2017年4月29日。

②《毛泽东选集》(第3卷)，人民出版社1991年版，第1433页。

③《毛泽东选集》(第3卷)，人民出版社1991年版，第1040页。

④ 参见刘应杰:《中国城乡关系演变的历史分析》，载《当代中国史研究》1996年第2期。

改革开放以来，农民的就业和收入有显著增长，农村管理体制以及农村教育、医疗等社会事业有较快发展，农业生产率有很大提高。尽管各方面都有比较大的进步，但农业产业的现代化比较缓慢，尤其是世纪之交农产品市场长期供过于求，农民增产不增收现象突出，运用新技术、新手段以加快农业现代化的步伐放慢，农村社会事业遭遇较多困难。与此同时城市改革不断深入推进，城乡差距持续扩大，"三农"问题逐渐突出并成为制约全面建设小康、实现现代化的关键难题。究其原因，城乡分割背景下推进的改革开放，解决"三农"问题的思路主要是将农业作为保障工业化实现所需的原料产地和市场倾销地，将农民进城务工经商作为活跃市场经济的补充要素，这种附属地位之下，农村建设既在资源投入和重视程度上无法和城市建设相提并论，农业、农村、农民与社会其他部分的有机联系也被隔绝割裂，"三农"问题成为孤立于城市文明的单独系统自我运转，无法实现良性的转换与互动。

从中华人民共和国成立以来到改革开放之前，我国以政治动员和行政命令为农村建设的主要方法，以确保工农产品"剪刀差"的实现并为工业化发展提供资源。改革开放以来的农村建设，则以经济领域的放开搞活、实行家庭联产承包为主要方法，以打破僵化体制并为其他领域的改革奠定基础。但在上述两个阶段，农村建设始终未能成为党和国家在不同历史时期的主要目标，建设农村主要是为城市提供资源和市场。不具有主体地位的农村建设，经常要受各种因素的延缓或阻断，政治喧嚣积累的严格管控气息造成了农村建设的僵化停滞，经济放松引发的失范现象导致了农村建设的凌乱无序。

党的十六大前后，党和政府对"三农"问题、对我国所处发展阶段的认识逐渐深入。长期以来通过工农"剪刀差"，农业为我国工业化提供了约 7000 亿的积累，我国早已超越依靠农业积累建立工业化基础的初期阶段。随着我国经济的稳步发展，我国进入工业化中期阶段，非农产业成为国民经济的主导产业和经济增长的主要动力来源，农业、农村和农民应获得与工业、城市和市民平等发展的权利和机会，逐步获得现代化成果的“补助”或“补偿”。这是二元经济结构向一元经济结构转换的阶段，是由城乡分割走向城乡协调发展的阶段，是跳出“三农”统筹解决“三农”问题的阶段。在工业化中期阶段，必须选择得当的发展战略和政策，将“三农”问题纳入工业化和城镇化进程之中，在推进中逐步削减经济的结构性矛盾，在不同产业之间、城市农村之间的互动中逐步解决“三农”问题。正是基于这样的认识，党和政府在科学发展观的指导下，从经济、政治、社会、思想文化等各方面统筹规划，提出社会主义新农村建设的宏伟目标，并将其作为全面建设小康社会的重要内容和评价依据。

3. 城乡统筹成为新农村建设的基本方法

统筹发展是科学发展观的根本方法，城乡统筹的战略思路是把农村经济社会发展和城市经济社会发展共同作为国民经济与社会发展的组成部分，通盘筹划、综合考虑，在物质文明、政治文明、精神文明、社会文明和生态环境文明的建设等方面，优化资源配置，统筹解决出现的各种问题，实现城乡经济社会一体化的最终目标。当前，“统筹城乡应优先解决好‘三农’问题，更多地关注农村，关心农民，支持农业，促进城乡共同繁荣”。① 城乡统筹的实质是给农村居民和城市居民平等的发展机会。

首先，城乡统筹是解决 “三农”问题的基本方法。农村改革取得了解放生产力、解决温饱问题并实现总体小康的成就，但城乡差别发展的旧战略和城乡二元结构的旧格局使工农和城乡差距日趋扩大。一面是不断升级转型搭乘信息化列车快速发展的现代化工业，一面是权利流转困难不得不分散经营、效益不高的农业；一面是快速推进的城镇化建设，一面是日

① 胡锦涛:《坚定不移沿着中国特色社会主义道路前进　为全面建成小康社会而奋斗》，载《人民日报》2012年11月8日，第1版。

益衰败萧条的空心化农村；一面是城镇居民收入的持续增长，一面是农民增收渠道的狭窄；一面是工业化与城镇化水平较高的东部沿海地区经济发展迅速，一面是作为资源能源供应区和粮食主产的中西部地区经济发展徘徊。只有实行城乡统筹，促进城乡共同发展，才能消除上述巨大反差，从根本上解决“三农”问题。其次，城乡统筹不仅增进了农村的利益，同时也增进城市的利益，是促使城市健康持续发展的源头活水。城乡二元结构，不仅造成了严重的“三农”问题，而且限制了城市的健康、可持续发展。城乡收入的巨大差距，导致农民不敢消费、农村市场凋敝、农业需求不振，进而导致工业产品过剩、城市经济难以维系。城乡差异的长期存在，城乡经济的相互疏离，既可能产生过度城镇化、贫民窟现象，也可能产生逆城镇化、空城现象。

经过 30 余年的改革开放，到 21 世纪，我国进入初步实现工业化和实现“总体小康”的历史阶段。党的十六大报告提出，“经过全党和全国各族人民的共同努力，我们胜利实现了现代化建设‘三步走’战略的第一步、第二步目标，人民生活总体上达到了小康水平”。但“总体小康”还是低水平的、不全面的、发展很不平衡的小康，“难点在农业、关键在农村、重点在农民，希望和出路在于深化农村改革、加快‘三农’发展”。[①] 因此，党的十六大提出“统筹城乡经济社会发展，建设现代农业，发展农村经济，增加农民收入”，将其作为全面建设小康社会的重大任务。党的十六届三中全会把统筹城乡发展摆在“五个统筹”之首，作为认真落实以人为本、全面协调可持续的科学发展观的重要内容，提出建立有利于逐步改变城乡二元经济结构的体制。党的十六届四中全会提出，“在工业化初始阶段，农业支持工业、为工业提供积累是带有普遍性的倾向；但在工业化达到相当程度后，工业反哺农业、城市支持农村，实现工业与农业、城市与

① 王景新:《统筹城乡经济社会发展》，载《中国改革论坛》2005 年第 1 期。

农村协调发展，也是带有普遍性的倾向”，随之中央经济工作会议作出我国总体上已到了以工促农、以城带乡发展阶段的重大判断。此后连续14年中央一号文件以“三农”（农业、农村、农民）为主题，以“统筹城乡发展”为红线，基本方法就是坚持科学发展观所倡导的统筹协调，落实工业反哺农业、城市支持农村的方针，逐步缩小城乡差距，“实行以城带乡、以工促农、城乡互动、协调发展，实现农业和农村经济的可持续发展”。[①]新农村建设和新型城镇化建设成为城乡一体化同步驱动的两翼，城乡统筹的内容也从把农村建设成城市的样子——城乡同质同貌，转变为城乡公共服务均等化前提下的保持城乡特色、内涵的个性化发展，城乡统筹的目标中，除了常规的经济和社会指标外，还要“体现尊重自然、顺应自然、天人合一的理念”，要让城乡居民“望得见山、看得见水、记得住乡愁”。[②]

（二）新农村建设的政策工具

统筹城乡被确立为社会主义新农村建设的基本方法之前，引导和推动农村建设的政策工具往往是孤立行使、种类单调的行政或经济手段，如社会主义建设初期以行政命令、政治动员为主，改革开放以来以放权让利、放开搞活为主。农村建设既在建设重点上游移失衡，又未能和其他领域的建设协调并进，导致“三农”问题日渐发酵且迁延日甚。以城乡统筹为基本方法的新农村建设，政策工具的形式更加多样，内涵更加丰富。

1. 行政手段的创新

针对农村、农业和农民的行政手段，在计划经济时代，以集中的命令和运动式动员为特征；在改革开放初期，则以分散、松弛为特征，集中使用在税费征收和计划生育等少数事项。随着改革开放的深入，政府职能实

---

① 方立:《让农村成为安居乐业的美丽家园》，载《人民日报》2016年1月28日，第7版。

② 熊建等:《新型城镇化，留得住浓浓的乡愁——专家学者解读中央城镇化工作会议的精彩表述》，载《人民日报》2013年12月16日，第10版。

现由管理到服务的转变成为趋势，尤其在村民自治、农村税费改革、农村管理体制改革等重大事件影响下，行政手段的运用呈现出加速创新、日益规范的特征。社会主义新农村建设中行政手段的运用，不仅体现在指导思想上更加强调服务职能和鼓励深化改革，在行政手段的使用上更加注重以引导为主和保持谦抑审慎，而且体现在对行政效率、效益的高度重视，以及对依法行政、对党纪国法的严格遵循。具体而言，行政手段的创新可从加强行政组织建设和创新日常行政活动等方面表现出来。

（1）行政组织建设的创新，体现了对新农村建设的高度重视以及对政府服务职能的开拓进取。

首先，体现在组织机构建设上对新农村建设的聚焦。秉承党和政府对“三农”问题一贯重视的优良传统，为了贯彻落实党中央、国务院关于新农村建设的战略部署，各级党和政府很快行动起来从组织机构上加强领导和协调。2006 年以来多个省份设立了新农村建设工作领导小组或协调小组。2010 年 12 月，国务院新农村建设工作领导小组办公室“新农村建设工作督导中心”挂牌成立。在基层党政机关层次，从 2006 年确立切实转变政府职能、积极稳妥推进机构改革的目标，[①] 到2009年在《中央机构编制委员会办公室关于深化乡镇机构改革的指导意见》推动下全面铺开乡镇机构改革，对新农村建设负责领导、协调的机构地位日益突出。不仅多数县级行政机关设立了新农村建设领导小组等相关组织，而且由于新农村建设事业和经济发展、公共服务、社会管理和基层民主等乡镇四大职能都有联系，同时在乡镇退出催种催收、退出村级事务管理、退出适于市场运作事务的背景下新农村建设工作更显突出，因此许多乡镇专门设立了新农村建设工作办公室负责领导和协调相关工作，以江西省铜鼓县大塅镇为例，“镇

① 参见《中共中央国务院关于推进社会主义新农村建设的若干意见》，载《人民日报》2006 年 2 月 22 日，第 1 版。

政府成立以党委书记、镇长为组长，纪委书记为副组长，以包村领导为成员的新农村建设领导小组，下设办公室（镇新农村办），具体负责全镇新农村建设检查指导和督办”。而且这种专门组织还要继续延伸到村，“各村要成立相应组织，同时，实行包村领导责任制，包村领导是所包村的主要负责人，各村支部书记、村长是第一责任人”，[①] 由此从组织机构上加强对新农村建设的重视，促进新农村建设中的积极创新。这种专门的办公室之外，根据 2010 年全国乡镇机构改革工作会议的建议，乡镇政府应普遍设立的经济事务综合办公室、社会事务综合办公室等都涉及新农村建设工作，说明这项工作在当前农村工作中的重要地位。比如，广东省梅州市丰顺县八乡山镇内设机构可称为五办六中心，其中经济事务办公室“负责镇经济建设的发展规划……负责做好生产生活基础设施规划建设”，社会事务办公室“负责镇村规划建设、环境卫生治理和环境保护”等，而党政办公室有协调新农村建设各种资源和关系的职责，社会治安综合治理信访维稳办公室则要为新农村建设提供维权和协调服务，此外乡镇由七站八所改制而来的各服务中心，也多在职责中涉及新农村建设的内容。[②]

其次，体现在行政组织制度建设方面服务新农村的指导思想。从省市行政机关层面，除了通常落实中央和国务院政策的实施意见、发展决定及通知办法之外，为切实促进新农村建设，新的制度不断创设，多表现为综合性的全面制度创新。比如，从 2006 年开始，北京市不仅在各级党政机关中传达市委市政府关于新农村建设的部署，而且在党报全文公开年度的

---

① 《大堰镇 2015 年新农村建设实施方案》，载铜鼓县政府信息公开网：http://xxgk.tonggu.gov.cn/tgxddz/zfxxgk_14674/fgwj_14687/gfxwj_14689/201506/t20150625_302651.html，最后访问日期：2017 年 5 月 11 日。

② 《镇内设机构（五大办、六大服务中心）》，载八乡山镇人民政府网：http://bxsz.fengshun.gov.cn/zhengwu/html/?269.html，最后访问日期：2017 年 5 月 11 日。

“社会主义新农村建设折子工程”，[①] 为全社会深入知晓、参与、监督行政机关在新农村建设中的作为提供了便利。“折子工程”描述工作任务的内容、目标和完成时限非常具体，指定的主要责任单位及负责人、协办单位等非常明确，尤其可贵的是连续10余年坚持不辍，对稳步推进新农村建设发挥了重要作用。而在安徽省、广东省、浙江省、黑龙江省、重庆市等，则通过推进示范工程引领新农村建设的发展。如安徽省从2006年开始实施《关于新农村建设“千村百镇示范工程”实施意见》（皖办发〔2006〕8号），要求各级党委、政府要把实施“千村百镇示范工程”作为推进社会主义新农村建设的重要抓手，从加强组织领导、加大支持力度、加强规划指导、加强宣传引导、加强监督检验等几方面，要求必须明确目标、把握重点，精心部署、全力推动。安徽省“千村百镇示范工程”的组织、实施和推进，要求形成“党委政府统一领导、有关部门各负其责、社会力量积极参与的合力机制”。[②] 与此类似，广东省以“省级新农村建设连片示范建设工程”积极探索建设具有岭南特色的社会主义新农村，浙江省则提出“千村整治、百村示范”工程作为推进新农村建设的重要举措，黑龙江省在《全省新农村建设工程实施方案》中提出建设“千村试点”工程，重庆市则推动了新农村建设“千村推进百村示范”的建设工程。除了上述综合性制度创新之外，涉及新农村建设的各个职能部门，也分别在职能范围内进行制度创新，推动新农村建设的开展。举其要者，如针对农村科技水平较低的现状，科技部制定了《新农村建设民生科技行动》，要求“各级科技主管部门要把农村民生科技工作纳入年度工作计划和重点”，提出“把农村民生科技相关项目列入国家科技计划中……在全国不同区域共选择100个乡（镇）和1000个村，因地制宜，分别设立国家级、省级和地市级新农

① 《2006年北京市社会主义新农村建设折子工程》，载《北京日报》2006年3月24日，第1版。

② 《中共安徽省委办公厅、安徽省人民政府办公厅关于新农村建设“千村百镇示范工程”实施意见》，载《安徽省人民政府公报》2006年第7期。

村民生科技综合示范，集中示范和应用农村民生科技重点任务的研究成果及其他科技成果，总结和探索解决农村民生问题的技术和服务模式”。[①]针对农村金融服务稀缺、融资困难的状况，银监会出台了《关于调整放宽农村地区银行业金融机构准入政策更好支持社会主义新农村建设的若干意见》，努力解决“农村地区银行业金融机构网点覆盖率低、金融供给不足、竞争不充分问题，积极探索建立适应‘三农’特点的村镇银行、贷款公司和农村资金互助社等新型农村金融机构，不断提高农村金融服务质量和水平”。[②]其他如工信部出台政策促进新农村建设信息化、电气化水平的提高，国家安全监管总局组织实施《创建平安农机、促进新农村建设活动方案》，民政部立足提高服务能力推进新农村建设的发展等。

（2）日常行政行为的创新，体现了既要追求效率效益又要遵循民主法治原则的基层政府，在既定的体制和资源格局下统筹和指导新农村建设，为达成目标而在具体行政行为中所作出的创新活动。由于新农村建设特别强调尊重农民主体地位、不得强迫命令，基层政府的日常行政行为体现了引导、服务为主的鲜明特点。

首先，是对新农村建设实施项目驱动作为日常工作的主要抓手，将财政资金投入按政府目标设置合理项目，按照公平申报、过程管理、考核验收等方式，引导和保证行政资源的配置。其中，实施最广泛的就是设立新农村建设专项资金，将新农村建设作为一个综合整体项目促进建设。2006年9月，大兴安岭地区社会主义新林区新农村建设领导小组公布了《大兴安岭地区新林区新农村建设专项资金项目管理办法》，要求“对新农村建

---

①《科学技术部关于印发〈新农村建设民生科技行动方案〉的通知》，载科技部官网：http://www.most.gov.cn/fggw/zfwj/zfwj2008/200803/t20080311_59709.htm，最后访问日期：2017年5月11日。

②《中国银行业监督管理委员会关于调整放宽农村地区银行业金融机构准入政策　更好支持社会主义新农村建设的若干意见》，载中国银行业监督管理委员会网站：http://www.cbrc.gov.cn/chinese/home/docDOC_ReadView/2923.html，最后访问日期：2017年5月11日。

设专项资金实行项目管理，按项目程序立项审批”，专项资金项目的投资方向列举如下：“一是支持村屯、林场撤并，主要是生产生活设施建设；二是支持基础设施建设，主要是林场、村镇中的道路、电网、饮水、绿化等基础建设；三是支持林、农产业开发，包括技术进步和产业结构调整、产业化龙头和基地建设；四是支持社会事业发展，包括教育、医疗、卫生和文化体育设施建设；五是支持符合投资方向又具备必要配套资金的项目。”①2006年12月，《关于下达金昌市节水农业建设项目补助资金的通知》（金财农〔2006〕126号）提出“以项目工作促进新农村示范村建设，抓点带面，推动整体”，指出“此项资金主要用于2006年15个市级示范村人饮工程架设、输电线路改造、村组道路建设、文化活动设施配套、村庄环境治理等基础设施建设方面的补助”。②项目管理的另一种形式是对新农村建设中的个别内容通过项目运作驱动快速发展。2006年，重庆市为“探索实施土地开发整理项目推进新农村建设的经验，使土地开发整理更好地与新农村建设结合起来，充分发挥土地开发整理在改善农村生产生活条件、增加农民收入、促进农业发展和繁荣农村经济的作用”，实施了新农村建设土地开发整理项目。③2008年，辽宁省组织实施了“新农村现代流通服务网络工程建设项目”，④资金扶持范围集中在流通服务领域。2009年，南

---

①《黑龙江省大兴安岭地区社会主义新林区新农村建设领导小组关于印发〈大兴安岭地区新林区新农村建设专项资金项目管理办法〉的通知》，载大兴安岭·新林网：http://www.dxalxl.gov.cn/zhengwugongkai/，最后访问日期：2014年7月12日。

② 赵生华：《金昌市农业节水的机制建设与体系建设》，载《发展》2007年第9期。

③ 参见《重庆市国土房管局关于开展实施土地开发整理项目推进新农村建设试点工作的通知》，载重庆市国土资源和房屋管理局官网：http://www.cqgtfw.gov.cn/zwgkml/zfgw/tdzygl/200912/t20091217_46823.html，最后访问日期：2017年4月12日。

④《辽宁省财政厅、辽宁省供销合作社联合社关于组织申报中央财政2008年新农村现代流通服务网络工程专项资金项目的通知》，载中国政府公开信息整合服务平台辽宁分站：http://govinfo.nlc.gov.cn/lnsfz/xxgk/lnsczt/201403/t20140313_4664510.shtml?classid=363，最后访问日期：2017年4月12日。

京市科学技术局组织实施“新农村科技示范行动——农村社会事业引导行动”计划项目，支持方向为：垃圾处理、清洁能源、污水处理。①

其次，是创设针对新农村建设的各类荣誉奖励。有针对新农村建设优秀人物的奖励，如2007年，杭州市“为了充分调动企（事）业单位和社会团体参与新农村建设的积极性，加快我市新农村建设步伐，逐步建立以工促农、以城带乡长效机制”，② 对全市新农村建设作出突出贡献的企（事）业单位、学校、社会团体和个人进行评选奖励。有针对新农村建设先进村的奖励，如为菏泽市为了“推动全市新农村建设稳妥扎实开展，充分发挥典型示范带头作用”，2010年在全市范围内评选出10个新农村建设典型，参加评选的范围是基本达到中央提出的“生产发展、生活宽裕、乡风文明、村容整洁、管理民主”20字方针要求的村。③ 针对新农村建设某一方面设立的奖励更多，如河南省2006年举办“社会主义新农村住宅优秀设计方案竞赛”活动，在听取有关领导、专家和农民代表意见的基础上，从征集到的357个设计方案中共评出60项奖励方案及优秀组织奖、先进单位奖等；④ 而浙江省则开展了省级万村联网工程新农村示范网站的评选工作，评选对象是通过浙江省万村联网工程系统自助建站，建站时间1年以上的村级网站，“总结提炼万村联网工作在提升基层村务公开和管理、促进农产品网络营销、提供全面准确及时的信息服务等方面的创新做法与工

---

① 参见《南京市科学技术局关于组织申报2009年“新农村科技示范行动农村社会事业引导行动”计划项目的通知》，载法律家网站法律法规库：http://www.fae.cn/fg/detail15320807.html，最后访问日期：2017年4月12日。

②《浙江省杭州市新农村办公室关于开展2007年度新农村建设贡献奖评选活动的通知》，载汇法网法规库：http://www.lawxp.com/statutes/s171595.html，最后访问日期：2017年4月12日。

③ 参见《菏泽市人民政府关于印发全市新农村建设十大典型评选办法等5个办法的通知》，载法律图书馆法律法规库：http://www.law-lib.com/law/law_view.asp?id=337064，最后访问日期：2017年4月12日。

④ 参见《河南省建设厅关于公布社会主义新农村住宅优秀设计方案竞赛评选结果的通知》，载法邦网法律法规库：http://code.fabao365.com/law_282270_3.html，最后访问日期：2017年5月11日。

作成效，促进工程广泛推广应用”。[①] 其他有关新农村建设先进文化产品、单项工作的奖励更是不胜枚举。

最后，是通过组织调查研究和试验示范等形式，体现对新农村建设的引导和鼓励。调查研究的开展，在促进知识和信息传播的同时，包含期待和鼓励的内涵。其中杭州市为“努力破解新形势下我市新农村建设出现的热点、难点问题，更好地发挥党委、政府的参谋助手作用”，[②] 从2007年开始就以调研课题的方式，发动广大力量关注和研究当地的新农村建设问题，而且将这一形式持续多年。2008年衢州市“为我市出台加快新农村建设有关政策提供支撑，为我市十二五规划农村发展进行前瞻性、基础性调研，着力推动衢州农村经济发展和繁荣，全面建设惠及全市人民的小康社会”，[③] 发起了围绕新农村建设指导思想、体制机制、现状问题、对策建议等各方面的调研活动。其他专题性调研活动包括，2008年湖北省对新农村文化建设基本概况的调研活动，2010年湖南省邵阳市对统筹推进城镇化与新农村建设的专题调研活动等。试验和示范园区的建设，更明确地体现了鼓励和奖励的倾向。湖北省2008年着力推动仙洪新农村建设试验区，“围绕把试验区建设成为我省深化农村改革的试验区、发展现代农业的示范区、建设社会主义新农村先行区的目标，不断深化农村改革，创新体制机制，营造发展环境，形成推进合力，为指导全省社会主义新农村建设探

① 《浙江省农业厅办公室关于做好2013年度全省万村联网工程新农村示范网站评选工作的通知》，载汇法网法规库：http://www.lawxp.com/statute/s1706778.html，最后访问日期：2017年4月12日。

② 《浙江省杭州市农业委员会办公室关于印发〈2009年度区、县（市）新农村建设调研课题指南〉的通知》，载法律家网站法律法规库：http://www.fae.cn/fg/detail371772.html，最后访问日期：2017年5月11日。

③ 《中共衢州市委办公室、浙江省衢州市人民政府办公室、政协衢州市委员会办公室关于开展新农村建设调研的通知》，载衢州政协网：http://www.quzhouzx.gov.cn/Item.aspx?id=2554，最后访问日期：2017年5月11日。

索路子，积累经验”。[1]为此，洪湖市专门制定了《仙洪新农村建设试验区便民服务体系建设和管理办法》《仙洪新农村建设试验区建设项目监督管理办法》《仙洪新农村建设试验区强农资金监督管理办法》等相关规范。2011年，广东省政府批复由清远市人民政府、省委农办、国家开发银行广东省分行共同建设广东省佛冈县社会主义新农村建设试验区的方案，要求“做好试验区规划建设各项工作，探索我省农村经济发展、社会管理的新机制、新载体，努力把试验区建成全省名镇名村示范村建设的示范点、现代农业发展的样板区、农产品产销对接的基地、土地集约利用和优化发展一体化的农村综合改革试验区”。[2]示范园区的建设更为广泛。2006年太湖县开展新农村镇、村示范建设活动，“从农民积极、干部主动、条件比较成熟的镇村抓起，在全县选择1个镇、10个村实施省新农村建设‘千村百镇示范工程’，力争用3~5年时间，达到‘产业发展形成新格局，农民生活实现新提高，乡风民俗倡导新风尚，乡村面貌呈现新变化，乡村治理健全新机制’的目标，创造鲜活典型，带动和推进全县新农村扎实稳步健康发展”。[3]2007年，河南省科学技术厅确定了嵩县白河乡等7个乡镇为河南省新农村建设科技示范乡镇（试点），荥阳市乔楼镇楚堂村等11个村为新农村建设科技示范村（试点）。[4]湖南省则自2007年开始，每年组织评选并认定各省级新农村建设示范村，带动各省辖市认定数以千计的市级新农

① 《中共湖北省委办公厅、湖北省人民政府办公厅关于印发〈仙洪试验区新农村建设体制机制改革创新方案〉的通知》，载《湖北省人民政府公报》2008年第15期。

② 《广东省人民政府关于同意广东省社会主义新农村建设试验区（佛冈）基本框架方案的批复》，载广东省政府门户网：http://www.gdqy.gov.cn/qysghj/fags/201404/d82e8e984c3444e1b6caa99a91491f9e.shtml，最后访问日期：2017年5月11日。

③ 《太湖县人民政府办公室关于印发太湖县新农村镇村示范建设实施意见的通知》，载太湖县人民政府网：http://www.thx.gov.cn/content/detail/5487f9b8df678a7ce4f5fc0b.html，最后访问日期：2017年2月11日。

④ 参见白正春、毛晓蕾：《河南确定首批新农村建设科技示范乡镇村试点》，载《河南日报农村版》2007年8月14日，第1版。

村建设示范村，2015 年认定的省级美丽乡村数目达到 70 个，大大激励了新农村建设的热情。[①]

2. 经济手段的创新

经济手段主要包括财政税收、价格、金融等方面手段的使用。

（1）财政税收政策在新农村建设中的创新，主要体现在贯彻了多予少取的中央精神，由此确立了财政支持“三农”建设范围扩大、力度增强的原则。

第一，获得财政投入的涉农领域不断扩大。2005 年中央一号文件提出继续加大“两减免、三补贴”等政策实施力度，即减免农业税、取消除烟叶以外的农业特产税，对种粮农民实行直接补贴，对部分地区农民实行良种补贴和农机具购置补贴。此后，为减轻我国西部“四省四区”广大农牧民的税收负担，中央决定自 2005 年起在全国范围内免征牧业税，“两减免”变成“三减免”。2006 年 2 月，屠宰税在全国范围内免征，至此涉农税费发展到“四减免”，基本体现了从农民那里“少取”的要求。而体现“多予”的补贴政策发展得更是蓬勃，2006 年中央一号文件提出要稳定、完善、强化对农业和农民的直接补贴政策，要求 2006 年“粮食主产区要将种粮直接补贴的资金规模提高到粮食风险基金的 50%以上，其他地区也要根据实际情况加大对种粮农民的补贴力度。增加良种补贴和农机具购置补贴”。[②]2007 年中央一号文件要求“各地用于种粮农民直接补贴的资金要达到粮食风险基金的 50%以上，扩大农机具购置补贴规模、补贴机型和范

① 《中共湖南省委农村工作领导小组办公室关于对 2015 年度“湖南省美丽乡村建设示范村”拟授牌名单进行公示的通告》，载湖南农村网：http://www.hnnc.gov.cn/40436.htm，最后访问日期：2016 年 11 月 24 日。

② 《中共中央国务院关于推进社会主义新农村建设的若干意见》，载《人民日报》2006 年 2 月 22 日，第 1 版。

围”。[①]为了应对农资涨价幅度过高，首次规定实行农业生产资料综合补贴，“三补贴”变成了“四补贴”。2008年中央一号文件在继续实行四项补贴的基础上，提出扩大各项补贴的覆盖范围和种类、提高补贴的标准和力度，并将直接补贴和政策性农业保险试点以及对生产大县的奖励补助统筹运用。[②]2009年中央一号文件对补贴的规定更加细致周密，显著提高了补贴政策的效益和可操作性。提出对种粮农民直接补贴要“实现水稻、小麦、玉米、棉花全覆盖，扩大油菜和大豆良种补贴范围”。对农机具购置补贴，要将“先进适用、技术成熟、安全可靠、节能环保、服务到位的农机具纳入补贴目录，补贴范围覆盖全国所有农牧业县（场）”。对农资综合补贴不仅增加力度，还要“完善补贴动态调整机制，加强农业生产成本收益监测，根据农资价格上涨幅度和农作物实际播种面积，及时增加补贴”。[③]在这四项主要补贴之外，专门性质的各类补贴每年都有增加，2006年增加了测土配方施肥补贴，2007年开展免耕栽培技术推广补贴，2009年实行涉农贷款定向费用补贴，2010年实行造林苗木、森林抚育补贴，2011年推广水利灌溉先进技术补贴，2012年实行对农民培训的补贴等。据农业部产业政策与法规司统计，到2016年3月，现行有效的农业惠农强农政策达到52项，[④]补贴补助是这些政策的主要形式，而且这些补贴补助都已基本稳定。从补贴资金来说，据农业部财务司专家研究，四项主要补贴的资金

---

①《中共中央国务院关于积极发展现代农业扎实推进社会主义新农村建设的若干意见》，载《人民日报》2007年1月29日，第1版。

② 参见《中共中央国务院关于切实加强农业基础建设进一步促进农业发展农民增收的若干意见》，载《人民日报》2007年12月31日，第1版。

③《中共中央国务院关于2009年促进农业稳定发展农民持续增收的若干意见》，载《人民日报》2009年2月2日，第1版。

④ 参见徐晓俊:《2016年国家强农惠农政策大汇总》，载《农业工程技术》2016年第17期。

从2003年的3亿元增长到2013年的2000多亿元规模，① 并随着农业补贴政策的发展完善进一步增长。2016年中央一号文件宣布，在经济增长变缓、财政压力趋紧的形势下，农业补贴金额再创新高，仅农资综合补贴、良种补贴、种粮农民直接补贴三项就达到2011亿元，超过前两年同类补贴约600亿元。②

第二，涉农领域获得的财政投入力度显著增强。为了扭转农民收入增长连年乏力、城乡居民收入差距持续扩大的局面，中央自2004年提出“两个趋向”的重要论断，并在中央经济工作会议上提出要“顺应这一趋势，更加自觉地调整国民收入分配格局，更加积极地支持‘三农’发展”。③2005年年初，更加明确提出，“要下决心调整国民收入分配结构，在稳定现有各项农业投入的基础上，新增财政支出和固定资产投资要切实向农业、农村、农民倾斜，逐步建立稳定的农业投入增长机制”。④ 全面吹响新农村建设号角的《中共中央国务院关于推进社会主义新农村建设的若干意见》，作为2006年中央一号文件提出了具有可操作性的“三个高于”要求，即“国家财政支农资金增量要高于上年，国债和预算内资金用于农村建设的比重要高于上年，其中直接用于改善农村生产生活条件的资金要高于上年。”此后，财政分配、资源配置向城市倾斜的局面被打破，各级财政优先投入涉农领域、投入力度强于其他领域成为一项原则逐渐确立下来，不仅对财政存量通过财政支出结构调整向新农村建设倾斜，新增财政收入更严格规定主要用于新农村建设。2007年中央一号文件规定“中央和县级以

① 参见农业部产业政策与法规司：《农业部：2016年农业补贴、收购、支持、奖励等政策》，载中国三农网：http://www.zg3n.com.cn/article-10279-1.html，最后访问日期：2017年1月11日。

② 参见《中共中央国务院关于落实发展新理念加快农业现代化实现全面小康目标的若干意见》，载《人民日报》2016年1月27日，第1版。

③ 戚月迪：《展望中国经济走势——关注2004年中央经济工作会议》，载《紫光阁》2005年第1期。

④《中共中央国务院关于进一步加强农村工作提高农业综合生产能力若干政策的意见》，载《人民日报》2005年1月31日，第1版。

上地方财政每年对农业总投入的增长幅度应当高于其财政经常性收入的增长幅度，尽快形成新农村建设稳定的资金来源”。2008 年中央一号文件提出“财政支农投入的增量要明显高于上年，国家固定资产投资用于农村的增量要明显高于上年，政府土地出让收入用于农村建设的增量要明显高于上年”。2009 年中央一号文件提出大幅度增加国家对农村基础设施建设和社会事业发展的投入，大幅度提高政府土地出让收益、耕地占用税新增收入用于农业的比例，大幅度增加对中西部地区农村公益性建设项目的投入，较大幅度增加农业补贴。2010 年中央一号文件提出“要确保财政支出优先支持农业农村发展，预算内固定资产投资优先投向农业基础设施和农村民生工程，土地出让收益优先用于农业土地开发和农村基础设施建设”。财政支农投入的力度大幅度增强，对新农村建设的持续较快发展发挥了重要作用。

第三，税收政策宣传更加有效、税收优惠减免农民直接受益。提出新农村建设以来，各地相继出台税收政策促进新农村建设的意见，不仅优惠减免的力度更大，对税收政策的宣传方式也创新颇多。以吉林省地方税务局的政策为例，不仅罗列了 23 项和农业、农村、农民有关的税收减免和优惠政策，还着重提出“要立足本职，强化领导意识和责任意识，努力发挥好税收在新农村建设中的作用，当好新农村建设资金的筹集者、农民利益的保护者、惠农政策的服务者、农村经济秩序的维护者”，[①] 据此提出严禁“白条”收税，严禁摊派强行收税，严禁转引、买卖税款，严禁上路组织税收检查，严禁寅吃卯粮、收过头税等。易于辨认而又便于操作的禁止性规范，有助于净化税收环境。而浙江省地方税务局的政策，则体现出目标明确、直接的特点，主要从支持发展高效生态农业和促进农民增收、支持社会力量参与助建新农村公益性项目、支持加快发展新农村社会事业三

①《吉林省地方税务局关于印发〈吉林省地方税收支持社会主义新农村建设优惠政策〉的通知》，载 http://www.bc.jl.gov.cn/content.aspx?id=11656，最后访问日期：2017 年 5 月 11 日。

个方面，提出税收优惠或减免的方案。[①]

（2）价格政策在新农村建设中的创新，主要体现在对涉农价格和涉农收费政策的规定更加明确具体，监督检查措施的实施更加科学严格。

随着改革开放重心的转移，农民收入增长缓慢和农民负担过重的状况日益明显，为防止这种状况继续恶化，2004 年以前已形成每年由国家计委（2003 年该机构改组）或国家发展和改革委员会组织实施对涉农价格和涉农收费常规检查的制度。自 2004 年中央一号文件重新锚定“三农”问题以来，党和政府对涉农价格非常重视，总结了长期存在的问题，“一方面，尿素等化肥价格持续上涨，以及农业用水、用电、农机服务等农业生产性费用方面存在的乱收费和搭车收费，增加了农民生产经营成本；另一方面，在农民外出务工、农村中小学教育等方面乱收费仍屡禁不止，加重了农民负担”。[②] 据此提出加强化肥价格管理、完善农业用水、用电、农机服务等生产性费用中的价格政策、进一步清理农民进城就业收费、加强涉农收费管理、加大对价格违法行为的监督检查力度等要求。

《中共中央国务院关于推进社会主义新农村建设的若干意见》发布以后，国家发改委制定了《关于加强涉农价格和收费管理为建设社会主义新农村服务的意见》，和此前组织年度检查各有侧重不同，该文本系统梳理了涉农价格和涉农收费管理政策的职能、主要内容和政策目标，可称为新农村建设过程中价格和收费手段的纲领宣言和使用手册。第一，该文件论述了“要通过价格职能作用的发挥，促进农业生产的发展”，[③] 具体包括坚

① 参见《浙江省地方税务局关于支持社会主义新农村建设有关税收政策的通知》，载全国农产品商务信息公共服务平台：http://nc.mofcom.gov.cn/news/P1P330183I2331650.html，最后访问日期：2017 年 5 月 11 日。

②《中共中央国务院关于促进农民增加收入若干政策的意见》，载《人民日报》2004 年 2 月 9 日，第 1 版。

③《国家发展和改革委员会关于加强涉农价格和收费管理为建设社会主义新农村服务的意见》，载《农业机械》2006 年第 7 期。

持和完善粮食最低收购价政策，以保持粮食价格基本稳定；落实化肥生产和流通各环节的优惠政策，加强对种子、农药、农膜的价格管理，以实现农业生产资料的价格调控；推进城乡各类用电同价和农业水价改革，减轻农民用电用水负担；规范农产品检验、检疫、认证等项收费，只得限于在法律法规规定内收取；“规范价格调节基金的管理，支持农村价格监测、价格信息网络建设，提高应对农产品、农业生产资料价格异常波动”的能力等。[①] 第二，该文件列举了应完善的涉农收费政策，包括完善农村电信资费政策、规范有线电视等收费、清理整顿农村客运的不合理收费项目、规范农民建房收费、合理确定征地补偿标准、建立农村环保收费制度等方面。第三，针对涉农价格和收费中长期延续的痼疾顽症和重点难点问题，提出加大治理整顿的力度，包括治理农村教育收费、整顿药品和医疗服务价格秩序、规范殡葬服务收费等。第四，为了防止农民负担反弹，提出全面清理涉农收费，既要规范农村经营服务性收费，更要大力修改或清理不利于农业生产、农民生活、农村发展的行政事业性收费；尤其是明确划定了红线，国家法律法规外各地不得制定专门针对农民的行政事业性收费项目，防止借新农村建设之名加重农民负担，废止对农民工就业和子女就学的歧视性收费。第五，加强监督检查，提出开展涉农价格检查，坚决制止各种乱涨价、压级压价、价格欺诈等价格违法行为；重点加强对教育、国土、建设、计生、民政、县乡政府和村委会等部门和单位的检查；鼓励农民通过“12358”电话监督举报并及时调查处理；完善涉农价格和收费公示制度，确保公示制度发挥作用，不流于形式。第六，构建农村价格服务体系，帮助农民维护自身权益，包括加强农产品成本调查，为支农惠农政策的制定提供科学依据；搞好农村价格监测和信息服务，加强农村价格监

① 参见《国家发展和改革委员会关于加强涉农价格和收费管理为建设社会主义新农村服务的意见》，载《农业机械》2006 年第 7 期。

督网络建设，以及通过报纸、杂志、广播、电视、互联网、宣传栏等载体将农村价格宣传工作入村入户、入情入理，增强农民维护价格权益的能力。①

2006年价格政策体系形成后，对新农村建设中减轻农民负担和促进农民增收发挥了积极的作用，此后两年的常规涉农价格检查，基本体现了政策的延续性。比如，2008年年初全国惠农价格和收费政策落实情况专项检查的重点内容，主要分为三类，其中惠农价格政策包括化肥等农资价格、农村用水用电价格、农村医疗服务和药品价格等；惠农收费政策“重点检查违反规定出台涉及农民的行政事业性收费项目和标准，未落实收费减免政策，取消项目继续收费以及未按规定降低收费标准等违规收费行为”，② 包括农村教育收费、农民进城务工收费、农民建房收费、农用机动车和农产品检验检疫收费、农村通讯收费、农产品流通环节收费、农村殡葬服务收费等；涉农价格和收费公示制度则重点检查涉农商品和服务价格明码标价制度、涉农收费公示制度的落实情况等，这三类内容基本是2006年的价格政策体系的主要部分。随着新农村建设的深入，“减轻农民负担工作仍然面临着许多新情况、新问题，农民不合理负担仍然较重，有的地方还出现了反弹苗头”。③ 据此，2008年6月，国家发改委联合财政部发文“按照中央关于统筹城乡发展、工业反哺农业、城市支持农村的要求，各级价格、财政部门要对现行涉农价格和收费政策进行全面清理整顿”，这次主要是对涉农价格和涉农收费政策的宗旨目标进一步明确，整顿力度和实施效果显著提高。对整顿的目标明确表述为，“凡不利于农业生产、农

① 参见《国家发展和改革委员会关于加强涉农价格和收费管理为建设社会主义新农村服务的意见》，载《农业机械》2006年第7期。

②《国家发展和改革委员会关于开展全国惠农价格和收费政策落实情况专项检查文件的通知》，载全国农产品商务信息公共服务平台：http://nc.mofcom.gov.cn/news/6173699.html，最后访问日期：2017年5月11日。

③《国家发展改革委、财政部关于清理整顿涉农价格和收费的通知》，载《四川政报》2008年第22期。

民生活、农村发展的收费政策，要予以取消或废止；价格或收费标准过高的要予以降低。提供经营性服务必须坚持自愿原则，严禁强制服务并收费或只收费不服务的行为。要清理规范涉及农村基础设施建设的收费项目和标准，严禁有关部门和单位借新农村建设之名加重农民负担”。在整顿力度上，严格可称为显著特点，每一项检查范围的表述，都有严禁、一律不得等内容，如“严禁在国家规定的水价之外摊派或搭车收取其他不合理费用”“严禁学校强制学生寄宿并收取寄宿费，严禁学校强制学生在校就餐并收取伙食费，严禁学校、教师举办或与社会办学机构合作举办向学生收费的各种培训班、补习班、提高班等有偿培训”“一律不得收取涉及二代居民身份证的快证费、加急费、照相费和邮寄费等收费项目”“严禁强制或变相强制建房人接受咨询、设计、评估、代办等服务并收取费用”“严禁在办理婚姻登记过程中推介保险，搭售物品，收取押金、保证金，强行服务并收费等”。[①] 涉农价格和收费政策经过此次加强整顿后，政策框架体系基本完善周密，大致适应了新农村建设中的政策需求，此后的年度检查基本是在此政策框架内进行，如 2010 年提出“重点对隐蔽性乱涨价、乱收费行为加大查处力度”，[②]2011 年要求各地“因地制宜确定重点检查的行业或部门”。[③]

（3）金融手段的创新。农业生产所受制约条件的复杂性和回报周期的长期性，导致农村金融服务的稀缺长期延续，资金问题成为解决“三农”问题的短板。为此，2003 年开始启动了农村信用社管理体制、产权模式和组织形式等方面“花钱买机制”的改制行动。

---

①《国家发展改革委、财政部关于清理整顿涉农价格和收费的通知》，载《四川政报》2008 年第 22 期。

②《国家发展改革委关于开展全国涉农价格与收费政策落实情况专项检查的通知》，载新华网：http://news.xinhuanet.com/politics/2012-02/20/c_122727210.htm，最后访问日期：2017 年 5 月 11 日。

③《国家发展改革委关于开展全国涉农价格与收费专项检查的通知》，载《中国价格监督检查》2011 年第 3 期。

新农村建设的号角吹响以后，金融界很快回应，负责金融宏观管理的中国人民银行，不仅多次表态把金融支持社会主义新农村建设作为战略任务来抓，[①] 还通过召开“社会主义新农村建设与金融支持学术研讨会”、组织出版《农村金融与新农村建设》论文集等方式深入研究金融手段创新的问题。在稳步推进利率市场化改革的过程中，中国人民银行不断加强对农村金融服务机构的指导，提高其贷款利率定价能力；坚持扶持农村金融机构的原则，上调人民币存款准备金率时对农村金融机构执行较低的存款准备金率；对确有流动性困难的农村金融机构安排流动性再贷款、再贴现给予优先优惠待遇。[②] 为了解决农村金融机构“支付结算难”的问题，中国人民银行印发《关于改善农村地区支付服务环境的指导意见》，[③] 不仅督促和指导农村信用社电子化建设，还尽力将符合条件的农村金融机构收入大额和小额支付系统，并成立全国性农村信用社资金清算中心，“截至2010年9月底，全国共有27,529家农村信用社、1231家农村合作银行、1066家农村商业银行、211家村镇银行接入人民银行支付系统”。[④] 中国人民银行的分支机构也多出台相应文件，提出金融全面支持新农村建设的措施。以四川省政府办公厅转发的中国人民银行成都分行《关于金融支持社会主义新农村建设的指导意见》为例，全面阐述了提高认识水平，增加信贷投入，应对“新农村”“新农民”的金融需求，拓展农村金融服务功能，深化农村金融体制改革，改善农村金融生态环境的目标、内容、方法和要求

① 参见简讯：《中国人民银行表示把金融支持新农村建设作为战略任务来抓》，载《广西经济》2008年第10期。

② 参见宋焱：《情系三农　央行推动农村金融发展支持新农村建设》，载《金融时报》2007年7月28日，第1版。

③《中国人民银行关于改善农村地区支付服务环境的指导意见》，载中国台湾网：http://www.taiwan.cn/jinrong/flfggz/gfxwj/200907/t20090727_959721.htm，最后访问日期：2017年5月11日。

④ 张健华：《改善农村金融服务　支持社会主义新农村建设》，载中国经济网：http://finance.ce.cn/rolling/201012/30/t20101230_16489799_2.shtml，最后访问日期：2017年1月14日。

等，尤其在解决新农村建设资金短缺现状方面，提出应增加农村信贷投入，重点扶持农业技术推广和转化、农村基础设施建设、农业产业化经营、农业产业结构调整、农村流通市场建设和农村消费信贷等领域内信贷业务的发展。对每一个重点领域都有详尽的列举，如农村消费信贷就列明对以下信贷加强支持，“积极推进生源地国家助学贷款业务，解决家庭困难学生就学问题；扩展城镇住房按揭贷款业务；积极探索支持失地农民就业和创业的新途径；探索农舍抵押、农机具抵押、门店抵押和商家协会联保等贷款方式，支持发展农家生态特色旅游经济”[①]等。

2003年成立的中国银行业监督管理委员会，根据国务院授权，负责监督管理金融机构，维护银行业的合法、稳健运行。在监管农村金融发展、促进新农村建设方面，银监会做出了许多努力。首先，是调整放宽农村地区银行业金融机构准入政策，以解决农村银行金融机构网点覆盖率低、金融供给不足、竞争不充分等问题。2006年，银监会出台《关于调整放宽农村地区银行业金融机构准入政策 更好支持社会主义新农村建设的若干意见》，鼓励境内外各类资本投资农村金融服务业，对农村地区实行“低门槛、宽准入、严监管”的政策。其次，是推进面向农村的金融产品和金融服务积极创新。比如，2007年，引导农村金融机构开发农村小额贷款等新产品；[②]2008年，推动发展农户联保贷款、扩大有效担保品范围、探索“信贷+保险”、发行涉农集合债券、推进农村金融电子化、信息化和规范

① 《四川省人民政府办公厅转发人民银行成都分行〈关于金融支持社会主义新农村建设的指导意见〉等文件的通知》，载四川省人民政府网：http://www.sc.gov.cn/sczb/2007/200701/，最后访问日期：2017年5月11日。

② 参见《中国银监会关于银行业金融机构大力发展农村小额贷款业务的指导意见》，载中国银行业监督管理委员会：http://www.cbrc.gov.cn/govView_EB5F9B46F1D945D4964699839EF86BEE.html，最后访问日期：2017年5月11日。

化等金融新服务的试点工作；[①]2010年，联合央行、证监会、保监会整理2008年试点工作经验推广到全国范围，并增加了“农村土地承包经营权和宅基地使用权抵押贷款业务”等新产品和信贷员包村服务、金融辅导员制度、“贷款+技术”等金融新服务；[②]2012年，又指导农村中小金融机构实施金融服务进村入社区工程、阳光信贷工程和富民惠民金融创新工程。

① 《中国人民银行、中国银行业监督管理委员会关于加快推进农村金融产品和服务方式创新的意见》，载中央人民政府网：http://www.gov.cn/gongbao/content/2009/content_1266000.htm，最后访问日期：2017年5月11日。

② 《中国人民银行、中国银行业监督管理委员会、中国证券监督管理委员会、中国保险监督管理委员会关于全面推进农村金融产品和服务方式创新的指导意见》，载中国银行业监督管理委员会：http://www.cbrc.gov.cn/chinese/home/docDOC_ReadView/717.html，最后访问日期：2017年5月11日。

第五章　新农村建设和农民政治参与的实践创新

农民是中国最为庞大的阶层，也是处境较为危险的阶层，因为他们缺少或没有利益表达的渠道和机会。保证农民这个阶层的政治参与，不仅有利于促进经济社会的发展，促进小康社会的全面建成，而且从根本上说是在维护良好的社会秩序和国家的长治久安，是政治文明进程的应有之义，是实现全民族共同进步不可或缺的部分。近年来，随着社会主义新农村建设步伐的加快，农民政治参与也有显著的提高，在村民自治层面和农村社区建设层面的实践创新层出不穷、不断推进。

一、新农村建设以来村民自治中农民政治参与的创新

社会主义新农村建设的开展，有力地促进了村民自治的深入，对村民自治提出了新的要求。党的十八届三中全会提出，“健全基层选举、议事、公开、述职、问责等机制，开展形式多样的基层民主协商，建立健全居民、村民监督机制，促进群众在城乡社区治理、基层公共事务和公益事业中依法自我管理、自我服务、自我教育、自我监督”。[①]2014 年、2015 年、2016 年中央一号文件持续提出创新和完善乡村治理机制，要求探索符合各

①《中共中央关于全面深化改革若干重大问题的决定》，载《人民日报》2013 年 11 月 18 日，第 1 版。

地实际的村民自治有效实现形式。村民自治的全面创新，包括“坚持村党组织的领导，开展以直接选举、公正有序为基本要求的民主选举实践，以村民会议、村民代表会议、村民议事为主要形式的民主决策实践，以自我教育、自我管理、自我服务为主要目的的民主管理实践，以村务公开、财务监督、群众评议为主要内容的民主监督实践，最终推进村民自治制度化、规范化、程序化并且充满活力”。[①] 下面就分别从体现村民表达权的村委会选举、体现知情权的村务公开、体现监督权的村务监督、体现参与权的自治程序等方面，梳理在新农村建设进程中农民政治参与实践中的创新。

（一）村委会选举的创新显示出表达权的苏醒

1. 村委会选举的发展及存在问题

1980 年年底在广西罗城、宜山两县自发组成的村民委员会，最初只具有帮助政府维护社会治安的功能，之后这种群众性自治组织在四川、河南等地扩展，功能也逐渐伸展到政治、经济、文化、社会领域。1982 年《宪法》正式确立了村民委员会的法律地位，1988 年《村民委员会组织法（试行）》规定村委会主任及委员由村民直接选举产生，1998 年《村民委员会组织法》规定，村民委员会由主任、副主任和委员三至七人组成，村领导班子产生依赖民主选举，每三年选举一次，没有终身制，任何组织和个人不得指定、委派或者撤换村民委员会的成员，村委会成员不属于国家干部。2010 年修订的《村民委员会组织法》对村委会选举的规定更加具体和明确。在法律之外，民政部出台《村民委员会选举程序》（MT/028—2012）和《村民委员会选举场地要求》（MT/029—2012）等部门规章，为村委会选举确定具体规范和操作细则。2013 年 5 月 2 日，民政部出台《村民委员会选举规程》取代了上述两部规章。村委会选举，带动了村级民主的迅

---

① 《中共中央关于推进农村改革发展若干重大问题的决定》，载《人民日报》2008 年 10 月 20 日，第 1 版。

速发展，推动了我国基层民主政治建设和新农村建设，巩固了党的执政基础。

2009年5月，中共中央办公厅、国务院办公厅下发《关于加强和改进村民委员会选举工作的通知》，在肯定村委会选举取得的成绩的前提下，指出“有的地方村民委员会选举竞争行为不规范、贿选现象严重，影响了选举的公正性；有的地方没有严格执行村民委员会选举的法律法规和相关政策，影响了村民的参与热情；有的地方对村民委员会选举中产生的矛盾纠纷化解不及时，影响了农村社会稳定”。[①] 每届村委会选举前后，相关纠纷、信访激增，甚至会出现因村委会选举而引发的恶性事件，如2008年辽宁省的选举灭门案，2010年河北省的选举血案、2011年广东省的“乌坎事件”。2014年12月，国务院新农村建设工作情况报告，指出村委会选举“存在候选人由上级指定和干预的情况，村委会换届过程中的拉票贿选也比较普遍”,“家族式选举、金钱介入，甚至黑社会介入的现象”时有发生。[②]

影响村委会选举的主要因素，一是乡镇政府为了短期利益进行的行政干预，结果是不能对村委会的选举起到积极引导、指导和监督的职能。[③] 二是村民选举委员会的缺位。村选举委员会成员通常由村主要干部确定，成员中虽有群众代表，但遴选过程和标准的模糊性侵蚀了人们对其公平性的信任，况且群众代表往往不占主导地位。据学者调查，选举中选委会起了实质性作用的村只占7.7%；有一定作用的占35.9%；而56.4%的选委会在选举中仅是形式、摆设或傀儡。[④] 三是村民对选举的热情有显著差异。“经

①《中共中央办公厅、国务院办公厅关于加强和改进村民委员会选举工作的通知》，载《人民日报》2009年5月31日，第1版。

② 参见朱宁宁:《采取高压态势应对村委会贿选等问题》，载《法制日报》2014年12月28日，第4版。

③ 参见崔亚男:《基层民主下村委会选举存在的问题及对策分析》，载《中共太原市委党校学报》2015年第2期。

④ 参见肖唐镖等:《中国乡村社会中的村民直选——对江西省40个村委会选举观察的一项综合研究》，载《战略与管理》2001年第5期。

济发达的村投票率较高，经济落后的村投票率明显降低。”[①] 四是农村精英分子流失，农村“空心化”现象严重，农村精英走进城市，参选村干部的热情下降。

村委会选举制度产生问题的根源，可以从当前政策体制、政府职能、农民组织化程度及文化传统等多方面探究。首先，在“乡政村治”治理的格局之下，乡镇政府不仅控制各类资源的配置，如扶贫开发、转移支付等，掌握村干部的管理和考核，代为管理村财务支出，还往往试图干预和影响村委会的选举。其次，全能主义政府管理模式还没有根本改变，而且越到基层，公共权力的触角就越深入，以服务为职能的意识还不是主流。再次，分田到户以来，农民的集体归属感大大降低，要么重新回到一盘散沙的历史常态，要么栖身于宗族、宗教等非主流的组织形态，难以形成“压力集团”得到充分的话语权。最后，面子观、臣民文化、政治心理品质等文化要素对选举的消极影响，导致“农民的政治无力感太强，赋予农民的民主权利，农民不善于或不敢去用”。[②]

2. 村委会选举的形式创新

第一，为了确保村委会选举的顺利进行，增加群众对选举结果的认可程度，许多地方引入公信力高的机构或人员，对选举开展全程监督和指导，有效提高了村委会选举的严肃性和权威性。比如，呼和浩特派出所对村委会选举保驾护航，分析在选举中可能出现的问题，全面进行了精心部署并采取了有效措施，切实保障选举工作顺利进行。[③] 再如，河南省多地邀请检察机关参与对村委会选举的指导，检察院立足检察预防职能，采取有效措施，为换届选举工作提前打好预防针，确保村“两委”换届选举工

---

① 胡荣：《理性选择与制度实施：中国农村村民委员会选举的个案研究》，上海远东出版社 2001 年版，第 56 页。

② 贺雪峰：《论村民自治制度安排的分区域特征》，载《荆门职业技术学院学报》1998 年第 4 期。

③ 参见陈秀俊、项慧红：《监督村委会换届选举》，载《内蒙古晨报》2015 年 8 月 21 日，第 3 版。

作的顺利进行。①

第二，为了切实提高村委会选举的质量，一些地方着力开展选举前培训。培训对象既包括村选举委员会成员，还包括镇换届选举工作领导小组成员、各包村组组长、村支部、现任村委会成员；培训内容主要是相关法律法规和选举纪律。通过事前培训，选举委员会成员增强了法律意识，丰富了选举知识，奠定了正常开展工作的基础。同时，对乡镇、村支部、现任村委的培训，消除了这些对选举可能产生重要影响人员的错误认识，扫清了可能对选举产生消极作用的障碍。例如，天津滨海新区杨家泊镇通过召开第九届村委会换届选举工作培训大会，保证了杨家泊镇村民委员会换届选举工作有序推进。②

第三，为保证村委会选举工作的公开、公平和公正，通过电子投票、电子计票等技术手段的应用，以先进科技创新选举的操作形式。2009年12月，浙江省杭州市拱墅区仓基新村社区3122名村民在全国范围内第一次通过电子触摸屏，完成了选举。③而山东省为提高选举效率，开发出电子计算机计票系统，不仅提高了计票的准确率和计票速度，而且电子计票减少了人为操控，计票时设备就放在选举现场，计票过程在大屏幕上“现场直播”，整个计票过程实现了全方位的现场监督和事后监督，人工计票、唱票经常出现的混乱、起哄、错漏、拖沓等现象一扫而光，干部群众都直观感受到公开、公平、公正。④

第四，针对当前许多村民进城务工、经商、定居等，导致村委会选举

---

① 参见徐如景等:《扶沟县检察院服务农村“两委”换届选举》，载《周口日报》2015年1月12日，第2版。

② 参见刘芸:《天津滨海新区杨家泊镇开展村委会换届选举培训》，载《滨海时报》2015年7月19日，第2版。

③ 参见阿计:《居委会选举：民主规则重于创新》，载《人大建设》2010年第2期。

④ 参见杨金镜:《关于全省第八届村民委员会换届选举情况的汇报》，载山东省人大门户网站：http://www.sdrd.gov.cn/communiqueComm+10+14/19700101/4219.html，最后访问日期：2017年5月11日。

的参选率不高等问题，许多地方创造便利条件、制定工作预案，引导村民转变认识，积极参与选举。比如，江苏省对外出不能回村参加投票选举的村民，通知其实行“函投”，即通过邮寄选票的方式参加选举，以切实保障每一位选民的选举权利。[①] 内蒙古鄂尔多斯东胜区则以“123 工作法”提高村民委员会换届参选率，一是一次宣传到位，确保宣传发动全覆盖；二是二进家门登记，做到选民登记无遗漏；三是三次单向沟通，实现投票选举广参与。由此实现 2015 年村委会换届选举参选率达 86%。[②]

第五，对于以往村委会选举中容易出现漏洞的领域，如委托投票、流动票箱等问题，许多地方在加强对法律法规的严格实施基础上，通过创新保证法律法规的实效。委托投票被视为“贿选”泛滥的重灾区，为严格程序、强化实施，很多地方改变了对委托投票审核不严、信息不公开的错误做法，严格按照法律规定，由选举委员会对委托投票开展审核并及时进行公告，对公告无异议的，才将委托书盖章后交受委托人，受委托人凭此领取选票并代写代投选票。[③] 还有些地方则创造性地采用了委托选举公证的做法，提高了委托选举的严肃性和权威性。[④] 流动票箱，本来为确有不便的村民参加投票而设，但以往有些地方的设立却过于随便，很多时候成为选举中各方相互攻讦“暗箱操作”的口实。对此，2009 年《中共中央办公厅、国务院办公厅关于加强和改进村民委员会选举工作的通知》要求严格流动票箱的设立，确有必要设立流动票箱的地方，应严格培训工作人员，切实加强对流动票箱的监管。[⑤]

---

① 参见王新友:《2005 基层民主：创新，再创新》，载《检察日报》2005 年 12 月 26 日，第 3 版。

② 参见苏海瑞:《东胜区“123 工作法”提高村民委员会换届参选率》，载《鄂尔多斯日报》2015 年 8 月 1 日，第 2 版。

③ 参见黄璐聪:《马尾长柄村率先试行闽村委会换届选举多项新规定》，载《福州日报》2012 年 4 月 14 日，第 2 版。

④ 参见章敬平:《委托选举公证：沙城乡村的民主创新》，载《乡镇论坛》2005 年第 14 期。

⑤ 参见董永前、张发润:《流动票箱“走进”农户家 皋兰县村民委员会换届选举工作全面启动》，载《兰州日报》2010 年 11 月 22 日，第 3 版。

第六，针对选举纠纷多围绕候选人产生，甚至是候选人恶性竞争导致选举秩序败坏甚至违法犯罪的现象，一些地方重申对村干部的道德要求，尝试以个人承诺提高对候选人道德水平的约束，夯实选举的诚信基础。例如，北京怀柔区村委会换届选举首推竞选承诺制，村委会成员候选人必须签订承诺书，“我郑重承诺：在第九届村民委员会换届选举期间，严格服从镇乡党委、政府领导，严守选风选纪各项要求，公平有序参加选举；严格遵守村级组织换届选举相关法律法规的各项规定……”① 承诺书公开张贴在村务公开栏的醒目位置，对选举活动的合法有序进行，发挥了积极的促进作用。

第七，为了强化村委会选举的合法性基础，减少因选举过程或选举结果不透明、不公开造成的选举纠纷，多地引入司法公证增强选举活动的公信力。1998 年河南省伊川县首次将司法公证引入村委会换届选举，到 2002 年洛阳市就有 720 个村引入司法公证。2006 年 2 月，江西永新县邀请该县公证处全程参与、依法监督禾川镇村委会换届选举，确保村委会选举自始至终规范操作、合法有效。2006 年 5 月，北京海淀区公证处公证员为马连洼街道竹园小区的换届选举结果作了公证。2008 年 11 月 24 日，《人民日报》详细梳理了司法公证如何介入村委会选举的过程，县公证处派出的两名公证员在选举现场对选举程序的执行情况，选举的检票、验票、计票环节进行了监督和公证。司法公证的介入，增强了各方对选举合法性的认同。②

3. 村委会选举的内容创新

第一，自主竞选制度，有人称为“自荐海选”。有意竞选村委会成员

---

① 张佳玮、张明:《北京怀柔区村委会换届选举首推竞选承诺制》，载《京郊日报》2013 年 5 月 10 日，第 1 版。

② 参见杨彦:《陕西：司法公证介入村委会选举对检票、验票、计票环节现场监督公证》，载《人民日报》2008 年 11 月 24 日，第 10 版。

的村民，在满足选举委员会确定的任职资格前提下，通过自荐方式参加村委会选举，选举过程中可采取竞选演讲等方式争取选民。在经济发达的广东，村委会选举的竞争尤为激烈，贿选现象如何界定和规制也分歧众多。2005年，村委会换届选举期间，广东省实施村民自主竞选选举方式，对以往选举制度作了大胆改革和创新。“所谓自主竞选，是指有意竞争村委会成员职位的村民，可以在本村范围内自由地上门会见选民，发表竞选的言论，开展竞选活动。”①为了规制贿选活动，多数地方只承认由竞选委员会在特定时间、特定地点以特定方式开展的竞选是合法的，而广东省的这种村民自主竞选制度，建立在对贿选的明确界定基础之上，即“只有用金钱、物品向选民换取选票的才算贿选”。②排除贿选活动后，村民自主自由以多种灵活方式宣扬治村主张，不受固定时间和固定场所的制约，以利于选举双方的充分交流和了解，实现全面的比较和自主的选择。自主竞选制度在经济基础雄厚、民主意识强烈的地区运行良好，广东省民政厅在2014年广东第六届村委会换届选举中，持续扩大自主竞选范围。③

第二，组合竞选制度。“村委会组合竞选最早由安徽省社科院研究员辛秋水1989年在岳西县莲云乡腾云村试点，取得成效后确定扩大试点。程序设计合理，关键是几套班子之间实行公开竞选，乡镇内定、干预的那一套就行不通了。”④组合竞选制度下的村委会选举程序为：由村民自由推选村委会主任和委员候选人，村委会主任候选人根据提名名单组合竞选班子，不同竞选班子之间展开选举竞争，候选人在竞选大会上发表竞选演说

---

① 王文:《广东省第三届村委会换届选举有关问题的探讨》，载民政部基层政权与社区建设司编:《全国村委会选举情况分析会论文集》，2005年7月内部印刷版本，第229页。

② 王文:《广东省第三届村委会换届选举有关问题的探讨》，载民政部基层政权与社区建设司编:《全国村委会选举情况分析会论文集》，2005年7月内部印刷版本，第229页。

③ 参见王鹤:《广东村委换届选举明年引入公证制度》，载《广州日报》2013年9月21日，第2版。

④ 刘建锋:《安徽组合竞选试验》，载《中国改革》2012年第2期。

的同时，公布自己提名的村委会组成人选名单；村委会主任由村民再投票，从这 3~4 位村委会主任候选人中产生；当选村委会主任的“组合”成员作为村委会其他成员候选人进行差额选举，得票过半数者当选。① 有研究者认为，村委会“组合竞选制”创设了中国特色“草根民主”的现代形式，探索了当代中国农村基层“协商性民主”和“竞争性民主”的发展空间，促进了村级民主制衡局面的形成与制衡机制的孕育。② 实践证明“组合竞选制”是一种较好的村委会选举模式，从 1989 年开展试验，20 多年来在安徽的试点范围越来越大，2014 年还作为可行的试验方案被一些省份引进。③ 这种竞选制度的优点在于，通过竞选，把以往长期存在的暗地竞选公开化，有利于对贿选行为的抑制；同时，竞选能把被选举人的工作热情和工作能力、思路充分展示，有利于实现选举人和被选举人两个意愿的结合。

第三，“一次直选”，也叫无候选人选举，是“海选”的一种方式，“是指不经过提名确定村委会成员候选人程序，由选民直接投票选举产生村民委员会成员的选举方式”。④ 不指定候选人，保证了村委会选举的自主性，但也降低了一次选举成功的可能性。“如果第一次投票选举不成功或未选足名额，就按法定差额幅度，以得票多少为序确定候选人，进行第二次投票选举。第二次投票选举以得票多的当选，但得票数不得少于法定投票人数的三分之一。”⑤ “一次直选”简化了选举程序，提高了选举的自主性，体现了村民自治的精神，但也存在过多强调选举人的意愿、忽视被选举人意

① 参见党国英：《我国乡村治理改革回顾与展望》，载《社会科学战线》2008 年第 12 期。

② 参见赵光元：《论村委会“组合竞选制”对我国农村基层民主的发展》，载《淮南师范学院学报》2012 年第 6 期。

③ 参见王鹤：《广东村委换届选举明年引入公证制度》，载《广州日报》2013 年 9 月 21 日，第 2 版。

④ 李卫锋等：《一次民主创新的实践：以灞桥区十里铺街道办 2011 年度村委会换届选举为例》，载《法治与社会》2012 年第 5 期。

⑤ 王新友：《2005 基层民主：创新，再创新》，载《检察日报》2005 年 12 月 26 日，第 3 版。

愿的倾向。在当今价值观多元的背景下，可能出现当选者不愿就任或者勉强就任但工作积极性不高的情况，这反而背离了村民民主选举的初衷。

第四,二次选举法。所谓“二次法”选举村民委员会，即“在村民委员会选举时，召开二次选民大会选举村民委员会。第一次会议选举村民选举委员会、村民代表、村民会议召集人，推荐村党支部候选人，确定村民委员会人数；第二次会议选举村民委员会成员、村务公开监督小组或村民民主理财小组成员”。[①] 两次选举法将村集体的固定和临时性组织、议事决策机构和执行监督机构等，在两次选举中一体完成，避免了以往村内部组织建设滞后、职能缺位错位、效率效益低下等弊端，贯彻了村民会议是村级民主决策的基本组织形式的自治精神，并厘定村民会议召集人、选举委员会和村民代表各自独立的法律地位，旨在建立一种村民会议与村委会之间的权力制衡机制，消除当前出现的村委会控制或者贿赂村民代表的现象。[②] 多位全国人大代表据此提出建议，认为“二次法”选举村委会是建立一种权力互相制衡的村民自治新机制，是一项重大的制度创新。

第五，性别两票制。为落实法律对村委会中女性成员的相关规定，消除当前农村重男轻女的落后观念影响，改变妇女的经济和政治地位，保证村委会女性成员的当选，湖北广水等地开展了村委会选举“性别两票制”选举试验。就是在推举村选委会成员、推选村民代表和推荐村委会候选人时，分别采用女性推荐票和男性推荐票来确保女候选人比例，在正式选举中同时借鉴“职位保留制”“妇代会直选制”等。华中师范大学妇女研究所专家认为，“性别两票制”选举办法制度安排上为妇女当选预留了空间，从选举程序上为妇女当选创造了条件，使社会性别意识在换届选举的全过

① 戴兴旺等:《“二次法”村委会选举的重大制度创新》，载《组织人事学研究》2006 年第 4 期。

② 参见张千帆:《如何保证村民代表的公正选举》，载《中国经济时报》2006 年 5 月 9 日，第 7 版。

程得到充分体现，使妇女参与基层自治成为现实。[①]“性别两票制”在实践中也成效显著，没有实行这一制度前，村委会选举中 20 个村只有 12 个村有女干部，开展“性别两票制”后，成功实现了 100% 的村有女干部的目标。[②]

第六，选举观察制度。2005 年，广东省民政厅首次在全省范围内推行村委会选举观察员制度，组建了一支 2785 人的观察员队伍，下派到全省 2100 个村，占全省总村数的 10%。[③]村委会选举观察员的任职资格由民政部门确定，主要由人大代表、政协委员、大学生、离退休干部、高等院校和科研机构的专家学者构成，观察员经过民政部门的短期培训，实地全程观察村民委员会选举程序。2008 年，广东省进一步完善了观察员制度；2010 年，《广东省村民委员会选举办法》将建立村民委员会选举观察制度列入法条，广东省开创先河首次将观察员制度写进法律法规。湖北省也在 2005 年发出《关于印发〈关于建立村民委员会选举观察员制度的实施方案〉的通知》，[④]在全省推广选举观察制度。这一制度“旨在通过运用第三方力量，对换届选举工作进行有效监督，保证选举过程的公开、公正、公平，扩大人民群众的知情权、参与权、表达权、监督权，提升广大人民群众在城乡社区治理、基层公共事务和公益事业中依法进行自我管理、自我服务、自我教育、自我监督的能力。加快构建权利公平、机会公平、规则公开的选举环境，加速推进安徽基层民主政治实践步伐”。[⑤]到 2015 年，村

① 参见陈琼、刘筱红:《保护性政策与妇女公共参与——湖北广水 H 村“性别两票制”选举试验观察与思考》，载《妇女研究论丛》2008 年第 1 期。

② 参见李昌建:《桥村试验：她们路在何方》，载《楚天金报》2009 年 2 月 20 日，第 32 版。

③ 参见李凤荷:《广东首创村委会选举观察员制　推倒重来 32 宗选举》，载《人民日报》2005 年 7 月 27 日，第 10 版。

④ 参见《关于建立村民委员会选举观察员制度的实施方案》，载中国农经信息网：http://www.caein.com/index.php/Index/Showcontent/index/bh/045003/id/10805，最后访问日期：2017 年 5 月 14 日。

⑤ 高青莲:《选举观察的制度引入与基层选举监督的创新路径：基于村委会选举观察员制度运行的分析》，载《湖北农业科学》2015 年第 10 期。

委会选举观察制度的推广适用范围更加广泛，除广东、湖北外，浙江、福建、安徽等多个省份要求在全省基层换届选举中推进观察员制度。

第七，扩大选民范围以保障参选比例。村委会选举参选率的高低，是判断村民自治成功与否、村民民主权利实现与否的重要依据。但随着城市化进程的加速，村民的经济、社会、文化等生产生活场景已远远超出农村，由此形成“空心村”“空挂户”现象，带来一些地方村委会选举参选率不高的问题。各地为提高参选率，在扩大宣传、创造便利、增加吸引力等方面做了许多工作，还有些地方顺应村民流动的大势，适当放宽了选民登记的范围。比如，内蒙古伊金霍洛旗嘎查村，“根据实际对部分户籍不在本嘎查村，但长期在本嘎查村居住、生活或工作超过一年，如大学生村官、流入本嘎查村务工经商人员、嘎查村办企业员工等特殊人群，本人提出参加选举的申请，并持有户籍所在嘎查村（居）民委员会出具其未在户籍所在地登记参加选举的证明，经嘎查村民会议或者嘎查村民代表会议同意后，赋予其选举权和被选举权”。① 有些地方“在动员外出务工的选民回乡参选时，一些乡镇负责选举工作的同志通过打电话、发短信、亲友传达等方式做思想工作，加强与这一群体的沟通与联系，争取外出务工青年参加投票”，② 对有强村富民事业心、渴望回报家乡、有责任感的外出务工“先富起来”的经济能人，则通过“一对一”跟踪联系、组织专程访问方式发动他们参选任职，以提高村委会的带富能力。有些经济发达地区鼓励流动人口参加当地社区选举，引导流动人口参加社区建设，大大提高了参选率。③

---

① 乌日娜：《伊金霍洛旗嘎查村委会换届选举工作顺利开展》，载《鄂尔多斯日报》2015 年 6 月 8 日，第 3 版。

② 黄高德：《选民踊跃参与村“两委”选举　河池选民平均参选率达 93%，村“两委”换届提前半月完成》，载《河池日报》2011 年 9 月 27 日，第 2 版。

③ 参见宋连生：《我区多措并举扩大选民登记面》，载《丰台报》2015 年 7 月 17 日，第 1 版。

第八，博采众长、“一揽子”创新的做法。我国村民自治制度的发展，是自下而上的基层创新、自上而下的顶层设计及各地相互借鉴吸收等相结合基础上逐步推进的，在以上单项创新的基础上，许多地方博采众长，将已证明有效的若干创新举措“一揽子”应用到村委会选举中，以取长补短、后来居上。比如，2014 年 6 月，安徽省民政厅制定并发布了《关于在村民委员会换届选举中推进“三项制度”改革的指导意见》，提出在全省第九届村委会换届选举工作中，推进换届选举观察员制度、一票制选举和定岗选举三项制度改革，认为推进“三项制度”改革，能够有效解决监督乏力、班子结构不合理、程序繁杂等长期制约基层民主发展的“瓶颈”问题。[①] 安徽省将兄弟省份已经试验成功、能有效提高村委会选举质量的三项制度结合起来一并采用，是“贯彻党的十八大和十八届三中全会精神，丰富基层民主形式，拓宽基层民主渠道，扩大人民群众的知情权、参与权、表达权、监督权的有效形式；是提升广大人民群众在城乡社区治理、基层公共事务和公益事业中依法进行自我管理、自我服务、自我教育、自我监督能力的有益尝试”。[②]

第九，狠抓落实、细化操作的做法。随着村民自治的深入开展，许多行之有效的创新举措已经被吸收为政策法规的内容。比如，我国多次举办村务公开民主管理的评奖会，每一届村委会换届选举后多召开集中研讨，在此基础上村民自治的政策不断发展，《村民委员会组织法》《村民委员会选举规程》等持续修订日臻完善，制度供给不足的问题已不再是主要障碍，如何有效贯彻实施成为决定村民自治前途的主要矛盾。修订地方法规、细化操作规范成为许多地方提高村民选举质量的有效举措。重庆市、陕西

① 参见张久愿、胡伍陵:《我市首次在村委会换届选举中推进“三项制度”改革 140 个村全部建立观察员制度》，载《铜陵日报》2014 年 8 月 14 日，第 1 版。

②《安徽省民政厅印发〈关于在村民委员会换届选举中推进“三项制度”改革的指导意见〉》，载民政部官网：http://www.mca.gov.cn/article/zwgk/dfxx/201408/20140800686218.shtml，最后访问日期：2017 年 5 月 15 日。

省、海南省、新疆维吾尔自治区、广东省、福建省、甘肃省、青海省等在修订或制定村委会选举细则或者村民自治实施办法时，都着力强化落实、追求实效。比如，2012年颁行的《重庆市村民委员会选举办法》，"3年不到的时间，明显提高了村委会选举的法制化程度，为农村村民参与民主选举提供了方式、途径和制度上的保障"，新规则不仅对村委会选举中的老问题，如贿选、参选率低等强化规制，还对委托投票、流动票箱等近年突出的新问题细化了规则，"对程序作了进一步细化，增强了可操作性，切实解决了选举实践中的实际问题，为农村村民参与民主选举提供了方式、途径和制度上的保障"。①

（二）村务公开的创新引入了阳光下的知情权

1. 村务公开及其意义

"村务公开是指村民委员会把村民普遍关心的和涉及村民切身利益的重大事项，按照规定的时间、形式和程序向村民公开，并由村民参与管理、实施监督的制度。"② 村务公开自1985年在江苏、山东、河南等省以会议公布、张榜公布、印发手册等形式出现，1988年试行的《村民委员会组织法（试行）》规定了村里收支账目应当按期公布，但多省地方法规将村务公开的范围从财务扩大到本村公共事务和公益事业。中共中央1990年《全国村级组织建设工作座谈会纪要》、1994年《关于加强农村基层组织建设的通知》等逐步提出要抓好"村务公开"制度建设，1997年在七省市村务公开工作座谈会后民政部下发了《关于进一步建立健全村务公开制度，深化农村村民自治工作的通知》，1998年《村民委员会组织法》进一步明确了村务公开的重大原则和具体措施，2003年成立了"全国村务公开协调

① 肖子琦：《重庆村民委员会选举办法破解农村选举难 民主选举得保障》，载华龙网：http://cq.cqnews.net/html/2015-06/03/content_34398619.htm，最后访问日期：2017年5月3日。

② 奚洁人主编：《科学发展观百科辞典》，上海辞书出版社2007年版，第287页。

小组”，2004年，中共中央办公厅、国务院办公厅发布了《关于健全和完善村务公开和民主管理制度的意见》(中办发〔2004〕17号)，适应农村改革发展的新形势新任务，村务公开工作取得了显著进展。村务公开作为村民自治制度的重要组成部分，是村民实现民主决策、民主管理和民主监督的重要形式，也是政府和社会各界指导和监督村级民主制度的重要手段。当前，村务公开栏在我国各地已经普遍建立，公开的时间和内容也有了明文规定。但是许多地方的村务公开却流于形式，导致村民难以了解村内事务，上级政府无法有效指导，村民自治沦为“村官自治”。近年来“村官”职务犯罪显著增多，多发生在村民自治范围内的土地权益流转事项、转移支付款项、政策性补贴及社会福利待遇事项等，这些本应在村务公开基础上决策、管理的事项款项，由于村务公开制度的效能没有充分发挥，才成为一些村干部栽跟头的“坑”。2010年修订的《村民委员会组织法》对民主选举、民主决策、民主管理和民主监督工作提出了许多新的要求，全国村务公开协调小组单独或联合相关部门出台多份政策性文件，完善村务公开和民主管理工作，许多省(市)据此制定了村务公开条例或村务管理办法等行政规章。在此基础上，村务公开在技术和形式上产生了许多创新，推动村务公开的内容创新和效果提升。

2. 村务公开的技术创新

村务公开的技术创新，是顺应网络时代和信息化的历史背景，以先进的信息网络技术，推动村务公开更高效、便捷。党的十七大以来，就确立了信息化的重要地位，要求加强信息化和工业化、城镇化、农业现代化的相互联系和相辅相成，重点提出农村信息化的建设。2007年《农业部关于开展全国农村信息化示范工作的通知》(农市发〔2007〕8号)提出农村信息化应落实“因地制宜、注重实践；整合资源、面向实际；多方参与、坚持实干；鼓励创新、讲求实用；强化服务、务求实效”的“五个实”原则。此后，中央一号文件、中央农村工作会议、全国农业工作会议等加紧部署农业农村信息化建设，村务公开也借这一东风，大大提升了信息化水平。

（1）研发网络软件、构建信息平台，促进村务公开采用现代化电脑手段和方式。2009年，由中国社会科学院农村发展研究所提议的“村治在线”村庄治理网络服务与管理系统正式开通，是我国首套以村务公开和民主管理电子化和信息化为目标的软件系统。村民委员会可以通过“村治在线”系统生成一个专门的村级网站，在该网站可以高效便捷地实现沟通交流和信息传递；县和乡政府可以监督管理各村网站，同时实现上传下达及政务公开。较早使用“村治在线”系统的河南省中牟县县委常委樊惠林说：“村民最关心的问题就是村务公开的及时性和真实性。然而现实中，传统的上墙公布、村民代表会议公布等方式存在相对封闭、不可追溯、缺乏村民有效监督等问题，往往流于形式，形成村民对干部的积怨。”① 自从“村治在线”软件系统运行以来，村民和基层干部都看到了可喜的变化：村务公开的范围显著增大，公开的内容更加深入全面，公开时间的限制在网络技术下几乎可以忽略，村务公开在现代科技的武装下更具有实质意义。同时，系统的互动留言功能，提供了村民监督质疑、村委会答辩释疑的通道，干群沟通更加顺畅，上级党委、政府及社会力量的监督指导也更加及时。类似的创新还有福建省研发的世纪之村农村信息化服务平台，其特点是将村务公开和农村经济信息发布系统整合在一起，不仅促进农产品信息的沟通交流，也便利村民更好地行使民主权利。据2010年统计，该信息平台在泉州市2449个行政村全面上线使用，发布村务公开信息25万余条，农产品信息200万余条，每月查询到的成交金额达1亿4300多万元。② 泉州市政府、省和国家各级领导大力支持世纪之村—村务公开软件的应用，要求

① 施维：《我国首个以农村基层管理电子化和信息化为目标的软件系统——“村治在线”正式开通》，载《农民日报》2009年11月21日，第7版。

② 参见陈永焕：《打造智慧新农村　开启农民新生活——“世纪之村”农村信息化综合服务平台建设的拓展之路》，载《福建农业》2012年第8期。

村组事务、账务全部通过该软件“裸体”公开。这些软件系统、信息平台，提升了农民经济、政治和社会文化生活的信息化水平，增加了村民对村庄公共权力监督的力量。贵州省丹寨县的“民生资金公开查询系统”，让村民们随时可以查询到自己家的“账本”，在村财务公开方面做到公开透明。①

（2）手机在村务公开中的广泛使用。随着移动通讯的飞速发展，我国成为世界最大的手机使用国，手机成为人们须臾不离的必备之物，这一现象也在村务公开中有所体现。山东省昌乐县将每月8日作为村务手机信息平台公开村务信息的固定日期，村“两委”干部、村民代表、外出经商务工人员、联户代表等将收到关于村集体收入使用、惠农资金落实情况等方面的公开信息，村民群众对所收到信息有所质疑或者希望公开特定热点信息的，还可以“点题”要求公开相应的内容。据2012年的数据，该县11个镇（街、区）都建立了短信信息互动平台，收录党员、户代表等群体人员手机号码53,217个，编发公开信息22万多条，收到反馈信息682条，解决群众各种热点、难点问题381件。②

（3）“互联网+”，就是将互联网和多种公开手段有机结合起来，达到全面、即时、深入公开的目的。四川省绵竹市广济镇2015年以来，探索深化村务公开的办法，逐渐形成了“一栏、一卡、一网、一短信”的系统化阳光运转模式。“一栏”，即“三资”公示栏，和普通村务公开栏功能、形式接近；“一卡”即“三资”明白卡，把重点村务简明扼要地印制在卡片上方便公开，同时村民可以用微信扫描卡上的二维码，登录“三资”管理信息平台；“一网”即“互联网＋三资”，将微信与政府网站连接，创建“三

① 参见罗振锋：《丹寨“民生资金公开查询系统”成村务公开新宠》，载新华网：http://www.gz.xinhuanet.com/2015-09/28/c_1116700449.htm，最后访问日期：2016年9月22日。

② 参见姜洁：《村务公开，让群众真正得实惠——党的十七大以来村务公开民主管理成效显著》，载《人民日报》2012年8月29日，第3版。

资”微信平台，村民可以使用手机或者电脑，查询本地“三资”详细情况，而且设立了管理和举报窗口；“一短信”即村级集体资金变动短信提醒，由银行将资金变动情况直接发送短信至每户农户手机上。[①]“互联网+”理念融入村务公开尤其村财务管理，村民可使用多种途径，如微信、电脑网络、银行短信等，随时随地了解自己想要关注的村事务、财务状况。

3. 村务公开的形式创新

村务公开制度的顺利推行与逐步完善，需要从技术、形式和内容等各方面分别创新并汇聚合力，其中形式方面的创新可以直观地在村民心中提高村务公开的地位、宣传村务公开的重要性。近年来，各地在村务公开制度的形式方面有如下创新。

（1）恩施“村务公开日”。从2004年持续到2015年，湖北省恩施市将3月8日作为统一的“村务公开日”。市村务公开民主管理领导小组将对村务公开工作的调查研究经常化，市财政划拨村务公开工作专项经费予以支持，不仅在全市范围内扩大对村务公开工作的广泛宣传，举办村务公开工作的有关培训，还印制《恩施市推行“村务公开日”制度工作手册》下发到各村，录制光碟视频指导村务公开活动，将村务公开工作建立在扎实的基础之上。村务公开日这一天，各村都要“以召开村民代表会议的形式进行村务公开，村委会负责人作村务公开工作报告，村报账员作财务工作报告，村民主理财小组组长就村务收支情况作审核说明，村务公开监督小组组长就整个村务公开情况进行评价，村民代表与各级干部展开民主对话，讨论当年经济社会发展规划和有关议案”。[②]“村务公开日”已被恩施市的广大农村群众视为自己履行知情权、决策权、参与权和监督权的特殊节日。

---

① 参见王三春、王勇：《绵竹广济："互联网+"促村务公开阳光运转》，载《德阳日报》2015年8月21日，第2版。

② 周诗泉、葛大中：《同心谋发展 共建新农村 恩施市深化"村务公开日"活动》，载《恩施日报》2006年3月8日，第1版。

（2）发言人制度。为了解决村务公开中长期存在的公开内容条目简单重点不明、公开时间不固定、公开形式单一等导致公开透明度不够、公开流于形式等问题，贯彻落实各级党委政府对加强村务公开、民主管理的有关要求，适应发言人制度在各层面国家和社会事务中应用日益广泛的现状，探索村务公开制度走向深入全面的新路，山东、贵州、吉林、新疆等地创新出“村务公开发言人”制度。“村务公开发言人”制度是在原有村务公开“墙上贴”的基础上增加“口头说”。以山东为例，自 2011 年创立村务公开发言人制度以来，逐渐形成了鲜明的特点，第一个特点，是明确条件，找准“解读人”。村务公开发言人必须具有较高的政治和文化素养，必须热心公益事业并熟悉村里的民情风俗习惯。其工作职责主要是按规定及时向全村村民发布最新村务信息，还包括宣传政策和答疑释惑，据此发言人应该列席直接涉及群众利益的村务会议，[①] 应具有行使民主权利的基本素质，适应对村务定期公开、随时公开、日常咨询等多种形式的工作内容。这一制度的第二个特点，是明确程序，强化“规范性”，村务公开发言人的工作遵循一定的程序，包括参加村“两委”会议审议村务公开事项，形成书面材料报上级党委批准，此后在配合通常公开方式的基础上，固定时间内开展“村情发布会”，遇有重大事项或村民质询，发言人可随时公开讲解，一时不能作出答复的问题，建立台账并限期答复。第三个特点，是严格督查，保证“实效性”。乡镇基层政府要对发言人进行甄选、培训和考核，党员群众要对发言人的回复发言情况进行监督评价，县委定期开展督查。发言人制度的实施，对村民知情权有极大推动，在试行各地效果良好。因此，2015 年 9 月，吉林市龙潭区召开“村务公开发言人”制度经验交流暨推进工作会议，[②] 贵州省铜仁市则印发“铜民发〔2014〕87 号文

① 参见龚延涛、李自科:《微山设立村级党务、村务公开发言人》，载《济宁日报》2013 年 4 月 23 日，第 3 版。

② 参见樊风光:《把村里的事儿说明白——龙潭区推行“村务公开发言人”制度》，载《江城日报》2015 年 9 月 18 日，第 1 版。

件”，在全市推行“村务发言人”制度。

（三）村民监督的制度化与监督权的加强

1. 村务监督委员会：促进村级事务的“三权分立”

监督权虽然是明文载于宪法、法律的公民权利，然而由于其实施方式过于抽象和空洞——公民个人或社会组织通过批评、建议、申诉、控告等“高大上”方式，其实施手段缺乏必要的信息和资源支持——长期以来信息公开制度的阙如以及行政权力的傲慢，导致作为公民权的监督权难以真正行使。实行村民自治以来，监督权作为村民享有的四权之一得到强调，但很长时间内也只能摸索着寻找落实的方式。

我国最早的村务监督委员会，产生于浙江省武义县后陈村，于2004年6月18日由村民选举组成。村务监督委员会是在村民自治发展到一定阶段、农村民主的形式和实质不断进步、农民权利行使的水平日益提高的背景下产生的，既体现了村民的实践创新精神，也与党和政府主导的制度创新不谋而合。后陈村村务监督委员会成立时，《村民委员会组织法》等法律法规并没有相关条文，仅仅4天后，中共中央办公厅、国务院办公厅联合下发《关于健全和完善村务公开和民主管理制度的意见》要求“强化村务管理的监督制约机制”。[①] 此后村务监督委员会在各地广泛设立，并载于2010年修订的《村民委员会组织法》，其第32条规定，“村应当建立村务监督委员会或者其他形式的村务监督机构，负责村民民主理财，监督村务公开等制度的落实，其成员由村民会议或者村民代表会议在村民中推选产生”，并明确了由村务监督机构主持对村民委员会的评议。随着我国城镇化的快速推进，为了解决在土地流转、转移支付等领域内多发的村务纠

---

① 《中共中央办公厅、国务院办公厅关于健全和完善村务公开和民主管理制度的意见》，载《人民日报》2004年7月12日，第1版。

纷，2012 年，中纪委、中组部、民政部等 12 部委联合下发《关于进一步加强村级民主监督工作的意见》，要求“全国各地农村都要成立村务监督委员会等村务监督机构，负责村民民主理财，监督村务公开”。[①] 至此，村务监督委员会成为我国村民自治体系中的标准配置，在全国普遍设立。

2. 村务监督委员会制度的不断创新

在信息化加速发展和我国改革开放不断深化的背景下，随着我国农村民主化进程的加快，村务监督委员会制度的创新深入而全面，不仅制度规范逐渐健全、贯彻落实力度不断提高，对公平正义的突出强调和对互联网信息技术的全面应用在全国各地都有突出体现。[②] 除了这些反映时代背景的进步之外，村务监督委员会制度的创新，主要体现在程序规范化、权责专业化、职能扩大化方面。

（1）程序规范化。对程序的完善，是各地对村务监督委员会制度创新的重点，不过有的地方侧重于关键环节或重要元素，有的地方则倾向于从各层次、各方面齐头并进完善程序。例如，浙江省绍兴市重点完善绩效评估环节，通过科学严密的“村务监督积分管理系统”完善对村务监督委员会运行绩效的考核，实行“按事计分，以分定酬”，使考核评价奠基于科学的设计和规范的程序，抓住了村务监督创新的“牛鼻子”。[③] 而山东忻州的偏关县，则围绕村务监督委员会的主体完善各项程序，既明确人员选任的资格和程序，还强调对村务监督员的教育培训和日常管理，并构建起对村务监督员评估监督的各项制度，“着力解决村务监督难题，有效地促进了基层民主管理和治理法治化的进程”。[④] 再如，浙江省湖州市吴兴区重点

---

① 《中纪委、中组部、民政部等 12 部委关于进一步加强村级民主监督工作的意见》，载《人民日报》2012 年 11 月 6 日，第 13 版。

② 参见林泽贵等:《廉政监督触角下基层村居事务公开上网络》，载《福建日报》2015 年 10 月 20 日，第 4 版。

③ 张丽:《“后陈经验”十年探索纪实——村务晒在阳光下》，载《浙江日报》2014 年 3 月 26 日，第 8 版。

④ 尤永宽:《偏关“三个从严”破解村务监督难题》，载《忻州日报》2015 年 10 月 15 日，第 2 版。

完善了村务监督委员会的工作机制，八里店镇纪委指导设计了“五个一”的机制全方位保证村务监督工作有序开展，包括“一会”即每月例会，“一账”即工作台账，“一册”即学习手册，“一栏”即公开栏，“一台”即电视公开平台。① 通过这一工作机制，夯实了村务监督委员会的工作基础，也筑牢了监督村干部“防腐墙”。而贵州省沿河县则从村务监督委员会的人员选任、工作运行、沟通协助、绩效考核等多个方面加以完善，从宏观层面尽力构建一个周密的程序体系。坚持高标准选人，确保村务监督委员会“能为”；坚持高待遇保障，确保村务监督委员会“愿为”；坚持高要求履职，确保村务监督委员会“有为”。通过建立例会学习、工作报告、信息获取、台账管理、走访群众、教育培训、评估评价 7 项制度，“确保村务监督委员会规范、有序、高效运转”。②

（2）权责专业化。各地为增强村务监督委员会的监督实效，同时借鉴我国深化改革过程中的有益做法，从明确其岗位设置和明确监督内容的角度，提升了其权责的专业化程度。明确岗位设置的做法，普遍的做法是提高村务监督人员的政治和经济待遇，有些地方还将其和党的纪律检查委员会结合起来。比如，浙江省江山市选拔村务监督委员会主任兼任乡镇纪委委员，设计了公开报名和资格审查、乡党委推荐、领导小组审核、纪委全委会差额推荐、组织考察、差额票决、任前公示等周密程序；同时也提供了能确保正确履职的保障条件，包括落实政治和经济待遇、保证工作岗位便利等。③ 这一做法自 2011 年以来在浙江多地推行，村务监督人员兼任镇

---

① 参见郑秾平:《八里店：强化村监委职能》，载《湖州日报》2015 年 10 月 20 日，第 5 版。

② 陈江伟、谭显松:《沿河县建立七项制度规范村务监督委员会工作》，载新华网：http://www.gz.xinhuanet.com/2015-10/22/c_1116905285.htm，最后访问日期：2016 年 10 月 22 日。

③ 参见《中共江山市张村乡委员会关于从优秀村监会主任中选拔兼职乡纪委委员的通知》，载江山市人民政府网：http://www.czjs.gov.cn/xxgk/zcx/fgwj/xzwj/201203/t20120316_25746.htm，最后访问日期：2017 年 5 月 14 日。

纪委职务大大提升了村务监督的积极性、有效性，同时除了“监督本村村务之外，还将参与镇村监会、农村党风廉政建设、推进乡村治理等工作，不仅充实了镇纪检干部的队伍，还能让镇纪委更多地听到基层声音，有力推动纪检监察工作触角向农村基层延伸”。[①] 而山东济宁则将村务监督委员会直接和党的纪检委员会紧密结合，每个村设立专职“村级纪检委员”，负责监督村务信息上报，形成了“村级报送，乡镇采集，纪检监督”的工作机制，专人专岗保证村务监督的有效性。[②] 明确监督内容的做法主要是村务监督“清单制度”。比如，湖北省嘉鱼县推行了村务监督委员会的四项“清单”制度，包括“履职清单”“实绩清单”“月评清单”“民议清单”，从职权内容到实际成绩，从领导评价到群众评议，都依据“清单式”“条目式”标准分解实施，不仅明确了具体监督内容和监督方式，而且增强了监督的针对性和可操作性。[③] 而浙江省宁波市、嘉兴市则自 2011 年开始推行了“村务监督‘十清单’”制度，[④] 对清单制度的运行更加深入和全面，村务监督委员会需要重点监督的清单内容具体包括决策程序、村务公开、工程项目、货币资金、债权债务、收支票据、资产资源、合同履约、印章印鉴、干部廉政等十项内容，围绕这一“十项”清单，又细分为 62 条监督要点，注明每项监督内容的重要环节、步骤和廉政风险防控点，通过清单化、条目式、一一对应的监督，村监会成员可以“看图说话”“照单干事”，[⑤] 明确监督流程、突出监督要点，显著提高村务监督的可操作性和针对性，有效提高了监督绩效。随着清单制度的日渐完善，其逐渐扩展到内

---

① 王春红、何益维：《新昌 提升村监会话语权》，载《浙江日报》2015 年 4 月 28 日，第 3 版。

② 参见林移风等：《济宁微山网上晒村务 实现村务监督零距离全覆盖》，载齐鲁网：http://v.iqilu.com/sdws/sdxwlb/2015/1022/4269793.html，最后访问日期：2015 年 10 月 22 日。

③ 参见李劲峰：《嘉鱼：推行村务监督“清单”制度》，载《咸宁日报》2015 年 9 月 30 日，第 5 版。

④ 参见李孟龙、顾霄扬：《推广村务监督“十清单”制度》，载《宁波日报》2011 年 4 月 16 日，第 4 版。

⑤ 耿俪洳、邹志莹：《村务监督列出“十清单” 海宁加强基层党风廉政建设再添抓手》，载《嘉兴日报》2015 年 5 月 24 日，第 3 版。

蒙古包头、云南红河等地。

（3）职能扩大化。村务监督委员会职能的扩大，体现在通过增强和相关机构的联系，试图发挥超出制度预期目标的功能或作用，包括超出这一制度的“监督”功能而别具臧否评价的功能，超出监督“村务”的功能而泛化到监督村干部的政风私德。职能扩大化的具体例证，一是广东省清远市自2012年以来，在村务监督委员会之外，设立勤廉监督室，实行勤廉监督室、村务监督委员会与村委会、村党支部“四驾马车”并行的村级工作运行新模式，[①] 强力推进农村党风廉政建设。勤廉监督室受基层党工委领导，在纪工委指导下开展工作，其主任由驻村干部兼任，村务监督委员会主任为副主任，另选任村务监督委员会成员之外的村民代表和威望高的普通群众若干为成员。勤廉监督室支持、指导村务监督委员会开展工作，支持村“两委”正常工作，对村务工作具有知情权、建议权和监督权，主要履行教育、指导、监督职责。[②] 二是安徽铜陵等地在健全完善村务监督委员会的过程中，明确其实行双重领导体制，即村务监督委员会对村民会议和村民代表会议负责，同时受所在村党组织和上一级纪委的双重领导。[③] 村务监督委员会对村委会的监督较为便利和全面，监督内容包括村务决策、村务公开、财务公开、村级集体“三资”管理、村级工程建设项目、涉农惠农政策落实和村干部廉洁履职等，但由于乡村熟人社会及各种现实因素的干扰，村务监督“监而不管，管而不问，问而不力，导致监督乏力”的现象确实存在。[④] 上级纪委对村务监督委员会的领导和业务指导，

---

① 参见黄玉熹等：《创新村务监督 促进社会和谐》，载《南方日报》2015年10月22日，第4版。

②《印发〈关于在全街各村（社区）设立勤廉监督室的实施方案〉的通知》，载中国政府网：http://www.qcfp.gov.cn/info/111484，最后访问日期：2017年5月3日。

③ 参见黄明贵：《郊区：三措并举强化村务监督工作》，载《铜陵日报》2015年9月22日，第2版。

④ 参见金凤银：《加强村务监督委员会建设的调查与思考》，载江苏省泰州市姜堰区政务服务中心网站：http://www.jsjyxzsp.gov.cn/detail.php?c=222315&i=243483，最后访问日期：2016年11月7日。

可以督促村务监督委员会及时通报、反馈监督中发现的问题，对监督中存在的困难作出说明，有利于消解监督的障碍。三是将村务监督委员会成员列为村党支部和村委会后备干部重点培养。比如，甘肃省环县对村务监督委员会成员的培养，从“硬件”和“软件”两个方面全力保障，除了集中教育培训外，“把村监委成员纳入村级后备干部序列，并且与村干部一样，可以参与全县评优选先活动”，[①]是针对村务监督委员会成员的重要激励措施。有研究者也建议“将履职能力强的村务监督委员会主任作为村‘两委’班子后备人选，提高其履职积极性”。[②]上述例证，无论是将村务监督委员会和上级另设的机构相联系，还是接受上级纪委的直接领导，抑或是被列为村“两委”职位的后备，其实质都突破了《村民委员会组织法》规定的“村务监督机构”的功能。其对村干部开展的监督，不局限于对民主理财和村务公开的监督；其监督的功能，也被延伸到了经济待遇、社会声望、政治升迁等各方面。

（四）自治程序的创新与参与权的落实

村民自治工作的程序化有很多探索，在全国范围内大力推广的是河南省邓州市 2005 年创建的“4+2”工作法。《人民日报》刊文称赞说，该工作法对实现党的领导与村民自治有机统一进行了积极探索，“广大干部群众的气更顺了、心更齐了、劲更足了，有力地促进了社会主义新农村建设”。[③]在这一方法的基础上，有些地方进一步创新自治程序，多方尝试，努力保障农民参与权的落实。

1. “4+2”工作法对自治程序的建构

（1）“4+2”工作法及其产生的背景。“4+2”工作法源于河南省邓州市

---

① 先朝阳、李文:《环县村级监督委员会加大作为见闻》，载《甘肃日报》2015 年 7 月 15 日，第 6 版。

② 稼禾:《村务监督委员会要当好“管家”》，载《红河日报》2015 年 8 月 20 日，第 4 版。

③ 河南省中国特色社会主义理论体系研究中心:《“4+2”工作法：实现党的领导与村民自治有机统一》，载《人民日报》2010 年 1 月 14 日，第 7 版。

近年来深化“三级联创”活动、加强农村基层组织建设的创新实践。① 所谓“4+2”工作法，就是在村民自治的范围内，所有村级重大决策项目及其实施，都必须按照“四议”“两公开”的程序决策和实施。“四议”即党支部会提议，党支部、村委会商议，党员大会审议，村民代表会议或村民会议决议；“两公开”即决议公开、结果公开。“四议”“两公开”是议事决策程序，这一工作法的实质是村民自治的开展程序化、制度化、规范化。2009 年 5 月，河南省委、省政府作出《关于在全省村级组织推广邓州市农村党支部、村委会“4+2”工作法的决定》，“要求把推广‘4+2’工作法作为提升村党组织创造力、凝聚力、战斗力的重要举措，作为增强村‘两委’班子合力的重要途径，作为提高农村党员干部素质的重要载体，作为调动广大农民群众参与新农村建设积极性的重要方法，切实抓紧抓好，抓出成效”。②

随着农村税费改革的实施，农村基层组织的工作环境、工作任务发生了新的变化，农村基层组织遇到了前所未有的新课题、新挑战。河南省邓州市是一个县级人口大市、农业大市，2005 年全市 155 万人口，农业人口达 136 万。③ 近年来，随着市场经济的不断发展，农村变革的不断深化，利益格局的重大调整，邓州市的农村工作发生了深刻变化，面临重大挑战。

第一，农村基层党组织的领导作用有所减弱。2005 年，邓州市 578 个村党组织中，就有“后进村”37 个，占 6.4%，工作勉强运转的村 76 个，

---

① 参见周红谦:《社会主义基层民主政治建设的生动实践——邓州“4+2”工作法》，载《经济师》2009 年第 11 期。

② 林永顺:《全省推广邓州市农村“4+2”工作法电视电话会议召开》，载《安阳日报》2009 年 5 月 9 日，第 1 版。

③ 参见刘朝瑞:《积极探索党组织领导下的村民自治新机制——河南省邓州市推行“4+2”工作法的调查与思考》，载《中州学刊》2009 年第 6 期。

占13.1%，个别村级组织甚至线断人散，完全瘫痪。[①]新农村建设铺开之前，农村基层组织围绕催粮、收款、派工、计生等几项主要工作，农村党组织作为党执政的基础，指导思想和行政思维主要是完成上级分配的任务，促使农民服从管理和接受义务，工作中主要依靠行政命令和对资源配置的大包大揽。税费改革之后，对农民的摊派和征收被废止，国家推行"多予、少取、放活"的农村政策，农村基层组织在思维、方法、机制上出现了明显的不适应，个别基层领导工作能力、领导能力偏低，[②]出现了"老办法不管用、新办法不会用、软办法不顶用、硬办法不敢用"的现象，基层党组织的凝聚力、影响力、领导力有所削弱。

第二，农村"两委"班子的协调不畅。村民权利意识的增长和农村精英分子的成长，对村"两委"的权利来源问题提出了疑问，对村"两委"的协调机制提出了挑战。村党支部是几十个人（党员）选出来的，村委会是几千人选出来的，由几十个人选出来的党支部，要想领导好几千人选出来的村委会，需要村党支部认真贯彻落实党的方针政策，既要依靠组织更要依靠自身的能力品行获得领导权力的权威，而前述农村党组织领导作用的削弱，导致人们对其权力合法性的质疑。经村民选举产生的村委会是行使村民自治权利的主体，其活动理应受到村民会议或者村民代表会议的授权和监督，但在当前村民自治不尽完善的情况下，常设的村委会极易架空非常设或经提议临时召开的村民会议或村民代表会议，使村民自治沦为"村委会自治"。村党支部和村委会"两委"班子在村民自治工作中不断碰撞，遇到个别"两委"班子不团结时，党支部的领导权力和村委会的自治权利难以协调，就难免出现好事争着干、难事推着办、麻烦事都不办，相互拆台、相互掣肘，核心作用不能发挥，以致错失发展良机。2004年，邓

---

① 参见张兴军：《"4+2"工作法开创农村党建新局面》，载《经济日报》2009年6月16日，第2版。

② 参见胡振拴：《"4+2"工作法是农村基层组织建设的新突破》，载《学习论坛》2009年第11期。

州市村“两委”有严重分歧的村就占15%，[①]农村工作机制存在显著障碍。

第三，农村基层民主的实践形式化。改革开放以来，邓州市广大农民在富民政策引领之下，不仅实现了经济发展、生活改善，而且在民主意识、政治觉悟等方面有很大提高，农民行使政治参与权利的热情逐渐集聚。但长期以来，由于改革重心向城市转移、政治体制改革滞后、法律法规可操作性不强等诸多原因，邓州市的村民自治工作和全国情况类似，基本处于摸索和应付的状态，乡村治理形态仍表现为行政权力对农村各项事务的大包大揽全面管理，农民群众依法享有的民主权利流于形式，难以真正落实。随着党和政府对“三农”问题的重视，邓州市积极推动农村治理结构的深入改革，逐渐认识到农村民主的发展，需要严格的制度保障和规范的操作程序。2005年以前，不少村也按各级政府的要求张贴了各项民主管理制度，但也仅仅是挂在墙上，没有真正下大力气落实。对村里事关村民利益的事务，许多村民感到“想参与没渠道，想管理没资格，想表达没人听，想监督没胆量”。[②]村民的知情权、参与权、表达权、监督权都流于形式，削弱了基层民主政治的严肃性，影响了村民对改革开放、对党的宗旨的认识。只有创新出新的机制切实保障广大农民的民主权利，才能挽救和发扬社会主义基层民主。

第四，干群关系紧张、农民主体地位缺失。长期以来，农村基层政治在“压力型体制”之下艰难延续，[③]不仅乡镇干部不得不采用行政命令完成工作任务，村组干部也被这一体制裹挟，在面对村民完成上级交代的

---

① 参见河南省委：《河南省邓州市农村党支部、村委会“4+2”工作法探析》，载《中国乡村建设》2009年第4期。

② 纪德尚、李依林：《新时期创新农村基层群众工作的实践探索与思考》，载《中共郑州市委党校学报》2010年第2期。

③ 参见荣敬本等：《从压力型体制向民主合作体制的转变——县乡两级政治体制改革》，中央编译出版社1998年版，第2页。

任务时难免作风粗暴，由村民的代理人转变为与村民对立之人，农村干群关系的紧张比较常见。[①] 加上城镇化推进过程中出现的税费改革、国家富农惠农政策的推行，导致以收费、摊派为主要内容的农村管理模式不可持续。而新农村建设需要大量资金、土地等各项资源，在不能直接要求农民承担的情况下，各种利益冲突极易激化，各种势力如宗派、家族等积极介入，对干群关系提出了极大的挑战，很容易出现影响农村和谐社会建设的问题。农村社会的不平静，根源在于农民主体地位的缺失。实行多年的家庭联产承包责任制和统分结合的双层经营体制，其实只是解决了家庭承包这一“分”的层面的问题；而家庭之上的组织单位，对于农民的不同利益诉求无法整合，对如何在“统”的层面促进农村发展并无良策。事关所有村民整体利益、长远利益的事务，如修路、建校、村庄整治等，因组织软弱导致人、财、物等各项资源全面匮乏，难以统一思想和行动，农民参与建设的积极性不高，农民的主体地位没有得到体现，农村建设的成效不明显。新农村建设目标长远、工程浩大，单靠政府的财政支持无法持续，绝大多数村级组织又缺乏自有资金，因此必须明确农民的主体地位，调动农民参与建设的积极性，通过各种机制充分发挥农民的主体作用，为新农村建设注入新的动力。[②]

正是在上述背景下，河南省邓州市根据相关政策和法律法规，结合农村建设的实践经验和党对新农村建设的具体要求，按照程序明确、易于操作的方针，以构建党组织领导下充满活力的乡村治理新机制为目标，于2004年创新出农村民主管理的“4+2”工作法。

（2）“4+2”工作法的程序。“支部提议好，体现党领导；‘两委’商议到，决策科学了；党员审议清，完善要补充；代表决议行，公正又透明……”

① 参见赵书策:《村级“四议两公开”工作法探析——以河南省邓州市为例》，载《山东省农业管理干部学院学报》2010年第5期。

② 参见胡振拴:《“4+2”工作法是农村基层组织建设的新突破》，载《学习论坛》2009年第11期。

河南邓州构林镇古村党支部书记尤国安编了个顺口溜，目的是方便村民牢记“4+2”工作法的程序。[①] 在“4+2”工作法中，所有村级涉及村民切身利益的事项，都必须按照“四议两公开”的程序进行决策和实施。

首先，是村党支部会议提议，掌握工作主动权。对于应该使用“4+2”工作法处理的事项，村支部会议要在找准政策、法律法规、本地情况和群众意愿最佳结合点的原则下，通过广泛征求群众意见、认真调查论证，在集体研究的基础上提出合民意、顺民心的初步意见和方案。

其次，是“两委”会商议，在村干部中达成共识。村党支部会议提出的初步方案，应通过村“两委”联席会议等形式，在村干部中继续讨论和完善。当前我国村民自治体制下，村委会主要领导大多同时兼任村支部职务，很多地方还推行村支书和村委会主任“一肩挑”。因此，比较有利于村“两委”联席会议的正常召开，方便“两委”班子成员充分讨论、各抒己见。对于村“两委”协调仍有障碍的个别地方，为避免彼此掣肘、相互拆台，“两委”会商议更加必要。对分歧较大的事项，应按照民主原则形成意见，决定该事项是否进入下一程序。

再次，是党员大会审议，充分发扬党内民主。根据《中国共产党农村基层组织工作条例》，村党支部每月应当开展一次党员活动，召开党员大会对村“两委”形成的意见进行审议，往往在每月的党员活动日进行，也可以根据需要适时进行。邓州市党员大会参照《中国共产党基层组织选举工作暂行条例》对出席人数的要求，明确参会党员人数必须达到应到党员人数的4/5以上方可开会。为尽可能提高党内民主程度，经村“两委”商议形成的意见方案应提前送交各位党员审阅，留足深入思考的时间；在会议审议时，应充分听取各位党员的意见和建议，组织好讨论和辩论，在认

① 刘娟：《深度解析河南邓州“4+2”工作法 将推广到全国》，载《中国人事报》2009年12月24日，第3版。

真研究、集思广益的基础上，及时修改完善方案。根据民主集中制原则，对审议结果的表决须经与会党员 2/3 以上同意并签字，对审议通过的方案，党员有义务做好宣传解释工作。

最后，是村民代表会议或村民会议决议拍板，体现村民当家作主的自治权利。根据《村民委员会组织法》第 24 条的规定，涉及村民利益的事项须经村民会议决议，或有村民会议授权村民代表会议决议。“4+2”工作法对党员大会审议通过的事项，在保证村党支部领导和村委会主导的前提下，依法设置了村民代表会议或村民会议决议的程序，将村民的民主权利行使自然地纳入法律保障的范围内，其特点在于细化并落实了村民代表会议或者村民会议的召开和表决方法，大大提高了规范性和可操作性。要求村民会议和村民代表会议的参会人数必须符合法律规定，决议事项须达到法定人数要求并保留讨论表决的原始记录备查，由此使法条中的村民权利变得具体实在。

“两公开”首先是决议公开。经过上述 4 次会议不断完善并表决通过的决议，必须经由村务公开栏或者同时经由手机、网络等各种渠道进行公示和公告，充分听取全体村民对议决事项及其具体实施方案的意见和建议。决议公开要切实有效，公开的场所和时间要便于村民充分知晓。

“两公开”其次是实施结果公开。完成上述程序的决议事项，可以进入实施环节，由村支部领导、村委会负责组织实施。实施结果公开包含丰富的内涵。一是从要公开的结果来看，不仅包括最终结果的公开，还包括实施过程取得的阶段性结果的公开。二是从公开的范围来看，由于公开的目的是信息传达和接受监督，因此公开行为不仅面向负有监督专责的村民监督委员会或监督小组、民主理财小组等，而且应该面向全体村民，让村内党员、普通村民等都可以对实施结果进行监督，村委会应该负责将实施结果全面、准确、翔实地予以公开。

“4+2”工作法的上述程序，目的是推进村民自治的规范化、制度化、科学化；本质是在党的领导下，发扬农村基层民主，促进社会主义新农村建设；关键是用严格明晰的程序，确保村级事务决策管理的健康有序运行；精髓是实现党的领导、发扬民主和依法办事的有机统一。①

（3）"4+2"工作法的特点。"4+2"工作法，"既是一种制度，又是一种方法。在推行过程中始终做到坚持党的领导、充分发扬民主、切实依法办事的统一"，②体现了鲜明的创新特点。

首先，是完善了党在农村工作中的领导机制，加强了党的领导。党的领导是我国农村工作的一个重大原则。在"4+2"工作法中，村党支部自始至终主导"四议""两公开"的全过程，既是程序的启动者，又是组织者，始终发挥主持和负责的作用。通过这一工作法，村党支部推动经济发展、维护农村稳定、促进社会和谐的能力得到提高，党组织在农村工作中的领导核心地位进一步加强。村委会作为村民自治的执行主体，在村党支部的领导下对经民主程序决策的事务拥有充分的实施权，村"两委"的工作职责进一步明晰，思想认识更加一致，工作协调更加顺利。村级其他组织，如共青团、妇联、民兵、治保等在党支部的领导下，在"4+2"工作法中有条件对村民自治事务表达意愿，因此更积极配合村委会推动各项工作的开展。农村不同利益群体的诉求，在"4+2"工作法中也能通过党内基层民主的扩大，通过广大党员参与讨论、决策、实施、监督等活动，随时反映给党组织，使党在农村工作中的领导作用得到了加强。

其次，开辟了以程序保证制度执行的新路，有利于实现依法办事。程序公正是实现实体公正的重要手段和保障，依循既定的程序才能形成一定的秩序。"4+2"工作法设计了严格的程序，保障了群众的知情权、参与权、

---

① 参见王四伟:《全市推广"4+2"工作法电视电话会议召开》，载《平顶山日报》2009年5月9日，第1版。

② 周红谦:《社会主义基层民主政治建设的生动实践——邓州"4+2"工作法》，载《经济师》2009年第11期。

表达权、监督权，实现了大家的事情大家议、大家办，保证了决策的科学性、民主性，实施的严格性和有效性。诚如该方法的创设者邓州市委书记刘朝瑞所说："我觉得'4+2'工作法就是给村一级决策规定了一套程序，给村干部灌输一个理念，学会用开会的办法、商量的办法，用走程序的办法，来实现自己的决策。它灌输的理念具有普遍意义，就是让基层干部学会按程序决策。"①"4+2"工作法6项内容,6套程序，融决策、管理、监督、落实为一体，环环相扣，步步推进，既不可颠倒，又缺一不可，以严格的程序、崭新的机制，把民主决策、民主管理、民主监督的要求贯穿起来，②将实体公正寓于程序公正之中，用程序公正保证实体公正，开创了依法治国在农村工作中落实的新路。

最后，完善村民自治机制，奠定人民当家作主的基础。在长期封建官本位的影响下，我国农村干部习惯于"当官要为民作主"，事无巨细，不论对村民权利有何影响，基本都由少数人说了算，甚至由一个人说了算，将我党规定的民主集中制和法律设定的村民民主权利抛在脑后。随着改革开放的深入，农民权利意识勃兴，农村利益格局复杂化，"开明专制"已经失去延续存在的基础，结果就是一些群众对村内事务的不理解、不合作、不支持，甚至出现干群关系紧张。"4+2"工作法，通过4次不断扩充成员的会议，确保农民可以参与到事关自身权益的事项之中，由此新农村建设的过程同时也成为农民得到实在利益、共享文明成果的过程；同时通过决议和实施结果的公开，提高了村民自治事务的透明度，推动权力运行从封闭操作向公开转变，有效地提升农民行使法定权利的空间。"4+2"工作法以村党支部为核心，层层递进，逐步扩大，使每一位村民都置身其间

① 刘朝瑞:《积极探索党组织领导下的村民自治新机制——河南省邓州市推行"4+2"工作法的调查与思考》，载《中州学刊》2009年第6期。

② 参见徐学庆:《相信谁、依靠谁、为了谁——判断马克思主义政党的试金石》，载《社会主义研究》2004年第1期。

并参与其事，最大限度地保证了农民的民主权利。

（4）邓州市推广“4+2”工作法的成效及持续创新。“4+2”工作法推行以来，邓州市农村工作取得显著的成绩，得到了广泛关注。习近平、刘云山、贺国强、回良玉等对此作出重要批示，负责组织工作的李源潮则专程深入调研，“4+2”工作法分别于2010年和2013年两次写入中央文件推广至全国。“4+2”工作法把党的领导机制、村“两委”协调机制、党内民主机制和村民自治机制融合在一起，发挥了党的领导作用，保障了党员群众的民主权利，用制度和程序保证了村民的知情权、参与权、表达权和监督权。具体而言，这一工作法的成效如下：

首先，巩固了农村基层党组织的领导地位，农村党支部的凝聚力、战斗力普遍增强。“4+2”工作法，在制度和实践层面保证了农村党支部领导村务的决策、管理、实施、监督的全过程，居于村民自治的领导核心地位，适应了新时期党的农村政策的要求，为农村经济社会的发展继续发挥战斗堡垒作用。基层党组织通过“4+2”工作法，集思广益、科学决策、民主决策，有效地避免了决策失误和盲目决策，有效推动了科学发展，使邓州市基层农村党组织建设即便面临城镇化和农村空心化加速发展的复杂局面，仍持续取得骄人的成绩。基层党组织的威信和权威不仅没有削弱，还显著提升了凝聚力和战斗力，“太平官”“懒散官”“自私官”退出了历史舞台，党支部建设取得突出成绩。以2014年为例，邓州市606个党支部共提议3000余次，涉及农村低保对象确定、“空心村”治理、“村村通”公路建设、人畜饮水项目建设等事项，通过率在99%以上；推行“四议两公开”工作法后，村民对于村组党员干部的满意率净增5%，村组干部的违法乱纪行为降低30%。[①] 使用该工作法前确定的300个后进村，有252个转

① 参见曹国宏:《邓州穰原故里百花艳——2014年邓州市经济社会健康发展简述》，载《河南日报农村版》2015年1月6日，第5版。

化为一类村，48个转化为二类村，67个后进村党支部书记成为“双强”支书。[①]

其次，加强了村委会干部服务群众的能力。“4+2”工作法，要求完善村级组织的配套建设，明确村委会作为村民自治实施主体的地位。村委会对重要村务的决策，发挥不可或缺的作用；在村支部的领导下，自主执行村务管理，充分行使自治权利。“4+2”工作法促使村干部改变行政命令的工作方法，更多地运用市场引导的办法；促使村干部对村务管理从包揽一切的模式，转向引导所有村民共同参与、多方协商的模式；促使村干部的工作理念从加强管理、抓紧权力，转向为村民提供服务、解决难题。“四议两公开”工作法改变了广大村组干部的管理理念和工作方法，“他们在工作中积极主动地问政于民，问计于民，尊重民意，尊重科学，并由管理转向服务，由指挥转向执行，为民务实清廉，更成为工作中的主旋律”。[②]近年来，种粮直接补贴、义务教育“两免一补”、农村最低生活保障、新农村合作医疗等党的各类惠农政策在邓州市顺利落实，南水北调移民安置、农村基础设施改善、人畜安全饮水、中小学危房改造等各类民生工程得到广大农民群众的认可。这些成绩的取得，都与村干部服务能力的提升关系密切。

最后，推动了农民民主权利的行使，提升了农民建设社会主义新农村的积极性。农民是我国革命和现代化建设事业的主力军，每一份党纲、政纲，都充分论证农民对我国社会主义事业的重要性；每一部法律、法规，都记载着农民应享有的平等、民主权利。然而，各种主客观因素的制约使农民的民主权利缺乏真正行使的条件。时至今日，民主观念、权利意识成为世界潮流，党和政府对农民民主权利的重视空前提高，然而经济社会发

① 参见曹国宏等:《“最后一公里”的突破 “四议两公开”工作法南阳样本解读》，载《河南日报农村版》2014年5月9日，第1版。

② 刁良梓等:《把活动开展到民心深处——邓州市党的群众路线教育实践活动纪实》，载《河南日报》2014年10月14日，第16版。

展的阶段性制约、法律文本和制度构建形成的路径依赖，仍局限着农民有效行使自己的民主权利。“4+2”工作法，把村级重大事项和涉及农民切身利益的事情交给村民会议或村民代表会议决议，体现了对农民民主权利的充分尊重，明确了农民在新农村建设中的主人翁地位，用规范的程序保证农民自己议、自己定，干自己想干的事、愿意干的事，创造了农民充分行使民主权利的条件，调动了农民建设新农村的积极性、主动性和创造性。①

作为“4+2”工作法的发源地，邓州市并没有满足既有的成绩，在10余年间不断对工作法加以创新，主要表现为实施效率的提升、实施范围的延伸及实施方法的科学化。效率的提升主要是适应当前村民小组的发展需要推出“四议两公开”的简化版。村民小组通常以人民公社时期的“生产队”为基础，按居住地区划分，《村民委员会组织法》规定“属于村民小组的集体所有的土地、企业和其他财产的经营管理以及公益事项的办理，由村民小组会议依照有关法律的规定讨论决定”，由此赋予村民小组农村集体经济组织的法人资格。这样同一行政村中，有些事项只涉及个别村民小组，邓州市根据这一情况，在村民小组中成立由本组村干部、组干部、党员和群众代表组成的理事组，对本小组事项依据“四议两公开”的基本精神进行决策、实施和监督，形成简化版的“4+2”工作法，既有利于村民自治下沉到村小组一级，也显著提高了实施效率。②实施范围的延伸，指邓州市将行之有效的“四议两公开”工作法积极向社区拓展、向企业拓展、向乡镇街道和机关事业单位拓展，大大提升了基层民主建设的水

① 参见曹国宏等:《“最后一公里”的突破“四议两公开”工作法南阳样本解读》，载《河南日报农村版》2014年5月9日，第1版。

② 参见程道杰等:《把事儿办成群众“心里想”——邓州市十年不懈推进提升“四议两公开”纪实》，载《河南日报》2014年9月14日，第7版。

平。[①] 实施方法的科学化，是指邓州市不断用科学的手段完善这一工作法，主要是为农民决策“引智”，吸收农技、工业、法律等各方面专业人员参与到“4+2”工作法的流程，提供专业的咨询意见，还包括上级党政机关对“4+2”工作法决策的评估和指导。

2. 对村民自治程序的其他探索及对“4+2”工作法的创新

（1）对村民自治程序的其他探索。

在河南省邓州市创立和完善“4+2”工作法的同时，我国各地农村民主政治的建设如火如荼，对村民自治制度从各个角度和层面开展了许多创新和探索。从加强村民自治程序的角度，除了“4+2”工作法之外，还有如下探索值得关注。

重庆市开县麻柳乡自 1999 年开始实施“八步工作法”，“对涉及乡村经济发展规划、乡村财务预决算、乡村兴办公益事业、重点项目和村民切身利益的大事”，[②]通过 8 个步骤，实现收集民意、集体决策、村民监督。“八步工作法”的主要特点，是以程序化的操作方式，保证村民对重大事项的民主决策、民主管理和民主监督权利，同时通过村民代表管钱、干部管事的方式构建村民的信任，动员了村民参与公益事业建设的热情，改善了乡村基础设施和公共事业。[③]“八步工作法”不仅获得全国村务公开和民主管理制度创新奖，还是广东惠州“四民主法”等农村工作方法的灵感来源。[④]不过该方法主要运用于基础建设领域，“八步”中“调查收集民意”“征求群众对初步方案的意见”“民主讨论确定实施方案”“分解工程落实到户”

---

① 参见曹国宏：《河南“四议两公开”工作法获习近平批示 解农村难题》，载《河南日报农村版》2014 年 5 月 9 日，第 1 版。

② 赵冠军：《重庆开县：八步工作法探路村民自治新规则》，载《公益时报》2006 年 2 月 21 日，第 3 版。

③ 赵冠军：《重庆开县：八步工作法探路村民自治新规则》，载《公益时报》2006 年 2 月 21 日，第 3 版。

④ 周志坤：《惠州四民主工作法：上访哪比上诉 信访不如信法》，载《南方日报》2010 年 6 月 18 日，第 1 版。

等环节，还缺乏稳定的操作方案，因此即便在重庆市内，还有黔江区白石乡的“六分工作法”、江津区龙华镇的“一线工作法”等与之争艳，[①] 这一工作法的影响有限。

河北省武安市1999年开始实行村级“一制三化”，2002年10月《人民日报》头版头条介绍了武安市“一制三化”的经验。“一制，指党支部领导下的村民自治运行机制；三化，指支部工作规范化、村民自治法制化、民主监督程序化。”[②]“一制三化”的核心思想，顾名思义，就是要实现村民自治在党领导下的程序化、规范化、法制化；“一制三化”的基本内容，是明确岗位职责、严格议事程序、规范财务管理、强化民主监督；“‘一制三化’的运作方式，是‘六会’决策（支委会、村委会、村‘两委’联席会、党员大会、村民代表会、村民会议）、财务‘三审’（村主任审查、村民理财小组审核、党支部书记审批）、公章‘双签’（使用村委会公章必须由村委会主任和党支部书记双签）、‘四制’监督（村务公开、民主议政日、民主评议村干部、会计委托代理四项制度）”。[③] 简言之，“一制三化”的要点，就是村支部主导规范化决策、村委会负责法制化执行、村民实现程序化监督。村级“一制三化”经过多年的实施，提高了农村党支部对工作的驾驭能力，推动了村委会依法实施村民自治，促进了村民民主权利的行使，走上了共同富裕的道路。[④] 不过由于程序稍嫌烦琐、架构较为复杂，推广应用的难度较大，到2010年，仍主要在武安市部分乡镇实施。[⑤]

（2）各地对“4+2”工作法的创新。2009年以来，全国各地农村大力

---

① 参见李骥：《乡镇工作的“通用钥匙”——学习推广“文建明工作法”》，载《当代党员》2012年第4期。

② 武安组：《深化“一制三化” 促进农村工作全面发展》，载《共产党员：河北》2003年第6期。

③ 何增科：《农村治理转型与制度创新——河北省武安市“一制三化”经验的调查与思考》，载《经济社会体制比较》2003年第6期。

④ 参见本报评论员：《走共同富裕之路的白沙村》，载《邯郸日报》2014年2月13日，第1版。

⑤ 参见路玉芳：《武安市石洞乡科学发展惠民生》，载《河北日报》2011年7月18日，第7版。

推广“4+2”工作法，[1] 并在此基础上多有创新。

首先，是“四议两公开一服务”：增加服务内容，助力村民自治。辽宁省法库县为了加强农村基层民主建设、夯实党在农村执政的基础，在奔赴河南邓州学习“4+2”工作法之后，结合本地实际创新出“4+2+1”工作法，即在“四议”“两公开”的基础上加上“一服务”，全程为民代理提供各项行政服务。2008年法库县第一家政务服务中心在孟家乡揭牌，2009年为民服务全程代理在沈阳市全面推广。政务“服务代理，是在乡、村两级设立为民服务代理机构，派代理员免费代理、全程服务农民需要办理的事情”。[2] 乡、村设立的为民服务代理机构，是名副其实的“小窗口”；然而，在为村民代理生育、户籍、医保、宅基地等各项审批证明手续时，却毫无疑问解决了村民的“大问题”；形成了“群众动嘴、干部跑腿、办事找代理”的新局面。辽宁省委组织部《关于在全省农村基层广泛开展为民服务全程代理工作意见》要求，“严格按照‘一口受理、全程代办、规范运作、按时办结’的程序来开展代理工作，重点抓好受理、承办、回复三个环节，落实首问负责制、直接办结制、承诺代理制、抽查回访制，通过开展为民服务全程代理工作，在全省农村形成‘小事不出村、大事不出乡、难事不出县’的为民服务新格局”。[3] 在“四议”“两公开”理顺村民自治机制的基础上，“一服务”大大减少了以往基层群众面临的办事难、跑冤枉路等现象，进一步赢得了民心，使干群关系进一步和谐，这一做法不仅在辽宁全省得到推广，在十八大不断深化改革的背景下，福建、安徽、河北、湖北、江

① 潘志贤、代聪：《全国各地农村大力推广河南邓州“四议两公开”工作法 阳光村务架起干群连心桥》，载《中国青年报》2009年12月9日，第6版。

② 田理：《奏响农村和谐发展曲——法库县用“4+2+1”工作法推进村级民主、提升服务水平》，载《辽宁日报》2010年2月10日，第4版。

③ 田理：《奏响农村和谐发展曲——法库县用“4+2+1”工作法推进村级民主、提升服务水平》，载《辽宁日报》2010年2月10日，第4版。

苏、河南、贵州等地也积极发展了这项服务。福建省建阳市设立市、乡、村三级代理点，全面推行为民办事全程代理服务制度，为广大村民无偿提供“一站式”全程代理服务。仅仅在2013年前8个月，“市行政服务中心共受理各类办件13,294件，期内办结率100%。全市各乡镇（街道）为民办事全程代理中心受理各类代理事项28,449件”。[①]

其次，是“四议两公开一监督”：强化监督力量，巩固村民自治。该工作法在四川、浙江、甘肃、吉林、山东等省许多农村实行，其中“四议两公开”秉承河南省邓州市的首创精神在内涵上一脉相承，但在“一监督”的内涵上却并不一致。比如，四川什邡、山东文登、甘肃临泽等地农村的“一监督”是指村监督委员会的监督，而浙江上杭、吉林白山等地的“一监督”则指上级党委政府监督和群众监督。现以四川什邡和浙江上杭的做法为例分别介绍。根据四川什邡隐丰镇官方网站对“四议两公开一监督”制度的介绍，“四议两公开一监督”工作法，即所有村级重大事项都必须在村党组织领导下，按照“四议”“两公开”“一监督”的程序决策实施，其中“一监督”即村民监督委员会监督。[②]村民监督委员会应结合本地实际，构建“管用、简洁、高效”的长效监督机制，对村重大事项的决策和实施全程进行监督。村民监督委员会还应畅通民意渠道，负责收集整理村民的问题和意见，要求村委会限期答复或解释，并及时反馈，对解决不了或不满意的问题可提交村民代表会议或逐级反映。在“四议两公开”保障党的领导核心和村民自治机制的基础上，通过村民监督委员会严格的监督，促进村务决策和实施水平的提高。浙江省《上杭县在村级组织中实行“四议两公开一监督”工作机制的意见（试行）》指出，凡是村级重大事务和与农民群众切身利益相关的事项，都要按照“四议两公开一监督”工作机

① 张贵兴、陈莉娜：《建阳：群众办事　干部跑腿》，载《福建日报》2013年9月13日，第2版。

② 参见《“四议两公开一监督”制度》，载什邡市隐峰镇人民政府网：http://yfz.shifang.gov.cn/default/news/shownews/200705061565454 2/1565201212514 55341.html，最后访问日期：2016年12月5日。

制实施。其中“一监督”是指上级党政和当地群众对村“两委”工作进行监督。① 在文件中上杭县提出强化乡镇党委、政府的监督责任，要求各乡镇要加强对各村村务公开民主管理工作的领导和监督，配齐配强村集体财务代理中心的工作人员，清楚掌握各村的各项收入情况，定期对村级财务人员进行培训等；通过明确村务监督小组的成员构成、权利职责、待遇等加强村务监督小组的监督职能，如对成员中党员群众的比例、对成员任职资格回避、对成员的罢黜条件等规定得非常细致，对监督小组的职责明确列举了10项具体内容，对其政治经济待遇也有合理安排。“四议两公开一监督”在各地的形式尽管有别，但在促进村民民主监督方面并无二致，无怪乎群众说“这个办法好，大家的事情大家办，公开明了，干起来也更舒畅”！②

再次，是四议一审两公开：上级审核把关，引导村民自治。主要在辽宁省各地农村推广，贵州省部分地区也有实行。2010年10月，辽宁省省委组织部、民政厅根据全国推广“4+2”工作法的意见，结合辽宁省实际并总结农村基层创新经验，提出在全省农村普遍实行“四议一审两公开”制度。③ “四议一审两公开”中的“四议”“两公开”沿袭河南省邓州市的工作方法，“一审”即乡镇党委、政府审核。“一审”这一环节，设置在村支部提议、村“两委”会商议这两议环节之后，“乡镇党委、政府要对村‘两委’上报的商议意见，从合法性、必要性、可行性等方面进行严格审

---

① 参见《关于印发〈上杭县在村级组织中实行“四议两公开一监督”工作机制的意见（试行）〉的通知》，载中国·上杭网：http://byx.shanghang.gov.cn/xwdt/tzgg/201005/t20100520_51741.htm，最后访问日期：2017年5月11日。

② 潘建勇：《北斗镇：“四议两公开一监督”大家的事大家办》，载《眉山日报》2015年8月20日，第6版。

③ 参见李胜基：《四议一审两公开 共定村事喜开怀》，载《共产党员月刊》2011年第16期。

核，提出具体指导意见，帮助补充完善，并以书面形式正式予以回复”。[①] 为了提高效率，对乡镇党委、政府的审核时限作出了明确规定，并要求对未通过审核的出具书面说明，指出具体缘由。乡镇党委、政府“一审”环节通过后，村“两委”会的商议意见或方案继续进入其他“两议”环节，即村党员大会审议、村民会议或村民代表会议决议。“四议一审两公开”制度，在实施村民自治、推行协商民主的基础上，通过上级党政审核的方式，强化了指导监督的力量，巩固了基层党组织的领导作用，保证了农村基层民主的正确方向。[②] 为了加强乡镇党政“一审”的严肃性和权威性，特别要求“乡镇党委书记要当好直接责任人，村党组织书记要当好具体责任人。要一级抓一级、一级带一级、层层抓落实，确保‘四议一审两公开’制度顺利推行”。[③]“四议一审两公开”工作法，“把党员、群众、干部以及专家的智慧汇聚在一起，减少了盲目决策、浪费资源、急功近利等违背科学发展的问题，使得村‘两委’关系协调顺畅，干群关系越发和谐”，[④] 有力地促进了社会主义新农村建设。这一工作法实行 5 年来，取得了显著的成绩，促进了党的领导、村民当家作主和依法治村的有机统一。[⑤]

最后，是“一定两议三监督”：螺旋上升的否定，兼顾程序与效率的尝试。2012 年以来，山东省平度市在“四议两公开”工作法的基础上，在村民的程序意识快速提高的前提下，为进一步突破难点、提高效率，探索

---

① 大连市委组织部:《全面实行“四议一审两公开”制度——市委组织部负责同志就〈关于在全市农村普遍实行“四议一审两公开”制度的实施意见〉有关问题答记者问》，载《大连日报》2010 年 12 月 8 日，第 4 版。

② 参见蒋金娜:《协商民主理论视角下农村“四议一审两公开”制度建设研究——以丹东为例》，载《湖南省社会主义学院学报》2015 年第 4 期。

③《关于在全市农村普遍实行“四议一审两公开”制度的实施意见》，载中共营口市委组织部网站:http://www.ykzzb.gov.cn/newsinfo.php?id=2520，最后访问日期：2017 年 5 月 11 日。

④ 邹晓岑:《创先争优提升基层党建水平》，载《辽阳日报》2010 年 11 月 9 日，第 2 版。

⑤ 参见姜强、崔海娟:《四议一审两公开让村民明明白白过日子》，载《朝阳日报》2015 年 2 月 11 日，第 1 版。

形成了“一定两议三监督”工作法在全市推行。“一定”，即议事范围的确定；“两议”，一是指由村党支部会议和村民委员会联席会议对事项的商议，二是指由党员和村民代表联席会议或村民会议对所议事项作出决议；“三监督”，一是指乡镇党委、政府的上级监督，二是指村务委员会的专职监督，三是指全体村民的群众监督。[①] 这一工作法突破的难点，是解决了农村议事、决策中事项范围的模糊，把应该进入民主议事程序的事项明确列举，由此避免了信息不对称条件下村民的疑虑和少数村干部钻空子。这一工作法之所以能够提高效率，原因在于顺应村“两委”交叉任职的趋势，将村支部提议和村“两委”商议合并为村“两委”联席会议商议，将党员大会审议和村民代表会议（或村民会议）决议合并为党员村民代表联席会议或村民会议决议，“四议”的程序简便为“两议”，议事决策的科学性、民主性没有降低，但效率大大提高。在明确议事范围、优化议事程序、强化各方监督的基础上，完善了科学民主、运转高效的村民自治机制，促进了社会主义新农村的建设。“一定两议三监督”工作法根源于“四议两公开”工作法，但又是进一步的扬弃和发展。比如，确定议事范围后，以村务公开栏公示、以“明白纸”形式发放到村民手中等形式广而告之，“群众的心里亮堂了，对干部的猜忌也就减少了”，[②] 在保证村民知情权的基础上，调动了参与村务的积极性和主动性，是对以往村民自治中“大事要事应议而不议”难题的探索。而将“四议”优化归并为“两议”，“既提高了议事效率，又减少了组织会议的难度，符合当前农村工作实际”。[③] “三监

① 参见李培强等:《“一定两议三监督”平度创新村级事务民主管理》，载《农村大众》（大众日报农村版）2012 年 12 月 5 日，第 1 版。

② 李培强等:《平度实施“一定两议三监督”推进村级民主管理》，载《青岛日报》2012 年 11 月 5 日，第 1 版。

③ 李培强等:《平度实施“一定两议三监督”推进村级民主管理》，载《青岛日报》2012 年 11 月 5 日，第 1 版。

督”虽然形式上表现为监督主体的扩大，实质上也是监督程序更加完善的体现，乡镇党委政府、村务监督委员会和全体村民共同构建起严密的监督体系。表现在决策前先向镇党委、政府通气汇报，实施方案决议前“须经镇纪委、经管站等相关职能部门实地评估、审批”，而村监督委员会、村民的监督也会得到镇党委、政府指派的专业人员指导。

二、农村社区建设中农民政治参与的创新

（一）农村社区建设概述

1. 农村社区建设的提出

在经历 30 多年以经济建设为中心的快速发展之后，我国城市和乡村的社会建设进入新的战略发展时期，单位制改革的普遍推行、城镇化进程的大踏步发展、城乡之间人口流动的日益频繁，对我国的城乡社会建设提出了新的要求。社区建设作为社会建设的重要切入点和主要抓手，自 1986 年发端于由民政部倡导的社区服务，并于 1991 年扩展为社区建设的概念，“旨在以社区建设为切入点，加强社区全方位的建设，增强城市基层组织的凝聚力和战斗力”。[①]1998 年，国务院机构改革再次明确了民政部“指导社区服务管理工作，推动社区建设”的职责。1999 年，民政部在全国范围内设立了 26 个社区建设试验区，并在社区建设试验的基础上，推动国务院办公厅转发了《民政部关于在全国推进城市社区建设的意见》，提出“以人为本、服务居民”的社区建设基本原则。

城市社区建设逐步推进的同时，在城镇化进程加快的影响和对比下，“三农”问题日益凸显。尤其在村民自治体制下，农村公共服务的供给日益弱化，农村社会建设严重滞后，为了有效改变这一现状，改进农村治理

---

① 崔恒展、陈岱云：《社区建设与统筹解决人口问题》，载包心鉴主编：《社会治理创新与当代中国社会发展》，人民出版社 2014 年版，第 290 页。

方式、缩小和消除城乡社会建设差距就提上了日程。2003年，党的十六届三中全会通过的《中共中央关于完善社会主义市场经济体制若干问题的决定》，就提出“发挥城乡社区自我管理、自我服务的功能”，要求农村信用社发挥好服务农村社区的功能，提出在若干方面加快建设农村社区的构想。党的十六届四中全会提出“加强社会建设和管理，推动社会管理体制创新”，从构建和谐社会的战略高度加速推进城乡社区建设。党的十六届五中全会提出新农村建设的历史任务后，社区建设开始全面从城市走向农村。2006年9月，民政部发布《关于做好农村社区建设试点工作推动社会主义新农村建设的通知》，到2007年3月确定304个“全国农村社区建设实验县（市、区）”进行两年的农村社区建设实验。2006年10月，党的十六届六中全会《中共中央关于构建社会主义和谐社会若干重大问题的决定》提出，“积极推进农村社区建设，健全新型社区管理和服务体制，把社区建设成管理有序、服务完善、文明祥和的社会生活共同体”。2007年，党的十七大报告再次明确农村社区建设和城市社区建设同等重要，我国进入社区建设城乡并举的阶段，随即全国范围内对农村社区建设实验工作的讲习班、交流会多次开展。2009年3月，在评估和总结304个实验试点建设农村社区的经验后，民政部下发《关于开展“农村社区建设实验全覆盖”创建活动的通知》，巩固实验成果，扩大农村社区建设的覆盖面，并在年底评选出首批7个“全国农村社区建设实验全覆盖示范单位”，标志着农村社区建设开始全面推进。自上而下、政府主导的农村社区建设在短期内取得显著的成就，如社区的组织框架基本建立、社区建设的保障水平不断提高、社区的各项设施初具规模。

2. 农村社区建设是社会主义新农村建设的重要内容

2015年5月31日，中共中央办公厅、国务院办公厅印发了《关于深入推进农村社区建设试点工作的指导意见》，其中明确肯定“农村社区建设是社会主义新农村建设的重要内容”。[①] 这一意见是在总结各地农村社区建设的经验教训、推动治理方式创新和深化城乡一体化建设的背景下提出的，是对 10 年来各地农村社区建设的实践和理论的升华和规范。

首先，农村社区建设的定位得以明确，就是社会主义新农村建设的重要内容。对于农村社区的定位，在实践和理论中都曾有不同的设定。2007 年 3 月，民政部《全国农村社区建设实验县（市、区）工作实施方案》提出，“按照地域相近、规模适应、群众自愿的原则，科学界定农村社区的区域范围，明确农村社区的定位”。[②] 这就在农村社区的建制类型和目标定位方面给各地留下了充分的创新空间。比如，浙江温州主要通过对村的“转”“并”“联”构建农村新社区，通过“三分三改”将集体经济组织和村民自治组织剥离，通过“上提下放”实现村委会政经分开、政社分离，据此建立的农村新社区，无论是通过重新设计村民理事会的途径，还是通过社区下面设小区的路径，“在事实上已经代替了村委会履行的一些公共服务职能，减轻了村委会的负担”，[③] 表明温州对农村新社区的定位是新农村建设的部分之一，是城乡统筹综合改革的重要形式。湖北省由于农村经济社会发展水平不一、地域差异较大，“在农村社区试点建设中所采取的不同设置模式，基本上每个地区都涵盖了多种模式”，[④] 但目标是“通过新时期的农村社区建设逐步适应乡村社会治理体制变迁的要求，夯实国家政权建设的基层社会基础”，表明对农村社区的定位也基于新农村建设的组

---

① 《中共中央办公厅、国务院办公厅关于深入推进农村社区建设试点工作的指导意见》，载《人民日报》2015 年 6 月 1 日，第 1 版。

② 《全国农村社区建设实验县（市、区）工作实施方案》，载詹成付主编：《农村社区文选》，中国社会出版社 2008 年版，第 32 页。

③ 袁方成等：《从村民自治到社区自治：基层民主的新发展——温州村级组织转制与新型社区建设调查研究》，中国社会科学出版社 2014 年版，第 100 页。

④ 李增元：《村民自治到社区自治：农村基层民主治理的现代转型》，山东人民出版社 2014 年版，第 139 页。

成部分。山东诸城的农村社区建设，“构建起以社区化为平台、网格化为基础、信息化为支撑、法治化为保障、一体化为目标的基层社会治理新格局”，[①] 被专家总结为“有效激发了基层社会治理活力，促进了社会和谐稳定，也为当前我国新农村建设提供了有益探索和实践经验”。[②] 著名学者徐勇提出“在社会主义新农村建设中推进农村社区建设”，[③] 相关研究者也提出“农村社区建设是新农村建设的新模式”[④]“在新农村建设中农村社区建设是其全新的发展单元模式”[⑤] 等。此外，还存在与上述定位不同的认识和实践。比如，著名学者师凤莲强调“农村社区建设应侧重于社会管理和建设领域，要突出其社会性，农村社区建设不应等同于新农村建设”。[⑥] 相应的实践是河南省的新型农村社区建设，从所属范畴、提出背景、功能定位、内涵特征、建设理念等各方面，河南新型农村社区建设都有别于新农村建设，“河南目前正在建设的新型农村社区，从根本上说已经不再属于传统的农村范畴，而是已经成为现代城镇体系的一个重要组成部分，是一个城镇的概念”，[⑦] 并提出二者在 1 亿人口的农业大省并行不悖的观点。当然在实际推行中，河南农村社区建设可视为新农村建设和新型城镇化建设的中间形式。因为在《河南省新型农村社区规划建设标准（第四稿）》中，“新型农村社区是一种现代化新型农民的聚居点”，仍是从地域概念而不是从基层组织的概念去定义这一新生事物；同时 2011 年 7 月公布的《河南省实施〈中华人民共和国村民委员会组织法〉办法》第 9 条规定，村委会

① 魏礼群主编：《创新社会治理案例选》（2014），社会科学文献出版社 2015 年版，第 250 页。

② 魏礼群主编：《创新社会治理案例选》（2014），社会科学文献出版社 2015 年版，第 254 页。

③ 徐勇：《在社会主义新农村建设中推进农村社区建设》，载《江汉论坛》2004 年第 4 期。

④ 李若青：《社区建设与社会主义新农村》，载《山西高等学校社会科学学报》2006 年第 7 期。

⑤ 张志艳：《农村社区治理中公民参与问题研究——以 JZ 社区为例》，郑州大学 2014 年硕士学位论文，第 1 页。

⑥ 师凤莲：《农村社区——概念的误解与澄清》，载《浙江学刊》2008 年第 5 期。

⑦ 喻新安等主编：《新型农村社区论》，人民出版社 2012 年版，第 66 页。

的职责包括推动农村社区建设，并对如何推动提出了具体要求。实验探索时期允许不同地域对农村社区的不同定位激发了各地的创新热情，而2015年统一明确定位为“是社会主义新农村建设的重要内容，是推进新型城镇化的配套工程”，无疑是对创新成果的科学总结。

其次，农村社区建设的内涵升华，是新农村建设的发展方向。和新农村建设相比，农村社区建设的理念、功能和辐射能力都有显著提升。就建设理念而言，贯穿新农村建设始终的理念是“工业反哺农业、城市支持农村”和“多予少取放活”，体现的是“以工促农、以城带乡”的要求。要实现的20字方针，着眼点和出发点虽然是基于农村利益，但究其实不过是承认并坚持城乡差距的农村新景象，并没有脱离农村的范畴。而农村社区建设的理念是破除城乡二元结构、推进城乡一体化、实现生产要素流动和公共服务体系的城乡均衡发展。农村社区建设的提出是基于党对我国发展阶段的新判断，认为破除城乡二元结构、构建城乡一体化发展格局已经非常重要和紧迫，因此农村社区建设体现的是城乡经济社会发展的各个方面要均衡、自由和融合的要求，工业、城市不再是从外部促进和带动农业和乡村，而是在逐步消除体制性障碍的前提下走向一体化发展。就功能而言，新农村建设的是以“生产发展、生活宽裕、乡风文明、村容整洁、管理民主”为目标的农村，其功能重点是提高农村的经济、政治、文化、社会和党的建设等各领域水平，但仅是发挥改善的功能，不涉及农村组织形态的质变飞跃。而农村社区的功能定位“是人们社会生活的共同体和人居的基本平台”，[①] 被认为是农村社会服务管理的基本单元，因此在《民政部关于进一步推进和谐社区建设工作的意见》中，被视为加强社会管理的重心、改善民生的依托、维护稳定的根基，“日益成为基层管理的平台、服

① 《民政部关于进一步推进和谐社区建设工作的意见》，载中华人民共和国民政部官网：http://www.mca.gov.cn/article/zwgk/fvfg/jczqhsqjs/200911/200911000439O9.shtml，最后访问日期：2017年5月14日。

务居民的平台和开展社会工作的平台”，[①] 这种功能是任何层次的农村组织形态也无法达到的。就辐射能力而言，新农村建设力促“三农”问题的解决，重要性固不容忽视，但毕竟只是全局工作中的组成部分。比如，河南省提出“用建设社会主义新农村统揽农村工作全局”，[②] 其辐射能力主要局限在农村、农业和农民。而农村社区建设被认为是城乡一体化发展的切入点、统筹城乡的结合点，对其考虑是基于战略全局的宏观视角，城乡统筹得更加彻底和全面，和新型城镇化的联系更加紧密，其辐射的产业和领域也更为广阔。“农村社区建设规划布局重全城、产业发展重融合、基础设施重同质、公共服务重均等、生态环境重宜居、要素配置重同权。变资源单向延伸为双向互动、良性循环，农村、农业、农民能在要素流动中得到实惠。”[③]

当前我国的特色新型工业化、信息化、城镇化和农业现代化进程不断加快，农村社会治理的新情况新问题层出不穷，在借鉴城市社区建设的经验教训并在尽可能多的地域内充分实验的基础上，中央高度重视并大力推进农村社区建设。农村社区建设是社会主义新农村建设的重要内容，又是新农村建设的发展方向，是推进新型城镇化的配套工程。

（二）农村社区建设中农民政治参与理念和素质的提升

1. 现代文明观念、民主参与意识的提高

社区居民的观念和意识对农村社区建设至关重要，制约着农村社区建设的方式、模式、方向、速度、质量和结构。“三农”问题的持续发酵，

---

① 卫敏丽、李亚杰：《我国构筑以社区为主新型管理体系》，载《中国财经报》2007 年 10 月 12 日，第 3 版。

②《河南省委、省政府关于推进社会主义新农村建设的实施意见》，载《河南农业》2006 年第 5 期。

③ 罗辉、郭久辉：《河南探索新型农村社区建设调查》，载《河南日报》2012 年 12 月 18 日，第 3 版。

“很大程度上都与村庄内部的凝聚力下降、村庄的解体和失序有关”,[①] 随着改革开放的深入和农民在这一过程中经历的起起伏伏，农民观念和意识呈现总体混乱和内部分化的特征。农村社区的建设，打破了以往农村聚族而居、人们生死相依的熟人社会，建立在宗亲和邻里关系基础上的传统村落共同体逐渐瓦解，需要在农村社区中逐渐建立一种新的认同感和归属感，以提升农村社区的凝聚力和向心力。“借助新型农村社区建设的契机，既要建设现代化的社区，更要培养具有现代文明的社区居民，通过对基层农村社区的文化建设，提高社区居民的公民素质和文化修养，培养良好的社会风尚，形成具有广泛基层共识的价值理念”，[②] 显然是当前社会发展和农村社区建设的必然要求，也在许多农村社区中有了充分的体现。比如，在农村社区“完善了基础设施，改善了村居环境的前提下”，许多村民改变了以往的卫生和生活习惯，生活方式更加接近现代文明了。[③]

在日常生活场所这一功能之外，新型农村社区还发挥思想交流、观念碰撞、活动开展和让人群聚合等功能，这就要求社区建设必须培养迥异于传统村落意识的参与意识、合作意识、公共意识、公益意识、平等意识等现代民主意识，以此培育社区现代价值观念，塑造社区信任、平等、和谐、合作的文化氛围。新乡市的调研表明，村委会体现“一种层级化从上而下的管理自治形式”，而农村社区“则有着更为民主的透明的治理权利和义务”。[④] 在浙江省兴隆村农村社区建设过程中，注重通过各种利益的导向作用引导居民参与社区各项建设，“经济利益的保障是吸引农民参与的基础”“政治利益的尊重是扩大农民参与的条件”“社区公共利益的追求是

---

① 喻新安等主编:《新型农村社区论》，人民出版社 2012 年版，第 302 页。

② 喻新安等主编:《新型农村社区论》，人民出版社 2012 年版，第 269 页。

③ 参见陈锋:《乐清市农村社区建设的调查研究》，南京农业大学 2013 年硕士学位论文，第 26 页。

④ 王正男:《新乡市新型城镇化进程中新型农村社区建设问题研究》，山西师范大学 2013 年硕士学位论文，第 41 页。

农民自发参与的动力”，[1] 据此逐步提升农民在社区建设中的参与意识和参与水平。在河南省张庄社区，“在社区规划设计过程中十分注重尊重民意，在社区的具体建设过程中，农民更是成为整个施工的监督者和参与者”。[2] 在山东省E市，农村社区建设的重要事项，都要“先后多次召开村‘两委’会、党员会、老干部座谈会、村民代表会等”吸引农民积极参与，以基础设施建设为例，“无论是前期选择规划设计单位，还是后期的施工过程，都有村民代表参加。村民代表通过公开、竞争、择优的方式产生。同时组织群众代表作为义务监督员”。[3] 当然，农民参与意识的发展还需要大力培育和扶持，当前即便在建设成绩显著的示范性农村社区中，农民的参与意识仍然不容乐观，据学者的一项调查，只有58%的居民非常愿意或比较愿意参与社区事务，另外的被试者的参与意愿并不明显；同时，参与意识还深受个体利益的制约，体现为选择性参与、动员型参与、被动型参与占主导。[4] 在教育和引导之外，应注重通过政府无偿供给、社会组织公益提供及市场化运作等多种方式进行社区文化的多元建设，扩大社区居民和外界的交流，促进民主思想、权利意识加速渗透到社区生活，加快现代文明的传播和对传统习惯的改造，推进农村人情社会向法理社会转变、传统臣民文化向现代公民文化转变。

2. 农民综合素质的提高

随着我国综合国力的增强，包括农民在内的国民素质显著提高，农民

---

① 容腾：《利益相关视角下新型农村社区建设中的农民参与——基于浙江省兴隆村的个案研究》，华中师范大学2015年硕士学位论文，第36页。

② 余彩霞：《公共服务：新型农村社区有效运转的基础研究——以张庄社区为个案》，华中师范大学2015年硕士学位论文，第33页。

③ 段云云：《新型农村社区公共服务供给模式研究——以E市为例》，山东大学2015年硕士学位论文，第35页。

④ 参见张志艳：《农村社区治理中公民参与问题研究——以JZ社区为例》，郑州大学2014年硕士学位论文，第22页。

的文化科技水平、生活生产方式和卫生健康素质等都有显著变化。而农村社区建设不仅在学者眼中“更侧重于社会管理和建设领域，要突出其社会性”，① 在许多地方决策者那里，也“从根本上说已经不再属于传统的农村范畴，而是已经成为现代城镇体系的一个重要组成部分”，② 是推动由农民到公民转变的有效载体。因此，农村社区的建设，不仅有利于农村土地集约利用和开发，有利于城乡统筹发展和农村人居环境的改善，而且极大地促进公共服务和公共资源更公平地向农村延伸和共享，进而有效促进农民各项素质的提升。农村社区建设被视为“培养农村社区居民综合素质和公民意识从一个农村人过渡到城市人的转移手段和措施”，③ 从而进一步奠定农民政治参与权利提升的基础。

从文化科技水平和卫生健康状况来说，社区建设本身就具有优化文化教育和医疗卫生资源配置的功能，是对农村公共服务体系欠缺现状的极大改善。相比以往的农村村庄，农村社区不仅集中了更多的人口和房屋，更主要的特点是配备了更加完善的公共设施，学校、医院、公共文化体育设施、社区休闲活动广场等是一般农村社区的标准配置，也是宣传农村社区建设优越性的主要卖点，有些社区甚至达到媲美发达国家公共服务设施的现代化水平。比如，山东省诸城市农村社区的公共服务平台设在社区中心村，统一规划建设社区服务中心，按要求设置“一厅八室（中心）”，即综合服务大厅和医疗服务室、社区警备室、计生服务室、文体活动室、图书阅览室、远程教育室、电子阅览室、土地流转和农民专业合作组织服务中心等。④ 农村社区文教和医疗资源集中的状况，使其具备了进一步吸引人

---

① 师凤莲:《农村社区——概念的误解与澄清》，载《浙江学刊》2008 年第 5 期。

② 喻新安等主编:《新型农村社区论》，人民出版社 2012 年版，第 66 页。

③ 王正男:《新乡市新型城镇化进程中新型农村社区建设问题研究》，山西师范大学 2013 年硕士学位论文，第 41 页。

④ 参见毕昆艳:《诸城市农村社区公共服务建设研究》，山东大学 2014 年硕士学位论文，第 21 页。

口集聚和产业发展的基础，加强了其在新农村建设中能优先快速发展的优势。比如，浙江省奉化市在农村社区建设中形成了科教文领域的“三三”资源共享网络，即“政府、社区学院、村（社区）三级组织网络内实现资源传输，教育、科技、文化三类资源基地得到有效整合，学校、家庭和社会公共构建‘三位一体’的教育网络，由此充分发挥了教育资源、文化资源、地域资源、人才资源的功能作用”。[①] 而学者们在山东、山西、河南等地的调查[②] 更充分说明，农村社区的建设，更显著增强了农村医疗保健网络的能力，大大提升了农村医疗保健水平，促成了城乡医疗保健事业的统筹协调发展。

从生产生活方式来说，农村社区建设对农民素质的提高也发挥着显著的作用。与传统村落相比，农村社区相对完善的公共服务设施和相对现代化的生活方式，全方位地改变了农村居民的人际关系模式和日常行为方式，重视人情世故并倾向保守稳健的老年人在社区生活中不复具有权威地位，向往独立平等权利并积极追求城市生活方式的中青年人成为社区生活中的主角，相应而来的是农村社区生产生活方式的现代化程度显著提高。农村社区的“治理模式和治理手段更接近现代民主政治的要求”。[③]

2015 年 7 月，《半月谈》编辑部策划实施了“问需于农：新型农村社区再调查”活动，对已经开展 10 年的新型农村社区建设在河南、山东、河北、安徽、江西、湖北、四川、重庆、江苏、浙江等地进行了系统的调研。调研报告显示，赞同新型农村社区建设的被调查对象中，绝大多数是

---

① 王曙丹：《立足地域特色整合三类资源“溪口模式”：农村社区教育的新探索》，载“中国奉化”政府门户网站：http://www.fh.gov.cn/zwgk/jrfh/201502/t20150214_147007.html，最后访问日期：2017 年 5 月 14 日。

② 参见王燕红：《农村社区医疗卫生服务问题研究——以山东省为例》，山东农业大学 2015 年硕士学位论文，第 13~17 页；李全利：《农村社区医疗保障体系建设研究——基于社会融入视角》，载《山西农业大学学报》2015 年第 3 期。

③ 徐敏：《乡村治理转型视角下新型农村社区治理研究》，山东大学 2013 年硕士学位论文，第 1 页。

就业能力充分、适应能力较强或者子女教育需求强烈的中青年农村居民。该报告指出，按统一标准规划建设的农村社区中，中青年农民成为毫无疑义的主导力量。[①]郑永扣教授主持的调研活动也表明，农村居民的年龄高低和入住现代化居住环境的意愿呈负相关，“即年龄越大的越不想在城镇安家落户，年龄越小的越想在城镇安家落户”。[②]中青年占主导地位的农村社区，生产、生活等各方面行为方式和传统村落大相径庭。不仅农村社区从规划到建设都积极引入市场化运作方式，而且社区的日常生活服务除公益性项目之外，也多采取市场经营的方式，现代市场经济是社区生产经营的主要体制。“要实现新型农村社区建设的可持续发展，需要建立拆迁建设、产业配套、社区管理和文化培育四个方面相互支撑的整体框架，遵循市场经济发展规律，实现新型农村社区建设。”[③]同时，农村社区建设中社区居民的生活方式也更接近城市化和现代化，“建设新型农村社区的过程，是把千百万农村人口尽快从传统农村生产生活方式束缚下解放出来的过程，是引导农民群众转变思想观念、追求共同富裕、创造美好生活、实现人的全面发展的过程”。[④]

（三）农村社区建设中农民政治参与制度和平台的提升

我国自1986年由民政部提出加强社区服务的概念，经2003年党的十六届三中全会提出在若干方面加快建设农村社区的构想，到2006年十六

① 参见叶含勇、张兴军：《新型农村社区建设："好得很"还是"糟得很"？》，载《半月谈内部版》2015年第7期。

② 郑永扣：《河南省社科规划重大课题〈新型城镇化建设中河南农民的担忧和期待〉研究报告》，载河南省社科规划办网站：http://www.hnpopss.gov.cn/finance/Showeb.aspx?siteid=0&contentid=195，最后访问日期：2017年4月2日。

③ 申燕飞：《河南省新型农村社区建设的市场化研究》，载《产业与科技论坛》2013年第14期。

④ 李怀玉：《新型农村社区居民生产方式和生活方式转变研究》，载谷建全、王建国主编：《河南城市发展报告（2013）——新型城镇化引领“三化”协调科学发展》，社会科学文献出版社2013年版，第292～301页。

届六中全会提出“积极推进农村社区建设，健全新型社区管理和服务体制，把社区建设成管理有序、服务完善、文明祥和的社会生活共同体”，[①] 此后加强农村社区建设一直是我党着力推进致力于解决“三农”问题和农村治理问题的重要政策。在持续性政策推进之下，逐渐形成了比较系统的规章制度，搭建了比较有效的渠道平台。

1. 加强新型农村社区建设的制度体系

首先，从法律法规上明确农村社区建设的意义，树立农村社区建设的地位。在涉及农民宪法性权利最直接的《村民委员会组织法》中，其第9条第2款规定：“村民委员会应当支持服务性、公益性、互助性社会组织依法开展活动，推动农村社区建设。”第38条明确了各种社会组织参与农村社区建设的义务，“驻在农村的机关、团体、部队、国有及国有控股企业、事业单位及其人员不参加村民委员会组织，但应当通过多种形式参与农村社区建设，并遵守有关村规民约”。在社会立法方面特别注重城乡统筹协调发展，从法律上赋予农村社区建设明确的地位。《中华人民共和国慈善法》《中华人民共和国老年人权益保障法》《中华人民共和国就业促进法》《中华人民共和国残疾人保障法》中，都明确规定农村社区和城市社区在开展相关社会服务时具有相同的职能。比如，2016年9月开始实施的《中华人民共和国慈善法》第110条规定：“城乡社区组织、单位可以在本社区、单位内部开展群众性互助互济活动。”在相关行政立法中，也着力改变以往城乡分治的状况，把农村社区作为开展相关行政事业活动的组织单位，这在《中华人民共和国传染病防治法》《中华人民共和国精神卫生法》《中华人民共和国国防教育法》《中华人民共和国体育法》《中华人民共和国科学技术普及法》等法律中都有所体现。根据《立法法》的规定，我国相关

---

① 《中共中央关于构建社会主义和谐社会若干重大问题的决定》，载《人民日报》2006年10月18日，第1版。

的行政法规和部委规章也和上述法律在精神和内容上保持了一致，对农村社区的地位和作用给予了充分的肯定，如人力资源和社会保障部于2014年12月颁布的《就业服务与就业管理规定》，就明确城乡社区内的公共就业服务机构，在设立条件、职责范围和运行方式等各方面都一视同仁、协调发展。其第31条第2款规定："街道、乡镇、社区公共就业服务机构建立基层服务窗口，开展以就业援助为重点的公共就业服务，实施劳动力资源调查统计，并承担上级劳动保障行政部门安排的其他就业服务工作。"而数量众多的地方法规和地方政府规章，也严格遵循立法原则和精神，充分认可和强调了农村社区建设的法律地位。

其次，在政府机构设置和行政规范上突出农村社区建设的重要价值，构建良好的制度运行机制。如前所述，我国各地新型农村社区建设经历了一个根据自身情况试点运行的时期，尽管对农村社区建设的领导或协调机构设置不同，但都在组织机构的设置上体现了对其的重视，成立专门的农村社区建设领导小组并设立办公室，几乎成为各地推进农村社区建设工作的标准动作。例如，2012年河南省孟州市人民政府发布《关于加快新型农村社区建设的实施意见》提出，"成立由市委书记任政委，市长任指挥长，市委副书记任常务副指挥长，市委农村工作办公室、发改委、住建局、国土资源局、财政局、规划局、公安局、人社局、民政局等有关部门以及金融部门主要负责人为成员的新型农村社区建设指挥部。指挥部下设办公室，办公室设在市委农村工作办公室，农办主任兼任办公室主任。指挥部办公室要发挥好指导、协调和督导作用，靠前指挥，一线督战，确保按时完成新型农村社区建设任务"。[①] 同时成立规划建设指导组、资金统筹推进组、用地协调推进组等相关机构，并要求各乡镇办事处都要建立一个项目

① 《中共孟州市委、孟州市人民政府关于加快新型农村社区建设的实施意见》，载孟州市委政府门户网站：http://www.mengzhou.gov.cn/zwgk/ShowArticle.asp?ArticleID=36046，最后访问日期：2017年1月14日。

建设协调机构。2013 年安徽省亳州市发布的《关于加快推进农村社区建设的实施意见》也提出，“各级党委、政府要把农村社区建设纳入重要议事日程，建立主要领导亲自抓、分管领导具体负责，民政部门牵头、相关部门配合、社会广泛协助、村民积极参与的农村社区建设运行机制”。[①] 北京市、山东省、浙江省等也多成立了相关机构领导农村社区建设工作。2015 年 6 月，中共中央办公厅、国务院办公厅印发了《关于深入推进农村社区建设试点工作的指导意见》，对加强农村社区建设的组织机构作出了统一的部署，“中央和国家机关有关部门要加强对地方试点工作的指导，及时制定完善相关配套政策。地方党委和政府要把农村社区建设试点工作纳入重要议事日程，建立农村社区建设统筹协调和绩效评估机制”。[②]

针对农村社区建设设置专门机构的同时，各地还以各类行政规范保障农村社区建设的制度供给。例如，2006 年以来河南省专门组织科研院所和社会各界举行农村社区建设规划方案的评选活动，为出台《河南省新型农村社区建设规划建议》数易其稿。河南省多地研究出台《农村社区资金筹措使用管理办法》，明确规范社区建设的资金来源、使用范围、使用程序等。[③] 再如，2009 年山东省潍坊市下发了《关于〈潍坊市农村社区建设基本标准〉的通知》《关于〈潍坊市农村社区建设考核办法〉的通知》，提出“农村社区建设考核标准是，领导协调机制全覆盖，社区建设规划全覆盖，配套服务设施全覆盖，综合服务体系全覆盖，管理体制机制全覆盖”；“农村社区考核标准是，党组织发挥作用好，综合服务成效好，基础设施配套好，文明服务风纪好，工作运行机制好”；“考核方法是，对县市区、市属

① 《关于加快推进农村社区建设的实施意见》，载中共亳州市委门户网站：http://sw.bozhou.gov.cn/include/contents.php?id=3627，最后访问日期：2017 年 5 月 16 日。

② 《中共中央办公厅、国务院办公厅关于深入推进农村社区建设试点工作的指导意见》，载《人民日报》2015 年 6 月 1 日，第 1 版。

③ 参见李文轩：《济源市新型农村社区建设研究》，郑州大学 2013 年硕士学位论文，第 15 页。

开发区的考核，由市农村社区建设工作领导小组办公室具体组织实施，采取听、查、看、测、评的方法进行评价打分，评出一、二、三等奖”。[①] 而安徽省 2013 年《亳州市农村社区建设指导标准》也对社区人户规模、社区用房面积及功能、社区组织体系、社区规章制度、社区民主管理、社区工作人员管理、社区发展规划和年度实施计划、社区志愿者组织、社区档案管理、社区专项工作经费、社区服务满意度和参与率等各项内容作出了明确具体的规定。[②]2014 年，北京市怀柔区也制定了《怀柔区农村社区管理服务创新示范区建设工作实施方案》，进一步明确了农村社区建设任务和目标。[③]2015 年 6 月，《中共中央办公厅、国务院办公厅关于深入推进农村社区建设试点工作的指导意见》也提出“及时将成熟的经验做法上升为政策法规，为全面推进农村社区建设提供制度保障”。[④]

2. 加强新型农村社区建设的渠道平台

首先，新型农村社区建设的推进方式科学合理，建设渠道平稳开阔。回顾我国农村社区建设的基本历程，从 2003 年最早在个别地区的社区管理和社区金融服务等领域提出社区建设问题，到 2007 年确定 304 个“全国农村社区建设实验县（市、区）”进行两年的农村社区建设实验，到 2009 年在全国范围内提出巩固实验成果、扩大农村社区建设的覆盖面，再到 2015 年指出农村社区建设“是夯实党的执政基础、巩固基层政权的重要举措。各地区各有关部门要……增强做好农村社区建设工作的责任感和

① 王益群、唐坤然：《孟祥志：大力推行“多村一社区”建设模式》，载潍坊新闻网：http://wf.people.com.cn/GB/70092/9610060.html，最后访问日期：2017 年 1 月 14 日。

② 参见《关于加快推进农村社区建设的实施意见》，载中共亳州市委门户网站：http://sw.bozhou.gov.cn/include/contents.php?id=3627，最后访问日期：2017 年 5 月 16 日。

③ 王君：《我区召开农村社区建设领导小组会议》，载怀柔信息网：http://www.bjhr.gov.cn/publish/main/hrdt/100600/20140614094811171522864/index.html，最后访问日期：2017 年 5 月 16 日。

④《中共中央办公厅、国务院办公厅关于深入推进农村社区建设试点工作的指导意见》，载《人民日报》2015 年 6 月 1 日，第 1 版。

紧迫感，深入推进试点工作”，[①] 表明农村社区建设的推进工作是坚强有力、紧张有序的，建设的渠道也日益平稳开阔。与此同时，推进工作中又特别注重示范引导和分类指导，强调科学、民主的工作方式。从“全国农村社区建设实验县（市、区）”的甄选，到“全国农村社区建设实验全覆盖示范单位”的遴选，再到“农村社区管理和服务创新实验区”的评选，特别强调示范引导的作用；从《民政部关于开展“农村社区建设实验全覆盖”创建活动的通知》提出“创建活动中要切实尊重农村居民的主体地位，保障农民的知情权、参与权、表达权、监督权，把满足农民群众需要作为全部工作的出发点和落脚点”“本次创建活动不搞统一模式、不搞集中命名表彰活动”，[②] 到《中共中央办公厅、国务院办公厅关于深入推进农村社区建设试点工作的指导意见》强调“尊重农村居民的主体地位，切实维护好保障好农村居民的民主政治权利、合法经济利益和社会生活权益，让农村居民从农村社区建设中得到更多实惠”“根据不同地区经济社会发展水平和农村社区实际情况，突出重点、分类施策，稳步推进试点工作”；[③] 充分表明了推进方式的科学化和民主化。

其次，新型农村社区建设顺应时代发展要求，平台技术起点较高。新型农村社区建设是在中国特色社会主义制度优越性不断体现、综合国力不断提升、党和政府执政能力不断加强的时代背景下，是在总结30余年改革开放经验教训和海内外先进文明成果的基础上，为解决我国城乡差距问题、经济社会发展问题和提升治理体系和治理能力问题等，而作出的系统

① 《中共中央办公厅、国务院办公厅关于深入推进农村社区建设试点工作的指导意见》，载《人民日报》2015年6月1日，第1版。

② 《民政部关于开展“农村社区建设实验全覆盖”创建活动的通知》，载中华人民共和国民政部官网：http://www.mca.gov.cn/article/zwgk/fvfg/jczqhsqjs/200903/20090320028133.shtml，最后访问日期：2017年5月16日。

③ 《中共中央办公厅、国务院办公厅关于深入推进农村社区建设试点工作的指导意见》，载《人民日报》2015年6月1日，第1版。

性探索，蕴含丰富的理论内涵，应对着急迫的实践需求。因此，农村社区建设始终是在较高的平台上提出和推进的，社区建设的“最终目标是实现社区对所有入住居民的综合管理，达到融合村组、实行以一个社区为一个行政管理单位的目标”。[①] 这顺应了时代发展对农村治理的新要求，体现着党和政府的战略部署，凝聚着全国人民的聪明智慧。同时，农村社区建设还积极吸取网络时代的技术优势，充分发挥农村社区远比农村村落基础设施更加完善的优势，在社区建设中为农民权利行使插上了现代化技术的翅膀，努力实现从“楼的社区”到“人的社区”的转变。[②] 比如，黑龙江省提出，用“互联网+”模式在5年内建设1500个农村示范社区，提出推进信息化建设，探索实践“互联网+”模式，建立特色农产品种植、销售、深加工等信息平台，完善互联网信息查询、物流中转和技能培训等社区服务，使农村社区成为实践“互联网+”模式的有效载体。[③] 又如，山东省临沂市全国最大的农村回迁社区——月亮湾社区，“以‘互联网+社区综治’理念为引领，以信息化为支撑，以网格化为基础，以社区综治中心为依托”，遵循“便捷、实用、经济”的原则，建立起“互联网+社区综治”信息平台。信息平台两大模块，一是包括处置警情、综合预防、信息服务、多元参与等6大功能的社区平台；二是包含移动管理端、微信公众端在内的移动互联。通过线上线下联动使社区管理高效科学，通过一端一微促进群众充分参与社区活动，便捷行使民主权利。[④]

---

① 卢璐、许远旺:《新型农村社区建设的逻辑和方向》，载《社会主义研究》2012年第3期。

② 参见郭强等:《新型农村社区再调查：从“楼的社区”到“人的社区”》，载新华网：http://news.xinhuanet.com/local/2015-07/08/c_127997608.htm，最后访问日期：2017年1月14日。

③ 参见王道宇、闫一菲:《农村社区建设试点探索“互联网+”模式 5年建设1500个农村示范社区》，载《黑龙江粮食》2015年第12期。

④ 参见田雄:《全国最大农村回迁社区两月建成“互联网+社区综治”信息平台》，载《民主与法制时报》2016年12月6日，第4版。

三、新农村建设中农民政治参与实践的反思

上述从村民自治层面和农村社区治理层面出现的农民政治参与实践的创新，都体现着新农村建设的新理论、新目标、新方法对农民权利发展的促进和推动，也不断被总结并上升为制度创新的源头活水和不竭动力。农民政治参与权利在这两个层面的实践创新，共同构成当前农民政治参与的鲜活实践，既呈现出不同的特点，又体现着相同的趋势。两个层面实践创新的不同，首先，是创新的实体内容，村民自治层面农民政治参与的内容比较丰富，担当了当前农民权利发展的主战场角色，村委会选举的创新对应表达权的张扬，村务公开的发展体现着知情权的提升，村务监督的制度化保障监督权的落实，自治程序的不断严密意味着参与权的全面落实；而新型农村社区建设过程中农民政治参与的创新内容，主要体现在农民自身理念和素质的显著提升以及政治参与的制度化发展和参与平台的搭建，承担的更像是权利进步的突破口的角色。其次，是创新的规范形式的不同。村民自治层面的实践创新体现的是农村改革的传统思路和套路，放手让农民自发摸索，待问题充分暴露不能自动推进时再行制定规范；新型农村社区层面的农民政治参与实践创新体现的是现代治理的精神和方法，注重规划引导、制度先行并且建立迅速反馈调整的机制。最后，从创新的价值目标来看，村民自治层面的农民政治参与仍集中在基于集体经济组织成员而来的经济利益方面，不仅从创新手段上呈现出“草根民主”的特征，创新的目标也并未体现较高的层次；新型农村社区层面的农民政治参与在涉及范围上更加广泛，在创新的手段上更多地呈现出现代民主的特征，创新的目标已经超越了狭隘的经济利益而更侧重对公民权利、文化和社会权利的追求。

尽管在村民自治层面和农村社区建设层面的农民政治参与实践存在类似主战场和突破口、传统治理和现代治理、草根民主和现代民主的对比，

但两个层面的创新所具有的主体和内容的一致性决定了二者本质的相同，创新的主体都是农民，创新的内容都集中在农民政治参与权利，因此理应将两个层面的创新看成同一事物在不同层面的表现形式。对两个层面发生的农民政治参与实践创新进行分析，应明确村民自治层面的实践创新是当前农民权利发展的主流，喧嚣多变且在全国范围内极不平衡，有代表性和实际价值的调研很难操作，分析评价难免浮泛飘忽。而新型农村社区建设既预示农村建设的趋势和方向，代表农民政治参与权利行使的更高层次和更大平台，“让农民既享受国家已有的惠农政策，又享有城镇居民的优惠政策，真正实现化农村为城市、化农民为产业工人的目标”。[①] 在河南省济源市的调查显示，“93.6% 的农村居民愿意到社区居住，因为社区的条件优越，各种公共服务和基础设施到位”。[②] 农村社区建设的推进目标和推进方式注重科学民主，虽然也存在不平衡发展，但总体上全国范围内的发展程度比较接近，和新农村建设中的不平衡相比更易于把握和描述，对其中实践创新的观察和反思更具有普遍性和合理性。因此，下面集中对新型农村社区建设中的农民政治参与实践作出反思。

（一）主体意识的显著匮乏

改革开放以来，我国农业和农村有了很大的发展，农民的社会地位和合法权益得到了充分保障，但由于政治上存在长期的政府干预思维定式，导致基层行政权力不能有效保护农民权利；经济上普通农民依靠兼业和进城务工虽然实现了收入的增长，但经济基础的脆弱性仍是阻碍其维护自身权益的主要问题；文化上传统的“无讼”思想和官本位观念仍影响深远，广大农民的权利意识还深受压抑；社会环境上我国法治建设进程仍需

① 王树华:《积极探索新型农村社区建设模式》，载《中国乡镇企业》2010 年第 16 期。

② 李文轩:《济源市新型农村社区建设研究》，郑州大学 2013 年硕士学位论文，第 11 页。

要克服许多体制性障碍，而歧视农民和农民自卑的现象进一步恶化了农民行使权利的环境。农村社区建设是农村社会的深刻变革，在这一过程的推进中，不仅决策者提出把维护农民群众的利益放在第一位，“坚持村民、居民的主体地位，发挥村民、居民的主体作用”；[①] 而且研究者也积极宣传“农民的社区参与程度影响农村社区管理的民主化，是检验一个地区治理发展水平的重要标志，是农村社区建设和管理的根本基础”。[②] 在这种环境下推进农村社区建设，出现了许多尊重农民意愿、保护农民权益的案例，有些“坚持政府引导和群众自愿相结合的原则，一些地方在整体规划布局的基础上，对村庄是否合并重建、村庄怎样建得更好等问题交由村民讨论决定，并无条件地让群众参与监督工程建设全过程”；[③] 有些则坚持政府投资和市场机制相结合的原则，通过各种方式提高农民的经济承受能力，使农民的利益得到充分保障；有些则坚持迁居社区和扩大就业相结合的原则，贴近产业集聚区构建产业依赖型农村社区。

总体而言，农村社区建设对农民的主体地位和权利意识有显著推动，但不可否认，“以往自上而下的决策方式仍没有根本扭转，新型农村社区建设中与农民利益相关的重要决策很大程度上仍取决于县乡政府的选择，农民被排斥在公共项目的决策、运作和监督之外”。[④] 造成这一结果的首要因素，就是农民主体意识的显著匮乏和明显分化。从村落村庄搬到农村社区居住后，不仅是居住条件、环境设施等发生了根本变化，而且，风俗人情、村规民约以及生活习惯、人际关系等都会发生不同程度的改变，进而

---

① 平萍：《河南农民称不交税心里惭愧，省委书记赞其境界高》，载《河南商报》2012年6月8日，第1版。

② 赵海龙：《城镇化背景下我国农村社区管理优化研究》，中国海洋大学2014年硕士学位论文，第37页。

③ 喻新安等主编：《新型农村社区论》，人民出版社2012年版，第149页。

④ 李彦普：《城乡一体化视角下的新型农村社区建设研究》，载《发展研究》2014年第10期。

带来观念思想等方面的变化。[①]然而体现在农民主体观念和权利意识方面的改变并不明显。

基于浙江省兴隆村的调研表明，当前农民对社区事务的积极参与，基本不是从自身需求激发出来的主动意愿。[②]而基于河南省 JZ 社区的调研也表明，在社区社会事务方面，70% 的被试者对社区社会事务的认知程度很低或非常不熟悉，20% 有一定了解，只有 10% 非常熟悉；[③]另一项独立开展的调研也表明，经常参与农村社区公共活动的被试者仅占比 27%，"新型农村社区建设的推动力量和管理力量就是村委会"，[④]农民的自主角色并没有真正体现。基于浙江温州的研究也表明，"现在的农村新社区，由于人口规模较大，人口流动性强，导致了社区成员的异质化程度不断加深，居民间的融合相对困难。目前，许多农村新社区还只是一个地理上的概念，居民对新社区的心理归属感尚未形成"。[⑤]

造成这一现象的原因，可以部分归结为农村社区居民由归属感、认同感组成的心理因素的利益诉求，没能有效地驱动参与动机。而这种心理因素，是构成社区治理核心层次的社区文化的主要内容。[⑥]负责组织、规划和监督、管理新型农村社区建设的基层政府，在做好基础设施、组织框架和制度供给等方面工作的基础上，"还要及时对农民的心理转变问题加以引导，而当前政府在价值引导方面的意识显著薄弱"。[⑦]为解决这一问题，

① 毕昆艳:《诸城市农村社区公共服务建设研究》，山东大学 2014 年硕士学位论文，第 29 页。

② 参见容腾:《利益相关视角下新型农村社区建设中的农民参与——基于浙江省兴隆村的个案研究》，华中师范大学 2015 年硕士学位论文，第 19 页。

③ 参见张志艳:《农村社区治理中公民参与问题研究——以 JZ 社区为例》，郑州大学 2014 年硕士学位论文，第 16 页。

④ 刘通:《新型农村社区的民主法治建设研究》，华北水利水电大学 2013 年硕士学位论文，第 24 页。

⑤ 袁方成等:《从村民自治到社区自治：基层民主的新发展——温州村级组织转制与新型社区建设调查研究》，中国社会科学出版社 2014 年版，第 265 页。

⑥ 参见刘亚庆:《城乡均衡发展下的农村社区治理研究》，安徽大学 2015 年硕士学位论文，第 10 页。

⑦ 李思园:《新型农村社区农民公共生活培育研究》，郑州大学 2014 年硕士学位论文，第 25 页。

一些地方农村社区建设中积极尝试管理体制和运行机制的创新，有的提出在保证国家政权稳固的前提下构建“社区多元主体公共参与、互动协作的网络化管理体制”，[①] 有的提出构建“社区组织和居民、社会力量以及政府这三者之间互为协作”的社区运行机制，促进社会自组织和行政支配相互动，吸引市场及社会多元力量的合作。[②] 在体制机制的创新中必须加快政府职能的转变，坚持农民的主体地位、培育农民的主体意识，理顺政府主导和农民主体之间的关系，避免“在政府主导的农村社区建设中，农民的实际需要很难参与到农村社区建设的决策中”[③] 的现象。因为，“即使有足够的政府善意，也难以在农村实现政府善治”，除非形成“政府主导、农民主体”[④] 的农村社区建设局面。不注重农民主体地位的保障和农民权利意识的培育，主要依靠政府作为农村社区建设的驱动和主导力量，政府“整合建构社区所带来的直接后果，就是培养了农村社区和农民对外部力量的依从性和依赖性”。[⑤] 调研发现，很多地方的农村社区建设陷入了“政府唱独角戏，市场介入不足，农民主体缺位现象普遍”的陷阱。[⑥]

（二）参与目的、范围的狭隘与庸俗化

与农民主体地位、权利意识的显著匮乏互为因果、相生相伴，新型农村社区建设中的农民参与状况并不能达到令人乐观的积极主动状态，综合

---

① 李柯柯:《城镇化背景下的新型农村社区管理体制构建》，载《农业展望》2014 年第 6 期。

② 参见杨爱琴:《多中心治理理论下的农村社区管理实践及创新研究——以甘肃省甘州区农村社区为例》，西南政法大学 2015 年硕士学位论文，第 45 页。

③ 管义伟:《中国农村社区政治性构建的特质》，载《中国特色社会主义研究》2012 年第 1 期。

④ 温铁军主编:《中国新农村建设报告》，福建人民出版社 2010 年版，第 7 页。

⑤ 徐勇:《农村微观组织再造与社区自我整合：湖北省杨林乔镇农村社区建设的经验与启示》，载《河南社会科学》2006 年第 5 期。

⑥ 参见段云云:《新型农村社区公共服务供给模式研究——以 E 市为例》，山东大学 2015 年硕士学位论文，第 41 页。

多地的调查结果，通常只有约三成的农村社区居民会积极参与，而且主要是参与社区内和自身经济利益相关的事务。这种参与状况表明，农村社区居民的参与行为，大多是在经济利益的直接吸引下、针对社区内具体经济事务的关注和介入，参与目的和参与范围还比较狭隘和庸俗化。

与通常的农民政治参与状况相似，研究者以参与程度为标准，把农村社区中的农民参与划分为动员型、引导型和自发型三种层次。在利益不相关的状态下形成的，只能是动员型参与；在利益弱相关的状态下形成的，是引导型参与；在利益强相关的状态下形成的，是自发型参与。[①] 不同发展水平的农村社区，居民的总体参与层次存在显著差异；同一个农村社区的居民之间，参与层次也参差不齐。但总体而言，农村社区居民参与社区事务的目的大多直接和明确的经济利益相关，参与的范围也就局限于土地承包经营、集体财产处置、个人医疗及社会保障等领域。研究者在河南省某农村社区的调研发现，只有 18% 的社区居民具有非常明确的参与社区事务的意愿，即便自己存在困难也会主动设法克服，可归为自发型参与的层次；40% 的社区居民在具备便利条件时具有参与社区事务的意愿，需要适当地引导和帮助，可归为引导型参与的层次；其余社区居民对社区事务不愿参与或者不愿表达明确意愿，需要做大量工作才可能参与公共事务，属于动员型参与的层次。能够有效吸引社区居民参与的事项集中在经济领域，“土地资源或经济利益方面的事务参与率最高，其次是医疗卫生和社保方面次高，社区卫生和治安环境居三”。[②] 另一项在浙江省乐清市的调研发现，不仅“乐清农村社区建设缺乏社区群众的参与”，而且有限的参与活动也大多集中在个人或家庭在股份经济合作社改制、村组集体资产的清

① 参见容腾:《利益相关视角下新型农村社区建设中的农民参与——基于浙江省兴隆村的个案研究》，华中师范大学 2015 年硕士学位论文，第 39 页。

② 张志艳:《农村社区治理中公民参与问题研究——以 JZ 社区为例》，郑州大学 2014 年硕士学位论文，第 20 页。

产核资以及土地合作社股份核定中的资格确定、利益分配、权利行使等方面，也体现了参与目的和参与范围的局限性。

虽然农村社区居民在参与社区事务时表现出狭隘性和庸俗化的特征，但也并不说明农村社区居民在参与层次上显著低于城市社区居民；同时农村社区居民对社区事务的参与层次，存在明显的逐步提高的趋势，经过适当引导必然会有飞速进步。尽管利益相关程度是决定农村社区居民参与社区事务的关键因素，但农村居民越来越多地认识到利益的多样化类型，认识到直接利益和根本利益、个人利益和集体利益、眼前利益和长远利益的关系。许多农村社区在建设过程中的实践已经证明，虽然“经济利益的保障是吸引农民参与的基础”，但“政治利益的尊重是扩大农民参与的条件”，越来越受到重视的，是“社区公共利益的追求是农民自发参与的动力”。① 基于此，理论界和实务界逐渐达成一致的认识，要提高农村社区中的居民参与层次，必须“健全利益引导机制，利用思想教育和宣传说教，让参与社会管理的个体树立正确利益观；健全利益调节机制，缩小利益差距，降低不公平感；健全利益保障机制，关注弱势群体”。②

（三）参与行为的形式化和模式化

综合不同研究者在多地的调研情况，可以大致判断出当前农村社区建设中，农民对社区事务的参与行为呈现出形式化和模式化的特征。张志艳对河南省 JZ 社区的调研显示，尽管“农村社区居民从公共利益（村公共设施）、个体经济利益、心理因素的利益诉求（归属感、认同感）三方面，都是驱动社区居民积极参与公共生活的动机因素”，但根据实际调研来看，

① 容腾：《利益相关视角下新型农村社区建设中的农民参与——基于浙江省兴隆村的个案研究》，华中师范大学 2015 年硕士学位论文，第 27 页。

② 彭昕：《中国农村社区社会管理创新：困境、问题与对策》，湘潭大学2015年硕士学位论文，第37页。

"动员型参与占主导"是准确、客观的判断。[①] 陈锋在浙江省乐清市的调研也表明,"当前农村社区建设过于注重标准化、模式化,没有充分结合当地居民的实际需求,不注重本土文化的融入,因地制宜的原则没有很好地得到贯彻"。[②] 而段云云在山东省Z市的调研也发现,农村社区建设中存在一些过分追求形式化的规定动作,如在房屋设计中过分追求整齐划一和外观漂亮,忽略了农村社区居民对生活方便、成本经济的功能要求;还有一些干脆是劳而无功的花哨动作,"在社区办公场所开通热线服务电话,村干部24小时轮流值班,但实际效果不大"。[③] 樊雅頔对农村社区建设中新设的农村社区服务中心、警务室、卫生室、图书室、养老机构等进行了梳理,认为尽管"约有一亿农村居民享受到农村社区建设带来的好处",但社区公共服务和社区公共事务在实效性上仍不令人满意,"农村社区居民的总体参与度较低"。[④]

农村社区居民参与行为之所以呈现形式化、模式化的特征,一方面,是农村社区建设存在体制性障碍难以突破,只能靠形式化、模式化的动作刷存在感、博眼球。各地对农村社区的建设模式虽然创新出多村合并、一村一社区、开发连建、产业园区带动、村企共建等多种模式,但对于社区管理服务机构和村"两委"、和乡镇或街道之间关系的定位问题,社区自身的管理体制等问题,基本都没有大的突破。比如,大部分地方"社区党组织和发展协调委员会,与社区内各村庄及其他单位不是上下级隶属关系,村庄和乡镇的隶属关系不变",[⑤] 在我国官本位影响深远的现状下,社

① 参见张志艳:《农村社区治理中公民参与问题研究——以JZ社区为例》,郑州大学2014年硕士学位论文,第34页。

② 陈锋:《乐清市农村社区建设的调查研究》,南京农业大学2013年硕士学位论文,第44页。

③ 段云云:《新型农村社区公共服务供给模式研究——以E市为例》,山东大学2015年硕士学位论文,第35页。

④ 樊雅頔:《济南市历城区农村社区管理模式研究》,石河子大学经济与管理学院农业经济管理专业2013年硕士学位论文,第45页。

⑤ 毕昆艳:《诸城市农村社区公共服务建设研究》,山东大学2014年硕士学位论文,第39页。

区的内外管理体制都处于模糊和不确定的状态。另一方面，则是因为我国制度设计、法治建设仍然粗疏简陋，与农民主体地位和意识缺失的因素混合交叉影响，导致农民无力抵制而只能被动接受形式化、模式化的参与安排。比如，“新型农村社区建设中与农民利益相关的重要决策很大程度上仍取决于县乡政府的选择”，[①] 再如，“调查发现，80% 的农民对社区建设法律法规知之甚微，并且农民通过法律手段维护自己合法权益的途径和机制不健全”，[②] 这很容易导致“有权有利的社区公共服务建设内容政府职能部门拿着不放，而一些无权无利的麻烦事、琐碎事则由社区全部承担……社区服务与管理积极性不高的现象时有出现，农民的利益无法保障”。[③] 两方面因素综合起来，“当前我国的农村社区社会管理机制相对于社会阶层的分化显得明显滞后和不及，社会管理体制无法应对农村社会多元化的利益格局和价值需求”。[④]

要改善这一状况，一方面，要加强法治建设，“在农村社区建设中要大力倡导契约精神，树立独立主体的自治精神，参与社会事务的参与意识以及合作精神、宽容精神等，不断强化农村居民作为社会主体的自我意识和自主精神，弱化农村居民对政府的过分依赖心理”；[⑤] 另一方面，要加快治理体系和治理能力的现代化建设，善于利用政治、经济、社会、文化等各方面、各领域的有利因素，协同创新，[⑥] 深化改革，激发农民积极参与社区事务的意识，健全参与途径，提高参与行为的实效。

---

① 李彦普:《城乡一体化视角下的新型农村社区建设研究》，载《发展研究》2014 年第 10 期。

② 毕于建:《城乡统筹视野下的合村并居与新型农村社区建设研究》，载《山东农业工程学院学报》2014 年第 1 期。

③ 毕昆艳:《诸城市农村社区公共服务建设研究》，山东大学 2014 年硕士学位论文，第 35 页。

④ 林建峰:《统筹城乡视角下农村社区社会管理创新问题研究》，福建农林大学 2013 年硕士学位论文，第 25 页。

⑤ 罗中枢、王卓:《公民社会与农村社区治理》，社会科学文献出版社 2010 年版，第 197 页。

⑥ 参见戴桂斌:《经济、政治、文化、服务协同：空心化背景下的农村社区重建》，载《求实》2014 年第 2 期。

第六章　在新农村建设中全面保障农民政治参与权利的制度创新建议

党的十八届四中全会提出“完善以宪法为核心的中国特色社会主义法律体系，加强宪法实施；深入推进依法行政，加快建设法治政府；保证公正司法，提高司法公信力；增强全民法治观念，推进法治社会建设；加强法治工作队伍建设；加强和改进党对全面推进依法治国的领导”。[①] 党中央对于依法治国的重大战略部署，对社会主义新农村建设和农民权利提升都是有力的促进。法治化是公民行使政治参与权利的必要条件，是社会主义建设事业的根本保障，在新农村建设中推进农民政治参与权利必须坚持法治化的原则。因为，第一，法治使政治参与制度化、法律化，成为权威而不可动摇的制度。我国现有法律体系较为详尽细致地规定了政治参与的具体原则、形式和办法，这就以法律制度的权威力量保障着公民政治参与权利的行使不会因领导人的改变而改变，也不会因领导人的看法和注意力的改变而改变，它将始终按照法治所确定的原则、形式、办法不断发展和完善。第二，法律制度是公民政治参与行为的规范，对参与主体起指导作用。宪法和各类法律明确规定了公民的基本权利和义务，来保障公民参政权利的实现，保护公民政治参与的合法性。这样，公民就可用法制规定的

---

①《中共中央关于全面推进依法治国若干重大问题的决定》，载《人民日报》2014年10月24日，第1版。

参与形式和渠道来表达自己的愿望和要求。第三，法治化是立法、执法、司法和守法等各环节有机统一的过程，是法律制度和法律实践相辅相成、协调发展的过程。在这一过程中，不仅通过法律制度引导和规范农民的政治参与行为，还对法律制度实施过程中出现的阻碍政治参与权利行使的行为给予制裁、对公民政治参与权利受到的非法侵害予以救济，还需要将法律实践中发现的问题和探索总结的经验教训反馈给立法机关，促进法律制度的完善，由此保障体系的有效运行。由此可见，在新农村建设中提升农民政治参与权利，不仅需要进一步改进和改造现有的法律制度，还要勇于开拓新的思路、试验新的方法；不仅需要从法律制度的文本方面探索创新，还要大力改善制度运行的结构和环境；当然，我国历史和现实都充分证明，制度创新的成功，更必须坚持和完善党的领导。

一、制度创新的理论和方向保证——党领导机制的探索

在党的领导下保障公民政治参与权利，是中国民主政治发展方向的根本保证。党的十八大报告指出："要更加注重改进党的领导方式和执政方式，保证党领导人民有效治理国家；更加注重健全民主制度、丰富民主形式，保证人民依法实行民主选举、民主决策、民主管理、民主监督；更加注重发挥法治在国家治理和社会管理中的重要作用，维护国家法制统一、尊严、权威，保证人民依法享有广泛权利和自由。要把制度建设摆在突出位置，充分发挥我国社会主义政治制度优越性，积极借鉴人类政治文明有益成果，绝不照搬西方政治制度模式。"① 改革开放以来，我国的民主政治建设在党的领导下有较快发展，但还远远不能满足人民群众的期望。必须进一步明确执政理念、完善执政方式、加强利益整合，为公民政治参与权

① 胡锦涛:《坚定不移沿着中国特色社会主义道路前进 为全面建成小康社会而奋斗——在中国共产党第十八次全国代表大会上的报告》，载《人民日报》2012 年 11 月 8 日，第 1 版。

利的行使提供有效的政治保障。

1. 树立执政为民的科学理念

在现代民主政治中，公民通过法定程序的授权，将管理社会的权力赋予执政党组成的政府；执政党和政府对民众的领导、管理和引导，不是传统社会的统治、控制和压迫，而是要按照权力主体——人民的委托，代表人民的意志和利益来运用权力，服务人民。

中国共产党的执政理念发展并超越了资产阶级政党的理念，真正实现了以执政为民作为根本理念。中国共产党在长期的革命和建设实践中赢得了人民的支持和信任，是人民把党推上了执政地位。执政党不按人民的意志行事，就会失去人民群众的信任而最终被收回执政权力。因此，党要实现长期执政的目标，就必须树立"为民执政"的科学理念，自觉地做到人民的利益高于一切，一切从人民利益出发，一切向人民负责。广大党员干部要确立正确的服务观，运用人民赋予的权力全心全意为人民服务，自觉当好人民公仆。"坚持用人民拥护不拥护、赞成不赞成、高兴不高兴、答应不答应来作为制定各项方针政策的出发点和落脚点，坚持问政于民、问需于民、问计于民。"[①] 党和国家机关部门要确立正确的利益代表观，协调和兼顾各方面的利益，建立和完善科学合理的代表机制，促进包括农民在内的公民顺利行使政治参与权利，实现领导和支持人民当家作主的目标。

2. 坚持科学执政、民主执政和依法执政

作为执政党不仅要有正确的执政理念，按照什么方式执政同样关系党的领导水平和执政水平，关系党的执政地位和国家的长治久安。必须完善执政方式，使党的领导和人民当家作主、依法治国有机统一起来。

"坚持科学执政，必须科学界定党的权力和国家权力的边界，党对国家的领导必须服从人民的意志，受人民意志的约束，因此，首先要尊重国

---

① 张伯里:《坚持党的群众路线 巩固党的政治优势》，载《光明日报》2011 年 12 月 17 日，第 5 版。

家权力。”[①] 要充分发挥党的领导核心作用，按照“总揽全局、协调各方”的原则，科学地界定执政党与国家公共权力的不同职能，从体制上理顺党政关系。

民主执政的提出，表明了中国共产党发展社会主义民主政治的目的，是支持和保障人民当家作主。民主政治是维护政治合法性和保持长治久安的最有效的治理方式，也是能够调解社会多元利益、化解社会矛盾和实现社会和谐的制度安排。民主执政要求在党内扩大党员民主权利，在执政过程中扩大公民对国家和社会事务的参与权利。

依法执政要求正确认识党的政策和国家宪法法律的关系，善于运用宪法和法律来治国理政；在尊重宪法和法律的前提下，党要善于通过合法程序把党的主张（党的政策）转化成国家意志（法律规定），善于经过合法手续使党组织推荐的人选成为国家机关的领导者，把发扬民主、严格依法办事与转变党的执政方式统一起来，从法律上保证党的路线、方针、政策的贯彻实施，[②] 不断提高执政水平。

3. 调整执政重点，着力改善民生

民生问题是人民群众最关心、最直接、最现实的利益问题。当前，改革已进入深水区，各种矛盾日益凸显，利益格局剧烈变动，党必须调整执政重点，加强利益整合，着力改善民生，增强人民群众的获得感、幸福感，重点做好三方面工作：

首先，是拓宽并畅通利益表达渠道。随着改革开放而来的社会自由度上升和价值观多元，使利益追求和利益表达成为正常现象。在公民追求合法利益的同时，政府应准确认识和保障公共利益，避免个别群体追逐个人利益时损害公共利益。这就要求畅通公共利益表达的渠道，丰富利益表达

---

① 浦解明、钱文华：《中国共产党科学执政基本经验内涵探论》，载《东北师大学报》（哲学社会科学版）2013 年第 4 期。

② 参见张恒山：《中国共产党依法执政的观念基础》，载《中共中央党校学报》2015 年第 3 期。

的形式。当前，教育、医疗卫生、住房、社会保障等领域成为人们关注的热点，直接关系到社会公众利益，关系社会的公平正义。党“必须积极畅通和拓宽利益表达渠道，特别是要保证下岗职工、农村贫困人口、城市贫困居民和农民工等弱势群体的话语权，带着深厚的感情帮他们解决实际问题。只有拓宽利益表达渠道，才能及时准确地掌握社情民意，使党的决策体现人民群众的意志和愿望，兼顾社会各阶层、各方面群众的利益，真正为人民群众解决民生难题，真正体现对群众切身利益的实现和维护”。①在政策制定过程中应找准群众反映最强烈、要求最迫切的民生问题，充分发扬民主，让利益各方都能高效、畅通地表达利益诉求。

其次，要优化利益整合机制。在充分、便捷的利益表达基础之上，“把不同群体的利益要求集中起来，通过提炼、协调和综合使之成为社会各个阶级、阶层和集团共同接受的政策主张”。②当前，我们党应特别注重群众迫切需要解决的现实问题，科学进行利益整合，尽可能公平地配置各种资源，保障每个社会成员都获得基本的生存权和发展权，享有平等的国民待遇。在此基础上又要注重对弱势群体、弱势地区的适当照顾。不仅要持续增加公共产品和公共服务的供给，让广大人民群众共享改革开放和现代化建设的成果；而且要着力减轻困难群众在教育、医疗、住房、社会保障等方面的负担，防止出现阶层固化，促进社会阶层之间的合理流动。坚持“发展为了人民、发展依靠人民、发展成果由人民共享”的原则，建立符合时代要求、符合百姓利益、符合正义原则的利益调节与整合机制，“不断增强二次分配的调控作用，逐步提高劳动报酬在初次分配中的比重，创造条件让更多群众拥有财产性收入”，③让改革和发展的成果惠及全体人民。

---

① 陈全国:《把党和政府的关怀温暖送到各族群众心坎上——认真学习贯彻习近平总书记关于保障和改善民生的重要论述》，载《求是》2015年第7期。

② 蒋维兵:《发挥政党利益整合功能的几点思考》，载《理论探索》2015年第1期。

③ 吴素霞:《十六大以来党保障和改善民生的实践创新要论》，载《思想理论教育》2014年第3期。

最后，充分发挥社会组织在利益表达和利益整合方面的重要作用。受计划经济体制的影响，现阶段我国绝大多数社会组织在承担整合社会主体、协调各方关系、维护组织利益和促进目标实现等功能时，仍然要依靠部分行政机关或者事业单位授权行使的职能，仍然很难摆脱对行政权力的依赖性、附属性。在这种情况下，社会组织很难对政府的决策形成实质性的影响，还会带动所有社会组织和社会团体试图迎合、响应政府，更不用说对行政权力形成制约和抗衡了。当前，在利益多元、矛盾多发的社会转型期，要实现对公民政治参与权利的推进，就必须构建一个民主、开放的体制框架，让不同利益群体、不同阶层都拥有诉求表达和矛盾化解的有效机制。要做到这一点，就“必须大力扶持能够代表社会各阶层利益的社会团体，发挥其在利益表达和整合方面的积极作用，有效地动员社会力量和社会资本实行社会整合，把政府从那些管不了也管不好的事情中解放出来”。[①]

4. 发挥党内民主的引导、示范作用

解决中国的问题，关键在党。党内民主建设的基础工作和治本之策，就是在党内权力的运行中切实保障每一个党员都享有党章所规定的知情权、选择权、监督权和罢免权。发展党内民主，最根本的是处理好党员权利与党内权力之间的关系，“要通过制定和实行具体而明确的制度规定和程序规则，改变事实上存在的党员民主权利与党内领导权力之间的不平衡状态，进而实现党员民主权利对党内权力的有效控制”。[②]

实现新农村建设中农民的政治参与权利，离不开党内民主建设的示范和引导。与西方发达国家的政党制度不同，中国共产党是我国政治生活的绝对核心。历史赋予的这种地位，决定了共产党的党内民主参与是公民政治参与的基础和前提，引导并示范农民政治参与的发展。党内民主建设的

---

① 郑琦：《完善党对社会组织的领导》，载《中国党政干部论坛》2015 年第 2 期。

② 韩光宇：《准确把握党内民主的实质与表现形式》，载《中国党政干部论坛》2016 年第 2 期。

发展，必须推进党内民主的整体思路和设计，“需要根据党内权力与权利的互动规律来设计一整套制度链，使各项制度之间有机结合、相互补充、配套衔接、环环相扣，以机制的力量来调整党内关系、配置党内权力、规范党内生活、指导约束党员行为，管住干部手中的权力”，① 在此基础上保障农民政治参与权利的发展。

当前发挥党内民主的基本形式和关键环节是党内选举，然而其竞争性、民主性和公平性还很不乐观。首先，要逐步扩大党内差额选举的层级和范围，在条件具备的地区试行竞选制，提高选举的竞争性。其次，要改进候选人的提名制度，提高党内选举的民主性。“推广基层党组织领导班子成员由党员和群众公开推荐与上级党组织推荐相结合的办法，逐步扩大基层党组织领导班子直接选举范围”。② 最后，要完善选举的监督制度。“必须不断强化党内监督制度，努力做好选前、选中和选后的监督工作，保障选举制度的正常运行。” ③ 党内选举应实现选举组织委员会与选举监督委员会的真正分离，保证选举监督委员会不隶属于选举大会主席团，也相对独立于本级党组织，其职责是对党内选举展开全过程、全方位的监督，对选举过程中的违规现象进行监督和纠正，负责确认选举结果是否合法、有效。

5. 完善党代表制和党委会制

党内各项制度和程序，是保证党内民主、限制权力滥用的“笼子”。长期以来，我们在党内民主建设中强调原则要求过多，忽略了保障落实的制度性程序，使一些很好的制度规定难以真正实行。党的制度建设中，党的各级代表大会制度和党的委员会制度关系重大。党代表制度对党内民主发展发挥全局性的作用。党代表大会是党内的权力机关，拥有决策权和对

---

① 蔡霞：《整体推进党内民主制度》，载《瞭望》2007 年第 14 期。

② 颜杰峰：《改革开放以来党内选举制度建设的主要成就及其经验》，载《马克思主义研究》2015 年第 6 期。

③ 陈长胜：《论当前党内选举中存在的主要问题及解决对策》，载《决策探索》2015 年第 14 期。

决策执行的监督权，党委会及其常委会是执行党代表大会决议的工作机关，应向党代表大会负责。但在党的代表大会非常任制条件下，各级党委往往实际上代行了党代表大会拥有的决策权和监督权，由此党内权力过分集中于各级党委会甚至党委书记。本来“党委制是保证集体领导、防止个人包办的重要制度”。[①] 然而，目前党内决策由常委会决策后向全委会通报的制度，很容易导致党委书记“一言堂”，不仅妨碍党内民主的实现，而且损害全委会的权威，是导致党内不和谐的重要原因。[②] 为此，一方面，要把各级党的决策权和监督权收归常任制的代表大会，解决权力过分集中于各级党委及党委书记的问题；另一方面，必须健全党内分权制衡机制，完善党的常委会制度，落实全委会的职责，完善常委会向全委会、全委会向党的代表大会负责并报告工作的制度，有效防范党内关系中出现权力崇拜和人身依附等问题。

二、现有制度的改进和改造：巩固农民政治参与权利的工作重点

农民作为弱势群体，只有生存环境和政治环境适当、制度供给充分，才能正确行使政治参与权利，而且，农民政治参与不仅需要法律规范的规定，还需要有贯彻落实法律规范的结构框架。然而，“现代法治精神与我国社会生存状况和文化观念不相适应，由此导致了法律在执行过程中的困难和紧张”，[③] 而克服这种困难和紧张，需要不断调适乡村经济、政治、文化和风俗习惯，逐步实现农村治理的现代化。由此，从制度创新的角度为农民政治参与设计法律制度的供给，不仅需要加强立法——现阶段最有

---

①《毛泽东选集》(第4卷)，人民出版社1991年版，第134页。

② 参见高新民:《加强和改进党委制——学习〈中国共产党地方党委工作条例〉》，载《中国党政干部论坛》2016年第2期。

③ 杨震:《我国依法治国科学内涵的变迁》，载《知与行》2015年第1期。

效、成本最小的立法不是大批量制定新的法律，而是通过对已有法律制度的修订实现制度的改进和改造，更需要的是加强执法——为法律规范的实施建构合理、高效的运行框架和结构，为法律的运行提供优裕的环境。

（一）基层人民代表大会制度、民主协商制度、听证制度的改进

1. 人民代表大会制度的改进

只有把人民代表大会的各项法律权力落到实处，从制度层面上充分发挥人民代表大会的作用，才能为公民政治参与权利行使奠定良好的制度基础。

（1）增强人大代表选举的竞争性。以竞争为导向完善选举机制，是满足公民政治参与需求的重要方面。竞争是社会发展的基本动力，恰当地利用竞争机制促进社会发展，是人类文明史的重要经验。政治领域里的竞争机制运行虽然不同于经济领域，但它同样是推动发展的基本动力。选举制度本身就是择优机制，竞争是选举制度的内在要求，只有在选举过程中实行充分的竞争机制，使选民获得对候选人进行比较、择优的信息和条件，才能减少选举行为的盲目性。无竞争或是无悬念的选举不利于激活公民政治参与的热情，必然使扩大民主成为空谈、笑谈。增强人大代表选举的竞争性，一是要改进代表候选人的提名方法，真正使候选人产生于自下而上的民主过程；二是要逐步扩大差额选举的层级和范围，最终形成所有代表都经差额选举产生的局面；三是要扩大直接选举的范围，降低代议制民主的间接性，最大限度地体现民意；四是要完善选举的配套措施，完善对信息公开、承诺、投票等多个环节的操作。

（2）完善人大代表与选民的联系机制。代议制民主制度下，公民把直接参与政治决策的权利委托给民选代表来行使，代表必须及时、高效地反映选民的诉求，力争选民利益的最大化。人大代表与选民的有效联系，可以整合选民意志，减少无序政治参与；还可以沟通各方信息、协调上下行

为。我国《宪法》《地方组织法》《选举法》都对人大代表联系选民作出了规定，但由于缺乏明确具体、可操作性的制度和程序，现实中普遍存在人大代表与选民缺乏联系的现象。各级人大代表只有和选民密切联系，才能将选民直接的、分散的和感性的原生态民意转化为集中的、理性的并能对决策产生影响的提案。完善人大代表与选民的联系机制，需要进一步拓宽人大代表与选民联系的渠道，实现公开渠道与内部渠道相结合，文字渠道与媒体渠道相结合，间接渠道（如写信等）与直接渠道（如当面谈话等）相结合。近年来，我国很多人大代表也在尝试用登广告和发公开信等活动，以及开设代表联络处、公布联系方式等形式，积极联系选民、征集议案内容，较好地履行了代表职责。

（3）落实选民的监督权、罢免权。列宁曾说过："任何由选举产生的机关或代表会议，只有承认和实行选举人对代表的罢免权，才能被认为是真正民主的和确实代表人民意志的机关。这是真正民主制的基本原则。"① 人大代表与选民间的"代理—委托"的关系，决定了人大代表必须对选民负责、受选民的监督。对不能正确履职的人大代表，选民应按照法定程序免去其人大代表资格。逐步改变今天只有当人大代表发生了腐败或者重大责任事故后，才由各级人大常委会作出免除其人大代表资格的状况。为了选民监督代表还有必要建立人大会议旁听制度，使人民群众对代表行使权力的情况有充分了解，更好地监督人大代表，也更好地间接监督"一府两院"，使人民代表大会制度更好地发挥政治参与平台的作用。

（4）实现人大代表的专职化。原生态的民意多是直接、分散、感性的，整合后的民意多是间接、集中、理性的，尤其是对于复杂的专业问题，公民难以基于个人的生活经验、人生阅历和基本常识作出正确的判断和决策，这就需要人大代表有能力去收集民意、反映民意，并通过整合公民个

①《列宁全集》(第26卷)，人民出版社1959年版，第314页。

体原生态的民意形成能够代表多数人利益的民意，成为多数选民的代言人。有效地收集民意，需要人大代表有专门的时间、精力、财力倾听选民的声音，需要人大代表有一定的洞察力综合归纳民意。实行人大代表的专职化对于提高人大代表履行自己的职责至少有如下好处：一是人大代表行使职权有充分的时间和充沛的精力，可以建立经常性的会议制以提高人大的议事广度、深度和效率；二是实行代表的专职化，就意味着人大代表应当享有相应的工资和津贴。既可以防止因专职工作而影响作为人大代表的工作，又可以防止代表因为履行自己的职责而遭到其他形式的报复。

（5）提供更加公开、透明的选民知情环境。当前，选民抱怨最多的问题就是在直接选举或间接选举中对候选人的情况了解太少。从选民角度来说，当前只有选举委员会、政党、团体和推荐人可以向选民小组介绍代表候选人的情况，此外选民就没有其他途径了解候选人了；从候选人角度来说，当前对如何争取选民支持的途径和方式没有作出规定，候选人既不能主动地向选举委员会介绍自己的履历，更不能主动向选民陈述自己的施政主张，而只能被动地等待选民的选择。近年来出现了一些“独立候选人”通过在街头张贴竞选海报，设立专门竞选机构等形式参与竞选，固然弥补了介绍方式的不足，但可能引发一系列社会问题，如竞选的合法性、私拉选票，甚至出资贿选等。为此，应该在《选举法》中确立候选人自我介绍的权利，列举多样化的介绍方式；应在投票前构建候选人与选民直接对话的渠道，选民根据候选人互动现场的情况来选定自己最为满意的候选人。

（6）简化人大层级并提高代表素质。应当“简化人民代表大会的层级，裁减市、乡镇两级人大，把人大层级压缩为县、省、全国人大 3 级”，[①] 在此基础上，逐步实行省级人大代表直选，通过立法确保农村代表的分配比

① 杨小冬：《推动人大制度与时俱进的主要方向和重点任务研究》，载《中共福建省委党校学报》2015 年第 9 期。

例，“在推举全国人大代表时就有可能推选出更多的农民代表。而且，省级人大代表直选，村民的意见和要求可以只经过省级这一级人大就直接到达全国人大，确保了沟通渠道的畅通，增强了信息传递的时效性，真正有利于人大制度功能的发挥”。[①] 要提高各级人大代表的素质，增加专业人才担任人大代表的数量，使更多的律师、教师、记者等有较强参与能力的公民通过选举成为各级人大代表。加强对人大代表的专业培训，使每位代表都深谙民主政治的真谛和实际运行的知识，具备不负人民重托的荣誉感和专业素质。还要造就高素质的公民，通过国家制度的充分供给，使公民有更多实践政治的机会。

（7）完善乡镇人民代表大会制度。应当“优化乡镇内部权力结构，进一步提升乡镇人大的权力地位，支持和组织农民通过乡镇人大这种主要形式进行政治参与”。[②] 首先，扩大乡镇人大行使决定权的范围，促进基层政府依法行政。随着改革开放和市场经济的建立，乡镇政府的工作内容日益增多，职能范围逐渐扩大。“当政府的非理性行为出现后，缺乏一个能够代表农民利益的组织与政府进行沟通。为了改变这一状况，必须充分发挥乡镇人民代表大会及人大代表的作用，加强对乡镇政府的监督和制约，促使其依法行政。强化乡镇人民代表大会的质询权，加强对乡镇政府及其领导的监督。”[③] 其次，建立乡镇人民代表大会与村委会的有效衔接。“乡镇人大是乡镇一级国家权力机关，是本区域范围内农民行使民主权利、进行政治参与的主要形式。”[④] 村委会是农民行使自治权的组织形式，在功能上二

① 陈松友：《农民制度化政治参与的制约因素及完善对策》，载《社会科学家》2011 年第 1 期。

② 王玲、申恒胜：《乡镇人大制度的现实困境与改革路向》，载《中国特色社会主义研究》2013年第6期。

③ 王维国、刘军：《乡镇人大发展历程、存在问题与对策——以北京市乡镇人大为例》，载《中国社会科学院研究生院学报》2011 年第 5 期。

④ 张英民：《完善乡镇人大制度的对策与建议——基于“行为—过程”范式的考量》，载《理论导刊》2010 年第 11 期。

者都是农民行使民主权利、进行利益表达的组织载体，也都是当前农民最常用、最有效的政治参与形式。功能上的一致性奠定了二者在制度上对接的基础，可将村民自治中某些仅靠行政权力难以解决的重要问题提交给乡镇人大讨论议决。这样，必然利于理顺乡镇人大、政府和村民自治组织之间的关系。

2. 民主协商制度的改进

多党合作和政治协商制度对我国政治发展的促进作用是有目共睹的，但随着时代的发展，民主权利的行使具备了更充分的条件，各阶层参与合作和协商的积极性显著提高，对民主协商制度提出了更高的要求，这一制度需进一步规范化、制度化、程序化。除了在意识上充分认识民主协商制度的重要性，还需要做好以下工作：

（1）处理好执政党和民主党派的关系。中国共产党和各民主党派的关系是历史和现实形成和决定的，具有不容置疑的合理性。在坚持共产党执政地位的前提下，应当进一步提高党际关系的法制化水平，加强党外人士参与国家权力机关和政府机关的地位和作用。《中共中央关于进一步加强中国共产党领导的多党合作和政治协商制度建设的意见》提出“要保证民主党派成员和无党派人士在各级人大代表、人大常委会委员和人大专门委员会委员中占有适当比例，在各级人大领导班子成员中有适当数量”，[①] 是密切执政党和参政党关系的有益尝试。

（2）规范政治协商的程序。政治协商在内容、形式和程序等方面的不确定性，极大地削弱了协商制度的权威性和有效性，需要通过规范程序以重塑威信。首先，要明确政治协商的内容，凡应由人大及其常委会审议通过的大政方针、重大决策、重要部署和重要人事安排等，都应列为政治协

① 高体健：《把自身建设提高到新的水平——纪念〈中共中央关于进一步加强中国共产党领导的多党合作和政治协商制度建设的意见〉颁发10周年》，载《前进论坛》2015年第3期。

商的内容；其次，政治协商的形式可以根据协商范围大小采取协商会、座谈会或其他形式；最后，程序上应确立“协商在决策之前”的原则，改变党委先有倾向性意见然后通过协商赋予党委意见合法性与民意基础的做法，[①] 在具体协商过程中可以酌情引入公开辩论和听证等程序。

（3）建立专门化、专业化的政治协商机构。专门化、专业化是改进结构、提高效率的要求。可以考虑“建立党际协商机构，政党与人民团体协商机构和社会利益集团之间协商机构等不同层次的政治协商机构”。[②] 改变在政治协商中将民主党派、人民团体、社会界别笼统视之的做法，根据协商对象的不同构建不同层次的协商渠道。比如，将政党之间的政治协商作为第一层次，将各人民团体、社会界别同党和政府的政治协商作为第二层次，据此提高政治协商的专业化程度，充分实现政治协商的价值和意义。还可以根据某一时期集中出现的协商事务设立专门协商通道，拓展和广大人民群众沟通联系的渠道，提高政治协商的针对性和有效性。

（4）重视发挥新社会阶层在民主协商中的作用。改革开放以来出现的新社会阶层，“主要由非公有制经济人士和自由择业知识分子组成，集中分布在新经济组织、新社会组织中”。[③] 新社会阶层的成员大多具有较高科技文化素质，掌握较多社会资源，适应社会发展趋势的要求，不仅在经济社会建设中发挥重要作用，也是统一战线工作新的着力点。“要坚持充分尊重、广泛联系、加强团结、热情帮助、积极引导的方针，以社团为纽带，以社区为依托，以网络为媒介，以活动为抓手，探索做好新的社会阶

---

① 参见何建津、代吉成:《协商政治与中国多党合作制度的规范化建设》，载《福建省社会主义学院学报》2005 年第 4 期。

② 杨弘:《试论社会协商政治制度的构建——以政治制度化过程为视角》，载《内蒙古大学学报》（哲学社会科学版）2009 年第 1 期。

③《中共中央颁发〈关于巩固和壮大新世纪新阶段统一战线的意见〉》，载《人民日报》2006 年 11 月 29 日，第 1 版。

层人士统战工作的机制和方法”，[①] 要把新社会阶层的代表人士纳入党外代表人士队伍建设的总体规划，激发他们的政治参与热情，引导他们积极投入政治协商活动。

3. 听证制度的完善

完善听证制度是当前中国经济发展与社会变迁对制度创新的要求，目的是寻求代表公众利益的最佳议案，加强对公共权力运行的监督。必须紧紧抓住程序公正这一核心要素，着重从以下几个方面健全和完善听证制度：

（1）完善听证程序，提高执法水平。《行政处罚法》的一个显著特点和重大突破是在处罚前设置了听证程序，但对听证程序的规定仍过于简单和粗疏，实际操作中漏洞很多。“听证制度的完善从某种意义上讲就是程序上的完善，它要求对听证中的主体，听证的当事人和参加人，听证的原则、步骤、方式和具体程序作出详尽的规定，使听证制度达到规范化，具有极强的操作性，便于执行。”[②] 应当制定“听证条例”等相应法规，对听证原则、方式和步骤作出更为详尽的规定，使听证制度向着规范化、制度化的方向发展。“听证程序的推行无论是对行政机关还是对行政执法人员的素质和工作能力都提出了更高的要求，它要求行政执法人员抛弃优越感和专横的作风，增强民主和法治意识，树立认真细致的工作作风。”[③]

（2）建立对听证代表意见的回应制度。目前，听证实践中“听而不证”成为通病，许多听证活动还停留在形式上，听证结果与利益相关人的期望还有较大距离（如各类公共服务产品的价格听证会），难以对政府的决策形成实质性的影响，甚至有政府官员认为，听证只是“演给老百姓看的”，缺少对听证代表意见的尊重和回应。这样，听证成了征集意见，违背了听

---

① 王锋：《自由择业党外知识分子是重要的统一战线人士》，载《甘肃理论学刊》2008 年第 4 期。

② 张笑荷：《浅析我国行政处罚的听证程序》，载《法制博览》2016 年第 7 期。

③ 王彦璋、刘远飞：《浅议完善我国行政听证制度》，载《中共乌鲁木齐市委党校学报》2006 年第 4 期。

证制度的初衷。为此，应明确建立听证代表意见回应制度，在作出决策的过程中设定明确的程序，保证听证意见在决策过程中切实融入并真正受到重视，提高听证制度的公信力。

（3）强化行政责任制度，加强涉农决策听证。“避免发生行政违法和侵权的方法之一，就是赋予行政机关更多的程序义务，使相对人享有更多的程序权利，从而保持行政关系双方当事人之间的平衡，促使行政机关在行使职权时达到公开、公正和民主、高效。”[①] 避免发生行政违法和侵权行为的方法之一，就是强化行政责任制度，对在听证过程中发生的违法和侵权行为，如该听证而不举行听证，或不认真实施听证等，要依法予以严肃处理，并追究相关领导和部门的责任。对涉及农民权益的公共资源分配以及重要政策决策，应让农民代表及其组织参加听证会，增加农民代表与其他利益集团在政府法定平台或渠道上进行“对话”或者“谈判”的机会，创造农民积极行使政治参与权利、参与并影响涉农决策的条件。

（二）村民自治制度、信访制度的系统改造

1. 对村民自治制度的系统改造

村民自治制度奠定了当前农民政治参与制度体系的基础，促进了农民参与有秩序、决策有程序、理事有章法、监督有成效。随着新农村建设的深入推行，对村民自治制度应着手开展系统全面的改造。

（1）完善相关立法。首先，应完善村委会及其成员的程序和实体义务。在程序上应修改由村委会决定罢免其成员的规定，改为“由村民会议或者村民代表会议主持，以减少村委会对罢免提案的阻力”；[②] 在实体义务上要明确规定“村干部在任职期间对于重大事务不依法召开村民会议而自行决

---

① 刘丽珍：《正当程序原则视角下我国立法听证制度之研究》，载《法制与经济》2015 年第 Z2 期。

② 吴雷：《当前我国村民自治存在的问题及对策探析》，载《学理论》2011 年第 5 期。

断，导致集体经济遭受重大损失行为，除了由村民罢免其职务以外，还要赔偿相应的经济损失，并承担相应的法律责任”。[①]

其次，应制定“村民自治法”。我国现有涉及村民自治的立法仅限于《宪法》和《村民委员会组织法》。《宪法》作为国家根本大法主要明确了村民自治在国家政治生活中的法律地位。《村民委员会组织法》作为一部组织法，无法回答诸如村民自治机构在国家行政管理结构中的地位、村民自治的方式、自治机构的任务等一些攸关自治成败的具体问题。[②]制定“村民自治法”作为规范自治活动的基本法律，可以保证我国自治法规的一致性，使之与香港澳门的基本法以及《中华人民共和国民族区域自治法》等共同构成功能相似、调整范围各有侧重的自治法律体系；同时，制定“村民自治法”，便于进一步明确村民的概念和范围、村民的权利义务，以及权利受到侵害时该如何去寻求救济等内容，明确村民自治“三自”“四民主”功能的实现途径和具体方式，[③]有利于通过切实、高效的程序权利保障实体权利的落实，使“软法”变成“硬法”。

最后，完善乡规民约和村民自治章程。乡规民约和村民自治章程，是村民自治法律、法规在农村基层单位的实现形式和有机延伸。根据2014年发布的数据，“全国98%的村制定了村规民约和村民自治章程，群众参与村务决策管理的水平大幅提升”。[④]但当前村规民约和村民自治章程存在突出的问题，在主导思想上村干部和村民都采取实用主义原则，对其并不真正重视，在制定过程中村民参与少、行政干预代替指导，在文本精神

① 张旭勇：《村委会的公权力与集体财产保护的公法转向——村委会集体财产处分行为的司法救济道路选择》，载《浙江学刊》2012年第1期。

② 参见吴雷：《当前我国村民自治存在的问题及对策探析》，载《学理论》2011年第5期。

③ 参见赵艳芝：《广东村民自治法律、法规实施成效与特点》，载《特区经济》2015年第12期。

④ 崔静、傅双琪：《人权白皮书：全国98%的村制订村规民约、自治章程》，载中国新闻网：http://www.chinanews.com/gn/2014/05-26/6210985.shtml，最后访问日期：2017年1月14日。

上以便于管理为目的、支持权利行使较少，在具体内容上千村一面、简单粗疏甚至存在有悖于法律政策的规定。乡规民约和村民自治章程虽然效力层级低下，但在农村社会治理中发挥的规范作用却最为直接有效，加上二者基本涵盖所有自治事务，堪称村务管理的"小宪法"，切实从制定主体、制定过程、内容和形式、修改废止、报备审查等相关方面，完善县、乡镇街道两级人大和政府对乡规民约和自治章程的管理和引导，是促进村民自治科学、健康发展的必要措施。

（2）加强法律法规的实施。首先，应落实民主选举的相关规定。2010年修改的《村民委员会组织法》对村委会选举设定了标准和程序，应严格依法制裁村民选举中的违法违规行为。要确保村民的选举权得到有效保证，让村民相信自己手中的一票可以改变村中的管理格局，增强他们政治参与的信心。[①]其次，应落实村"两委"的职责和权限。在村民自治过程中，许多农村的基层党组织和村民委员会存在难以相互配合、协调的现象，直接影响了社会主义新农村建设的进程，同时造成农民政治参与过程中的困惑，直接原因是村"两委"没有严格按照法律政策的规定行使职权，根本原因是没有依法落实村民对两者的监督权利。最后，应落实村民议事制度。村民议事制度是实现民主决策的有效途径和重要方式，基本功能就是民主讨论、民主商议和共同决定。应切实保障村民通过村民会议或村民代表会议行使决策权的做法。

（3）完善村务公开运作管理机制。村务公开作为一种制度创新，对促进当前农村社会结构转型发挥了巨大的推动作用，有效提升了农民的知情权、决策权、参与权和监督权。目前，完善村务公开，要在构建监督体系和推进信息化的同时，重点完善运作管理机制。包括建立村务公开责任制度，把村务公开作为村民委员会成员年度岗位目标管理责任制的重要内

① 吴雷：《当前我国村民自治存在的问题及对策探析》，载《学理论》2011 年第 5 期。

容，将落实情况作为民主评议干部、考核干部政绩的重要内容；完善相关村务的办事制度，如民主理财制度、经营和基建项目发包管理制度、财务开支审批制度、农民负担明白卡制度、宅基地审批制度、计划生育相关制度等；完善村民组织的工作制度，主要是村民会议或村民代表会议制度、村民民主议政制度、民主理财制度，以及村民委员会所属工作委员会工作制度等；建立村务公开的反馈制度和档案台账制度。反馈制度通过村民监督小组、村民代表或者设立投诉箱，发放征求意见卡等形式，收集群众对村务公开的意见和建议；然后对群众反映的意见制定具体的整改措施，还要向村民代表反馈整改结果，使群众反映的问题“件件有着落，事事有回声”。要为村务公开的原始资料建立完整、规范的档案台账，便于查询核对的同时，也有利于村民自治经验的总结。

2. 对信访制度的重新认识和系统改造

建立农民利益表达的有效渠道来促进社会的公平正义，已经没有回旋的余地，必须从观念、机构、规范和人员素质等方面共同推进信访制度的改革。

（1）树立正确的信访观念。现阶段“信访制度自身的优势以及中国特殊的国情也决定了信访在现实中承担着不可替代的功能。基层政府作为与民众直接面对面的国家权力机关，始终是民众反映问题的第一选择”。[①] 在此背景下完善信访制度，首先应当观念先行，树立正确对待信访工作的观念，明确信访工作绝不是一项无足轻重的工作，而是现阶段党和国家各级机关密切联系群众、践行群众路线，坚持立党为公、实现执政为民的重要渠道，也是维护和实现人民群众民主权利的重要手段。

（2）信访机构的整合和人员素质的提高。首先，应整合信访机构。“我

① 谢卓妍：《信访制度的现实困境》，载《法制与社会》2008 年第 32 期。

国的现行信访制度处于管理层级烦琐和多头管理的状况之中”，[①] 这种设置不仅和现代管理学的主流观点相悖，而且造成了信访资源的流失和浪费，是一种低效的制度安排。“应该把众多的信访部门收归一家，由中央或至少由省级单位实行垂直管理，对现有的信访资源进行整合、优化。”[②]

其次，应完善信访工作机制。建立信访工作联席会议、信访听证制度、信访责任追究制度。[③] 建立政府分管领导牵头、各职能部门和单位负责人参加的信访工作联席会议，分析各级各部门信访工作中存在的突出问题，分清各自责任并组织分工解决问题。必要时可组织召开信访听证会，邀请信访当事人、公益律师、人大代表、政协委员等参加，依法由与会代表听证评议信访事项并提出解决建议。“建立信访处理后的情况跟踪制度，直接获得当事人满意状况的反馈意见，防止问题反弹。”[④] 明确信访机构及其工作人员的责任和义务，对违法违纪现象要依法依纪追究行政和法律责任。

最后，提高信访工作人员的综合素质和执业水平。信访所涉及的问题不少具有法律事实和法律适用的不确定性。信访人员从自身利益出发，往往难以客观描述问题并且沉湎于自我主观认知，这就要求信访接待者必须具有完善的知识结构、丰富的人生阅历和娴熟的执业技能。必须增加对信访工作人员的培养和培训，提高从业人员的综合素质和基本技能。此外，还应该通过提高信访工作人员各方面待遇、设置干部提拔前信访历练程序等各种方式，提高基层信访人才的素质和水平。

---

① 邱春新、邱新有：《“有限信访和有效信访”：中国信访改革的新路径——基于有限政府和有效政府理论》，载《理论导刊》2013年第2期。

② 蔡振亚、华创业：《健全农民信访制度　完善农民政治参与》，载《郑州航空工业管理学院学报》（社会科学版）2010年第12期。

③ 蔡振亚、华创业：《健全农民信访制度　完善农民政治参与》，载《郑州航空工业管理学院学报》（社会科学版）2010年第12期。

④ 蔡振亚、华创业：《健全农民信访制度　完善农民政治参与》，载《郑州航空工业管理学院学报》（社会科学版）2010年第12期。

（3）出台“信访法”作为制度保障。当前信访工作仍存在很多立法空白和缺陷，导致一些地方发生甚至是多发无序上访事件。事实上，要求出台“信访法”的呼声自2004年就已此起彼伏，但2005年仍以国务院出台《信访条例》作为对这一呼声的回应。近年来，越来越多的人认识到仅以《信访条例》不足以应对信访制度所面临的各种困境，要求制定和出台“信访法”的呼声不绝于耳。

首先,《信访条例》的法律位阶较低，不足以支撑信访职业主义的定位。作为国务院出台的行政法规，在解决信访问题时具有很大的局限性，无法适用于诸如涉法涉诉信访等问题。而且现行条例对信访的定义模糊，有必要以法律的形式对信访制度进行明确定位，以改变现在信访部门职能“大杂烩”的现状。这也是信访职业主义需要的制度条件。其次，对信访中的过激行为也需要法律来进行规制。现行《信访条例》尽管规定了6种过激行为的规制问题，但是因为其规定过于笼统，而现实情况又远较这6种行为复杂，使过激行为的规制基本上难以落实。有必要通过“信访法”的出台，将之细化和具体化，能够在现实中国对过激信访行为进行规制，以维护和保证有序的信访秩序。

（4）加大信访相关人员参与力度和宣传力度。首先，鼓励和加大独立第三方对于信访工作的支持。学术界和实务部门一致认为，绝大多数上访人的现实诉求，原本都可以在基层得以解决。应当在制度配置完备的情况下，引入独立第三方人员的参与，从心理和物质等多重层面为农民信访者提供实际帮助，促进信访问题通过社会参与的渠道得以解决。“可组织社会团体、法律援助机构、相关专业人员、社会志愿者等共同参与，以咨询、教育、协商、调解、听证等多种方法，依法、及时、合理处理信访人的投诉请求。”① 其次，加大对信访工作的宣传教育。对信访制度认知程度

① 陈于平:《我国的信访制度及其完善》，载《理论探索》2006年第6期。

低，对信访机构的职能了解不多，是盲目信访的重要原因。信访机构应大力宣传自己，对信访不能解决的涉诉涉法问题，应引导访民通过合理途径寻求解决，避免那些徒增浪费或可能危及稳定的盲目信访、无效信访。继续加强农民的普法教育工作，重点放在提高农民法律意识，培养农民依法维权的技能方面，真正站在农民的立场上为农民着想，避免虚浮的口号和简单的恫吓。

三、制度运行结构和环境的改善：保障权利、落实制度的难点

（一）规范地方政府行为

要切实有效地提升当代中国农民的政治参与权利，在构建与完善制度之外，也不能忽视对地方政府失范行为的规制和约束。地方政府及其工作人员的违法行政、权力“寻租”与贪污腐败等失范行为不仅弱化了基层政权在农民心中的认同感，引发了对公共权力的怀疑，也成为触发农民无序政治参与的直接诱因。严格规范地方政府的行政行为，是保障农民政治参与权利的前提。

1. 提高基层干部素质

当前乡镇政府干部来源主要有四个方面：入学前为农村户口的大中专毕业生、部门分配的复员军人、乡镇政府自行招聘的合同制干部、通过各种渠道进入乡镇职能部门的干部。其中，乡镇干部中籍贯为本乡镇的占相当大的比例，大多数基层乡镇干部所受教育年限较短，而且因从小就生活在农村的社会文化环境中，接触现代政治文化的机会较少、现代政治素质欠缺、政策水平和法律观念有待提高。要不断提高这一群体的思想觉悟和业务水平，教育农村干部正确认识自己手中的权力，明确“为民执政”的宗旨，牢固树立公仆意识，大力反对官僚主义；实现这点，需要加强农村基层党组织建设，发挥基层党组织战斗堡垒的作用。

2. 立法明确乡镇政权和村“两委”的关系和各自职能

“随着基层民主的发展和乡镇政府自身结构的转型，其主要职能必须作出相应的调整，以行政管理为主转向以乡村民主化治理为主。”[①] 在新的结构模式下，“乡镇政府的主要职能是生产、提供适合本地区乡村人民的公共产品和公共服务。而让乡镇政府恪守职能的关键是建立让社区农民表达自己偏好、监督公共产品生产的民主程序”。[②]

乡镇党委和村级党组织的关系比较明确，当前重点应是严格落实党内法规和政策的相关规定。乡镇党委不得通过村党支部干预依法属于村民自治范围内的事项，村党支部要成为党的政策在乡村的执行者、村民利益的代表者、村民自治的领导者、村委会工作的监督者，以及农村经济发展的引导者。

当前各地村委会与乡镇政府之间存在职责和权能不明确的问题，必须进行有效整合，使二者关系回归到法律明确规定的状态中。要从乡镇政府和村民委员会实际工作需要出发，列举双方的权利和职责并使之制度化、规范化，努力使村委会成为村民与乡镇政府之间有效沟通和利益表达的桥梁。在实际工作中，“乡镇政府在指导村委会工作时要积极主动。既要防止干预太多、包揽村中一切事务的倾向，避免侵犯村委会的自治权，又不能对村委会的工作撒手不管、放任自流，防止极端自治化倾向的出现”。[③]

3. 精乡简政，实行乡镇长直选

我国社会转型的快速推进，要求乡镇政权必须适应民主化的发展方向，关键在于“重新界定乡镇政府同农民之间的权力和利益关系，真正地

---

① 杜鹏：《村民自治的转型动力与治理机制——以成都“村民议事会”为例》，载《中州学刊》2016 年第 2 期。

② 徐勇：《乡村治理结构改革的走向——强村、精乡、简县》，载《战略与管理》2003 年第 4 期。

③ 刘章烈、邱家海：《乡村民主政治建设的机制创新——农村基层民主与基层政权良性互动》，载《赣南师范学院学报》2003 年第 1 期。

扩大农民政治参与的权力和自由”。[①] 应当“在有限行政和有限财政的基础上，将乡级行政真正用于必须由行政解决并只有行政才能解决好的事务方面。只有从体制上改乡政权为县派出的乡级行政，才能精简职能，将有限的行政资源用于最需要的地方”。[②] 需要调整基层党政运作方式，“进一步具体明确乡镇党委、乡镇政府和乡镇人大权力的合法性限度范围，将乡镇党委的领导纳入法制化、制度化轨道，防止产生乡镇党委权力扩张和滥用的错误倾向”。[③] 具备条件的地方，应实行乡镇长直选，推行乡镇有限自治，改变“乡镇人事权由上级单向控制的局面，积极促成乡镇领导人主要通过民主选举方式产生。这样就会改变过去只对上负责而不对下负责的局面”。[④] 可在此基础上逐步实行乡镇有限自治，为农村经济与社会的发展创造更宽松的环境。

4. 建立并推行政治责任制度，用政治责任约束和规制政府行为

缺乏政治责任，政府权力的行使就没有约束，民众权利的行使就缺乏保护，违法行政就不可能受到追究。政治责任主要有同体追究和异体追究。同体追究是指党组织内部的追究或行政系统对行政干部的追究。异体追究包括权力机关的追究，即人大对党政干部的追究；政党追究，即民主党派对执政党的错误的追究；社会追究，如新闻媒体对执政党和政府的问责制等。政治责任制度不但要求同体追究，从长远看，更应该重在异体追究。这样从两个层面监督基层党政的决策行为，才能从根本上消除权力腐败，从而强化政府的责任意识，打造现代责任政府。在政治责任的现实压力之下，基层党政就会提高公共管理和服务的水平，从而有效推动公民政

---

① 黄卫平、邹树彬主编：《乡镇长选举方式改革：案例研究》，社会科学文献出版社 2003 年版，第 76 页。

② 徐勇：《乡村治理结构改革的走向——强村、精乡、简县》，载《战略与管理》2003 年第 4 期。

③ 李晓鹏：《双重授权逻辑冲突中的乡政村治——国家建构视角下村民自治的阐释》，载《求实》2015 年第 4 期。

④ 黄卫平、邹树彬主编：《乡镇长选举方式改革：案例研究》，社会科学文献出版社 2003 年版，第 76 页。

治参与权利的行使。

（二）加大财政经济支持

一般而言，经济发展和政治参与程度呈正相关。[①]“社会经济发展促进政治参与的扩大，造就参与基础的多样化，并导致自动参与代替动员参与”；“高水平的政治参与总是与更高水平的发展相伴随，而且经济越发达的社会，也越趋向于赋予政治参与更高的价值。”[②]提高农民政治参与水平必须继续大力促进农村经济的发展，加大对农民政治参与的财政经济支持。

1. 提高农业生产力，夯实政治参与的经济基础

首先，应积极推进生产专业化、经营产业化。建立在精耕细作基础上的小农经济，无法提高农业生产率，必须改变农业经营方式和经营体制，向适度规模经营发展。“要探索各种土地使用权流转的办法，因地制宜地推行家庭农场、种养大户、股份合作制等各具特色的农业规模经营。”[③]要走出一条具有自身特色的生产专业化、经营产业化道路，重点引导扶持公司加农户、专业合作社、农业科技园区等各种形式的新型产业化经济组织。其次，应调整和优化农村产业结构。《中共中央关于制定国民经济和社会发展第十三个五年规划的建议》指出：“加快转变农业发展方式，发展多种形式适度规模经营，发挥其在现代农业建设中的引领作用。着力构建现代农业产业体系、生产体系、经营体系，提高农业质量效益和竞争力，推动粮经饲统筹、农林牧渔结合、种养加一体、第一二三产业融合发展，

---

① 王浦劬等：《政治学基础》，北京大学出版社 1995 年版，第 22 页。

② ［法］米歇尔·克罗齐、［美］塞缪尔·亨廷顿、［日］绵贯让治：《民主的危机》，马殿军等译，求实出版社 1989 年版，第 97 页。

③ 徐小柏：《新农村产业结构的可持续性研究》，载《农业考古》2012 年第 3 期。

走产出高效、产品安全、资源节约、环境友好的农业现代化道路。”① 最后，应进一步贯彻中央惠农政策，切实保护农民利益。使农民真正享有改革发展的实惠。

2. 加大财政支持力度，加强对农村公共财政的转移支付

首先，建设覆盖农村的公共财政制度。当前，我国财政收入已初步具备加大对农业和农村支持保护的条件和能力，需要在借鉴国内外经验基础上，采取有利于我国农村经济、政治、文化发展的财税政策及合理的制度安排，实现城乡和农村经济社会的协调发展。② “调整国民收入分配结构，落实财政新增教育、卫生、文化等事业经费主要用于农村的规定，切实加大公共财政对农村社会事业的投入，让公共财政的阳光普照广大农村。” ③ 其次，构建合理的地方财政体制。1994 年以来的我国现行财政体制，主要关注于如何增强中央政府和省级的财力，而对于省以下分税分级体制的建设却少有实质性的进展，结果造成“财权重心上移、事权重心下移”，县乡基层财政困难等突出问题。应强化乡村财政建设，加大村级转移支付力度，确保村干部的工作积极性和农民负担的减轻。最后，加强农村公共产品供给。从农村发展的现实情况来看，由政府公共财政覆盖的农村公共产品和公共服务的供给状况不容乐观，农村基础设施建设严重不足、农村义务教育得不到落实、农村公共卫生及农村社会保障等公共服务得不到有效保障。④ 建设好新农村，推进城乡统筹发展，就必须加大农村财政投入力度，改革城乡二元的公共产品供给机制，将其纳入公共财政体系，使农民

① 《中共中央关于制定国民经济和社会发展第十三个五年规划的建议》，载《人民日报》2015 年 11 月 3 日，第 1 版。

② 参见朱旭东:《财税支持：新农村建设的政策促动》，载《光明日报》2005 年 12 月 6 日，第 6 版。

③ 参见朱旭东:《财税支持：新农村建设的政策促动》，载《光明日报》2005 年 12 月 6 日，第 6 版。

④ 参见樊晋峰:《公共财政支持社会主义新农村建设对策研究》，山西财经大学财政学（含税收学）专业 2006 年硕士学位论文，第 4 页。

享有同城市市民一样的公共产品。

（三）改革相关制度、完善制度环境

首先，要加快改革户籍制度，保障农民自由权。现行户籍登记制度是1949年后为加强管理、有意实施城乡分割的结果，当前其功能则主要是区分大城市、中小城市和农村居民各自的权益。大城市集中了主要的政治、经济和科技资源，左右中国命运的精英人物在那里聚集，大量的财富也在那里增值流动。中小城市是我国城市居民的主要集中地，占有一定的政治、经济和文化资源。广大农村则基本处于政治上无权、经济上弱势、文化上落后的地位，往往被定位成为城市提供原材料、廉价劳动力及产品（主要是中下档次产品）倾销地。"十一五"规划以来，改革户籍制度的政策在多地相继展开。"加快破除城乡分割的体制障碍……改革城乡分割的就业管理制度，深化户籍制度改革，逐步建立城乡统一的人口登记制度。"① 当然改革户籍制度事实上很难一步到位，近年来我国主要是从减轻农民负担、增加农民最紧迫需要的补贴入手，不断增加土地的"含金量"，大多数省份已经取消了农村户口和城市户口的区别，但要实现农民和城市居民的普遍平等，还必须彻底断绝附加于户籍之上、长期延续的各种不平等待遇。

其次，要完善农村社会保障制度。2009年以来，新型农村社会养老保险在我国从试点逐步推广到全国，开启了农村社会养老的新篇章。新农保制度"是逐步缩小城乡差距、改变城乡二元结构、推进基本公共服务均等化的重要基础性工程，是实现广大农村居民老有所养、促进家庭和谐、增加农民收入的重大惠民政策"。② 现阶段这一政策的实施原则是"保基本、

① 《中华人民共和国国民经济和社会发展第十一个五年规划纲要》，载《人民日报》2006年3月17日，第1版。

② 《国务院关于开展新型农村社会养老保险试点的指导意见》，载中央人民政府门户网站：http://www.gov.cn/zwgk/2009-09/04/content_1409216.htm，最后访问日期：2017年5月17日。

广覆盖、有弹性、可持续”，应在国家财力允许的情况下，逐渐提高保障水平、扩大覆盖面积，鼓励有条件的地区为农民建立更高标准的社会保障体系。

新型农村合作医疗制度早在2003年便已启动试点，是“由政府组织、引导、支持，农民自愿参加，个人、集体和政府多方筹资，以大病统筹为主的农民医疗互助共济制度”，①2009年被确立为农村基本医疗保障制度。尽管各级财政对新农合的人均补助标准逐年提高，2015年政府各级财政补助标准提高至380元以上，②但新农合存在的工作程序繁杂、信息化程度偏低及基本药物目录设置不合理、资金来源单一等问题仍制约着广大农民参保的积极性。“为防止农民因病致贫、因病返贫，应加强对农民的宣传动员工作，实行分类指导，增加农村合作医疗覆盖面，并逐步提高农村合作医疗保险筹资标准。”③

尽管新农保、新农合初步构建了农村社会保障制度，很大程度上提高了农民的社会保障水平，但在保障水平上和城镇职工、城镇居民的养老和医疗保险还有很大差距。社会主义制度强调人与人之间的平等性。然而，我国深受历史和现实多种因素的制约，存在令国人痛心疾首的制度缺憾。农村居民与城市居民之间巨大的社会保障差别，是由国家分配造成的对农民平等权利的剥夺，农民有充分的权利要求共享国家社会保障安全网系统，④享受与城市居民相同的社会保障。

---

①《卫生部、国家发展改革委、民政部、财政部、农业部、国家食品药品监管局、国家中医药局关于加快推进新型农村合作医疗试点工作的通知》，载国家卫生和计划生育委员会官网：http://www.moh.gov.cn/jws/s6476/200804/79f0afe92d7f4c298e531ecfdc270102.shtml，最后访问日期：2017年5月17日。

② 参见《国家卫计委、财政部关于做好2015年新型农村合作医疗工作的通知》，载中国政府网：http://www.moh.gov.cn/jws/s3581sg/201501/98d95186d494472e8d4ae8fa60e9efc5.shtml，最后访问日期：2017年5月17日。

③ 周新发、王国军：《完善“新农合”制度的政策建议》，载《经济研究参考》2015年第18期。

④ 华迎放、孙莹：《农村社会保障制度框架构建研究》，载《人口与经济》2005年第4期。

（四）培养法制意识、完善权利救济制度

1. 培育健康的农民政治参与观念，增强民主法制意识

首先，要坚持党的领导、依法办事和充分发扬民主有机统一结合的观念。只有坚持党的领导，才能保证农民政治参与权利的行使沿着正确的方向健康发展；只有坚持依法办事，才能减少权利行使中遇到的障碍，预防权利行使中的滥用；只有充分发扬民主，坚持党的领导和依法办事才能具有旺盛而持久的生命力。其次，要树立权利义务相一致的观念。在农民行使政治参与权利的过程中，要积极引导村民学法、懂法，既要积极实现自己的合法权利，还要依法履行作为公民和村民分别应尽的各项义务，纠正实行自治就可以不受约束的错误认识。最后，要切实培育农民的主体意识。农民是社会主义新农村建设的建设主体、受益主体和价值主体，这是党的文件中多次强调的观点，但少数地区农民的主体意识仍然淡漠，尽管参与村民自治的各个环节但在一些地方敷衍和应付是普遍现象。消除这些消极现象，就必须培育农民的主体意识。

2. 完善司法制度，降低农民政治参与维权成本

当前我国农民的政治参与中有一部分是在经济、政治等各方面利益受到侵犯时为达到某一具体目标才采取的手段性参与。农民利益受到侵害之所以屡禁不止，和农民诉诸法律的成本过大关系密切。现阶段，要切实贯彻有关农业、农村、农民的法律法规和政策文件，同时还要坚持司法制度的改革为农民权益保障提供高效的、低成本的救济渠道。

我国农民通过司法途径实现权利救济的成本，包括费用成本、时间和精力成本及对司法的信任成本，成本过高容易让农民产生不公正的感觉。解决这一问题，首先，要简化司法程序、降低法律成本；其次，要加强针对农民的司法援助，引导农民了解和利用司法援助；最后，要改进司法的形象，通过审判独立塑造司法公正，通过程序正义保障实体正义，要以农

民看得见的公平正义，唤醒农民对司法救济的信任，重塑司法机关和司法制度的形象。

四、新制度的创设：增扩农民政治参与权利的必要尝试

与我国整个法制建设状况类似，现有制度供给基本适应农民行使政治参与权利的制度需求，重点是切实贯彻已有的法律制度。不过，就发展农民政治参与权利而言，作为一项历史资源薄弱、现实困难重重的事业，又的确需要创设新的制度来奠定雄厚的基础，构建坚实的平台。发展农民的民主权利，不仅需要政治生活民主化水平的提高、农村经济的持续快速发展、农民主体地位和权利意识的加强，而且需要打破传统官本位思想的束缚、抵制无政府主义和极端民主化思潮的影响，是一个集合政治、经济、思想文化、社会建设等各方面因素的系统工程。在这个大工程中，枢纽和关键是科学地提高农民的组织化程度。在农村民主实践中，并不乏政治红人、经济明星或是能力卓异的农民领袖试图以自己的方式从不同的领域推动农民政治参与水平的提升，但大多只取得昙花一现的成功。究其原因，就在于未能通过构建一种可靠的平台，充分地组织农民，凝聚各方面资源，协同配合、持续发力，为农民政治参与提供全方位的动力。农民组织化程度偏低是农民权利贫困的重要原因；提高农民的组织化程度，是增强和扩展农民政治参与权利的不二法门。

1. 提高农民组织化程度的依据

从法律文本的规定来看，《宪法》第35条规定，公民有集会、结社的自由。据此，农民完全可以成立各种专业协会，使农村治理结构多样化。由代表农民利益的农民组织与政府对话，对农民而言政治参与的实现程度更高，对政府而言比无序政治参与更加安全可控。我国“几乎所有的社会群体都有自己的代言组织或自律组织，唯独最大的社会群体——农民没有。实行联产承包责任制以来，以农户为单位的一个个独立的利益主体出

现，以平等参与、协商决策为特征的民主要求出现，然而，当不同利益群体缺乏合法的、自主的组织作为自己的代言人时，就会转而向制度外去寻求”。[①] 对比西方发达国家，由于城镇化、工业化水平较高，其农业人口比例远低于我国，但各类农民组织却十分兴旺发达，并在国家经济政治生活尤其有关农业的政策决策中发挥重要影响。国际知名的农民组织包括美国“全国农场主联盟”、英国“英格兰和威尔士农民联盟”、波兰“农民党”、德国“农民协会”、荷兰“农民联合会”等。从实践结果来看，这些“农民政治组织增强了农业的吸引力，稳定了农业生产，而且保障和监督农业政策的执行，为农业发展争取到更好的国际国内环境，增强其国际竞争力”。[②]

由于历史传统和现实国情的特殊性，我们“发展农民政治组织并非为了造成与政府的对立，而是为了弥补政府功能的不足，尤其是在市场经济体制下，农民政治组织具有组织、培育农民和农村民主社会的整合功能，能有效促进我国农村物质文明、精神文明和政治文明的协调发展”。[③] 农民有了自己的组织，就可以在《选举法》的框架下，更有效地推举出自己的代表候选人，行使政治参与权利的渠道就更加顺畅，有利于杜绝无序、混乱的政治参与现象。

2. 建立新型农会组织、提高农民组织化程度的设想

在建设社会主义新农村的背景下重建农会，必须认识到，农民组织化程度的提高，有利于提高农民的整体协作能力，有利于当前农村矛盾的化解。党和政府根据农村社会发展需要，为增强农民的组织性提供了政策导向及法律依据。2007 年施行的《农民专业合作社法》，标志着农民建立自己的社会组织的权利得以确认和伸张，并为农民利益需求的表达及权益的

① 齐海丽：《社会主义新农村建设中的农村民间组织》，载《党政干部论坛》2009 年第 7 期。

② 杨静如：《谈农民利益获得机制的重塑》，载《学理论》2009 年第 5 期。

③ 陈萍：《探索提高农民组织化程度的新途径》，载《地方财政研究》2012 年第 12 期。

实现提供了制度保障。当务之急就是将农民组织起来，以提高其相对于其他群体的组织能力、讨价还价能力及满足他们日益高涨的政治参与愿望。

首先，建立新型农会组织的前提是良好的法制环境，推动农会的发展应该适时制定包括以下内容的“农会法”:（1）成立农会的许可和登记。农会筹备组织应当向当地县级以上民政部门申请成立登记并接受审查。（2）农会成立的条件。对于农会成立的条件应考虑中国目前的现实国情，因地制宜，区别对待，不能把门槛设置得过高。（3）农会的宗旨与目的。农会应当以发展农村经济、维护农民利益、增进社会福利及繁荣农村文化为主要目的和宗旨，农会不能以政治性为唯一或主要的目的和宗旨。（4）农会成员的资格要求，如农业劳动者（即农民）、年龄、地域、主要从事的农业项目（如种植某一类作物或养殖某一类禽畜）。对农民所占的比例要严格规定，农民必须占70%以上。（5）农会的活动范围。应当对农会的活动范围作出列举，主要与农村经济、科技、社会福利及维护农民利益相关，不能有夺取国家政权的活动。（6）农会的内部事务与财务管理。这一部分包括对农会的内部管理、领导、管理人员的选举方式及财务会计制度等内容。（7）农会的合并、解散。有成立就免不了有由于各种情况而发生解散、合并等的情形，“农会法”对此也应有所规定。① 通过完善的法律体系为农会的建立和发展提供了法律保障。

其次，建立新型农会组织应注意适当的途径。在新的时代背景下发展农民协会，要吸取土地改革时期过分行政化的教训，在加强自身能力建设的同时，接受政府的扶持和监管。对于农会的自身建设，重点是农会内部要建立一套完整的治理结构，一方面，要明晰产权，奠定农会健康发展的基础；另一方面，要健全民主决策制度，保证农会每个成员的民主权利，激发农民参加农会的积极性，壮大新农村建设的群众基础。政府应该把涉

① 参见郭殊:《论农会问题与农民的结社自由》，载《法商研究》2006年第3期。

农领域，如金融、保险、水利、供销、批发、农机等放开，让农会能够免税地进入这些尚能产生利润的领域，通过农会的规模经营生成规模收益，推动农村社会服务网络的建设。[①]这样既减轻了政府的财政负担，又服务了农民。政府可以监督农会资金使用情况。农会的资金主要来自会费和政府的资助，对于这些资金要保证专款专用，坚持财务透明、公开的原则，接受政府和社会各界的监督。政府还应到指导和监督农会的业务活动，如果发现农会组织有违反法律规定的行为，应当对其进行处罚，并吊销其获得募捐的资格。

① 参见中国（海南）改革发展研究院编:《中国农民组织建设》，中国经济出版社 2005 年版，第 26 页。

结　语

长期以来，对农民权利的研究虽然成果丰硕，然而对于农民在政治参与过程中产生的强烈制度需求，还少有涉及或者浅尝辄止。从法律视野审视我国的农民政治参与，在分析制度供给现状的基础上，以制度建设和制度创新为主体，提出法学视角的认识和建议非常必要。农民政治参与的程度如何，是衡量政治发展程度的重要标志。由于受历史和现实等多种因素的影响，长期以来我国农民的政治参与权利受到不公正的对待。在全面建成小康社会、全面深化改革、全面依法治国、全面从严治党的战略布局下，在深入推进农业供给侧改革、加快培育农业农村发展新动能的背景下，要切实推进社会主义新农村建设，必须关注并逐步解决农民权利贫困的问题，尤其要重视政治参与权利这一根本问题。

我党一直重视实践创新、理论创新和制度创新之间协调统一、相辅相成的关系，以三个层面的创新推进中国特色社会主义的道路自信、理论自信和制度自信。本书以新农村建设为时代背景和研究视角，以农民政治参与的理论创新、实践创新和制度创新之间相互促进为主要线索，探讨保护农民政治参与权利的制度创新问题。

在阐明研究缘起的基础上，本书分析了农民政治参与权利的理论基础、实践基础和制度基础，然后梳理和总结了新农村建设中农民政治参与权利的理论创新和实践创新，提出了在新农村建设中保障农民政治参与权利的制度创新建议。本书的主要观点包括：第一，政治参与是公民的基本权利，对上是自由、平等、公平、法治等原则性权利的体现，对下是结社权、选举和被选举权等具体权利的统领，是以知情权、表达权、选择权、监督权为表现形态的一组概括性权利。第二，农民政治参与权利既直接体现农民的公民权利和政治权利，还深刻制约农民的经济、社会和文化权利，又广泛影响农民在价值层面的尊严感和未来发展权利。第三，新农村建设超越以往乡村建设最突出的一点，是对农民建设主体、受益主体、价值主体地位的重视；农民政治参与权利的提升和此前农民参与的政治活动最大的不同，是对农民主体地位和权利意识的强调。新农村建设为农民权利提升提供契机、奠定基础，农民权利提升为新农村建设提供可靠武器和持久动力，二者互相需要、互相促进。第四，当前农民行使政治参与权利的制度渠道较为狭窄和拥塞，存在规范缺失和程序瑕疵，导致制度的功能不能充分发挥、效率低下。新农村建设以来农民政治参与的理论和实践创新丰富多样，为制度创新提供了鲜活生动的地方性知识，是深化研究的源头活水。本书认为，在新农村建设中保障农民政治参与权利是系统工程。要坚定党的领导，完善顶层设计；重点是要全面改造村民自治和信访制度，疏通农民在自治和国家治理层面参与政治的渠道；难点是对基层政府的规制，以及从意识和制度两个层面对权利行使环境的改良；着力点是组织农民建立新型农会，以此为平台培育和锻炼农民的主体意识，并增强农民政治参与的效能。

参 考 文 献

1.《马克思恩格斯选集》（第 1~4 卷），人民出版社 1960 年版。

2.《毛泽东选集》（第 3 卷），人民出版社 1991 年版。

3.《邓小平选集》（第 2 卷），人民出版社 1994 年版。

4. 王浦劬等:《政治学基础》，北京大学出版社 2014 年版。

5. 王仲田主编:《政治学导论》，中共中央党校出版社 1997 年版。

6. 王沪宁:《比较政治分析》，上海人民出版社 1987 年版。

7. 张文显主编:《法理学》（第 4 版），高等教育出版社、北京大学出版社 2012 年版。

8. 卓泽渊:《法理学》，法律出版社 2016 年版。

9. 房宁主编:《政治参与蓝皮书：中国政治参与报告》（2011~2015），社会科学文献出版社 2011~2015 年版。

10. 李君如:《当代中国政治走向》，福建人民出版社 2007 年版。

11. 罗玉中等:《人权与法制》，北京大学出版社 2001 年版。

12. 齐延平:《人权与法治》，山东人民出版社 2003 年版。

13. 蓝潮永、关今华:《人权与法治》，厦门大学出版社 2008 年版。

14. 俞可平主编:《治理与善治》，社会科学文献出版社 2000 年版。

15.［美］博曼、雷吉主编:《协商民主：论理性与政治》，陈家刚等译，中央编译出版社 2006 年版。

16. 俞可平:《论国家治理现代化》，社会科学文献出版社 2015 年版。

17. 董清民、柴海瑞:《中国农民民主政治参与机制研究》，内蒙古人民出版社 2003 年版。

18. 褚松燕:《权利发展与公民参与——我国公民资格权利发展与有序参与研究》，中国法制出版社 2007 年版。

19. 褚松燕:《中外非政府组织管理体制比较》，国家行政学院出版社 2008 年版。

20. 徐勇等:《基层民主发展的途径与机制》，北京师范大学出版集团 2015 年版。

21. 徐勇、吴毅主编:《乡土中国的民主选举：农村村民委员会研究文集》，华中师范大学出版社 1995 年版。

22. 徐勇:《中国农村村民自治》，华中师范大学出版社 1997 年版。

23. 徐勇、徐增阳主编:《乡土民主的成长：村民自治 20 年研究集萃》，华中师范大学出版社 2007 年版。

24. 胡鞍钢等主编:《第二次转型国家制度建设》，清华大学出版社 2003 年版。

25. 胡鞍钢等:《中国国家治理现代化》，中国人民大学出版社 2014 年版。

26. 王维国编著:《公民有序政治参与的途径》，人民出版社 2007 年版。

27. 陈晓莉:《政治文明视域中的农民政治参与》，中国社会科学出版社 2007 年版。

28. 邱永文:《当代中国政治参与研究》，中共中央党校出版社 2009 年版。

29. 王纯山等主编:《民主政治与政治参与》，辽宁大学出版社 1992 年版。

30. 郭秋永:《政治参与》，台北，幼狮文化事业公司 1993 年版。

31. 张喜红:《当代中国社会团体政治参与问题研究》，吉林人民出版社 2005 年版。

32. 傅恒德:《政治文化与政治参与》，台北，韦伯文化国际出版有限公司 2003 年版。

33. [法] 让·雅克·卢梭:《社会契约论》，庞珊珊译，光明日报出版社 2009 年版。

34. [法] 孟德斯鸠著:《论法的精神》，严复译，上海三联书店 2009 年版。

35. [美] 约翰·罗尔斯:《正义论》，何怀宏等译，中国社会科学出版社 2001 年版。

36. [美] 罗斯科·庞德:《法理学》(第 1 卷)，邓正来译，中国政法大学出版社 2004 年版。

37. [美] 罗斯科·庞德:《法理学》(第 2 卷)，邓正来译，中国政法大学出版社 2007 年版。

38. 魏星河等:《当代中国公民有序政治参与研究》，人民出版社 2007 年版。

39. 方江山:《非制度政治参与：以转型期中国农民为对象分析》，人民出版社 2000 年版。

40. 刘李胜:《制度文明论》，中共中央党校出版社 1998 年版。

41. 秦晖:《共同的底线》，江苏文艺出版社 2013 年版。

42. [美] 塞缪尔·亨廷顿:《变革社会中的政治秩序》，李盛平等译，华夏出版社 1998 年版。

43. [美] 塞缪尔·亨廷顿、琼·纳尔逊:《艰难抉择》，汪晓寿等译，华夏出版社 1989 年版。

44. [英] 戴维·赫尔德:《民主的模式》，燕继荣等译，中央编译出版社 1998 年版。

45. [美] 阿伦 · 利普哈特:《民主的模式: 36 个国家的政府形式和政府绩效》，陈崎译，北京大学出版社 2006 年版。

46. [美] 托克维尔:《论美国的民主》，董果良译，商务印书馆 1988 年版。

47.[美]科恩:《论民主》，聂崇信、朱秀贤译，商务印书馆 2007 年版。

48. [美] 罗伯特 · 达尔:《论民主》，李柏光、林猛译，商务印书馆 1999 年版。

49. [日] 蒲岛郁夫:《政治参与》，解莉莉译，经济日报出版社 1989 年版。

50. 刘春:《扩大公民有序政治参与是构建和谐社会的重要手段和保障》，载《红旗文稿》2005 年第 24 期。

51. 吴毅、贺雪峰:《村治研究论纲——对村治作为一种研究范式的尝试性揭示》，载《华中师范大学学报》2000 年第 3 期。

52. 宋春红:《中国农民政治参与的现状探析及对策研究》，湖南师范大学 2004 年硕士学位论文。

53. 谢雪梅:《新时期中国农民制度化政治参与论析》，首都师范大学 2005 年硕士学位论文。

54. 罗月婵:《论新时期中国公民的政治参与》，浙江大学 2002 年硕士学位论文。

55. 褚松燕:《论社会正义的制度安排》，载《理论学刊》2002 年第 4 期。

56. 王伟勤:《我国社会转型时期公民政治参与分析》，陕西师范大学 2004 年硕士学位论文。

57. 吉青:《社会转型期我国农民非制度化政治参与研究》，福建师范大学 2005 年硕士学位论文。

58. 王琪:《毛泽东时代和后毛泽东时代中国农民的政治参与比较》，载《首都师范大学学报》2004 年第 1 期。

59. 郭正林:《当代中国农民政治参与的制度、动机及社会效应》，载《社会学研究》2003 年第 3 期。

60. 李锐:《现阶段中国农民非制度化政治参与行为的思考》，载《理论导刊》2004 年第 7 期。

61. 季丽新:《改革开放以来中国农民政治参与广泛化轨迹探析》，载《农业经济》2009 年第 7 期。

62. 季丽新:《农民政治参与相关因素分析——以山东省东大寨和牛溪埠村为例》，载《中国特色社会主义研究》2009 年第 2 期。

63. 陈振明:《“政治参与”概念辨析》，载《东南学术》2008 年第 4 期。

64. 赵成福:《公民政治参与：体制迟钝与体制吸纳》，载《河南师范大学学报》2009 年第 3 期。

65. 牛安生:《共产党的领导与中国农民人权的实现》，载《中共中央党校学报》2000 年第 3 期。

66. 高平堂:《扩大农民有序政治参与的路径思考》，载《理论探索》2009 年第 4 期。

67. 张钦朋:《论政治参与的度》，载《长白学刊》2009 年第 4 期。

68. 彭向刚:《论转型期弱势群体政治参与与社会公正》，载《吉林大学社会科学学报》2007 年第 1 期。

69. 孙玉娟:《农民非制度化政治参与的成本分析和理性思考》，载《科学社会主义》2007 年第 1 期。

70. 古小明:《农民政治参与的障碍及其化解》，载《农业考古》2009 年第 3 期。

71. 白玉冬:《农民政治参与积极性的激发、引导和保护》，载《前沿》2009 年第 7 期。

72. 唐绍洪:《我国农民政治参与的表现和多维价值》，载《社会主义研究》2007 年第 6 期。

73. 孙海英:《新农村建设中农民非制度化政治参与探析》，载《齐鲁学刊》2009年第3期。

74. 周德军:《新农村视野下农民政治参与问题研究》，载《安徽农业科学》2009年第15期。

75. 华文胜:《制约村民政治参与积极性的因素与对策探讨》，载《理论导刊》2007年第3期。

76. 夏立平:《试论中国农民的人权发展》，载《法学论坛》2001年第2期。

77. 朱晓明:《农民阶层人权实现的宪政逻辑》，载《理论导刊》2008年第8期。

78. 龚向和:《人的尊严：中国农民人权的兴起》，载《河南省政法管理干部学院学报》2008年第1期。

79. 龚向和:《后乡土社会语境下中国农民人权研究——基于法社会学的视角》，载《东南大学学报》（哲学社会科学版）2009年第4期。

80. James Q. Wilson, *Bureaueraey*, NewYork, Basie Books, 1989.

81. Jean L. Cohen and Andrew Arato, *Civil Society and Political Theory*, Massachusetts Institute of Technology, 1992.

82. Gerard Delanty, *Citizenship in a Golbal Age*, Berkshire: Open University Press, 2000.

83. Douglas Hodgson, *The Human Right to Education*, Dartmouth Publishing Company Limited, 1998.

84. Robert Alexy, *A Theory of Constitutional Rights,* trans. by Julian Rivers, Oxford University Press, 2002.

85. Thomas Janoski, *Citizenship and Civil Society*, Cambridge University Press, 1998.

86. Keith Faulks, *Citizernship*, London and New York, Routledge, 2000.

87. David Lewis, *The Management of Non-Governmental Development Oranizations: An Introduction*, Routledge, 2001.

88. J. Buchanan and G. Tullock, *The Calculus of Consent*, University of Michigan Press, 1962.

89. Putnam, R.D, *Making Democracy Work: Civic Traditions in Modern Italy*, Princeton University Press, 1993.

90. Victor Thuryoni, *Comparative Tax Law*, Kluwer, 2004.

91. John S. Ambler, The *Government and Politics of France. Boston*, Houghton Mifflin, 1971.

92. S. E. Finer, *Adversary Politics and Electoral Reform*, London: Anthony Wigram, 1975.

93. Jonh Fitzmaurice, *The Politics of Belgium: A Unique Federalism*, Boulder, Colo: Westview, 1996.

94. A. Giddens, *The Consequences of Modernity*, Cambridge: Polity Press, 1990.

95. Jurge Harbermas, *Between Facts and Norms: Contributions to a Discourse Theory of Law and Democracy*, Cambridge Press, 1996.

后　记

民主政治参与与其说是理论研究，毋宁说是实践问题。作为曾经占中国人口比重超过八成的农民，他们的政治参与是中国民主政治建设的根本，也是衡量建设水平的尺度。因此，一直以来，农村建设中的农民政治参与问题既是理论研究的热点，也是决策工作的重要内容。尤其随着社会主义新农村建设在十余年内的厚积薄发，随着创新理论、依法治国方略、治理现代化进程的推进和深化，从确立主体地位和赋予权利的角度思考该问题就更有意义。

本书的形成源自2010年我们完成的河南省哲学社会科学规划项目《法律视野中农民有序政治参与的制度供给》，在此项目基础之上，我们结合对于当下我国新农村建设的部分实践材料的分析，进一步将研究重点放在了农民政治参与的制度建设与创新问题上，于是便形成了本书的基础。

以新农村建设为时代背景，以保护农民政治参与权利为落脚点，以农民政治参与的理论发展、实践创新和制度建设之间相互促进为主要线索，本书探讨了保障农民政治参与权利的制度创新问题。本书分析了农民政治参与权利的理论基础、实践基础和制度基础，梳理和总结了新农村建设中农民政治参与权利的理论创新和实践创新；阐明了新农村建设为农民政治参与权利提供舞台并奠定基础、农民政治参与权利为新农村建设提供武器和动力，二者互相需要、互相促进的关系；提出了在新农村建设中保障农民政治参与权利的制度创新建议，重点包括改进执政党的领导机制、创新现有的政治参与形式、改善运行体制的结构和模式、创设新型有效农民社会组织等。

对于本书的出版，要感谢中国法学会不仅在资金上予以帮助，而且在书稿的进一步完善上也提供了专家智慧；同时，也要感谢法律出版社的大力支持以及编辑的细心指导。

在本书的形成过程中，研究生华创业同学从事了大量的数据收集、文献整理、社会调查等工作，在此特别记录。苗连营教授、郑志龙教授等多位学者对书稿多有指点和鼓励，中原工学院的诸位领导及诸同人更是倾力相助，在此一并致谢。

蔡振亚　王为东

2017年5月

图书在版编目(CIP)数据

新农村建设中保障农民政治参与权利的制度创新研究 / 蔡振亚，王为东著. --北京：法律出版社，2017
ISBN 978-7-5197-1373-7

Ⅰ.①新… Ⅱ.①蔡… ②王… Ⅲ.①农民-参与管理-研究-中国 Ⅳ.①D422.6

中国版本图书馆 CIP 数据核字(2017)第 221335 号

新农村建设中保障农民政治参与权利的制度创新研究
XIN NONGCUN JIANSHE ZHONG BAOZHANG NONGMIN ZHENGZHI CANYU QUANLI DE ZHIDU CHUANGXIN YANJIU

蔡振亚　王为东 著

策划编辑 高　山
责任编辑 韩向臣
装帧设计 李　瞻

出版 法律出版社
总发行 中国法律图书有限公司
经销 新华书店
印刷 三河市龙大印装有限公司
责任校对 王晓萍
责任印制 陶　松

编辑统筹 学术·对外出版分社
开本 720 毫米×960 毫米 1/16
印张 23.5
字数 301 千
版本 2017 年 12 月第 1 版
印次 2017 年 12 月第 1 次印刷

法律出版社/北京市丰台区莲花池西里 7 号(100073)
网址/www.lawpress.com.cn
投稿邮箱/info@lawpress.com.cn
举报维权邮箱/jbwq@lawpress.com.cn
销售热线/010-63939792
咨询电话/010-63939796

中国法律图书有限公司/北京市丰台区莲花池西里 7 号(100073)
全国各地中法图分、子公司销售电话：
统一销售客服/400-660-6393
第一法律书店/010-63939781/9782　西安分公司/029-85330678　重庆分公司/023-67453036
上海分公司/021-62071639/1636　深圳分公司/0755-83072995

书号：ISBN 978-7-5197-1373-7　**定价**：69.00 元

图书在版编目(CIP)数据

ISBN 978-7-5197-1373-7

中国版本图书馆CIP数据核字(2017)第221830号

中国法学会后期资助项目文丛

BOOK SERIES FUNDED BY CHINA LAW SOCIETY

1. 《行政程序法典化研究》姜明安 等著
2. 《解读青年马克思的黑格尔法哲学批判》姚远 著
3. 《清代“杀一家三人”律、例辨析》吴杰 著
4. 《中央地方关系中的民主集中制研究》苗泳 著
5. 《证券内幕交易构成要件比较研究》曹理 著
6. 《欧洲婚姻财产法的未来》樊丽君 译
7. 《德国刑法教义学上的客观处罚条件》王钰 著
8. 《结果加重犯的基本原理与认定规则研究》邓毅丞 著
9. 《刑事诉讼中法院职权调查问题研究》林铁军 著
10. 《人民陪审员角色研究》刘方勇 著
11. 《非典型劳动者权益保护研究》班小辉 著
12. 《创新与反垄断——互联网企业滥用行为之法律规制研究》仲春 著
13. 《不得援引国家豁免的商业交易诉讼研究》纪林繁 著
14. 《国家侵权的国际私法问题研究》李华成 著

15.《法律的空间意象性》朱垭梁 著

16.《罗马体育法要论》赵毅 著

17.《〈大清律例〉律目研究》张田田 著

18.《转型正义法律问题研究》王进文 著

19.《论行政法上的意思表示——兼论行政行为构成中的意识要件》田勇军 著

20.《新农村建设中保障农民政治参与权利的制度创新研究》蔡振亚　王为东 著

21.《国家赔偿法研究述评》上官丕亮 主编

22.《个人信息与权利配置——个人信息自决权的反思和出路》刘金瑞 著

23.《从“大陆”走向“混合”的路易斯安那民法典》李宁 著

24.《防控网络恐怖活动立法研究》皮勇 著

25.《背信犯罪：当代社会的白领犯罪》刘荣 译

26.《刑事诉讼中的鉴定意见质证制度研究》王跃 著

27.《互联网规制的国际贸易法律问题研究》孙南翔 著

28.《相关市场界定研究——以技术许可协议为视角》周围 著

29.《外资并购国家安全审查制度的平衡机制研究》杨静 著